*Erwin K. und Ute Scheuch*

# Deutsche Pleiten

Manager im Größen-Wahn
oder Der irrationale Faktor

Rowohlt · Berlin

1. Auflage Juli 2001
Copyright © 2001 by
Rowohlt · Berlin Verlag GmbH, Berlin
Alle Rechte vorbehalten
Lektorat Frank Strickstrock
Umschlaggestaltung any.way, Walter Hellmann
(Foto: TAKE)
Satz Janson PostScript, PageOne
bei Dörlemann Satz, Lemförde
Druck und Bindung Clausen & Bosse, Leck
Printed in Germany
ISBN 3 87134 422 2

Die Schreibweise entspricht den Regeln
der neuen Rechtschreibung.

# Inhalt

Wie rational ist unsere Wirtschaft? –
Eine Einleitung  9

## I

Vom Kapitalismus zur Marktwirtschaft –
Die Dominanz der Manager  23

Aufbau –
Währungsreform und Wirtschaftswunder  34

Stinnes: Eine Dynastie enteignet sich selbst  49

Borgward: Ende eines Tüftlers  64

Schlieker: Absturz eines Aufsteigers  78

## II

Normalisierung –
Soziale Marktwirtschaft und Arbeitslosigkeit  83

Der deutsche Korporatismus  92

Herstatt: Die Bank als Spielcasino  106

Neue Heimat: Selbstbedienung für die Bosse  123

co op: Luftgeschäfte gieriger Genossen  148

AEG: Das lange Leid der Lichtgöttin  165

## III

Umbau –
Wiedervereinigung und globale Orientierung   185

Schneider: «Superblöff» mit 50 Banken   198

Metallgesellschaft: Und keiner ist's gewesen   220

Balsam: Und die Justiz schaut weg   224

Vulkan: Untergang durch die Politik   231

Größen-Wahn im Aufbau Ost –
Wenn Kontrollen versagen   237
> Der Fall Ernst   237
> Holzmann: Die Aufsicht schläft   240
> Die Deutsche Bank ist auch bei anderen Pleiten
> mit im Boot   248

Flowtex: Potemkin in Schwaben –
Die Prüfer sind ahnungslos   251

Banken, Börsen und Fusionen   255
> Deutsche und Dresdner Bank: Das Scheitern
> einer Fusion   255
> Deutscher Führungsanspruch vereitelt «Superbörse»   261
> Machtkampf in der Deutschen Bank   264
> Dresdner und Commerzbank: Die Stunde der
> zahnlosen Cobra   268

## IV

Geplatzte Träume vom schnellen Reichtum –
Der Absturz des Neuen Marktes   271

## V

Deutsche Manager
Wer sie sind – ein kollektives Porträt   297
> Licht und Schatten   297
> Herkunft und Ausbildung   300
> Karrieren – Der geklonte Top-Manager   306
> Selbstverständnis: Funktionäre mit Geld und Macht   316
> Leitbilder: Vom Ressortleiter zum Kommunikator   324

Was sie tun – einige Fallgeschichten   330
    Telekom: Ein Wundermanager entzaubert sich   330
    Thyssen und Krupp: Die feindlichen Brüder   336
    VW: Ein Autonarr auf Markenjagd   341
    BMW: Szenen einer teuren Kurzehe   348
    Opel: Ferngesteuert in die Krise   354
    DaimlerChrysler: Groß, größer, Schrempp   359
    Zum Sterben zu groß?   370

Macht und Management – Ein Nachwort   372

Anmerkungen   383

Personenregister   409

## Wie rational ist unsere Wirtschaft? – Eine Einleitung

In der Wirtschaft sind solche Fehlentscheidungen, wie sie in der Politik oder im Kulturbetrieb alltäglich sind, die große Ausnahme. Denn im Wirtschaftsleben geht es kontrolliert zu. –

Ist das wirklich so? Wie aber lassen sich die großen Pleiten der deutschen Nachkriegsgeschichte von Borgward bis Herstatt, von co op bis Vulkan, von Schneider bis Holzmann erklären? Wie kommt es, dass monomanische Manager, überforderte Strategen oder sorglose Banker so lange an großen Rädern drehen können, bis alles zu spät ist?

Wirtschaftsführer selber, aber auch Wirtschaftsjournalisten weben an dem Sonntagsbild: In der Wirtschaft wird kühl kalkuliert. Der Gewinn – oder Verlust – sind objektive Maßstäbe für das Handeln. Insbesondere in Großbetrieben geht es rational zu. Von ausgefeilten Managementtechniken bis zum umfassenden Controlling werden Entscheidungen und Abläufe einer ständigen Überprüfung unterzogen. Da bleibt kein Raum für Willkür und Privatstrategien. –

Wirklich nicht? Wie ist es möglich, dass über die Hälfte aller Großfusionen ökonomisch scheitert? Welche wirtschaftliche Vernunft stand hinter dem BMW-Rover-Deal? Warum gingen Deutsche und Dresdner Bank das unkalkulierbare Risiko einer Elefantenhochzeit ein, die im Fiasko endete?

Solche Pleiten lösen Gegenbilder aus mit Überzeichnungen wie «Nieten in Nadelstreifen». Selbstverständlich ist ein Großteil aller Entscheidungen auf der Führungsebene großer Unternehmungen wirtschaftlich sinnvoll – aber andere eben nicht. Und angesichts der blitzartigen Wucht, mit der die Folgen von Misswirtschaft in und durch große Unternehmen heute in der Wirtschaftslandschaft einschlagen, beruhigt es nicht wirklich, dass der entstandene Flurschaden am Ende das Ganze nicht existenziell gefährdet.

Wir werden zeigen, dass und warum Wirtschaften oft nicht an eindeutigen Maßstäben orientiert sein kann, woraus sich dann auch Fehlentscheidungen ergeben – die wenigstens im Nachhinein als solche deutlich werden. Wirtschaftstheorie wird oft so wahrgenommen, als finde das Handeln der Akteure gleichsam unabhängig von Raum und Zeit statt, in einem Modell-Universum jenseits des sonst in unserem Alltag üblichen sozialen Verhaltens.

Hier wird das Gegenteil betont. Wir werden die Geschichte wichtiger deutscher Unternehmenspleiten erzählen, ihre Entwicklung, Abläufe, Hintergründe und Folgen. Eine Pleite muss nicht immer das Ende eines Unternehmens sein. Sie kann auch einen Erneuerungsprozess einleiten oder, auf einer höheren Ebene, Indikator grundlegenden Wandels des Wirtschaftens sein. Sie ist aber immer der Höhepunkt einer Entwicklung, an der wichtige, widerstreitende Akteure mitgewirkt haben, die für Dramatik sorgen: durch ihre Entscheidungen und die Motive, die zu ihnen führten – rationale Motive ebenso wie, überraschend oft, irrationale; ökonomische ebenso wie politische oder persönlich-private. Akteure von unterschiedlichem Charakter: Charismatiker oder Apparatschiks, Verantwortungsbewusste, Vorsichtige, Zauderer, Draufgänger, Eitle oder sogar Größenwahnsinnige.

Und sie bieten eben Stoff für dramatische «Geschichten», aus denen mehr gelernt werden kann als nur, dass in ihnen «Nieten in Nadelstreifen» am Werk waren, nämlich insgesamt etwas über die «Logik des Misslingens» dort, wo die großen Räder im Wirtschaftsleben gedreht werden. Sie sind zugleich ein Spiegel der bundesrepublikanischen Nachkriegs- und dann Vereinigungsgeschichte, Ausdruck des gesellschaftlichen Wandels: das vermeidbare Scheitern großer Unternehmerpersönlichkeiten wie Carl Borgward, der letztlich ein frühes Opfer von Banken, Sanierern und Politikern wurde, das klägliche Scheitern von Kollegialvorständen an falschen Strategien oder Visionen wie bei AEG und Holzmann ebenso wie der ruhmlose Untergang im Strudel der Globalisierung einer Vielzahl von Internetunternehmen des Neuen Marktes. Einige Pleiten haben selbst die Gesellschaft verändert oder auf besondere Weise Geschichte gemacht wie der Zusammenbruch der Herstatt-Bank oder die Pleiten der Neuen Heimat und anschließend der co op, die das Ende des Genossenschaftsgedankens als Alternative des Wirtschaftens bedeuteten.

Schaut man genauer hin, so kann man sehen, dass es Arten von Managementfehlern gibt, die landesüblich und zeittypisch sind. In der Aufbruchs- und Goldgräberstimmung der neunziger Jahre gab es in Deutschland andere und zugleich häufigere Pleiten als in den frühen sechziger Jahren – als das Scheitern von Unternehmen oft in einem zu schnellen Wachstum nach der Kriegskatastrophe und mangelnden Eigenmitteln begründet war – und den siebziger bzw. achtziger Jahren, in denen sich der spätere Größen-Wahn zum ausgehenden Jahrhundert in ersten Konturen abzeichnete: das Anwachsen von Unternehmen und Gruppen zu immer gigantischeren Gebilden. Herstatt war ein erster Vorläufer der späteren Massenhysterie am Neuen Markt.

«Deutsche» Pleiten meint also: Die hier geschilderten Vorgänge haben die deutsche Wirtschaftsidentität berührt – durch ihre Besonderheiten, ihre Folgen oder ihre schiere Größe viele Menschen in unterschiedlicher Weise betroffen. Sie haben auch dazu beigetragen, diese Identität, den Bürgerstolz auf Wirtschaftswunder, Deutsche Mark und «deutsche Wertarbeit» zugunsten internationalerer Vorstellungen abzubauen. Identitätsformeln der fünfziger, sechziger und siebziger Jahre wie «Made in Germany» oder eben die «gute Deutsche Mark» büßen ihre Zauberkraft ein.

«Deutsche» Pleiten heißt auch, wenn auch nicht immer: Sie ereigneten sich, weil Faktoren eine Rolle spielten, die gerade den «Standort Deutschland» präg(t)en, zum Beispiel die Macht des (Universal-)Bankensystems oder die (Subventions-)Politik, etwa durch die Treuhand-Wirtschaft. In einigen Fällen heißt es, dass sie Ergebnis der Besonderheiten deutscher Geschichte sind. Und schließlich bedeutet «deutsche» Pleiten auch, dass eine Reihe von ihnen von Skandalen umwittert waren, die die Republik bewegten, wie der Fall Jürgen Schneider.

Uns geht es nicht um eine Art «Pleiten-Lexikon»; vielmehr haben wir eine Reihe gleichsam exemplarischer Fälle herausgesucht, die in etwa eine chronologische Abfolge bilden: Ihre Zahl ist klein genug, um tatsächlich ihre Geschichte nachzuzeichnen, und die ausgewählten Zusammenbrüche verdeutlichen dennoch in besonderer Weise das Umfeld, in das «deutsche» Pleiten eingebettet sind:
- das Irrationale/die Irrationalen in der Wirtschaft
- der Einfluss der Banken
- die Verfilzung der Unternehmen zur «Deutschland AG»
- wechselnde Moden und Theorien (zum Beispiel von Keynes zu Friedman, vom Mischkonzern zum Kerngeschäft), aber auch
- verschlafene Entwicklungen (wie bei der AEG) und nicht zuletzt
- der Einfluss der Politik.

Im 19. Jahrhundert wurden Entscheidungen durch Eigentümer-Unternehmer auf patriarchalische Art aus dem Bauch heraus getroffen. Persönliche Eitelkeiten und hemmungsloses Gewinnstreben überlagerten nüchternes Kalkül. Ist es damit vorbei? Wird Management-Trainern und Autoren von Management-Büchern geglaubt, gibt es heute die Dominanz der wissenschaftlichen Betriebsführung. Da regiere das Controlling, die wissenschaftlich veredelte Nachfolge der Buchführung. –

Wie kommt es da zu den Klagen, in den Büros der großen Unternehmen werde die Arbeit bis hinauf zu den höchsten Rängen durch Mobbing behindert? Wie erklären sich bei all diesen Kontrollen jahrelange Betrügereien wie bei Opel und Ford oder Fälschungen wie bei VW? Korruption und Schmiergeld gehören bei Unternehmen so sehr zum Alltagshandeln, dass die Aufwendungen hierfür von der Steuer absetzbar waren; inzwischen ist dies wenigstens auf Auslandsgeschäfte beschränkt.

Das blinde Nachvollziehen von Moden in der Art der Unternehmensführung ist als Grund für Fehlentscheidungen im Topmanagement nicht zu unterschätzen. Und je größer die Unternehmung, umso wahrscheinlicher wird, dass sich Privatstrategien einzelner Manager zulasten des Firmenwohls durchsetzen. Auch auf Vorstandsebenen verselbständigen sich Machtspiele von Managern gegenüber dem Firmenzweck, wird öfters weniger gewirtschaftet als Krieg geführt, Bürgerkrieg. In den USA (nur dort) gibt es einen florierenden Literaturzweig, der diese menschlich-emotionale Seite von Unternehmensführung und betriebsinternen Abläufen zum Thema hat, die «Business Novel».

Dieses Buch sollte indessen nicht vornehmlich als Schelte solcher Zustände verstanden werden oder als Tadel von persönlichem Fehlverhalten – auch wenn es immer wieder Thema ist. Wir wollen vielmehr ein Verständnis davon vermitteln, dass Wirtschaften kulturell eingebettet ist und nicht etwa abgelöst von der eigenen Gesellschaft nur objektiven Regeln folgt.[1] Das bedeutet: Auch im Wirtschaftsleben läuft ohne «Checks and Balances» vieles aus dem Ruder. Wie in der Politik gilt auch hier: Das Führungspersonal verwendet viel Einfallsreichtum darauf, sich den Kontrollen zu entziehen. Fehlentscheidungen und individuelles Fehlverhalten sollen hier als Teil des Systems «Wirtschaft in Deutschland» und als Folge von Zeitumständen geschildert, begriffen und analysiert werden.

In der Zeit, als der Eiserne Vorhang Europa und darüber hinaus einen Großteil der Welt teilte, schien im Prinzip ausreichend, zum Verständnis von Abläufen in der Wirtschaft ihre Teile grob als «kapitalistische» und «kommunistische» Zonen zu charakterisieren. Heute richtet sich das Interesse auch in der Wissenschaft zunehmend auf die Unterschiede zwischen den verschiedenen «kapitalistischen» Ländern. «Varieties of Capitalism» (Vielfalt des Kapitalismus) ist ebenso ein Wachstumsbereich empirisch vorgehender Vergleichsforschung[2] wie die Gegenüberstellung von Wohlfahrtsystemen, mit denen die Belastungen von Marktwirtschaften sozial abgefedert werden sollen.[3] Damit wird ein Stück Realität in die Analyse von Wirtschaft zurückgeholt, das verloren gegangen war, insbesondere in der Wirtschaftstheorie.

Um die Wende zum 20. Jahrhundert hatten Sozialwissenschaftler die zentrale Stellung des Wirtschaftens als kennzeichnend für die moderne Gesellschaft erkannt. In traditionalen Gesellschaften hatte Wirtschaften eine eher dienende Bedeutung für andere Zwecke gehabt – etwa für die militärische Macht eines Fürsten oder das Wohlergehen einer Priesterkaste. Die Kulturkritik sah und sieht in dem Bedeutungszuwachs des Wirtschaftens das eigentliche Ärgernis dieser modernen Gesellschaften: Was vordem für die Aufmerksamkeit nachdenkender Zeitgenossen randseitig war, wurde jetzt – weit jenseits dessen, was fürs bloße Überleben notwendig war – zum Zentrum der Welt, in der wir uns einrichten. Die Wirtschaft war zu einem Eigenbereich geworden, für den eigene Regeln galten. In der Soziologie wird ein solcher Vorgang «Ausdifferenzierung» genannt.[4]

Nehmen Sie an, Sie kaufen einen Gebrauchtwagen und Ihnen missfällt der geforderte Preis. Der Verkäufer sieht an Ihrer Nasenspitze, dass der Deal nicht läuft. «Weil Sie es sind, mache ich Ihnen einen Freundschaftspreis», lockt deshalb der Händler. Greifen Sie «zum Freundschaftspreis» zu, sind Sie der Dumme. In der heutigen Marktwirtschaft gilt: Dem Händler müssen alle Kunden gleich sein; Freundschaftspreise gibt es eben nur zwischen Freunden – und auch da nur ausnahmsweise. Im Mittelalter galt es als Sünde, Zinsen für verliehenes Geld zu nehmen; man dürfe an der Not eines Mitmenschen nicht verdienen. Heute verstehen wir den Zins als eine Gebühr dafür, dass ein anderer mit meinem Geld arbeitet. Wirtschaftsbeziehungen sollen dem Nutzen der Beteiligten dienen – anders als Beziehungen zwischen Menschen, die sich gegenseitig verpflichtet sind. Emotionen haben ihren Platz zwischen Freunden und Verwandten, nicht in «ausdifferenzierten» Bereichen wie Wirtschaft, Justiz oder Wissenschaft. Das ist eine für moderne Gesellschaften als Kulturen zentrale Norm.

Die Verselbständigung («Ausdifferenzierung») von Teilbereichen einer Gesellschaft ist durchweg mit einer gewaltigen Steigerung ihrer Wirksamkeit verbunden: Justiz wird sachlicher und kalkulierbarer, wenn Kirche und Politiker nicht mehr hineinreden dürfen, Wissenschaft wird besser, wenn sie von Wissenschaftlern statt Bürokraten oder Kapitalbesitzern gesteuert wird. Aber in all diesen Fällen droht durch Verselbständigung auch Entartung, Entfernung vom wie auch immer dienenden Zweck für das Ganze der Gesellschaft. Berüchtigt ist der Spruch von Juristen: *fiat justitia, pereat mundus* (Recht werde gesprochen, auch wenn die Welt daran zugrunde geht). Das sehen Nichtjuristen selbstverständlich anders. Über Grenzen der Wissenschaft hinweg mischen sich Nichtwissenschaftler ein, wenn von Genetikern Freiheit fürs Klonen gefordert wird. Und die Hinnahme von Marktmechanismen wird zweifelhaft, wenn Manager Tausende von Arbeitsplätzen streichen und durch die danach gestiegenen Aktienkurse mit ihren Aktienoptionen zweistellige Millionengewinne verbuchen. In solchen Reaktionen werden letztlich Unterschiede zwischen Kulturen deutlich, Kulturen, die auch den Rahmen abstecken, innerhalb dessen Wirtschaft ihre Eigendynamik entfalten darf.

Wenn wir also die erwähnte (Ideal-)Norm der Gefühlskälte bei Wirtschaftsbeziehungen wirklich verinnerlicht hätten, würden wir nicht öfters Konflikte dieser Norm mit anderen uns wichtigen Werten erleben – gäbe es keinen Stoff für dieses Buch. Aber Wirtschaften findet eben auf Erden statt, wo Menschen auch ihren anderen Gefühlen und Werten folgen, wenn es die Umstände zulassen. An der Spitze großer Unternehmen gibt es mehr Bewegungsraum als in den Etagen darunter; damit Topleute ihre Fähigkeiten zeigen können, brauchen sie Spielraum.

Und den nehmen sich Manager nicht ganz selten auch so, dass ihr Handeln zum Fehlverhalten wird. Und öfters hat das keine persönlichen Nachteile. Da machte unter der Leitung des heutigen Managers von DaimlerChrysler die Hightech-Firma Dasa Verluste von über fünf Milliarden Mark, und anschließend wird Jürgen Schrempp Chef von ganz Daimler-Benz. Da glaubt der Chef von VW, durch den Kauf von Rolls-Royce in die Welt der Edelautos vorzustoßen, und merkt erst anschließend, dass der Markenname nach wie vor einem Konkurrenten gehört. Und reihenweise ist die Deutsche Bank in Milliardenpleiten involviert, ohne dass es Umbesetzungen im Vorstand gibt.

Da erlaubt sich ein Bankenboss, seine Geliebte zur Kunstberaterin zu machen, die über einen Etat von jährlich ca. sechs Millionen Mark mitentscheidet. Ein Vorstand der gleichen Bank vermiest dieses Vertragsverhältnis. Anschließend will dieser Vorstand eine Großfusion auf den Weg bringen. Der gekränkte vormalige Förderer der Kunstamateurin hilft nach Kräften, dass die große Fusion platzt. – Wir müssen (und werden) Namen, Zeit, Ort und Summen nennen, sonst werden die schädlichen Mechanismen nicht verständlich, wird zum Beispiel nicht einsichtig, warum privater Ärger ein großes Geschäft gefährden kann.

Auf den Topetagen ist der Wunsch nach mehr Geld nicht unwichtig. Auch bei einem Jahressalär von zwei Millionen Mark und üppigen Vergünstigungen lockt die Chance auf noch mehr Geld – und sei es als äußeres Zeichen der Anerkennung, besser als andere Topmanager zu sein. Wichtiger noch aber ist auf dieser Ebene unserer Gesellschaft das Streben der Führungskräfte nach Bekanntheit und Ehren; Eitelkeit ist oft eine stärkere Antriebskraft als das Materielle. Besonders seit den neunziger Jahren ist auffällig, dass Topmanager in die Medien drängen und damit Stimmungen in der Wirtschaft machen. Auch hier erfordert Verständnis für die Vorgänge das Nennen von Konkretem.

«Ein jeder Eigenbereich ist eine Verschwörung gegen die Öffentlichkeit», sei hier in Abwandlung ein Spottwort von Max Weber zitiert. Die «soziale Marktwirtschaft» war als eine Wirtschaftsordnung erdacht, in der die Einzelentscheidungen durch Märkte gesteuert werden, Märkte ihrerseits aber nach politisch-gesellschaftlichen Ordnungsvorstellungen.* Verständlicherweise wird in der Wirtschaft immer wieder versucht, die Rahmenbedingungen zu ignorieren und Interventionen zurückzuweisen. Weniger verständlich ist, dass heutzutage Politiker und zu einem großen Teil auch Wirtschaftsjournalisten hierzu schweigen. Die Globalisierung der

---

* Die Vorstellungen über soziale Marktwirtschaft waren nicht ganz einheitlich in der Ausgestaltung, wohl jedoch in der Grundkonzeption, dass sie etwas anderes als ein «Shareholder-Value»-Kapitalismus sein sollte – nämlich eine durch ordnungspolitische Interventionen beeinflusste Wirtschaft. Vgl. Reinhard Blum: «Soziale Marktwirtschaft – Wirtschaftspolitik zwischen Neoliberalismus und Ordoliberalismus». Tübingen 1969; Ludwig Erhard und Alfred Müller-Armack (Hg): «Soziale Marktwirtschaft». Frankfurt 1972; Volker Hentschel: «Ludwig Erhard». Berlin 1998.

Wirtschaft lasse angeblich eine Steuerung von Wirtschaftsabläufen nicht mehr zu. Es wird im Verlauf dieses Buches noch deutlich, dass diese Beschwörung der Globalisierung – übrigens auch von links zu haben – überwiegend Ideologie ist, Rechtfertigung für Verhalten nach dem Bild der drei Affen: nichts sehen, nichts hören, nichts tun.[5]

Der «Verschwörungsmechanismus» eines Eigenbereichs ist bereits wirksam, wenn Fehlverhalten in der Wirtschaft entsteht, und mehr noch, wenn darauf reagiert wird. Wir wollen zeigen, dass hier teilweise Maßstäbe wirken, die man außerhalb der Wirtschaft im Grenzbereich zwischen gerade noch hinnehmbar und kriminell ansiedeln würde. Wenn das so ist, sind solche Maßstäbe zu tadeln und nicht nur Personen. Noch bei Fehlverhalten, das unter Managerkollegen tatsächlich als Fehlverhalten gilt, wirkt in Deutschland (übrigens auch in Japan und Frankreich) ein Mechanismus, der vor Kontrolle und erst recht Sanktionen schützt: Deutschland ist ein «korporatistisches Land», in dem Kollegen gegen die Außenwelt zusammenhalten, selbst wenn sie untereinander verfeindet sind. Der gleiche Mechanismus wirkt als Auslöser von Fehlverhalten und hilft, es gegen die Außenwelt abzuschirmen: in allen Lebensbereichen dieses Landes, denen ein Eigenleben zugebilligt wird, wie der Verwaltung, der Wissenschaft und bedauerlicherweise nicht zuletzt der Politik.[6] Der Korporatismus ist ein Charakteristikum Deutschlands, ohne dessen Verständnis in vielen Fällen ein Fehlverhalten von Managern und das Ausbleiben von Sanktionen nur als punktuelles Versagen gedeutet wird. Wir müssen deshalb um etwas Geduld bitten, wenn wir bisweilen kurze Ausflüge, ohne Jargon, in soziologische Gefilde unternehmen, um dergleichen verständlicher zu machen.

Fangen wir gleich damit an: Mit der Entwicklung des Wirtschaftens als Eigenbereich zu einem der Kennzeichen moderner Gesellschaften hat sich zugleich eine Mentalität verbreitet, die der große Soziologe Georg Simmel (1858–1918) «Rechenhaftigkeit» nannte. Er meinte damit ein kalkulierendes Abwägen zwischen Alternativen. Gewählt werde am Ende diejenige, die den größten Vorteil verspricht. Solche Alternativen muss es allerdings erst einmal geben; in traditionalen Gesellschaften fehlten sie für viele Situationen und Lebensbereiche. Der Klassiker Max Weber (1864–1920) sah als charakteristisch für die Moderne die Vorherrschaft von Rationalität. Angewandt auf wirtschaftliches Verhalten fällt das mit Rechenhaftigkeit zusammen.

Die Begriffe Rationalität und Rechenhaftigkeit meinen nicht nur tatsächliches Verhalten, sondern bezeichnen darüber hinaus ein kulturell vorgegebenes Deutungsmuster. Damit ist gemeint, dass im Fall einer Entscheidung zwischen Alternativen diejenige als die wirtschaftlichste gewählt wird, die den größten, nach Möglichkeit errechneten, Erfolg verspricht. Das liest sich eindeutiger, als es ist. Wird mit Erfolg der hier und heute einzufahrende Vorteil gemeint oder der größte Nutzen im Zeitablauf? Lässt sich wirklich durchweg für mehrere Beteiligte verbindlich begründen, welche Alternative den Vorzug verdient? Oft hängt der eigene Erfolg mit ab von einem Verhalten anderer, das wir häufig nicht gut voraussagen können. Entscheidungen müssen getroffen werden, auch wenn uns bewusst wird, dass unser Wissen für eine schlüssige Begründung nicht ausreicht. Vor allem muss der angestrebte Nutzen nicht immer im materiellen Vorteil bestehen; es kann auch Ruhm sein, Ansehen und in der Wirtschaft häufig auch Macht. Wäre es anders, könnte über Wirtschaft nur langweilig geschrieben werden, ja wäre Wirtschaften lediglich eine langweilige Buchhalterei.

Unternehmertum ist jedenfalls etwas anderes, bedeutet Handeln im Bewusstsein von Risiken. Der heutige Zustand der Börse ist exemplarisch dafür, dass rechenhaftes Verhalten in einem übergeordneten Sinne irrational sein kann. Es gab einmal eine Zeit, da wurde an Hochschulen gelehrt, der Wert einer Aktie folge aus der erwarteten Rendite – genauer: dem Kurs-Gewinn-Verhältnis, dem «KGV». Nicht einmal die Kurse des Börsenindex Dax, erst recht aber nicht die des amerikanischen Dow-Jones lassen sich damit im Jahr 2001 noch erklären. Die Preise von Aktien liegen weit oberhalb dessen, was je als Rendite an Käufer ausgezahlt werden könnte. Spekuliert wird heute auf den Kursgewinn.

Banken setzen immer ungenierter auf Zockermentalität, wenn sie neuerdings mit einer Stückelung von ca. 10000 DM «Hedgefonds-Zertifikate» anbieten. Diese Hedgefonds sind eine Mischung von gegenläufigen Spekulationen auf Kursveränderungen. Bei solchen Papieren der Dresdner oder der Deutschen Bank verheimlicht das Geldinstitut dem Anlieger, für welche Papiere der Anteilsschein steht, und ein schnelles Aussteigen wird nicht erlaubt. Das Bankenwesen nähert sich hier der Seriosität von Hütchenspielern. Ist der amerikanische Casino-Kapitalismus jetzt auch bei uns hinnehmbar geworden? Noch ist es zu früh für eine Diagnose, ob inzwischen ein bleibender Wandel in der Rangfolge von Werten – etwa fort von Sicherheitsdenken hin zu Wagnisorientierungen – stattgefunden hat. Jedenfalls gibt es solche Stimmungen, ohne die manches Risikoverhalten auch in den Spitzen von Unternehmungen unverständlich bliebe.

Der Devisenmarkt ist ein extremes Beispiel für hochriskante Spekulationen, die den Kern dessen ausmachen, was Globalisierung genannt werden könnte: weltweit flottierendes Finanzkapital. Denn gerade die USA, die eine fast völlige Deregulierung der Finanzmärkte im größten Teil der Welt erzwungen haben, betreiben für die Warenwelt durchaus Schutzzoll-Politik. Heute werden an einem einzigen Tag auf den Devisenmärkten Umsätze verbucht, deren Umfang die Hälfte des Gesamtwertes aller Währungen der Erde übertreffen. Weit weniger als 20 Prozent dieser Transaktionen haben indessen etwas mit dem Kauf oder Verkauf von Waren oder Wertpapieren zu tun.

Bis zum – zumindest vorläufigen – Fehlschlag der Daimler-Benz-Fusion mit Chrysler herrschte eine regelrechte «Fusionitis», ein Streben nach Größe durch Verschmelzung von Unternehmen auch über Grenzen hinweg. Mehr als die Hälfte aller großen Fusionen haben sich bislang schon zumindest teilweise oder auch völlig als Fehlschlag erwiesen. So liegt der Börsenwert des fusionierten Unternehmens DaimlerChrysler inzwischen im Verhältnis unter den Werten vor der Fusion. Zumindest war die DaimlerChrysler-Fusion für die deutschen Manager vorteilhaft: Ihre Bezüge bewegen sich nach oben und nähern sich den Werten für die amerikanischen Manager.

Womit wir einen Fall benannt hätten, der für Entscheidungen mit mehreren Akteuren unbestimmt werden lässt, wann ein Handeln rational ist. Eindeutig ist dies nur, wenn alle Beteiligten das gleiche Ziel haben – im Jargon der Wirtschaftswissenschaften: wenn ihre Nutzenfunktionen übereinstimmen. Unterscheiden sich jedoch die Ziele bis hin zum Gegeneinander, dann wird Entscheidung zum Machtkampf, und der Prozess selbst folgt den Gesetzmäßigkeiten der Politik. Machtkämpfe in und zwischen Unternehmen sind oft sogar wesentlich farbiger als die in der Politik. Wie in der Politik auch, gehen die Folgen aber zulasten Unbeteiligter.

Die hier und heute vorherrschende Wirtschaftswissenschaft hilft zum Verständnis der vorfindbaren Wirtschaft und ihrer Abläufe nur begrenzt. Seit der Wende zum 20. Jahrhundert hat sich insbesondere die Volkswirtschaftslehre in zwei Richtungen getrennt: Mit der Modell-Ökonomie (zunächst die Wiener Grenznutzenschule), die mit immer höheren Abstraktionen arbeitet, wird in der Gegenwart die Wirtschaftstheorie zu einem Zweig der angewandten Mathematik. Hierüber urteilen Kritiker: «Die moderne Wirtschaftstheorie ist krank; Wirtschaftstheorie ist zunehmend ein intellektuelles Spiel geworden, das um seiner selbst willen gespielt wird und nicht um irgendwelcher praktischen Folgen wegen.»[7] Noch härter formuliert ein Nobelpreisträger, Kenneth Galbraith: «Die Wirtschaftswissenschaft als Profession – ich wähle diese Worte mit Überlegung – ist intellektuell bankrott. Es wäre genauso gut, wenn es sie gar nicht gäbe.»[8]

Vorbild für die «Klassiker» der Ökonomie waren die Leitwissenschaften ihrer Zeit, die Astronomie und die Physik. Deren Erfolg wurde darin gesehen, dass sie von allen Eigentümlichkeiten einer Realität abstrahierten, um die «dahinter» wirkenden einfachen Bestimmungskräfte zu erkennen. Aber man kann zum Beispiel nur mit dem Fallgesetz nicht den Weg eines von einem Baum fallenden Blattes voraussagen, auch nicht die Zeit, die es braucht, um den Boden zu erreichen. Dazu ist orts- und zeitspezifisches Zusatzwissen erforderlich. Entsprechungen zum Fallgesetz glaubt die «Klassik» im Stecknadelbeispiel von Adam Smith oder dem «Gesetz der komparativen Kosten» von David Ricardo zu besitzen. Aus dem Zeitgeist heraus, der die Schach spielende Maschine wünschte, wurde als zentrale Denkfigur der «Homo oeconomicus» konstruiert. Er wurde als Akteur erdacht, der nichts anderes als die Maximierung seines wirtschaftlichen Vorteils im Sinne hat. Gewiss war er zu Anfang ein bloßes Gedankenexperiment; im heutigen Neoliberalismus jedoch wird dieser Homunculus verdinglicht und überdies als normativ vorbildlich behandelt.[9]

Ein solch künstliches Menschenbild, das eine modellhafte Rationalität konstruiert, lässt oft vergessen, dass das Wirtschaftsgeschehen keineswegs ein mechanischer Selbstläufer ist, sondern unablässig Wertungen erfordert.[10]

Bewertungen sind zum Beispiel Voraussetzung dafür, wie ein Vorstand der zur Zeit aus den USA herübergeschwappten Mode der «Shareholder-Value»-Orientierung folgen kann. Dem Wortsinne nach scheint das ein eindeutiger Maßstab: Hier und heute gehören alle Überschüsse dem Aktionär. Die bei deutschen Vorständen beliebten «stillen Reserven» der Firma allerdings wären aus dieser Perspektive Diebstahl am Aktionär. Das sehen die Gesetzgeber in den verschiedenen kapitalistischen Ländern aber durchaus unterschiedlich. In Deutschland muss beispielsweise der Vorstand entscheiden, wie er der gesetzlichen Forderung nach einer «vorsichtigen» Gewinnermittlung nachkommt.[11] Nach dem US-Bilanzrecht kann dagegen der Überschuss eines Wirtschaftszeitraums bis an die Grenze zum Bankrott an die Aktionäre weitergereicht werden. Selbst die Standards für die Buchführung sind nicht einheitlich. Deutsche Konzerne können wahlweise nach dem Recht des Handelsgesetzbuchs, den International Accounting Standards (IAS) oder den Generally Accepted Accounting Principles (GAAP) der USA ihr Rechnungswerk aufstellen.

Der Wirtschaftsablauf ist also nicht Ergebnis eines mechanischen Vorgangs, sondern das Produkt vieler Entscheidungen innerhalb erkannter und auch nicht hinterfragter Rahmenbedingungen. Dadurch wird Wirtschaft spannend – und das wiederum besonders dann, wenn Akteure irren oder versuchen, den Bedingungen für ihr Handeln und den Aufsichtsgremien ein Schnippchen zu schlagen. Da sie dies als Kinder ihrer Zeit tun, verspricht ein auch sozialwissenschaftlicher Ansatz einen Erkenntnisgewinn.

Rationalität im Wirtschaftsleben: Es gibt sie also. Aber als kulturelle Norm und nicht etwa als mathematisches Gesetz. Das heißt: Es gibt also auch das Gegenteil: Irrationalität in der Wirtschaft. Und sie folgt aus denselben kulturellen Normen.

In Abwandlung eines Spruchs von Horst Ehmke für die Politik lässt sich also sagen: Bei genauem Hinschauen – das hier angebracht ist – geht es in großen Unternehmen öfters so zu, wie «Klein Moritz» sich das aufgrund böser Filme über die Hochfinanz vorstellt; nur dass Klein Moritz sich dann doch nicht vorstellen kann, dass sein Bild zutrifft. Einige unserer Darstellungen können wie ein Krimi gelesen werden, und es geht auch gar nicht so selten kriminell zu, wenn große Pleiten heraufziehen. Aufgedeckt wird dann zögerlich; denn häufig haben Vorstände und Aufsichtsräte allen Grund zur Scham über die Fehler, die sie machten.

Ohne die Arbeit bestimmter Medien bliebe vieles im Dunkeln. Und wenn sich andere Passagen lesen wie ein Schelmenroman, dann ist auch das wichtig zum Verständnis, wie menschlich-fehlbar die Entscheider über die Schicksale tausender Mitarbeiter sind. Der irrationale Faktor ist im Wirtschaftleben, das sich an rationalen Entscheidungskriterien orientieren will, nicht zu unterschätzen.

Beunruhigt hat uns bei unseren Recherchen insbesondere die Anfälligkeit von Managern für Moden. Wo zum Beispiel wird es hinführen, wenn zur gleichen Zeit ein halbes Dutzend von Unternehmen sich für den Bau von Prestige-Autos der Preisklasse zwischen 250000 und 1,5 Millionen DM entscheidet? Macht es wirtschaftlich Sinn oder wirkt hier schon der irrationale Faktor in Form von Herdentrieb? Es ist noch nicht abzusehen. In solchen Fällen übrigens verlässt sich mancher Manager sogar auf Wahrsager. Es gibt Topmanager, die sehr empfänglich für Okkultes sind. Auch das zu wissen, gehört zum Verständnis unseres real existierenden Wirtschaftssystems dazu.

## Vom Kapitalismus zur Marktwirtschaft –
## Die Dominanz der Manager

Wer bestimmt, wie hierzulande die Wirtschaft läuft? Wer das Sagen hat, der ist dann auch verantwortlich für die Pleiten. Kapitalistisch wird unsere Wirtschaftsordnung oft genannt – im Englischen durchweg, im Deutschen seltener. Der Grund für den Unterschied: Eine Wirtschaft, in der die Kapitaleigner allein oder ganz überwiegend das Sagen hatten, hat es bei uns nicht im gleichen Maße gegeben wie etwa in den USA. Jetzt ist in allen Ländern die Bezeichnung Marktwirtschaft angemessener. Die Kapitaleigner sind nur eine Einflussgröße unter mehreren, und die wichtigsten Drahtzieher sind bei den größeren Unternehmen die Manager. Deshalb sind auch ihnen die meisten, insbesondere die großen Pleiten anzulasten.

### Der Eigentümer als zentrale Figur

In der Wirtschaftstheorie wurde früher unterstellt, dass die Eigentümer auch die Unternehmer waren, und mit Unternehmer wurde der gemeint, der auch in einer Situation der Unklarheit und im Wissen um Risiken Entscheidungen fällt. So verstanden ist «Unternehmer» eine Funktion und nicht eine ein für alle Mal feststehende Kategorie von Personen.

In entwickelten Wirtschaftssystemen sind nicht mehr einzelne Eigentümer von Firmen die Regel, sondern eher Kapitalgesellschaften. Die gab es auch schon in der Frühzeit des Kapitalismus: Wenn Handelsschiffe auszusenden waren, taten sich mehrere wohlhabende Personen zusammen und heuerten wagemutige Kapitäne an. Durch Streuung der Anteile auf verschiedene Unternehmen sollte das Risiko eines einzelnen Handelsschiffs verringert werden. Bedeutsam für die Wirtschaftsgeschichte waren Kapitalgesellschaften für den Kolonialismus der Holländer und der Engländer.

Die Ausbeutung von Indonesien und Indien geschah durch Gesellschaften wie die East India Company. Das war für den Staat billiger als die französische Art des Kolonialismus, in der er selbst die Initiative ergriff. Für den «Privatkolonialismus» war nur der nachträgliche militärische Schutz zu leisten.

Die wichtigsten Entwicklungen des 19. Jahrhunderts sind jedoch mit Einzelunternehmern verbunden, die persönlich haftend ihr Kapital riskierten, so in den Eisenbahngesellschaften und der Ölförderung der USA oder im deutschen Kaiserreich in der Schwerindustrie.

Firmengründern wie Friedrich K. Krupp (1787–1826), Carl Röchling (1827–1910) oder August Thyssen (1842–1926) ging es um mehr als Gewinnmaximierung. Krupp und Röchling waren Firmendespoten, die als Firmenziel das Wohl ihrer Mitarbeiter gleichgewichtig mit der Entwicklung des jeweils günstigsten Angebots beachteten. Ihr Selbstbild und praktisches Handeln waren dem eines idealtypischen ostelbischen Großgrundbesitzers ähnlicher als einem Kapitalisten der Sorte «Räuberbaron» (robber baron). Dieses Vorbild wirkte so stark, dass im deutschen Kaiserreich Großindustrielle defizitäre Rittergüter im Osten des Reiches erwarben, um den von ihnen als Vorbild empfundenen Lebensstil eines nichtluxurierenden Adels nachzuahmen.[12]

Der Anblick der Villa Hügel reicht aus als steinernes Zeugnis für die Bedeutung nichtwirtschaftlicher Ziele des wirtschaftlichen Handelns bei damaligen Großunternehmern. Alfred Krupp (1812–1887) wollte patriotisch sein, ein Förderer der Wohlfahrt seiner einfachen Mitarbeiter (der «Kruppianer»), und strebte zugleich nach Ansehen in der etablierten Gesellschaft.¹³

Eine ganz besondere Spezies von Eigentümer-Unternehmern waren die Tüftler. Sie fanden sich insbesondere in den jungen Wirtschaftszweigen Elektromechanik und Automobil. Mit dem Erfolg ihres Tüftelns bauten Werner von Siemens (1816–1892) und Johann Georg Halske (1814–1890) ein Großunternehmen (die «Telegraphen Bau-Anstalt Siemens & Halske») auf, das andere Zwecke als bloße Gewinnmaximierung betonte. Das drückt sich unter anderem in den Bezeichnungen für das Personal der Führungsebene dieser Unternehmung aus, das bis in die Zeit nach dem Zweiten Weltkrieg «Oberbeamte» hieß.

Die frühe Automobilindustrie beruhte in besonderem Maße auf den Einfällen von Tüftler-Unternehmern. Das wird sehr anschaulich an den USA, wo das Auto zwar nicht erfunden wurde, die aber dennoch das erste Autoland wurden.\* Wichtige Namen sind Charles und Frank Duryea (welche die ersten Sportautos konstruierten) und Ransom E. Olds (der Erbauer der ersten Autofabrik). In Deutschland war die Motorenentwicklung mit Gottlieb Daimler (1834–1900) und Karl Benz (1844–1929) verbunden, sowie mit August Horch (1868–1951) als dem Entwickler des Kardan-Antriebs und der Reibungskupplung. Für Frankreich sind in dieser Reihe von Tüftler-Unternehmern anzuführen der Fahrradbauer Armand Peugeot (1849–1915) und für Italien bzw. Frankreich der Rennfanatiker Ettore Bugatti (1881–1947), ein Franzose italienischer Herkunft.

Der Name Ford wird in diesem Zusammenhang zwar oft, aber auch zu Unrecht genannt. Henry Ford (1863–1947) war kein Tüftler, er hat gar nichts an Technik erfunden, aber er war ein Pionier.

---

\* «Erfunden» wurde das Auto, so wie wir es seit den zwanziger Jahren des letzten Jahrhunderts kennen, von niemandem. Autos entstanden durch die Kombination von Einzelentwicklungen mit der Zielvorstellung, eine pferdelose Kutsche – die «horseless carriage» – zu konstruieren. Da waren die USA zunächst gegenüber Deutschland, Italien und Frankreich im Verzug, weil über viele Jahrzehnte hinweg in Amerika mit dem Dampfmotor als Antrieb experimentiert wurde.

Was seine Fabrik auszeichnete, nämlich zunächst Fertigung austauschbarer Teile und dann deren Zusammenbau am Fließband (im Englischen treffender «assembly line» genannt), war alles bereits bekannt – unter anderem aus der Waffenproduktion (Ersatzteile) oder dem fabrikmäßigen Schlachten (Fließband). Das senkte Kosten – und Kostensenkung war Voraussetzung, wenn Ford seine Marketingvision umsetzen wollte. Als Erster sah Henry Ford die Erfolgsaussichten, wenn aus dem Auto als Luxusgut ein Produkt des Alltagsgebrauchs würde. Das setzte er dann auf seine despotische Weise durch, indem er den Wunsch von Kunden nach Vielfalt in Typen und Farben ignorierte und mit dem Preis warb. Möglich wurde dies durch die damals modernsten Formen der Produktion und der Menschenführung. Für Betriebsfrieden sorgte eine sehr gute Bezahlung der Arbeiter und der Ausbau einer Art von Wohlfahrtsstaat.

Ford als Patriarch war in seinen Äußerungen zu öffentlichen Angelegenheiten von der Überzeugung geleitet, für Massenprodukte wie Autos seien autoritäre Regime wie das in der Sowjetunion und später das der Nationalsozialisten ein besserer Rahmen als Demokratien. Es war ein Topos des Zeitgeistes bei Autoren von W. I. Lenin über Thorstein Veblen bis Ernst Jünger, Demokratie und Marktwirtschaft als hinderlich für optimales Umsetzen des technisch Möglichen anzusehen. Dabei wurde «technisch Optimales» ohne weiteres Hinterfragen mit wirtschaftlicher Rationalität gleichgesetzt.

Das Unternehmerbild bei Joseph Schumpeter (1883–1950) ist nach diesem Eigentümer-Unternehmer modelliert.[14] Dieser Unternehmer ist der Motor des Fortschritts, indem er eine Möglichkeit der Verbesserung des Gewinns erkennt und durchsetzt. Das bedeutet aber auch, dass ein bereits verwirklichter Fortschritt nach dem Muster «Das Beste ist der Feind des Guten» zerstört wird. Fortschritt wird bei Schumpeter zur «schöpferischen Zerstörung». Am wohlsten fühlen sich diese Eigentümer-Unternehmer in einem geregelten Umfeld, bestimmt etwa durch die Kombination von Staat und Kartellen. Dies regt die Unternehmer an, sich zu knorrigen Persönlichkeiten hochzustilisieren.[15]

Solche Eigentümer-Unternehmer finden wir heute bei uns und in den USA meist nur noch bei mittelständischen Firmen. Da die mittelständischen Unternehmen quantitativ und oft qualitativ das Rückgrat unserer Wirtschaft sind – und übrigens auch der Wirtschaften der USA und Japans –, ist das Geringschätzen der heutigen Bedeutung von Eigentümer-Unternehmern eine Überreaktion auf eine tatsächliche Veränderung.

Ein aktuelles Beispiel für die Wirkung mittelständischer Eigentümer-Unternehmer ist für uns die Firma ABS-Pumpen. Der Besitzer hatte sich bereits als Ingenieurstudent gewundert, warum unter Wasser betriebene Pumpen so wenig zuverlässig funktionierten. Schließlich gelang es ihm, ein Abdichtungsverfahren auszutüfteln. Heute ist die Firma weltweit präsent und in vielen Ländern Marktführer auf einem allerdings nicht sehr großen Markt. Der Inhaber stand deshalb vor der Alternative, sich auf weitere Produktionsbereiche auszudehnen oder mittelständisch zu bleiben. Er entschied sich für das Letztere, hat einen absehbar wirtschaftlich stabilen Betrieb und ist als bedeutender Mäzen für den kleinstädtischen Standort ein hoch angesehener Bürger.

Die Entwicklung bis zum Ersten Weltkrieg war durch wiederkehrende Krisen gekennzeichnet, die wiederum massenhaft Pleiten zur Folge hatten. Dagegen versuchten Eigentümer-Unternehmer, sich durch Absprachen zu schützen: durch Gebietskartelle, mit denen geographisch festgelegt wurde, wer wo aktiv werden durfte; durch Preisabsprachen; sowie durch Vereinbarungen über Produktionsmengen.

Ob Eigentümer von Wirtschaftseinheiten sich unternehmerisch in diesem Sinne verhalten, ist ebenso eine Tatfrage wie beim angestellten Manager. Die Krisen, die Ende des 19. Jahrhunderts die rasche Entwicklung der Wirtschaft in den USA und im Deutschen Reich begleiteten, motivierten dagegen Versuche zur Minderung oder sogar Ausschaltung von Konkurrenz als Steuerungskriterium kapitalistischer Wirtschaftssysteme. Ein Vergleich zwischen den USA und dem Deutschen Reich zeigt, dass unter diesen Umständen mit Wirtschaften, die alle durch Eigentümer bestimmt werden, dennoch gegenteilige Wirtschaftsordnungen möglich sind.

Die Wirtschaften Frankreichs und Deutschlands einerseits und der USA andererseits unterschieden sich in der Reaktion auf diese Versuche zur Kanalisierung des Wettbewerbs als Steuerungskraft kapitalistischer Wirtschaften. Das ist nicht zuletzt mit einem anderen Verständnis von Eigentum und Zweck des Wirtschaftens in angelsächsisch geprägten Ländern zu erklären. Entsprechend der Philosophie des Utilitarismus sollte der Zweck der Wirtschaft in den USA das Glück der größtmöglichen Zahl sein, also die Maximierung des Nutzens für die Verbraucher. Der Gewinn der miteinander konkurrierenden Kapitalisten war insofern gerechtfertigt, als er eine Risikoprämie bedeutete. Die gleichfalls möglichen Verluste werden bei einer solchen Wirtschaft «privatisiert». Damit werden Versuche zur Ausschaltung des Wettbewerbs oder sogar eine Unterstützung solcher Versuche durch den Staat eine Verschwörung gegen den Nutzen der Mehrheit; denn das sind die Verbraucher. Die Kapitalisten der Gründerzeit in den USA wie beispielsweise John D. Rockefeller (1839–1937) oder die großen Eisenbahngesellschaften handelten oft sehr brutal – bis hin zur Bezahlung von Privatarmeen, mit denen Streiks blutig unterdrückt wurden. Zugleich sind die USA auch das Land des Widerstandes gegen unbegrenzte Freiheit für Großunternehmer. Hier wurden die ersten Gesetze gegen Marktbeschränkungen erlassen: 1890 der Sherman Act, 1914 als dessen Weiterentwicklung der Clayton Act.

Ganz anders die Entwicklung in Deutschland. Hier wurden Kartelle und andere Formen der Beschränkung von Konkurrenz nicht nur geduldet, sondern erhielten Rechtscharakter. 1897 erkannte das Reichsgericht Kartellverträge als rechtlich bindend an, sodass auf Erfüllung der Absprachen zur Konkurrenzbeschränkung geklagt werden konnte. Der damals wohl einflussreichste Wirtschaftspolitiker Gustav Schmoller erklärte 1906 vor dem Verein für Socialpolitik: «Ich habe seit langem betont, dass die wirtschaftliche Freiheit nur an bestimmten Stellen Segen bringe, dass nur die maßvolle, da und dort mannigfach regulierte Konkurrenz anregend wirke.»[16]

Die Perspektive, unter der in Deutschland die Wirtschaft betrachtet wurde, war die des Produzenten. Anfang der fünfziger

Jahre wurde das Werben für eine Orientierung am Konsumenten von Sprechern der Wirtschaft als «Konsumenten-Sozialismus» zurückgewiesen. Kartelle waren dann eine Verteidigung legitimer Rechte aus Eigentum, und zu ihrer Kontrolle sei nur auf Missbräuche zu achten. 1933 gab es in Deutschland weit mehr als 2500 Kartelle. Internationale Kartelle wählten gern das Deutsche Reich als Amtssitz wegen seiner Toleranz gegenüber Kartellen. Nach dem Zweiten Weltkrieg hat auch die Bundesrepublik das Verbotsprinzip gegen Kartelle («Gesetze gegen Wettbewerbsbeschränkung» 1957) eingeführt. Es ist dies jedoch nie Teil unserer kulturellen Selbstverständlichkeiten geworden und wird nur halbherzig angewandt.

Auch in heutigen Marktwirtschaften sind Eigentümer-Unternehmer bedeutsam geblieben, aber sie sind nicht mehr strukturbestimmend für moderne Wirtschaften. Eigentümer-Unternehmer gibt es seit den fünfziger Jahren bei uns als häufigen Typus unter zwei Umständen:
– Es entwickelt sich ein neuer Wirtschaftsbereich.
– Ein Wirtschaftssystem ist zerstört und bedarf unternehmerischer Initiativen für den Aufbau.

Ein hervorragendes Beispiel in unseren Tagen für die Bedeutsamkeit des ersten Umstandes ist die Computerbranche. Am zunächst beherrschenden Branchenriesen IBM vorbei – den übrigens Thomas Watson, auch er eine sperrige Persönlichkeit, im Jahr 1914 gegründet hatte –, wurden in den USA die Garagenunternehmer zu Finanzgrößen. Der Entwickler von Microsoft, Bill Gates, und der Motor für den Aufstieg von Oracle, Larry Ellison, sind herausragende Unternehmerpersönlichkeiten im klassischen Sinn.

Die Zeit nach 1945 bot auch in Deutschland Unternehmertypen im Verständnis von Schumpeter angesichts der Totalzerstörungen Spielraum für Entwicklungen, die durch Persönlichkeiten geprägt waren. Max Grundig ist ein Beispiel, Carl W. Borgward ein weiteres. Beide Fälle zeigen aber auch, dass diese Eigentümer-Unternehmer sich in eine andere Form des Kapitalismus einfügen müssen, wenn die Zeiten «normaler» werden.

Die explosionsartige Vermehrung der Verbreitungsmöglichkeiten medialer Inhalte bot dann in den sechziger und siebziger Jahren bei uns wieder einmal Unternehmertypen den Raum zum Aufbau von Medienimperien – wie Axel Springer oder Franz B. Burda, Georg von Holtzbrinck und Reinhard Mohn (Bertelsmann). Sie haben allerdings inzwischen auch Größenordnungen erreicht, die die Anpassung der Entscheidungsstrukturen während der Gründerphasen nun an den «normalen» Kapitalismus ratsam machen.

### Der Kapitalismus der Manager

Es war im Jahre 1932, auf dem Höhepunkt der Weltwirtschaftskrise, als die beiden Autoren Adolf A. Berle (Konzernanwalt) und Gardiner C. Means (Wirtschaftswissenschaftler) ihr Buch über die moderne Großfirma und die Bedeutung des Eigentums veröffentlichten.[17] Auf der Grundlage einer dichten Empirie problematisierten sie einen neuen Abschnitt in der Entwicklung des Kapitalismus: den Kapitalismus der Konzerne («Corporate Capitalism»), der den Industriekapitalismus abgelöst habe.[18]

Bereits in den zwanziger Jahren waren Zweifel aufgekommen, ob der Kapitalismus noch als gesteuert durch Eigentümer-Unternehmer zu verstehen sei. Der amerikanische Soziologe und Publizist James Burnham (1905–1987) hatte darauf verwiesen, dass in sehr vielen Großunternehmen die Manager sich gegenüber den Eigentümern verselbständigt hätten. Das gelte insbesondere für Unternehmen mit Streubesitz an Aktien. Burnham gilt heute allgemein als derjenige, der die These von der Revolution der Manager als Entmachtung der Eigentümer begründet hat.[19] Es tut zur Wirksamkeit dieser These nichts, dass Burnham das weder belegt noch als zukünftige Normalität behauptet hat. Für ihn war die in den zwanziger Jahren beobachtete Trennung von Verfügungsgewalt der Manager und Einfluss der Eigentümer ein vorübergehender Zustand; er werde durch den Normalzustand der Kontrolle von Entscheidungen aufgrund von Eigentum abgelöst. Bezeichnend ist aber, dass sich die Aussage über diesen vorübergehenden Zustand gegenüber dem Autor Burnham verselbständigt hat, weil eben die Wirklichkeit seine Beschreibungen bestätigte.[20] Mit einem Wachsen vieler amerikanischer Unternehmen zu riesigen Komplexen stellte sich für eine Reihe von Ökonomen und Juristen die Frage, ob dies noch als ein System auf der Grundlage von Privateigentum verstanden werden könnte. 1928 hatte der US Social Science Research Council dem Justitiar Adolf A. Berle einen Forschungsauftrag zu diesem Thema erteilt. Als Mitarbeiter gewann Berle den Wirtschaftsprofessor Gardiner C. Means, und beide zeichneten 1932 gemeinsam den Abschlussbericht, der unter der Aufsicht des Universitätsrates für sozialwissenschaftliche Forschung der Columbia-Universität (New York) erstellt wurde. Das Buch erregte im englischsprachigen Bereich größte Aufmerksamkeit, schien es doch zum damaligen Höhepunkt der Wirtschaftskrise eine Erklärung zu geben, warum der vertraute Kapitalismus an sein Ende gekommen sei. In der Folgezeit teilte diese Schrift das Schicksal vieler besonders erfolgreicher Werke: viel zitiert, aber wenig gelesen zu werden. Dabei pflegt sich dann eine Argumentation bis auf (oft vermeintliche) Kernaussagen abzuschleifen. Dies war wohl der Grund, 1991 den Text neu aufzulegen und um sehr ausführliche Kommentare zu ergänzen.

Berle und Means wählen als Ausgangspunkt die bei Adam Smith (1723–1790) – dem «Vater» der Wirtschaftswissenschaften – als selbstverständlich vorausgesetzten Bedingungen: Die Wirtschaftseinheiten sind klein – vielleicht neben dem Eigentümer noch ein paar Hilfskräfte –; Eigentum und Kontrolle über dessen Verwendung fallen zusammen; Reichtum (wealth) bezieht sich auf «handfeste» Dinge. Alle diese Voraussetzungen dafür, dass Märkte die bestmöglichen Ergebnisse zur Folge haben, treffen auf die zeitgenössische Wirtschaft nicht mehr zu.[21] Insbesondere sind heute die beiden entscheidenden Dimensionen des Eigentums – durch eigenes Profitstreben das Wohlergehen des Kollektivs zu riskieren und zugleich für das Ergebnis dieses Riskierens die persönliche Verantwortung zu tragen – voneinander getrennt. «Die meisten Eigentümer ... managen nicht; und die meisten Manager sind nicht Eigentümer.»[22] Diese Kritik ist bis hierhin von heute aus betrachtet in erster Linie ein moralischer Tadel: Wer eine Mehrung oder Minderung kollektiver Wohlfahrt bewirkt – die Manager insbesondere größerer Unternehmen –, haftet nicht für die Folgen; das Wirtschaftsgeschehen ist durch die Trennung von Eigentum und Entscheidung verantwortungslos geworden.

Berle und Means leiten aus solchen Erwägungen ein Programm für eine Wirtschaftsordnung ab, die später zum Teil während der Präsidentschaft von Franklin D. Roosevelt als «New Deal» verwirklicht wurde. Neben der Forderung eines sozialen Netzes für alle Amerikaner steht die Forderung nach einem Gleichgewicht zwischen regulierendem Staat und dem System der Großunternehmen.

Bevor «Shareholder-Value» in der Wirtschaftsjournalistik als alleiniger Maßstab für die Führung von Unternehmen behauptet wurde, argumentierten Wirtschaftstheoretiker in den USA, dass sich im Gegensatz zu den Kapitaleignern die Manager als Treuhänder verstünden, die eine Balance zwischen oft einander widerstrebenden Interessen herzustellen hätten. Nach 1945 wurde auch in den USA die soziale Verantwortung der großen Unternehmen betont, und hiernach hatte der Manager nicht nur zwischen den Aufsichtsgremien der Firma, den Anteilseignern und den Kunden einen Mittelkurs auszumachen, sondern auch sozialen Kriterien zu entsprechen.\* Nach Untersuchungen unter anderem der Harvard Business School waren bei Managern nach 1945 tatsächlich zwei Orientierungen vorherrschend. Die eine ist das Wohl der Firma, so wie die Manager dieses sehen, und dabei hat dann absolute Priorität das Überleben des Unternehmens. Hinzu kommt das Eigeninteresse der einzelnen Manager, was keineswegs im Gegensatz zum Firmeninteresse stehen muss, aber durchaus kann.

Berle und Means haben als Leitbild einen Aktionärs-Kapitalismus, wie er tatsächlich in den USA einmal ausgeprägter war als

---

\* Organisatorischer Ausdruck dieser Versuche einer sozialen Einbindung der Unternehmen waren in den USA u.a. das Committee for Economic Development. In Deutschland entstanden Gruppen, die sich selbst zum Vertreter von Interessen der Entwicklungsländer ernannten und z.B. Kaffeefirmen lobten, wenn sie den Anbauern Preise oberhalb des günstigsten Weltmarktpreises zahlten.

heute und wie er bei uns nie vorherrschte. Tatsächlich wird nach 1945 in den USA ein Manager-Kapitalismus dominant. Und bei diesem ist die Kontrolle des Eigeninteresses von Managern ein Kernproblem. Allgemein kann das formuliert werden als ein Auseinanderfallen von kollektiver (= Wohl des Unternehmens) und individueller Rationalität (= Eigeninteresse). Solange das den Beteiligten nicht deutlich wird, muss das als ein Führungsfehler verstanden werden.[23] Ist das Abweichen des vom Manager verfolgten Eigeninteresses vom Firmenwohl dem Akteur jedoch bewusst, wird damit eine Machtfrage gestellt.[24]

In der wirtschaftswissenschaftlichen Literatur wird das Problem entweder übergangen oder durch hoch abstrakte Formalisierung eskamotiert. Für Letzteres wird gewöhnlich das Modell des «Gefangenen-Dilemmas» herangezogen (Prisoner's Dilemma).[25] Im einfachsten Modell werden zwei Verdächtige in Einzelhaft genommen. Der Staatsanwalt benötigt zur Überführung ein Geständnis – etwa: «Jawohl, ich verfolgte Eigeninteressen» –, ohne das er nicht eingreifen kann. Wenn einer der Verdächtigten den anderen beschuldigt, geht der Kronzeuge straffrei aus; der Beschuldigte erhält die Höchststrafe. Gestehen beide, wirkt das strafmildernd; gesteht keiner, muss auf Strafe verzichtet werden. Das geringste Risiko ist für jeden der Gefangenen, die sich untereinander nicht verständigen können, zu gestehen. Jeder von beiden muss gewärtig sein, dass ohne Absprache untereinander dagegen ein Ableugnen mit höchstem Risiko verbunden ist. Durch Zusatzannahmen z. B. über Strafhöhe oder unterschiedliche Belastung kann das Modell sehr kompliziert werden, aber sachdienlicher zum Erkennen egoistischen Verhaltens wird es dadurch nicht.

## Aufbau –
## Währungsreform und Wirtschaftswunder

Deutschland nach 1945 – der Lebensinhalt vieler war zunächst das bloße Überleben. Weichen für die Zukunft konnten noch nicht gestellt werden. Das wollten zwar auch die Alliierten, aber ihre Pläne waren untereinander nicht abgestimmt und widersprüchlich. Mit dem Marshall-Plan wurde schließlich vorentschieden, dass die Wirtschaftsordnung Westdeutschlands Teil der westlichen Welt sein würde. Aber selbst das war zunächst im wirtschaftlichen Chaos der Nachkriegszeit nicht eindeutig.

Geld war vorhanden: Die Nazis hatten die Notenpresse immer schneller rotieren lassen, um ihren Krieg zu finanzieren. 320 Milliarden Reichsmark waren im Umlauf oder auf Bank- und Sparkonten angelegt; zu kaufen gab es für dieses Geld aber so gut wie nichts. Und mit den Lebensmittelkarten, die die Alliierten in Fortführung des im Dritten Reich eingeführten staatlichen Bewirtschaftungssystems ausgaben, war zeitweilig maximal die Hälfte dessen zu erwerben, was eine zum Überleben ausreichende Ernährung gesichert hätte.[26] Schwarzhändler und Schieber füllten die Lücken aus, aber selbstverständlich war nicht jeder fähig und in der Lage, Nylonstrümpfe in Speisekartoffeln zu tauschen oder Zigaretten – möglichst Chesterfield oder Lucky Strike – gegen viel Papiergeld zu verkaufen. Deutschland war vorübergehend zum Naturalhandel gezwungen. Ein Kleinhändler konnte damit auch nur auf kärglichem Niveau überleben. Wer aber in den oberen Rängen des Schwarzmarktes mitmischen wollte, musste Regeln des Verbrechertums beherrschen. Solchen «Aufsteigern» in die kriminelle Zone sollte später die Rückkehr ins normale Leben nicht mehr ohne Schwierigkeiten glücken.

Das Elend der Zeit zwischen 1944 und etwa 1949 war umfassend. 1947 konnte eine Hungersnot nur durch Hilfslieferungen der Amerikaner abgewendet werden. Die extreme Wohnungsnot und die katastrophale Unterversorgung mit Brennstoff wurden durch den Zustrom von ca. zwölf Millionen Flüchtlingen noch verschlimmert. Friedrich Wilhelm Henning schätzt, dass in den Westzonen die industrielle Produktion auf 30 Prozent des Standes von 1938 abgesunken war.[27] Zusätzlich wurde die Wirtschaftskraft durch Demontagen geschwächt. Das Land war in ein Nebeneinander lokaler Einheiten zerfallen, die sich um Selbstversorgung bemühten – eine Situation nicht unähnlich der in Russland während der letzten Dekade.

Dieses düstere Bild überdeckt, dass es daneben eine Reihe wichtiger Voraussetzungen für die spätere rasante Entwicklung gab. Auch von Zeitgenossen wird unterschätzt, welch gigantisches Kapital die nur beschädigte, aber nicht vernichtete Infrastruktur war. Selbst für eine so stark zerstörte Stadt wie Köln konnte der Wert der Versorgungsleitungen und des Straßennetzes als gleichwertig gegenüber dem Verlust an Gebäudesubstanz geschätzt werden. Das sehr gute Verkehrsnetz des Landes war reparabel, das Geflecht von Institutionen regenerierbar. Das Wissen in den Köpfen und die erlernten Fertigkeiten wirkten weiter, ebenso wie die gewohnten Formen von Kooperation.

«Einem hungrigen Freunde wurde ein Pfund Butter für 320 Reichsmark angeboten. Er nahm sie auf Kredit, weil er so viel Geld nicht hatte. Er wollte sie morgen bezahlen. Ein halbes Pfund bekam seine Frau. Mit dem Rest gingen wir ‹kompensieren›: In einem Tabakladen gab es für das halbe Pfund 50 Zigaretten. Zehn Stück behielten wir für uns. Mit dem Rest gingen wir in eine Kneipe. Wir rauchten eine Zigarette, und das Geschäft war perfekt: Für die 40 Zigaretten erhielten wir eine Flasche Wein und eine Flasche Schnaps. Den Wein brachten wir nach Hause. Mit dem Schnaps fuhren wir auf das Land. Bald fand sich ein Bauer, der uns für den Schnaps zwei Pfund Butter eintauschte. Am nächsten Morgen brachte mein Freund dem ersten Butterlieferanten sein Pfund zurück, weil es zu teuer war. Unsere Kompensation hatte 1 1/2 Pfund

Butter, eine Flasche Wein, zehn Zigaretten und das Vergnügen eines steuerfreien Gewerbes eingebracht», heißt es in einer zeitgenössischen Darstellung.[28]

Der Wirklichkeit der überwiegenden Mehrheit in Deutschland entsprach allerdings eher die folgende Schilderung des Schwarzmarktes: «Gefälschte Raucher- und Zuckermarken, gute Beziehungen zu einem Vetter auf dem Wohnungsamt, unterschlagene Bezugsscheine ..., aus diesen Stoffen wurden die heiteren Geschichten der Schwarzmarktzeit geformt ... Ich habe darüber nie lachen können. Meistens fielen mir rechtzeitig diejenigen ein, für die am Ende nichts zu lachen übrig blieb, die den letzten Goldring schon im Sommer 1946 versetzt hatten und im Hungerwinter 1947 nichts Versetzbares mehr besaßen. An die Kältetoten des Eiswinters habe ich denken müssen und an alle Leute, die nicht mehr die Kraft besaßen, mit dem Rucksack über Land zu reisen. Meiner Belustigung im Wege stand stets auch die Erinnerung an jene Eltern, die ihre letzten Werte zusammenkratzten, um auf dem schwarzen Markt das Wundermittel Penicillin für ihr krankes Kind zu kaufen, und die nur ein wirkungsloses Pulver erhielten. In dem berühmten Film ‹Der dritte Mann› geht es um diese bitterböse Seite der Schwarzmarktzeit. Kein Zweifel, es war eine ernste Zeit ...»[29]

Schwarzhändler, die zum Teil büschelweise Reichsmark gehortet hatten, erlebten mit der Währungsreform ihr Desaster. Nicht nur, dass die Grundlage für den Schwarzmarkt entfallen war; schlimmer war für manchen Schwarzhändler die bürokratische Abwicklung der Umstellung. Die Reichsmark war im Verhältnis 10:1 abgewertet worden. Die Besitzer von Reichsmark hatten den Umtausch in die neue Deutsche Mark zu beantragen, und ab einem Guthaben von mehr als 5000 Reichsmark mussten Unbedenklichkeitserklärungen des Finanzamtes vorgelegt werden. Dies erforderte aber den Nachweis, wo denn das Geld verdient worden war. Verständlicherweise zog so mancher Schwarzhändler es vor, sein Bündel an Reichsmark lieber zu vernichten, als sich peinlichen Fragen auszusetzen.[30]

Inzwischen war deutlich, dass die Grenze zwischen dem sowjetisch besetzten Teil Deutschlands und den drei westlichen Besatzungszonen eine Trennung zwischen zwei Regimen war. Zugleich war eindeutig, dass das Nachkriegschaos zu einem Ende kommen musste, wobei eine gesunde Währung Voraussetzung für eine geordnete Wirtschaftsentwicklung war. Die Notwendigkeit der Währungsreform war nicht strittig, die Art ihrer Durchführung jedoch sehr. Deutsche Politiker wollten die Reform der Währung verbinden mit einer tief greifenden Sozialreform. Durch einen «Lastenausgleich» sollte die Zufälligkeit, mit der in der Bevölkerung die Kriegsschäden zu tragen waren, korrigiert werden. Die Alliierten, insbesondere die Amerikaner, hielten von einem solchen Experiment in sozialer Gerechtigkeit allerdings nichts.

Am 20. Juni 1948 war der Währungsschnitt als bloße Geldreform schlagartig durchgeführt. Mit der Währungsreform geschah etwas, was den Zeitgenossen als Wunder erschien: Es gab gegen gutes Geld auch gute Ware zu kaufen. Im Wortsinne über Nacht füllten sich die Regale der Geschäfte. Damit wurde die Zuteilung von Waren über Berechtigungsscheine («Bezugsscheine», Lebensmittelkarten) überflüssig. Die Nachfrage wurde wieder durch die Verfügbarkeit von Geld geregelt.

Jetzt wurde Deutschland auch zum Nutznießer des sich bald verschärfenden «Kalten Krieges». War nach 1918 die Politik der beiden Siegerstaaten Frankreich und England auf ein Niederhalten Deutschlands ausgerichtet, so sorgte nach 1947 vor allem die US-Regierung für eine möglichst rasche Wiederherstellung der Wirtschaftskraft Deutschlands. Zwar erhielt der Westen des geteilten Deutschlands relativ zur Bevölkerungszahl wesentlich weniger Wirtschaftshilfe (über den Marshall-Plan) als Frankreich, aber angesichts des Kapitalmangels im Westen war diese Hilfe doch ein wesentlicher Umstand für das rasche Wachstum nach 1945.

Ursprünglich verstand sich die Militärregierung als Instrument der Bestrafung Deutschlands mit dem Auftrag, die Strukturen umzubauen, die als verantwortlich für die Entstehung des Nationalsozialismus verstanden wurden. Mit großem bürokratischen Aufwand wurde ein Programm der Entnazifizierung begonnen. Etwas mehr als zwölf Millionen Deutsche wurden in solchen Verfahren überprüft, zunächst ca. 1,5 Millionen aus Ämtern entfernt und Wirtschaftsriesen in Teile zerlegt. Aber insgesamt erwiesen sich die überkommenen Strukturen als zählebig, und das galt besonders für die Netzwerke von Personen in Führungsstellungen.

Als wichtiger Förderer der Nationalsozialisten in der Wirtschaft galten die IG Farben. Mit einer als beispielhaft gemeinten Order wurde dieser gigantische Konzern von den Militärregierungen für Westdeutschland aufgelöst; die drei größten Nachfolger, Hoechst, Bayer und BASF, blieben in der Folgezeit selbständig und verfolgten unterschiedliche Firmenpolitiken. Anders verlief es nach der Zerschlagung der drei deutschen Großbanken, die von den Siegermächten alle als Förderer des NS-Regimes eingestuft wurden.

«Keine Großbank verschrieb sich Nazi-Deutschland stärker als die Dresdner Bank ... Die beherrschende Stellung, zu der sie in den zwölf Jahren der Nazi-Herrschaft aufstieg, resultierte aus ihrer skrupellosen Ausnutzung aller Bereicherungsmöglichkeiten, die das Nazi-Regime ihr bot, zunächst innerhalb Deutschlands, später in allen eroberten Ländern Europas», heißt es im OMGUS-Bericht der US-Militärregierung über die Rolle der Banken im Nationalsozialismus.

Die Dresdner Bank vergrößerte sich erheblich durch die «Arisierung» jüdischen Wirtschaftseigentums, wobei KZ-Häftlinge unter Todesdrohung ihren Besitz an die Dresdner übereignen mussten. Die Dresdner führte das Konsortium, das die «Hermann Göring Werke» finanzierte. In Vorstand und Aufsichtsrat saßen SS-Führer. Zusammenfassend kommt der Bericht zu dem Schluss, Vorstand, Aufsichtsrat und leitende Mitarbeiter seien «Kriegsverbrecher, die von wichtigen Positionen im politischen und wirtschaftlichen Leben Deutschlands zu entfernen und für die Zukunft davon auszuschließen» seien.[31]

In Bezug auf die Deutsche Bank kam der OMGUS-Bericht ebenfalls zu dem Schluss, dass alle verantwortlichen Mitarbeiter als Kriegsverbrecher vor Gericht zu stellen und von der Übernahme verantwortlicher Positionen in Wirtschaft und Gesellschaft auszuschließen seien. Auch die Commerzbank wirkte massiv an der Rüstungsfinanzierung des NS-Staates mit; auch ihren Fortbestand wollten die Alliierten nach dem Krieg verhindert wissen.

1952 wurde verfügt, Deutsche Bank, Dresdner Bank und Commerzbank seien in Einzelinstitutionen aufzulösen. Bereits 1957 jedoch fusionierten die früheren Teile der Deutschen Bank wieder und im gleichen Jahr auch die der Dresdner Bank. 1958 folgten die Teile der früheren Commerzbank. Die alten Strukturen hatten sich nach nur fünf bis sechs Jahren wieder durchgesetzt.

Sehr wenig bewirkte auch der Entschluss, die Helfer des NS-Regimes und selbst Kriegsverbrecher aus dem deutschen Management zu entfernen. Exemplarisch für die Kontinuität des Personals auf den Führungsebenen ist Hermann Josef Abs, der bereits 1937 in den Vorstand der Deutschen Bank berufen und später Sprecher des Vorstands wurde. Bereits 1951 wurde Abs Leiter der Delegation, die 1953 das Londoner Schuldenabkommen vereinbaren konnte. Abs häufte als neuerlicher Vorstandssprecher der Deutschen Bank in der Folgezeit so viele Aufsichtsratsmandate auf seine Person, dass der Bundestag eine «Lex Abs» zur Begrenzung der Zahl von Mandaten erließ, die eine einzelne Person gleichzeitig ausüben durfte. Immerhin war Abs noch 1993 Ehrenvorsitzender der Aufsichtsräte von acht der hundert damals bedeutendsten deutschen Unternehmen.

Dass die Entnazifizierung des Leitungspersonals der deutschen Wirtschaft durchweg misslang, ist im Nachhinein betrachtet nicht verwunderlich. Die Entnazifizierung gelang ja auch in anderen Lebensbereichen für die Führungsebene nicht. Auf Dauer waren nur einige hunderttausend in ihren Karrieren behindert; hauptsächlich waren dies Personen in eher nachgeordneten Stellungen. Professionen wie Richter oder Chefärzte erwiesen sich jedoch als Schutz- und Trutzgemeinschaft, ungeachtet auch eigener interner Streitigkeiten. Führende Juristen und eine Großzahl der KZ-Ärzte, die an lebenden Menschen experimentiert hatten, blieben unbehelligt. Für uns ist der wichtigste Grund hierfür der Korporatismus als bestimmendes Element der deutschen Sozialstruktur. Hier decken sich die Leitungspersonen eines Lebensbereichs gegenüber Außenstehenden gegenseitig, selbst wenn sie intern einander feindselig gegenüberstehen.

Darüber später mehr. Hier sei nur als Faktum festgehalten, dass es auf der Leitungsebene größerer deutscher Unternehmen Kontinuität gab, dass also der Systemwechsel keine Elitetransformation zur Folge hatte. Auch in der DDR konnten hohe Nazis im SED-Regime Karriere machen. Die Brauchbarkeit erwies sich für das neue Regime als wichtiger als moralische Maßstäbe.[32]

Bis zum Jahr 1970 hatten dann schließlich deutsche Gerichte gegen 12900 Personen wegen der Anschuldigung von Kriegsverbrechen Verfahren eröffnet. 5200 davon erhielten Gefängnisstrafen, 26 auf Lebenszeit.[33] Als Verfolgung individueller Vergehen war die Entnazifizierung wohl überwiegend nicht sehr erfolgreich, aber zur Delegitimierung des NS-Staates und seiner Ideologie war sie sicherlich notwendig und dennoch geglückt.

## Die Bundesrepublik entsteht

Mit der Währungsreform und der Einführung von Märkten eröffneten sich für die deutschen Unternehmer und Politiker wieder eigene Gestaltungsräume. Vieles am heutigen Gesellschafts- und Wirtschaftssystem ist allerdings nicht «gestaltet» im innovativen Sinne, sondern eine Weiterführung früherer Entwicklungen, zum Beispiel die Art des Städtebaus, das Justizwesen, das duale System der Ausbildung und generell die korporatistische Organisation unserer Formen des Zusammenwirkens. Manches Neue entstand erst im Laufe der Zeit, ergab sich wie von selbst – wie Veränderungen im Führungsstil und im Umgang mit dem neuen Phänomen «Freizeit» oder auch das Parteiensystem. Wichtige Entscheidungen fielen jedoch in den ersten zehn Jahren der Bundesrepublik auch als absichtsvolles Wollen.

Da ist zunächst die Mitbestimmung zu nennen. Ob man sie schätzt oder in ihr eine Bremse für Handeln aus wirtschaftlicher Vernunft sieht – sie ist ein Grundelement unserer Wirtschaftsordnung, wenn sie auch vielen heute als Hemmnis für ausländische Investitionen erscheint. Aber damals war sie unvermeidlich. Bereits in den zwanziger Jahren hatte der Wirtschaftspolitiker Fritz Naphtali die Mitbestimmung als «dritten Weg» zwischen Kapitalismus und

Sozialismus den deutschen Gewerkschaften anempfohlen, und in diesem Sinne wurde sie auch 1951 in der Montanindustrie durchgesetzt – nämlich als Kompromiss zwischen den damals auch im Westen florierenden Forderungen nach Sozialisierung und der Beibehaltung einer Eigentümerordnung. In abgemilderter Form, nämlich als formell verfasster Korporatismus, wurde sie dann ziemlich flächendeckend 1952 als «Betriebsverfassungsgesetz» eingeführt und wirkt seitdem als Einbindung der Gewerkschaften in die Wirtschaftsordnung.

Eine bedeutende Erfindung war die Entwicklung eines Alterssicherungssystems, mit dem die Rentner an der Wohlstandsentwicklung der im aktiven Berufsleben Stehenden beteiligt wurden. Das ist der Sinn der Formel von der «dynamischen Rente», die 1957 Gesetz wurde. Dass diese Rentenreform die Finanzierung im Umlageverfahren vorsah, war unter den damaligen Bedingungen nicht wirklich strittig. Durch die Vernichtung aller Rücklagen des Sozialversicherungssystems kam ein Kapitaldeckungsverfahren zunächst nicht in Frage.

Neben dieser bedeutenden Reform nach den Plänen von Wilfried Schreiber, Professor an der Universität zu Köln und zuvor Geschäftsführer des Bundes Katholischer Unternehmer, wurde allerdings versäumt, das deutsche System der Gesundheitsversorgung umzustellen. Dessen Kern ist das Sachleistungsprinzip, finanziert von Arbeitnehmern und Arbeitgebern und mit den Ortskrankenkassen als organisatorischem Kern. Alle Versuche seither, dieses als Versorgung der Armen ersonnene System der heutigen Situation anzupassen, sind gescheitert – und das zeigt: Tief greifende Reformen sind bei uns nur nach katastrophenartiger Zuspitzung einer Situation möglich. Genutzt wurde eine solche Situation 1949, als sich das erste Kabinett Adenauer auf eine neue Wirtschaftsordnung festlegte: die «soziale Marktwirtschaft».

Ludwig Erhard hatte mit dem Wagnis Währungsreform zugleich eine für Deutschland völlig neue Grundkonzeption der Wirtschaftspolitik angekündigt. Was das bedeuten sollte, erläuterte Erhard auf einem Parteikongress der CDU am 28. August 1948 so: «Nicht die freie Marktwirtschaft des liberalistischen Freibeutertums einer vergangenen Ära, auch nicht das ‹freie Spiel der Kräfte› und dergleichen Phrasen, ... sondern die sozial verpflichtete Marktwirtschaft, die das einzelne Individuum wieder zur Geltung kommen lässt, die den Wert der Persönlichkeit obenan stellt und der Leistung dann aber auch den verdienten Ertrag zugute kommen lässt, das ist die Marktwirtschaft moderner Prägung.»[34]

Für viele, die wirtschaftspolitisch tätig sind, übrigens auch auf Staatssekretärs- und Ministerebene, ist offenkundig heute nicht mehr deutlich, was mit diesem Modell gemeint war. Die Konzeption der sozialen Marktwirtschaft war aus einer Kritik am nationalsozialistischen Wirtschaftssystem entstanden – so wie es seit etwa 1936 formuliert wurde. Es ist heute weitgehend vergessen, was dies für ein System war. Auf der Grundlage von Vier-Jahres-Plänen der Reichsregierung wurden für die einzelnen Wirtschaftsbereiche und innerhalb dieser für die einzelnen Wirtschaftseinheiten Planziele vorgegeben. Aufgrund dieser Vorgaben mussten die Leiter der Betriebe Materialanforderungen formulieren und aufgrund eines vorgeschriebenen Kalkulationsschemas (der LSÖ) gewünschte Preise nennen. Hohe Beamte («Reichswirtschaftsführer») entschieden dann, welche Preise akzeptierbar seien, und verfügten die Materialzuteilungen. Dieses Vorgehen und insbesondere die Kalkulation richteten sich nach den Usancen bei der Vergabe von öffentlichen Aufträgen. Die Kapitalbesitzer und Manager konnten auf die benötigten Kosten eine Rente von sechs Prozent für sich aufschlagen. Damit wurden die Eigner und Manager zu Rentiers, während die Wirtschaft nach politisch gesetzten Prioritäten ohne Märkte gesteuert wurde. Dieses Wirtschaftssystem nannte Walter Eucken eine «Zentralverwaltungswirtschaft».

Aus der Kritik Euckens an der prinzipiellen Fehlerhaftigkeit von Zentralverwaltungswirtschaften leitete Alfred Müller-Armack seine Konzeption von sozialer Marktwirtschaft ab. Damit grenzt er das für die Bundesrepublik später verbindlich werdende Wirtschaftssystem von einem Laisser-faire-Liberalismus einerseits und von staatlicher Wirtschaftslenkung andererseits ab.

Soziale Marktwirtschaft[35] heißt dieses System, weil die Einzelentscheidungen auf Märkten fallen, aber innerhalb von Randbedingungen, die nach sozialen Kriterien gesteuert werden. In einer sozialen Marktwirtschaft müssen die Marktergebnisse sozial nützlich sein – ja, das ganze ausdifferenzierte Wirtschaftssystem ist nur durch seine insgesamt gegebene soziale Nützlichkeit legitimiert. Durch die Steuerung über Randbedingungen soll ein Ausgleich zwischen dem Ergebnis wirtschaftlicher Freiheit und der Zielsetzung sozialer Sicherheit geschaffen werden.

Wie schon in den frühen dreißiger Jahren der *New Deal* in Amerika – insbesondere unter dem Eindruck der Weltwirtschaftskrise – folgte auch Müller-Armack der Vorstellung, dass ein unregulierter Kapitalismus sich selbst zerstören muss. Wettbewerb als hohes Prinzip einer solchen freien Wirtschaft ist immer nur für die Mitkonkurrenten wünschenswert, für den im Konkurrenzkampf Stehenden selbst aber höchst unangenehm. Ein Kartellverbot muss erreichen, dass Absprachen über die Einschränkung von Marktmechanismen unterbleiben. Das ist in Deutschland, einem klassischen Land der Kartelle, besonders wichtig gewesen und war Sinn des Kartellgesetzes. Manche Kartelle haben sich trotzdem gehalten. So lag noch bis in unsere Tage hinein die Versorgung mit Elektrizität in der Hand eines Monopolkartells. Und auch die Flächentarifverträge zwischen Gewerkschaften und Arbeitgeberverbänden sind in wirtschaftlicher Beurteilung nichts anderes als Gebietskartelle.

Soziale Elemente sollte die Marktwirtschaft nach Müller-Armack und seinen Unterstützern durch einen progressiven Steuertarif erhalten, der zu einer Korrektur der so genannten ersten Einkommensverteilung führen sollte. Mit Mindestlöhnen intervenierte der Staat in die Lohnpolitik. Mit der dynamischen Rente wird erreicht, dass auch die aus dem Erwerbsleben Ausgeschiedenen am wirtschaftlichen Fortschritt teilhaben.

Die soziale Marktwirtschaft hatte Ludwig Erhard politisch im Handstreich durchgesetzt. Erst später freundete sich die CDU als Partei mit ihr richtig an, als sie nach erheblichen Anfangsschwierigkeiten zum Erfolgsmodell wurde. In der Union waren damals auch Gruppierungen und Persönlichkeiten einflussreich, die durch ständestaatliche wie sozialistische Vorstellungen («Herz-Jesu-Sozialisten» des Ahlener Programms) bestimmt wurden. Ab dann erwies sich wieder einmal: Nichts ist erfolgreicher als der Erfolg.

Nach Kriegsende war das Bruttoinlandsprodukt auf das Niveau von 1908 abgesunken. In nur drei Jahren nach der Währungsreform 1948 wurden die Vorkriegsniveaus 1914 bzw. 1938 wieder erreicht.[36] Zu diesem Aufschwung hatte erheblich der Marshall-Plan beigetragen, aus dessen Mitteln von 1948 bis 1952 rund drei Milliarden DM nach Deutschland geflossen waren.[37] Allein ausschlaggebend für den Erfolg waren diese Hilfeleistungen allerdings nicht: Unter den Empfängerländern in Westeuropa stand Westdeutschland an vierter Stelle, ohne dass es in Frankreich und Großbritannien, die weit mehr Gelder erhielten, zu einem vergleichbaren Schub gekommen wäre. Christian Graf Krockow ist zuzustimmen, wenn er davon spricht, Arbeit habe die Trauerarbeit ersetzt[38], die die Überlebenden nach dem Zusammenbruch Deutschlands hätten leisten müssen. Insbesondere der Schock, den die Schreckensbilder der Leichenberge in den Vernichtungslagern und ihrer fast verhungerten befreiten Gefangenen auslösten, hatten bei vielen das Gefühl aufkommen lassen, Deutschland stehe auf verlorenem Boden. Dass die Bundesrepublik als Besiegter im Zweiten Weltkrieg so schnell – wenn auch hauptsächlich aus außenpolitischen Gründen wegen der Bedrohung des Westens durch den entstehenden kommunistischen Ostblock – in die westliche Wertegemeinschaft aufgenommen wurde, dürfte für den einsetzenden Wiederaufbau wichtigere Impulse gegeben haben als das aus Amerika fließende Geld.

Unmittelbar nach der Währungsreform war das Wirtschaftswachstum – wie von Erhard vorausgesagt – tatsächlich sprunghaft angestiegen. Aber das erst sehr viel später so genannte deutsche Wirtschaftswunder sollte sich nicht so gradlinig vollziehen, wie es den Nachgeborenen heute erscheinen mag. Mit dem Währungsschnitt waren die Preise für Konsumgüter in die Höhe geschnellt, während Löhne und Gehälter der Arbeitnehmer eingefroren blieben. Die vielerorts verbreitete naive Hoffnung, mit der Ausgabe eines gleichen Betrages an alle am Tage der Währungsreform – 40 DM sofort, 20 DM später – gehe auch eine Nivellierung der Einkommen einher, musste schnell der Erkenntnis weichen, wie sehr sich im Gegenteil die Schere zwischen Durchschnitts- und Spitzeneinkommen immer weiter öffnete. Die Stimmung brodelte. Im November 1948 legte in der Bizone ein eintägiger Generalstreik gegen die soziale Marktwirtschaft das Wirtschaftsleben erst einmal lahm. Noch im Dezember 1948 gelang es dem Wirtschaftsrat und der damaligen Bank Deutscher Länder – die Vorgängerin der Deutschen Bundesbank –, die Lage an der Preisfront zu beruhigen, indem der Lohnstopp aufgehoben und die Preise – insbesondere durch die Beschränkung der Geldmenge und der Kreditmöglichkeiten – gesenkt wurden. Weiterhin bedrohlich blieb dagegen die Lage auf dem Arbeitsmarkt. Im März 1950 lag die Arbeitslosenquote bei 12,2 Prozent.[39] Erst 1951/52 zeichnete sich ab, dass es in den Westzonen zu dem «Wirtschaftswunder» kommen könnte.

Noch rollte aber – seit 1950 bis 1954 – eine erste Konkurswelle durch die junge Bundesrepublik und ließ den einsetzenden Aufschwung für kurze Zeit erneut fraglich werden: Etliche Neukaufleute scheiterten am Markt. 1950 mussten im Durchschnitt pro Monat 455 Firmen Konkurs bzw. ein Vergleichsverfahren anmelden; bis 1954 blieb die Zahl der Insolvenzen insbesondere aus der Textil- und Lebensmittelbranche jeweils über 400. In dieser Zeit stiegen parallel die Verluste der Gläubiger drastisch: Lagen sie 1950 noch bei jährlich 211 Millionen DM, so hatten sie sich bis 1954 auf 484 Millionen DM mehr als verdoppelt. Die Konzeption der sozialen Marktwirtschaft rechtfertigte sich durch den Erfolg des «Wirtschaftswunders», das für jedermann sichtbar erst mit dem Jahr 1955 einsetzte: Jahr für Jahr brachen weniger Unternehmen zusammen; Anfang der sechziger Jahre hatte sich die Zahl der Zusammenbrüche in etwa halbiert.[40]

Diese frühen Jahre der Bundesrepublik Deutschland werden im Klappentext zu dem in den späten fünfziger Jahren zum Bestseller avancierten Buch des Wirtschaftshistorikers Kurt Pritzkoleit, «Wem gehört Deutschland», euphorisch so beschrieben: «Die Schornsteine rauchen in Westdeutschland wie nie zuvor, die Räder der Fördertürme drehen sich unausgesetzt, das Neonlicht in den Fabriksälen erlischt nicht mehr, der Strom der Automobile, der sich durch unsere Städte ergießt, kann von den Straßen kaum noch aufgenommen werden; in den entlegensten Heide- und Waldgebieten entstehen Reihen neuer Häuser; die Arbeitskraft ist schon so knapp geworden, dass die Kapazität vieler Bergwerks- und Fabrikanlagen nicht mehr voll ausgenützt werden kann – und die Preise steigen ungeachtet aller tönenden Reden und schönen Gesten, die den unwiderstehlichen Inflationismus dieser Entwicklung zu beschwören trachten.»[41]

Nach dem Zusammenbruch des Dritten Reiches war zunächst offen, womit sich die Deutschen in der neu gegründeten Bundesrepublik Deutschland identifizieren würden. Die unmittelbare Gegenwart der Nachkriegszeit jedenfalls bot wenig Attraktives. Als es beispielsweise im Winter 1945/46 und im Frühjahr 1947 zu der katastrophalen Ernährungssituation kam, gleichzeitig auch die Versorgung mit Kohle und Fensterglas unzureichend war, meinten viele, unter Hitler sei es «uns besser gegangen».[42] Die Ideologie und die Repression im NS-Staat wurden demgegenüber weitgehend verdrängt. Noch im Jahr 1951 – zu einem Zeitpunkt, zu dem die Bundesrepublik noch defizitär war und es zu den häufigen Zusammenbrüchen junger Unternehmen kam – verstand eine beachtliche Anzahl befragter Wähler den NS-Staat als Wohlfahrtsstaat.

Ähnlich verhielt es sich mit den Vorstellungen im Jahre 1950 über die maßgeblichen Gründe für die «Machtergreifung» der Nationalsozialisten 1933. Mehrheitlich wurde das Versagen der Weimarer Republik vor den wirtschaftlichen und politischen Problemen genannt. Nur etwas mehr als ein Viertel der Befragten führte den Wahlerfolg darauf zurück, dass die Wähler von den Aussagen der Nationalsozialisten angezogen worden waren.[43] Erst nach dem Jahre 1953 verblasste die Anziehungskraft des «Dritten Reichs» als Wohlfahrtsstaat.

Der Zeitpunkt, zu dem die Bundesdeutschen ihre Lage erstmals besser als in den Vorkriegsjahren einschätzten, lag um etwa 1958.[44] 1957 war es mit der Kontroverse um den NATO-Beitritt der Bundesrepublik zur endgültigen Orientierung am «Westen» gekommen. Etwas vergröbernd kann diagnostiziert werden, dass erst mit dem Mauerbau 1961 durch das SED-Regime in der DDR die Identifizierung der Deutschen in der Bundesrepublik mit ihrem Staat selbstverständlich wurde.[45] Zugleich konsolidierte sich die DDR.

Während der Zeit, die den Namen «Wirtschaftswunder» erhielt, wurden tatsächlich die schwersten Belastungen der Bevölkerung beseitigt und durch einen bescheidenen Wohlstand ersetzt. Die Wohnungsnot war unter Kontrolle, Vollbeschäftigung wurde erreicht, das soziale Netz weiter ausgebaut. Betrug 1950 die Wohnfläche pro Person 15 Quadratmeter, so waren es 1961 20 Quadratmeter (heute über 40 Quadratmeter).[46] Das Durchschnittseinkommen lag netto etwas über 800 DM, und es gab bereits einen bescheidenen Dispositionsbetrag als Voraussetzung für eine anschließende Kaufwelle von Ausstattungsgütern.[47] All dies war wichtig für den sozialen Frieden, der dieses Land vor Nachbarn wie Italien oder Frankreich auszeichnete.

Sehr bewusst wurde Ordnungspolitik im Sinn der sozialen Marktwirtschaft betrieben. Die Marktwirtschaft war im Prinzip zwar akzeptiert, angesichts eines erheblichen Anteils von Staatsbetrieben und weiter bestehenden Kartellen aber als ein für Deutschland fremdes System erst unvollkommen umgesetzt. Da half der hohe Exportanteil, durch den Betriebe und Management scharfem internationalen Wettbewerb ausgesetzt waren. Entgegen den Verhältnissen nach dem Ersten Weltkrieg konnten nach dem Ende des Zweiten Weltkrieges Handelshemmnisse beseitigt werden. Die Bundesrepublik nutzte diese Chance, indem sie ihren Export ausbaute. Die Situation ähnelte der Japans: Dort gingen die internen Wettbewerbsbeschränkungen noch viel weiter als bei uns, während sich die wirtschaftliche Dynamik aus der Exportoffensive des Landes speiste.

Wirtschaftspolitik als Ordnungspolitik wirkte in der Landesplanung bei der Entwicklung der mittelständischen Wirtschaft. Die Ansiedlung neuer Betriebe in so genannten wirtschaftsschwachen Räumen wurde gefördert. Beispiele sind die beiden Firmen des feindlichen Brüderpaars Dassler: Puma und Adidas. Wer kennt schon die Mittelbetriebe Beru (Zündanlagen für Dieselmotoren), Heinkel (Spindelzentrifugen) oder Edscha (Verdecksysteme für Cabrios)? Alle diese Mittelbetriebe stiegen in ihren Geschäftsbereichen zum Weltmarktführer auf. In den Jahren des Neubeginns wurden die strukturellen Voraussetzungen für diese dezentrale Struktur der deutschen Wirtschaft geschaffen. Seither hat allerdings, beginnend in den frühen siebziger Jahren mit der Regierung Brandt, zunehmend Industriepolitik die Orientierung an der Ordnungspolitik der Marktwirtschaft ersetzt.

### Andere Zeiten – andere Pleiten

Keine Zeit raschen wirtschaftlichen Wandels ohne größere Pleiten! Das gilt auch für die Wirtschaftswunderzeit. Die Art der Pleiten sagt dabei viel aus über die Systembedingungen für die Wirtschaft. Die spektakulären Pleiten dieses Zeitabschnitts «Wirtschaftswunder» seien als Nachkriegspleiten etikettiert, weil hier noch die Art der Führung von Unternehmen erkennbar ist, wie sie in Deutschland Tradition hatte. Andere Zeiten – andere Pleiten, wie wir später sehen werden.

Die Schicksale der Unternehmer Hugo und Otto Stinnes, Carl Borgward und Willy Schlieker, um die es in den folgenden Kapiteln geht, haben bei aller Unterschiedlichkeit dennoch gravierende Gemeinsamkeiten: Das ist zum einen ihr autoritärer Führungsstil, der die Hinzuziehung gleichrangiger Berater erschwert, und zum anderen die Leichtfertigkeit, mit der sie sich über die Regeln einer langfristigen, abgesicherten Finanzierung ihrer Unternehmen hinwegsetzten. Beides hängt naturgemäß zusammen. Der *Volkswirt* hatte seinerzeit daraus den Schluss gezogen: «Der Einzelne kann die Verantwortung allein kaum tragen, auch wenn das die Rechtsform des Unternehmens und seine Statuten vorsehen. Sprunghafte Änderungen in der industriellen Fertigungstechnik und auf dem Markt können die persönlichen Erfahrungen wertlos und das angeborene unternehmerische Geschick fragwürdig erscheinen lassen. Die Zeit der ‹geborenen Geschäfts-Genies› ist vorbei!»[48] Wir beginnen die Auseinandersetzung mit den deutschen Pleiten in einer Zeit, in der die «Patriarchenthrone» zu wackeln begannen.

## *Stinnes: Eine Dynastie enteignet sich selbst*

Bis in die sechziger Jahre des vergangenen Jahrhunderts galten profilierte Unternehmerpersönlichkeiten als die eigentliche Triebfeder eines Kapitalismus, der keine Grenzen des Wachstums zu kennen schien. Einer der weltweit bedeutendsten Archetypen eines Industriellen aus der Gründerzeit in Deutschland war Hugo Stinnes (der Ältere). Nach den Schilderungen seiner Zeitgenossen dürfte er die schillerndste und auch facettenreichste Persönlichkeit unter den legendären Firmengründern des ausgehenden 19. und beginnenden 20. Jahrhunderts gewesen sein. Der großen Pleite in den sechziger Jahren, in welche die Brüder Hugo und Otto Stinnes aus persönlicher Feindschaft hineinschlitterten, war eine beispiellose Erfolgsstory ihres Vaters vorausgegangen, die freilich schon in den zwanziger Jahren im Ruin hätte enden können.

Hugo Stinnes, heute als «der Ältere» erinnert, entstammte der dritten Generation einer Familie, die im Kohlenrevier mit Handel, Schifffahrt und Bergbau groß geworden war und der unter anderem die Zechen Victoria Mathias und Mathias Stinnes gehörten. Schon als 23-Jähriger ging Stinnes auch eigene Wege, indem er 1893 zuerst seine Stammfirma «Hugo Stinnes OHG» in Mülheim gründete und in der Folge unermüdlich sein umfassendes schwerindustrielles Imperium aufbaute. Bewusst scheint er dabei an der Legende gestrickt zu haben, sein Vermögen von gerade 50 000 Mark habe ihm hierfür die Basis geboten; denn das stärkte sicher sein Ansehen als zupackende Gründerpersönlichkeit mehr, als wenn er auf die ihm reichlich zufließenden Erträge aus der Familienfirma aufmerksam gemacht hätte.

Den wirtschaftlichen Durchbruch im Kaiserreich erzielte Hugo Stinnes d. Ä., als es ihm gelang, aus einer verkrachten AG einen führenden Konzern, die «Deutsch-Luxemburgische Bergwerks- und Hütten-AG», kurz «Deutsch-Lux», zu formen, die durch seinen geschickten Aufkauf wertvoller Unternehmungen bald zum «Inbegriff rastloser Expansion und gewagter Börsenmanöver»[49] werden sollte.

Zu seinen bedeutenderen Firmengründungen während dieser Sturm- und Drangzeit zählt die «Hugo Stinnes GmbH», deren Reederei- und Kohlenhandelsgeschäft sich über ganz Europa erstreckte. Ein weiteres Vermögen erwarb sich Stinnes mit Grundstücksspekulationen in Essen und Berlin-Moabit. Schon damals wurde ein Charakterzug Stinnes' auffällig, der sich in den Zeiten von Krieg und Inflation immer stärker herausbildete: «Wie manche Kinder keinen Tortenrest, manche Männer keine hübsche Frau stehen lassen können, so kann Stinnes kein Geschäft stehen lassen. Jedes, auch wenn's einem anderen gehört, will er, möglichst billig, mitnehmen», war das verächtliche Urteil Albert Ballins, des Generaldirektors der Hapag (der Hamburg-Amerikanischen Paketfahrt-Actien-Gesellschaft) und Sohn eines jüdischen Auswandereragenten[50], über seinen Konkurrenten Stinnes. Diesem wiederum fiel für Ballin das antisemitische Schimpfwort «Wasserjude» ein.[51]

Stinnes hat Spuren hinterlassen, die noch heute in der Bundesrepublik von prägendem Einfluss sind. Hierzu gehört seine wohl wichtigste wirtschaftliche Leistung vor dem Ersten Weltkrieg, die ihm zugleich den Respekt auch des politischen Gegners eintrug: Das war seine Mitwirkung an dem 1898 gegründeten Rheinisch-Westfälischen Elektrizitätswerk (RWE). Ideenreich verstand Stinnes es, seine eigenen Interessen mit politischer Rückendeckung durchzusetzen. Schon im Kaiserreich kam ihm sein ausgeprägter politischer Instinkt dafür zugute, wie sich maßgebliche Gesprächspartner aus Wirtschaft und Politik in seinem Sinn manipulieren ließen – insbesondere, indem er deren eigenes Machtstreben zu bedienen wusste.

Georg Siemens schilderte das Verhandlungsgeschick Stinnes' wie folgt: «Im westlichen Teil (des Ruhrgebiets) hatte das ‹Rheinisch-

Westfälische Elektrizitätswerk›, zunächst die typische Gründung einer Fabrikationsfirma ..., ein Kraftwerk in Essen gebaut, und zwar auf Betreiben von Hugo Stinnes ... unmittelbar neben der Zeche Victoria Mathias, die seinem Vetter gehörte und für die er die Geschäfte als Grubenvorstand führte. Von dieser Zeche verkaufte er dem benachbarten Werk nicht etwa die Kohlen, sondern gleich den Dampf, den er in eigenem Kesselhaus erzeugte, um dem Kohlensyndikat bezüglich der sonst fälligen Syndikatsabgabe für verkaufte Kohle ein Schnippchen zu schlagen. Da die rasche Ausdehnung des Werks bald die finanziellen Kräfte der Gründergesellschaft zur Zeit der großen Krise überstieg, erwarb Stinnes zusammen mit seinem Freunde August Thyssen die Aktienmehrheit, wurde Aufsichtsratsvorsitzender und verstand es nunmehr, erst die Nachbarstädte und Landkreise und dann immer weitere Bezirke für eine einheitliche Stromversorgung zu interessieren, indem er ihnen Aktienbeteiligungen anbot und Sitz und Stimme im Aufsichtsrat einräumte. So entstand der Typ des gemischtwirtschaftlichen Unternehmens, in dem die öffentlichen Interessen geschickt mit dem Expansionsdrang des privaten Unternehmens gekuppelt wurden.»[52]

Bei der Entwicklung der RWE bestimmte eine Besonderheit die politische Wirkung des Zusammenschlusses. Hier wurde getrennt zwischen dem Mehrfachstimmrecht einer Aktie und den aus der Zahl der Aktien folgenden Stimmen. Praktisch bedeutete dies, dass die Kommunen durch den Verkauf von Anteilen mit einfachem Stimmrecht Vorteile ziehen, sich zugleich aber bis in die jüngste Vergangenheit durch das Mehrfachstimmrecht der verbleibenden Aktien eine etwa 80-prozentige Stimmenmehrheit sichern konnten. Sitze in den Aufsichtsgremien von RWE waren für Kommunalpolitiker mit die angenehmste Belohnung für ihre politische Tätigkeit. Da die Kommunalpolitiker des Ruhrgebietes in der SPD ein Machtzentrum sind, hatte so Stinnes den Grundstein für einen großen politischen Rückhalt gelegt, der bis in die unmittelbare Vergangenheit nachwirkt.

Diese Praxis – wie die Einbeziehung von Kommunalpolitikern in die Aufsichtsgremien großer Stromkonzerne – ist heute noch ein wichtiger Gestaltungsraum für parteipolitische Machtspiele. Stinnes war wohl einer der Ersten, der verstand, dass in der Wirtschaft derjenige am besten Gewinne macht, der Politiker mit ins Boot holt und sie – wenn auch in begrenztem Maße – mitverdienen lässt. Schon zu seiner Zeit hätten diese Politiker sich entschuldigen können, dass sie sich dabei ja nicht persönlich bereicherten, sondern für das Gemeinwohl das Bestmögliche herausholten.

Im Falle der RWE stimmte dies zweifellos: Diese Monopolisierung auf Seiten der Stromerzeugung erlaubte parallel eine beispiellose Dezentralisierung kleinerer und mittlerer Betriebe in der Industrie ebenso wie in der Landwirtschaft, die durch die Versorgung mit Strom über Überlandleitungen ihren eigenen Wohlstand mehren konnten. Paradoxerweise widerlegte sein eigenes Werk die von ihm – in der Nachfolge von Karl Marx – vertretene These, die Zusammenballung immer größerer Wirtschaftsmacht in den Händen weniger industrieller Konzerne sei unvermeidlich.

1905 wurde das Vermögen von Hugo Stinnes auf 15 bis 20 Millionen Mark beziffert, und beim Kriegsausbruch 1914 erlaubten es ihm seine finanziellen Mittel, in das ganz große Geschäft einzusteigen, das der enorme Verschleiß an Menschen und Material der Industrie bot: Kriegswirtschaft und Kriegsrüstung förderten den Ausbau der Schwerindustrie und insbesondere der chemischen Industrie. Die kriegsbedingte Knappheit an Arbeitern erzwang immer weitere Rationalisierungen. Der Bedarf an Eisen stieg so gewaltig, dass Stinnes' «Deutsch-Lux» enorme Gewinne einfahren und sich weitere Werke einverleiben konnte.

Als besonders weitsichtig erwies sich, dass Stinnes noch während des Krieges 1917 mit der Gründung der AG Hugo Stinnes für Seeschiffahrt und Überseehandel in Hamburg der Einbruch in die Bastion der hanseatischen Wirtschaft gelang. Damit sicherte er sich rechtzeitig die Basis, die es ihm ermöglichte, nach dem Krieg in dem verheißungsvollen Geschäft mitmischen zu können, das die Deckung des Nachholbedarfs der Wirtschaft bot. In diesem Unternehmen konnte sein zweiter Sohn Hugo (der Jüngere) als erst 20-Jähriger von seinem Vater lernen, wie gerissen und skrupellos wirtschaftliche Notlagen von Staat und Konkurrenz auszubeuten sind: Die Hapag musste nach dem Versailler Vertrag an die Siegermächte ausgeliefert werden; die Hamburger Schifffahrtsgesellschaft von Hugo Stinnes war dagegen legitimiert, Devisen einführen zu dürfen. Hugo Stinnes d. J. vollbrachte sein Gesellenstück, indem er die AG Hugo Stinnes zu einem wertvollen Instrument der Devisenbeschaffung ausbaute, das dann insbesondere in den Zeiten der Inflation bestens florierte.

Die verheerenden Verwüstungen durch den Krieg verstärkten noch die Energien in Hugo Stinnes dem Älteren. Dabei kam ihm zugute, dass sich allgemein in Industrie und Bankwesen nach dem Zusammenbruch des Kaiserreiches ein Kult des wirtschaftlichen Erfolgsdenkens breit machte.[53] In einem wahren Investitionsrausch erwarb Stinnes in den Kriegs- und Inflationswirren unermüdlich Werften, Schifffahrtslinien und Hotels ebenso wie Wälder, Zellulose- und Papierfabriken sowie Zeitungen, beteiligte sich an Ölgeschäften und an der Tankschifffahrt und engagierte sich in zahllosen Ländern im Im- und Export.

Nach außen trat Stinnes mit Vorliebe als verantwortungsbewusster Unternehmer auf. Dazu gehörte seine Art, im Kleinen tiefzustapeln: Mit Vorliebe sprach er von sich als dem «Kaufmann aus Mülheim»; mit seinem hochgeschlossenen schwarzen Rock wirkte er zudem wie ein ostpreußischer Steiger im Sonntagsstaat. Dies schien der richtige Verhandlungspartner in der aufgewühlten Revolutionsstimmung im November 1918 zu sein, als es darum ging, ein Bündnis zwischen den Industriellen und den Arbeitern zu schmieden. Und wieder, wie schon bei der von ihm initiierten Gründung der RWE, ging Stinnes politisch äußerst geschickt vor. Mit dem zwischen ihm und den Gewerkschaften – unter ihrem Vorsitzenden Carl Legien – ausgehandelten Stinnes-Legien-Pakt erkannten die Unternehmer erstmals die Gewerkschaften als gleichberechtigte Verhandlungspartner an. Zugleich sicherten beide sich die Tarifautonomie als Arbeitgeber- und Arbeitnehmerorganisationen. Stinnes und die Industriellen allgemein konnten mit dem Abkommen eine reiche Ernte einfahren: Ihnen garantierte der Pakt das Privateigentum an Produktionsmitteln und die freie Unternehmerinitiative.[54] Zudem blieb der von Stinnes verachtete Staat draußen vor den Fabriktoren.

Von diesem durch Stinnes mit eingeführten Bündnis wirkt noch vieles nach: Insbesondere die Tarifautonomie als Eckpfeiler des Sozialstaates überlebte ihn bis heute.

Als Unternehmer sah sich Stinnes durch politische Rahmenbedingungen zu einschneidenden Strukturveränderungen gezwungen. Durch den Versailler Vertrag waren die Verbindungen rheinisch-westfälischer Werke mit lothringischen Betrieben aufgehoben worden, und in Oberschlesien wurden Werke in ihren technischen Einheiten zerschlagen. Stinnes knüpfte neue Querverbindungen zwischen Rohstofflieferanten, der Verarbeitungs- und Verfeinerungsindustrie sowie der Fertigungsindustrie.[55]

Für ihn dürfte die Krönung seines unternehmerischen Wirkens gewesen sein, dass ihm in den Jahren 1920 bis 1922 – unter den Bedingungen der zuerst schleichenden Inflation – der kreditfinanzierte Aufkauf von Eigentumsanteilen an mehr als 1600 Betrieben gelang und er dann die Siemens-Rhein-Elbe-Schuckert-Union schmieden konnte; in diesen Montan-Komplex ging auch seine Deutsch-Lux und der Siemens-Konzern auf. Diese Union – die als ein extremes Beispiel für die nach dem Weltkrieg einsetzende Konzentrationsbewegung in der deutschen Montanindustrie gilt – vereinigte unter ihrem Dach Kohlegewinnung, Eisen- und Stahlerzeugung sowie Stark- und Schwachstromtechnik. Damit war ein Elektro-Montan-Trust entstanden, der als das größte und mächtigste Wirtschaftsgebilde seiner Art «wie der Phönix aus der Asche gestiegen (war), zu der in Krieg und Inflation das Reich und der Wohlstand seiner Bürger verbrannt waren», so das plastische Urteil Kurt Pritzkoleits.[56]

Insbesondere als Exportunternehmer konnte Stinnes dann von der ab Juni 1923 galoppierenden Hyperinflation gleich doppelt profitieren. Einerseits verringerten sich die Herstellungskosten seiner Waren mit jeder weiteren Abwertung der Mark; andererseits ließen sich seine Produkte im Ausland gegen harte Dollars absetzen.

Einen solchen Aufstieg in die Spitzen der Wirtschaftsführer schafft selbst ein Mann mit einer «dämonischen Autorität», wie ihn Zeitzeugen beschreiben, nicht, indem er sich nur auf den Aufbau eines eigenen Wirtschaftskonzerns konzentriert hätte. Im Gegenteil: Stinnes hatte sich der Deutschen Volks-Partei (DVP) angeschlossen, die vor allem die wirtschaftsliberal, monarchistisch und antisozialistisch/antirevolutionär gesinnten Teile des Bildungsbürgertums, der Industrie – und hier vor allem der Schwerindustrie – sowie des Mittelstandes vertrat. Zwar gehörte der Wirtschaftsführer als DVP-Abgeordneter dem Reichstag an, ohne allerdings sein Mandat ernsthaft wahrzunehmen; seine Einbindung in dieses höchste deutsche Parlament hinderte ihn aber nicht daran, seine Geschäftsinteressen unter brutalstmöglicher Ausnutzung wirtschaftlicher Notlagen von Staat und Konkurrenten zu wahren. Nur zu offensichtlich war seine illoyale Einstellung zum Staat, die der Berliner Journalist Felix Pinner als Zeitgenosse so anprangerte: «Alles für sich selbst und nichts für die Gemeinschaft zu tun, den eignen Besitz ohne jede Hemmung zu vermehren, die Pflicht gegenüber dem Staat aber für nichts zu achten, und auf alle diese Handlungen und Unterlassungen das Wort ‹national› zu heften».[57] Der SPD-Abgeordnete Rudolf Breitscheid brachte das in einer öffentlichen Reichstagssitzung so auf den Punkt: Stinnes habe «die deutsche Volkswirtschaft mit einem Privatgeschäft verwechselt».[58]

Besonders empörte im Reichstag dann selbst Zentrumsabgeordnete, die Stinnes wohlgesonnen waren, dass der Kohlenmagnat im Mai 1923 den verzweifelten Versuch der Reichsbank, die Mark zu stützen, zum billigen Aufkauf freigegebener Devisen auf Termin ausnutzte. Damit hatte der Reichstagsabgeordnete Stinnes die Markstützungsaktion der Reichsbank gesprengt, die noch im Juli 1923 mit großem Einsatz versucht worden war. Der Zentrumsabgeordnete Joseph Ersing beklagte, ebenfalls in öffentlicher Sitzung, dass der Reeder Stinnes die Devisen «nicht ausschließlich für seine Werke, sondern zum erheblichen Teil dafür gebraucht habe, Kohlen für die Reichsbahn zu beschaffen». Damit handelte sich Ersing übrigens einen Heiterkeitserfolg ein. Denn Stinnes hatte gerade aus der Legitimation seiner Hamburger Schifffahrtsgesellschaft, Devisen horten zu dürfen, gefolgert, dann müsse sie englische Kohlen für die Reichsbahn heranschaffen, nachdem durch den Ruhrkampf 1923 ja keine Kohlen aus dem Revier verfügbar waren. In einem zur Aufklärung dieser Vorgänge vom Reichstag eingesetzten Untersuchungsausschuss erhob sein Berliner Direktor Friedrich Minoux gegen seinen Vorgesetzten Stinnes handfestere Vorwürfe: Dieser habe mit seiner Inflations- und Katastrophenpolitik Deutschlands Wirtschaft bewusst zum Konkurs treiben wollen; er habe gehofft, dann aus dem – durch den Vertrag von Versailles auferlegten – Reparationszwang mit einer billigen Quote herauszukommen.

Stinnes hatte im November 1922 vor dem Reichswirtschaftsrat geklagt: «Es gibt kaum jemanden, der überhaupt durch den Krieg, erst recht den verlorenen Krieg, so geschädigt und in den Grundlagen seiner Existenz so erschüttert worden ist, wie das bei mir und den mit mir zusammenhängenden Werken der Fall ist. Es ist kaum jemandem ein solches in der ganzen Welt verbreitetes Geschäft vernichtet worden wie mir.»[59] Was ihm auch immer vernichtet worden sein mag, Stinnes gilt – neben seinem Geschäftspartner Friedrich Flick – als einer der größten Gewinner aus Krieg und Inflation, als ein janusköpfiger, «gewandter, skrupelloser, ins Faustische gesteigerter Abenteurer»[60], als der «großartige Vertreter des Faustrechts gegenüber dem zu Tode ermatteten Reich».[61]

Bei seinem überraschend frühen Tode 1924 – Stinnes wurde nur 54 Jahre alt – umfasste der Stinnes-Konzern insgesamt 4554 Einheiten; 572 hatten ihren Sitz im Ausland. Zu seinem Reich gehörten unter anderem 20 Steinkohlenbergwerke und -felder, sieben Ölfelder und -fabriken, 29 Hüttenwerke, 80 elektrotechnische Fabriken, zehn Bahnen und neun Reedereien, 39 Zeitungen und Buchverlage, 57 Banken, Holding- und Versicherungsgesellschaften sowie 389 Handelsgesellschaften.[62] Dieses Zusammenraffen von Firmen um der Maximierung von Macht willen, dieses Zimmern von Trusts war charakteristisch für die Stars des Kapitalismus in dieser Phase. Parallele Entwicklungen gab es nicht zuletzt in den USA.

In seinem zum Bestseller gewordenen Buch «Wem gehört Deutschland» zitierte Pritzkoleit den «prophetischen Geist des Wirtschaftschronisten» Felix Pinner mit seiner im Jahre 1924 formulierten und damals viel beachteten Charakterisierung: Stinnes sei «ein ins Kolossale gesteigerter Ausdruck, wenn man will: eine ins Übergroße übersteigerte Ausartung eines Materialismus geworden, der schon vor dem Kriege alle Säfte des deutschen Trieblebens an sich zu ziehen, alle Säfte des deutschen Kulturlebens in sich aufzulösen strebte ... Das äußerlichste Ideal dieses Materialismus und aller seiner innerlich Wesensverwandten, wenn sich auch äußerlich manchmal bekämpfenden Erscheinungsformen war die Zahl, die große, die größere, die größte Zahl und jene Art von psychischer und physischer Wirkung, die von der großen Zahl, von dieser Zahl im Sinne des Rekords, auf das Volk, soweit es im wirtschaftlichen und geistigen Sinne Masse ist, ausgeht ... Ein gewonnener Krieg hätte diesen Materialismus zur Hypertrophie bringen müssen – das wäre (eine) gradlinige, logische, erwartete Entwicklung gewesen. Dass auch ein verlorener Krieg es tat, ist merkwürdig ... So kam es in Deutschland statt zu der innern Erneuerung zu einer ganz krankhaften und krampfhaften Hypertrophie dieses Materialismus, und der wirtschaftliche Repräsentant dieser nationalen Bluterkrankung war Hugo Stinnes – ein Übermensch ..., der seine Kraft aus den destruktiven Trieben der Zeit zog, der reich und mächtig wurde nicht mit dem wachsenden Reichtum, sondern aus der wachsenden Verarmung seines Volkes ...»[63]

Pritzkoleit beendete sein 1956 niedergeschriebenes Kapitel über «die vom Niederrhein» mit der Überzeugung, «dass sich die vom Niederrhein, die über Verbände, Parteien und parlamentarische Instanzen wie eh und je ihr Regiment über uns ausüben, in Pinners Stinnes-Porträt aufs getreueste konterfeit finden». Nur gehörten sie, so Pritzkoleit, nicht mehr der gleichen Größenordnung an wie Hugo Stinnes der Ältere. In den fünfziger Jahren würden in die Aufsichtsräte der Schwerindustrie nur botmäßige Mittelsmänner entsandt: «Dergleichen gehört nun einmal zum unternehmerischen Klima des Reviers, in dem nur der gedeiht, der sich dem Machtwort der omnipotenten, durch einen Korpsgeist ohnegleichen untereinander verbundenen Verwaltungen fügt. Wer aus der Reihe tanzt, wird nicht geduldet.»[64] Dies zeichnete sich bereits in den zwanziger Jahren ab und sollte in den sechziger Jahren zum endgültigen Niedergang des Imperiums führen, so wie es Hugo Stinnes der Ältere als Familienunternehmen aufgebaut hatte.

## Der Niedergang des Imperiums

Nach dem Tode von Hugo Stinnes 1924 ging die Konzernleitung an seine beiden ältesten Söhne Edmund und Hugo jr. über. Die Zusammenarbeit kriselte: Edmund galt eher als Gelehrter denn als gerissener Geschäftsmann, während sein Bruder Hugo – der Liebling seiner Eltern – bereits seine Geschicke als gewiefter Taktiker unter den Fittichen seines Vaters bewiesen hatte. Unter der Ägide des allgegenwärtigen Konzernherrn konnten die aus völlig unterschiedlichem Holz geschnitzten Brüder ihre eigenen Wege gehen. Ihr nun vom Vater gewolltes gemeinsames Wirken nach seinem Tode endete im Zorn.

Das Stinnes-Imperium in seinen gewaltigen Ausmaßen überlebte seinen Gründer nicht lange. Der Zerfall des Lebenswerks von Hugo Stinnes dem Älteren ist einer der wenigen Zusammenbrüche in der nach dem Ersten Weltkrieg einsetzenden Wirtschaftskonzentration. Diese frühe deutsche Pleite hatte ihren Grund nicht primär in den Schwierigkeiten, die prekär gewordene Finanzierung der Unternehmen, wie sie in Inflationszeiten vielleicht möglich war, auf die nun erforderlichen Goldmarkbilanzen umzustellen. Entscheidender wirkte Persönliches: Bald waren Edmund und Hugo Stinnes derart verfeindet, dass ihr eskalierender Krach das Familienunternehmen in den Ruin hätte treiben können.

1925 schied Edmund gegen Abfindungen aus der Konzernleitung aus; am 27. Mai 1925 wurde ihm vertraglich eine Zahlung der Hugo Stinnes GmbH ab 1926 über sechs Millionen Reichsmark zugesichert. Nur eine Woche später aber, am 5. Juni 1925, gab die Hugo Stinnes GmbH öffentlich ihre Zahlungsunfähigkeit bekannt; das Schicksal des Stinnes-Konzerns musste einem Liquidierungskonsortium überantwortet werden. Dieses forderte verständlicherweise, dass Edmund Stinnes auf die Abfindung verzichtete, doch dieser hatte sie bereits im Ausland ausgegeben – wie auch immer. Jedenfalls war von ihm kaum noch etwas zu holen. Damit hatte der älteste Sohn von Stinnes es geschafft, den Zorn maßgeblicher Bankiers heraufzubeschwören. Für ihn wurde dennoch eine noble Lösung gefunden, sich nämlich ebenfalls – wie zuvor seine Abfindung – ins Ausland absetzen zu dürfen; von dort konnte er seine verbliebenen – noch immer zahlreichen – Ämter in Deutschland betreuen.

An der von den Bankiers eröffneten Frontlinie hatte Hugo Stinnes jr. zu kämpfen. Es war bald offenkundig geworden, dass die beteiligten Banken – insbesondere die Danat (Darmstädter und Nationalbank) – entschlossen waren, den Konzern nicht etwa durch eine kluge Kredit- und Konzentrationspolitik zu einem lebensfähigen Wirtschaftsgebilde umzubauen – was durchaus möglich schien und Hugo Stinnes dem Älteren mit seinen weit verzweigten Verbindungen politischer wie wirtschaftlicher Art im In- und Ausland wohl auch gelungen wäre –, sondern ihn zu liquidieren. Bis zum Herbst des Jahres waren im Verlauf der Liquidation wertvolle Objekte regelrecht verschleudert worden, und offen wurde gemunkelt, das Haus Stinnes würde nach der Konzernauflösung «arm, aber anständig» sein – also mit nichts oder nur wenig dastehen.[65]

Es kam anders: Hugo Stinnes jr. gelang in der Not sein Meisterstück, indem er 1926 ein amerikanisches Bankenkonsortium vom Wert des Bergwerkbesitzes und Kohlenhandels, des landwirtschaftlichen Grundbesitzes in Deutschland, der Wohnhäuser und des Grundbesitzes in Schweden überzeugen konnte. In dieser Phase wurde er übrigens noch von seinem jüngeren Bruder Otto beraten, von dem ihn in späteren Jahren dann ebenfalls eine verhängnisvolle Feindschaft trennen sollte. In Deutschland verblieb das Kernvermögen der Familie mit der Hugo Stinnes OHG als Holding, zu der insbesondere die Bergbaugewerkschaft Mathias Stinnes zählte, die 1926 reichen Profit aus dem großen englischen Bergarbeiterstreik ziehen konnte. In Amerika wurden auf Bestreben von Hugo Stinnes jr. zwei Gesellschaften amerikanischen Rechts gegründet: Die Hugo Stinnes Industries Incorporation in New York, in die der Zechenkomplex eingebracht wurde, und die Hugo Stinnes Corporation in Baltimore, die die Hotel- und Geschäftshausbeteiligungen übernahm und als Dachgesellschaft des neuen Stinnes-Konzerns fungierte. Stinnes wurde zum Präsidenten dieser Dachorganisation ernannt; diese Position gab er bereits 1928 wieder auf, als er in Deutschland wegen des Aufkaufes von

Kriegsanleihen in betrügerischer Absicht zulasten des Reiches angeklagt wurde.

Ungeachtet des späteren Freispruchs mangels Beweises musste sich Hugo Stinnes jr. in der Folge auf weniger spektakuläre Aufgaben beschränken, auch wenn er weiterhin im Grubenvorstand der Gewerkschaft Matthias Stinnes, im Aufsichtsrat des Mülheimer Bergwerk-Vereins und insbesondere in der Hugo Stinnes OHG mitwirken konnte, die am 1. Oktober 1928 in Deutschland ihre Arbeit aufnahm und 50 Prozent der Aktien der Hugo Stinnes Corporation hielt.* An der Hugo Stinnes OHG waren er und sein Bruder Otto mit jeweils 15 Prozent beteiligt; den Hauptanteil von 70 Prozent hielt ihre Mutter Cläre Stinnes-Wagenknecht, die Witwe Hugo Stinnes' d. Ä.

Mit seiner Mutter und seinem Bruder Otto hatte sich Hugo Stinnes nach dem Zweiten Weltkrieg auf die nicht beschlagnahmte Hugo Stinnes OHG konzentriert, die sie im geeinten Bemühen zu einem erfolgreichen Handels- und Schifffahrtsunternehmen ausbauen konnten: Sie handelten mit Brennstoffen, Eisen und Stahl, betätigten sich in der See- und Flussschifffahrt und hielten sich eine eigene Bank.

Wieder einmal sollte der Frieden in der Stinnes-Familie nicht lange währen: 1956 schied Hugo Stinnes aus der Hugo Stinnes OHG aus. Als Inhaber dieser OHG verblieben Cläre Stinnes-Wagenknecht und Otto Stinnes. Als Grund für die Trennung wurden offiziell geschäftliche Meinungsverschiedenheiten angegeben. In Wirklichkeit hatte es über Jahre in der Familie gekracht, und diese

---

* Bei Eintritt der USA in den Zweiten Weltkrieg ging der zwischenzeitlich auf 53 Prozent gesteigerte Aktienanteil der Familie Stinnes in die «treuhänderische» Verwahrung über; d.h., er wurde beschlagnahmt (Pritzkoleit 1957, S. 417ff.). 1948 musste Hugo Stinnes – ungeachtet seiner geglückten Entnazifizierung – auf Beschluss der Muttergesellschaft in Baltimore aus dem Konzern ausscheiden. 1957 erwarb auf Wunsch der Bundesregierung ein deutsches Bankenkonsortium die erst zu diesem Zeitpunkt freigegebenen Aktien der Hugo Stinnes Corporation. Dieses Unternehmen wurde 1962 aufgelöst und das Vermögen auf die Hugo Stinnes GmbH in Mülheim übertragen, die zugleich in eine Aktiengesellschaft verwandelt wurde. Die Brüder Hugo und Otto Stinnes waren an dieser Stinnes AG nicht mehr beteiligt (Munzinger 1997).

Fehde wuchs sich in der Folge zu einer Feindschaft zwischen den beiden Brüdern aus.

Hugo Stinnes jr. hatte schon früh, neben seinem Mitwirken im Familienunternehmen, wohlweislich mit dem Aufbau eigener Firmen begonnen, die er nach seinem Ausscheiden zu einem neuen Konzerngeflecht als eigenes Familienunternehmen ausweitete – mit zweiter Ehefrau und Kindern aus seinen beiden Ehen: die beiden Gesellschaften Hugo Stinnes Industrie und Handels GmbH und die Hugo Stinnes Persönlich GmbH («persönlich», um nicht mit dem Unternehmen seines Bruders Otto – der Hugo Stinnes OHG – verwechselt zu werden). Pritzkoleit lobt zwar in seiner Aufzählung, welche Unternehmen in diese beiden Familienholdings eingingen, wie sehr Hugo Stinnes jr. seine Mittel «mit klugem Bedacht investiert hat».[66] Als verhängnisvoll bezeichnete der Zeitzeuge es aber doch, dass der Unternehmer in den turbulenten zwanziger Jahren zu sehr durch die damalige Erfolgsgläubigkeit geprägt worden war und «zu inbrünstig an den Wert und die Würde des materiellen Erfolgs geglaubt (hatte), um bei einem Geschäft, das allzu leichten und allzu großen Erfolg versprach, die kaufmännische Sorgfalt walten zu lassen, die im Kleinen wie im Großen geübt werden muss».[67] Diese letztere Aussage Pritzkoleits sollte sich als prophetisch erweisen.

Wie bei dem ersten drohenden Zusammenbruch des Stinnes-Imperiums in den zwanziger Jahren waren es nicht rein ökonomische Gründe, die für die Anfang der sechziger Jahre einsetzenden Turbulenzen ausschlaggebend waren. Die Brüder Hugo und Otto Stinnes (und mit ihnen ihre betagte Mutter) wurden nicht zuletzt Opfer von Gerüchten, die zuerst die Unternehmen des älteren Bruders abstürzen ließen, dann aber auch auf die alte Familien-OHG übergriffen.

Hugo Stinnes jr. hatte wie in seinen Jugendjahren darauf spekuliert, sich unbedenklich verschulden zu können. Zwar glaubte er nicht an eine Inflation wie nach dem Ersten Weltkrieg, doch auch die Deutsche Mark verlor seit etwa 1955 ständig an Wert. So setzte er auf Risiko: mit gutem geliehenem Geld investieren und die Schulden dann aus den Gewinnen in entwerteter Währung zurückzahlen zu können. Leitende Mitarbeiter entließ er umgehend, wenn sie ihn vor seinen Geschäftspraktiken warnten. Er liebte es, wie schon sein Vater, auch seine eigenen Unternehmungen so kompliziert ineinander zu verschachteln, dass kaum jemand die Übersicht behalten konnte. Die Rechnung ging abermals nicht auf. 1963 hatte sein Konzern Schulden in Höhe von 75 Millionen DM aufgehäuft; dem Unternehmen drohte die Illiquidität. Um einen Konkurs abzuwenden, sah sich Hugo Stinnes gezwungen, über den Münchener Finanzmakler Rudolf Münemann die noch gesunden Unternehmen des Konzerns unter Wert zu verkaufen. Am Ende konnte er zwar seine Schulden bezahlen, von dem Milliardenvermögen seines Vaters war ihm aber wenig geblieben.[68]

Erschwerend war für Stinnes zu dieser Zeit die Beschuldigung hinzu gekommen, sich betrügerisch 11,3 Millionen DM Ablösungssumme für US-Kohlenimporte angeeignet zu haben. Selbstverständlich fehlten die Stimmen nicht, die an die früheren Vorwürfe erinnerten, er habe ja schon 1928 Erfahrungen mit kriminellen Machenschaften gesammelt. Stinnes musste nach langen Auseinandersetzungen einem ihn wenig befriedigenden Vergleich zustimmen.[69] Öffentlich war berichtet worden, die Notgemeinschaft Deutscher Kohlenbergbau habe von Hugo Stinnes den Betrag zurückgefordert. Für Stinnes waren es ihm feindlich gesinnte Verwandte, die Hinweise auf solche Machenschaften lanciert hatten. Jedenfalls führte er seine finanzielle Pleite auf diese Gerüchte zurück.

Sein ihm verhasster jüngerer Bruder Otto war sich anfangs nicht im Klaren, welch verheerende Folgen Gerüchtewellen zeitigen können: Bald musste er aber erleben, dass auch sein eigenes Unternehmen, die Hugo Stinnes OHG mit eigener Bank, Kohlen- und Eisengroßhandel sowie Reederei, durch die Kolportagen über seinen Bruder und dessen Firmen in Mitleidenschaft gezogen wurde, «denn mit Beginn dieser Veröffentlichungen sind uns in steigendem Maße Kredite entzogen worden». Neue Einlagen blieben aus.[70] Wie 1925 weigerte sich auch diesmal eine deutsche Bank – in diesem Fall die Dresdner –, dem angeschlagenen Unternehmen finanziell beizuspringen. Am 14. Oktober 1963 mussten die beiden

Gesellschafter der Hugo Stinnes OHG, Cläre und Otto Stinnes, ein Vergleichsverfahren beantragen. Otto Stinnes führte den Zusammenbruch des alten Familienunternehmens auf die vorherige Pleite seines Bruders zurück; und selbstverständlich können Gerüchte in ihren Auswirkungen ebenso tödlich wirken wie finanzielle Fehlkalkulationen.* Anders als sein Bruder blieb Otto Stinnes nach der Abwicklung des Traditionsunternehmens in einer Reihe von Bereichen erfolgreich. Er starb ein Jahr nach seinem Bruder im Alter von 80 Jahren. Sein Erbe, die Familienfirma Hugo Stinnes, ist noch heute in der See- und Flussschifffahrt, dem Hafenumschlag, im Werftbetrieb und im Umweltschutz tätig.

Im Grunde aber passten solche zusammengerafften Firmenkomplexe nicht mehr in die Zeit. Zufälligkeiten entschieden stärker als betriebswirtschaftliche Bestimmungsgründe, welche Firmen in den Bauchläden der Stinnes-Dynastie ruhten. Und der Verzicht auf Umwandlung in eine Kapitalgesellschaft bewirkte den Rest.

An der Stinnes-Familie werden die Grenzen der wirtschaftlichen Effizienz von Dynastien sichtbar. Unter heutigen Bedingungen bringt der Kapitalbedarf, der zusätzlich zum eigenen Vermögen durch immer höhere Bankkredite gedeckt wurde, eine totale Abhängigkeit von Finanzinstitutionen mit sich. Das Ende ist dann eine Art von Selbstenteignung, die durch die bei Dynastien häufigen internen Kämpfe noch beschleunigt wird.

---

* Hugo Stinnes war «anständig, aber nicht arm» aus der Affäre um die «Hugo Stinnes Persönlich» hervorgegangen. Verblieben waren ihm eine Reederei und die verkleinerte «Industrie und Handels GmbH». Aber 1971 musste dann auch das letzte ihm verbliebene Unternehmen – die «Hugo Stinnes Transozean Schifffahrt GmbH» – Konkurs anmelden. Lediglich das Vermögen seiner Frau verblieb diesem Familienzweig der Stinnes. Hugo starb 1982 im Alter von 82 Jahren. Zwei Jahre zuvor war der älteste Sohn des Konzerngründers, Edmund, im Alter von 84 Jahren verschieden. Cläre Stinnes-Wagenknecht erreichte das biblische Alter von 101 Jahren; sie starb 1973.

## Borgward: Ende eines Tüftlers

Der zu seiner Zeit erfolgreiche Autobauer Carl F. W. Borgward gehörte «zu jener Spezies der Tüftler, der ruhelosen, ideenbesessenen, stets mit sich unzufriedenen, über das Erreichte rastlos hinausstrebenden Verbesserer, denen der Automobilbau seine Entstehung und Entwicklung verdankt ... Carl Borgward ist, vielleicht mehr noch als Denker, Tüftler und Bastler: Unternehmer – als solcher allerdings von dem Typus, dem die Amerikaner die rugged individualists, die rauen Individualisten zurechnen, die heute schon ziemlich rar sind».[71]

Das Unternehmen Borgward war in den sich vergoldenden fünfziger Jahren unter den Autobauern in Deutschland hinter Volkswagen, Opel, Ford und Daimler-Benz die Nummer fünf. Jedermann kannte Carl Borgward als legendären Erfinder: Dem gelernten Schlosser und Selfmademan war nach dem Ersten Weltkrieg, den er als Kriegsteilnehmer miterleiden musste, als 34-Jährigem sein erster Coup geglückt: 1924 kam seine Konstruktion auf den Markt, der dreirädrige «Blitzkarren», mit dem Kleinhändler und Bauern Lasten bis zu fünf Zentnern transportieren konnten. Noch erfolgreicher war danach sein «Goliath»: Mit diesem «Riesen» – einem Dreirad-Transporter – ließen sich zehn Zentner bewegen.[72]

Auch nach dem Zweiten Weltkrieg konnten sich insbesondere Menschen mit schmalem Geldbeutel dank seiner Genialität ihr erstes Auto leisten, den Lloyd LP 300. Der im Volksmund «Leukoplastbomber» genannte Miniwagen erwies sich als Verkaufsschlager (eine Art bundesrepublikanischer «Trabi», weit früher und verlässlicher als das spätere DDR-Produkt), insbesondere weil für ihn mit genormten Preisen für Ersatzteile und Reparaturarbeiten geworben wurde. Ein Reingewinn von 16 Millionen DM in den besten Verkaufsjahren war der Lohn für diese Kalkulation Borgwards.

Dem Tüftler genügte das nicht: Seinem Selbstverständnis als Chefkonstrukteur und Stylist entsprechend entwarf er fortwährend neue Modelle für Personen- und Lastwagen, die er zudem mit immer weiteren Sonderausstattungen anbot. Mit der damaligen Technik war das, was heute dank Computern Routine ist, kaum zu bewältigen.

An seinem 70. Geburtstag Ende 1960 verfügte Borgward über drei Fabriken – die Carl F. W. Borgward GmbH, die Goliath-Werke GmbH und die Lloyd Motoren Werke GmbH –, in denen eine für die damalige Zeit reiche Palette an Fahrzeugen hergestellt wurde. In den Lloyd Motoren Werken wurden Kleinwagen mit 600-ccm- (Lloyd, Alex, Alexander TS) und mit 900-ccm-Motor (Arabella in drei Variationen) produziert; Wagen in VW-Größe (Hansa in drei Ausführungen) stellten die Goliath-Werke her, Wagen der Mittelklasse (Isabella in drei Modellen) sowie Lastwagen baute die Carl F. W. Borgward, schließlich auch den «Großen Borgward» mit 2,3-Liter-Motor, ebenfalls angeboten in drei Variationen.

So gut Borgward als ideenreicher Konstrukteur war, so schlecht erwies er sich als Finanzier seines Lebenswerkes. «Langweilige» Finanzverhandlungen überließ er untergeordneten Mitarbeitern. Lange ging das ja auch gut. In Bremen war er zum größten Arbeitgeber mit 23 000 Beschäftigten (Stand: April 1960) aufgestiegen.[73]

Doch dann verließ Borgward die Fortune, als die Lloyd-Werke sein neues, optisch schönes Modell «Arabella 1959» – konstruiert als Konkurrent zum VW-Käfer – technisch unausgereift auf den Markt brachten. So mussten die ersten 1000 Arabellas zurückgerufen werden, weil bei Regen Wasser in den Innenraum drang – was aus der «Arabella» im Volksspott schnell die «Aqua bella» werden ließ. Nachbesserungen auf Borgwards Kosten verschlangen erhebliche Mittel; schlimmer war, dass – wohl auch wegen des nun schlechten Rufes – der weitere Absatz nur noch schleppend verlief.

Zudem war die Konkurrenz sehr stark geworden, die ebenso ansprechende, aber sehr viel preiswertere Wagen anbot, zum Beispiel den BMW 700 – einen schönen, schnittigen Sportwagen in Miniaturformat – oder den DKW Junior. Der wachsende Wohlstand der Deutschen in der Bundesrepublik machte den Lloyd-Werken zu schaffen: So ließ der Absatz ihres Kleinwagens «Alexander», in den Aufbaujahren der Renner, immer mehr nach. Ebenso fuhr 1960 der zuvor bewährte «Hansa» aus dem Goliath-Werk Verluste ein. Die Deutschen stiegen mehr und mehr auf größere Autos um.

Auch in den USA flaute in den ausgehenden fünfziger Jahren die Nachfrage nach seinen Wagen ab. Das traf Borgward besonders hart; denn seine Exportquote war mit 63,6 Prozent extrem hoch, und im Glauben an einen weiter wachsenden Boom im Exportgeschäft, insbesondere in den USA, hatte Borgward 100 Millionen DM investiert.[74]

Das Unglück begann mit einer eher harmlos klingenden Meldung: Meinungsverschiedenheiten zwischen Borgward und einem langjährigen Verkaufsleiter hatten diesen bewegt, sich im Herbst 1960 einen neuen Wirkungskreis zu suchen. Noch fielen die Bemerkungen in der aufhorchenden Fachöffentlichkeit über Borgward eher spöttisch aus: Von der «Isabella» – dem einzigen noch erfolgreichen Fahrzeug der Borgward-Gruppe – hieß es in Konkurrentenkreisen beispielsweise schadenfroh: «Sie tanzt nur einen Sommer.»[75] Damit wurde auf das Versäumnis Borgwards angespielt, den 1954 in den Markt eingeführten Mittelklassewagen dem fortschreitenden Stand der Technik entsprechend weiterzuentwickeln oder ein Nachfolgemodell auf den Markt zu bringen.

Weitere Fehlschläge waren die Luxuswagen Hansa 2400 und der große Borgward «P 100» – Luxus im doppelten Sinn: Borgward ließ die Autos in reiner Handarbeit fertigen, was sich unter marktwirtschaftlichen Bedingungen nicht rechnete. Dennoch leistete er sich jahrelang diesen grandiosen Aufwand, «womöglich aus persönlichem Ehrgeiz, einen prestigeträchtigen Wagen zu produzieren, der seinen Namen trug», so eine einleuchtende Mutmaßung.[76] Zudem hatte Borgward in das 2,3-Liter-Fahrzeug 30 Millionen DM investiert, die er wieder einmal nicht auf der hohen Kante hatte.[77]

Als im September 1960 zuerst 900 Mitarbeiter und dann Ende des Jahres weitere 2000 Automobilarbeiter entlassen werden mussten, setzte sich die Abwärtsspirale in den Ruin in Bewegung. Misstrauisch geworden über den stockenden Verkauf bei gleichzeitig gedrosselter Produktion – Tausende von Wagen ließen sich nicht absetzen –, schauten alarmierte Vertreter des Bremer Senats, betroffene Banken sowie Rechts- und Wirtschaftsberater hinter die offensichtlich bröckelnden Fassaden.

Als ein schwer wiegender Fehler beim Aufbau seines Reiches erwies sich nun, dass Borgward drei mehr oder weniger selbständig arbeitende Unternehmen – wenn auch unter seinem alleinigen Kommando – gegründet hatte. Nicht nur hatte er damit auf Synergieeffekte – wie es heute heißt – verzichtet[78]; zusätzlich war der Kampf der leitenden Manager der einzelnen Unternehmen gegeneinander vorprogrammiert, bedingt auch durch unterschiedliche Unternehmenskulturen. Das Borgward-Werk war personalpolitisch mit der Zeit völlig verkrustet; bei Lloyd hatten die Manager dagegen umgekehrt auf das Prinzip des *hire and fire* gesetzt. Etliche Millionen investierte Borgward zudem in ein Hubschrauberprojekt, das Professor Dr. Henrich Focke leitete.[79]

Als ob dies noch nicht genug wäre: Auch mit der Borgward-Verkaufsorganisation haperte es. Über Jahre hinweg hatte es Borgward zugelassen, dass sein Vertriebssystem immer ineffizienter und letztlich sogar verkaufshemmend arbeitete. Ausgerechnet sein früher Erfolg mit Blitzkarren und Goliath-Frontlader in den zwanziger Jahren sollte einer der Gründe für das spätere Desaster werden. Borgward hatte sein Vertriebsnetz in der Weimarer Zeit geknüpft, indem er mit seinen Kleinwagen zu Dorfschmieden und Fahrradhändlern reiste und diese in persönlichen Kontakten als Vertreter gewinnen konnte. In sentimentaler Erinnerung an diese Aufbruchszeiten gewährte Borgward Händlern Privilegien, die sich längst nicht mehr wirtschaftlich rechtfertigten. Zudem verteidigten die sich wie Zaunkönige gebärdenden Vertriebsleiter ihr jeweiliges Verkaufsgebiet. Konkurrierende Bewerbungen Erfolg versprechender Verkäufer hatten bei Borgward wenig Chancen, obwohl so mancher der langjährigen, mit ihm befreundeten Händler träge geworden war. Viele weigerten sich beispielsweise, feste Abnahmeverpflichtungen einzugehen oder ein größeres Kontingent an

Neuwagen vorzuhalten. Als dann Mitte der fünfziger Jahre die Isabella zum neuen Renner aufgestiegen war, zeigten sich etliche der alten Borgward-Händler überfordert, die gesteigerte Nachfrage zu befriedigen.

Besser war Borgward mit seinen Verkaufshändlern für den Lloyd-Kleinwagen «Leukoplastbomber» gefahren. Durchweg waren dies Motorradhändler, die die Miniwagen problemlos in ihren kleinen Hinterhofwerkstätten auch reparieren konnten. Dann aber kam es zu dem erwähnten Einbruch im Kleinwagenhandel. Viele Lloyd-Kunden stiegen auf die «Isabella» um, konnten sie aber in ihrer Stammwerkstatt weder erwerben noch betreuen lassen. Wie schon bei der unwirtschaftlichen Herstellung des großen Borgward schlug der Faktor Eitelkeit – diesmal bei den Borgward-Händlern – alle rationalen Erwägungen: Die standesbewussten Vertreter der größeren Limousinen weigerten sich, mit den wenig angesehenen Lloyd-Händlern zusammenzuarbeiten. Umgekehrt war die – ja selbständig arbeitende – Geschäftsführung der Lloyd-Werke besorgt, ihre bisherigen «Alexander»- und «Arabella»-Kunden könnten auf die «Isabella» umsteigen. Dies wäre ja dem Management der «Borgward» zugute gekommen. Wie die Lloyd- und die Borgward-Manager, so wehrten sich dann auch die Goliath-Verantwortlichen gegen eine Zusammenlegung der Verkaufsorganisationen.[80] Der Anfangsfehler, die drei Fabriken getrennt zu halten, rächte sich.

Für das Jahr 1960 hatten die drei Borgward-Werke einen Millionenverlust zu verzeichnen; zudem blieben 14000 Fahrzeuge unverkauft. In dieser sich verschärfenden Lage wurde Borgward schließlich auch noch das Opfer der Methode, mit der er seine Produktion finanzierte: Er hatte sich hohe Lieferantenkredite und langfristige Zahlungsziele für das benötigte Vormaterial einräumen lassen. Ausreichendes Eigenkapital hatte er nicht zurückgelegt, vielmehr war sein Prinzip: «Geld gebe ich stets fünf Minuten, bevor ich es habe, wieder aus.»[81] Dann kam es aber nicht mehr in ausreichender Höhe, um liquide zu bleiben; denn kaum war der stockende Absatz publik geworden, funktionierte das in guten Zeiten bewährte Finanzierungskonzept selbstverständlich nicht mehr. Im Gegenteil drängten seine Lieferanten auf umgehende Begleichung ihrer Rechnungen.

Der *Spiegel* läutete dann den Anfang vom Ende Borgwards ein: In seiner Ausgabe 51/1960 rückte er den «Bastler» – so die Titelgeschichte – in einer vierzehnseitigen Dokumentation in ein ungünstiges Licht[82]: «Borgward ist ein ideenreicher Konstrukteur und Stilist, der bei jedem Automobilwerk der Welt eine hoch dotierte Stellung verdienen würde. An der Spitze seines 20000-Mann-Unternehmens aber fehlt das Korrelat einer auf Marktchancen und Wirtschaftlichkeit achtenden kaufmännischen Betriebsführung.» Er sei der «anachronistische Karl Benz mit Fabrik» oder der «Bremer Auto-Cäsar», der «sein Leben lang auf die wirtschaftliche Führung seines Unternehmens ein Minimum an Zeit verwendet» habe. Und schonungslos legte der *Spiegel* den Finger in die Wunden des genialen Konstrukteurs Borgward: «Die gesamte Fabrikation ist auf die Person des lebhaften, kleinen Mannes zugeschnitten, worunter die ganze Kundschaft leiden muss.» – «So dient die Fabrikation in Bremen neben normalem Erwerbsstreben nicht zuletzt dem Hobby des Betriebsinhabers.» – «Modernes Marketing ist nicht sein Fall.» – «Arbeitgeber Borgward fasst seine Beschlüsse in Einsamkeit.»

In den Borgward-Werken wurde der *Spiegel*-Bericht als Rufmordkampagne gewertet, obwohl doch das Wissen Allgemeingut war, dass Borgward Warnungen seiner Finanzberater vor den finanziellen Unwägbarkeiten seiner Bastlerleidenschaft stets in den Wind zu schlagen pflegte. Selbstverständlich veranlasste der Bericht andere Automobilhersteller, eine mögliche Kooperation mit Borgward skeptisch zu überprüfen. Wie unrationell tatsächlich Borgward Autos bauen ließ, verdeutlichte die bald kursierende Formel, die Ford-Manager nach der Prüfung einer möglichen Übernahme der ins Trudeln geratenen Borgward-Werke prägten: «In Bremen arbeiten zweieinhalb Mann, wo bei uns einer ist.» Im Januar 1961 verzichteten sie auf den Kauf der Fabriken.[83]

Bereits im Oktober 1960 hatte Borgward Bremens Bürgermeister Wilhelm Kaisen seine finanziellen Schwierigkeiten geklagt. In der Folge räumte ihm ein Konsortium von Banken unter Führung der Bremer Landesbank einen Kredit über 50 Millionen DM ein, gesichert durch eine Eintragung von Grundschulden auf den völlig unbelasteten Werksbesitz. Noch bürgte der Bremer Senat für einen Kredit der Landeszentralbank über 30 Millionen DM. Die Standardantwort Borgwards, wurde er nach den Gründen für diesen Kredit gefragt, war: «Wir haben gar nicht zu wenig Geld, nur zu viele Wagen.»[84] Das Vertrauen in sein betriebswirtschaftliches Können bröckelte naturgemäß weiter.

Zudem konnten die ausgezahlten beiden ersten Raten des Kredites in Höhe von insgesamt 20 Millionen DM Borgward nur kurzfristig über Wasser halten, denn völlig überraschend hielt Bremens Wirtschaftssenator Karl Eggers am 30. Januar 1961 – der später als der «Katastrophen-Dienstag» in die Geschichte Bremens einging – eine Pressekonferenz ab. Die Bürgschaft des Landes für die im Februar fällig werdende dritte Kreditrate war zurückgezogen worden. Was Borgward nicht wusste: Der Senat hatte seine Bürgschaft von einer Entscheidung der Ford-Werke zugunsten der Übernahme der Borgward-Werke abhängig gemacht. In der Konferenz gab Eggers die Verbindlichkeiten der Borgward-Werke mit 80 Millionen DM Bank- und 120 Millionen DM Lieferantenschulden an. Eggers: Der Bremer Senat plane «die Errichtung einer Auffanggesellschaft in Form einer AG, die mit einem Kapital von 50 Millionen DM ausgerüstet werden soll. Es liegt nunmehr an Dr. Borgward, dieser neuen Gesellschaft eine Generalvollmacht auszustellen und ihr die Geschäftsführung zu übertragen.»[85]

Eggers hatte mit seiner Pressekonferenz der Entscheidung des Senats freilich vorgegriffen und deshalb auf Einhaltung einer Sperrfrist bis zu diesem Zeitpunkt gedrängt. Es war indessen weltfremd zu glauben, Pressevertreter würden angesichts der Bedeutung diese Nachricht über die mögliche Pleite des größten privaten Arbeitgebers in Bremen zurückhalten. Entsprechend berichtete beispielsweise der *Weser-Kurier* bereits am folgenden Tag über die Pressekonferenz.[86] Borgward und seine Familie selbst erfuhren aber erst am 31. Januar aus der «Tagesschau», ihr Unternehmen sei zahlungsunfähig; von den Beratungen hinter seinem Rücken hatte der «Bastler» nichts gewusst.

Nicht nur er, auch der *Mannheimer Morgen* argwöhnte zu diesem Zeitpunkt bereits ein Komplott: Am 1. Februar 1961 war in dem Blatt zu lesen: «Es ist zurzeit gar nicht möglich, genau zu analysieren, wie viel von den kursierenden Gerüchten Propaganda ist, beziehungsweise was dem wirklichen Sachverhalt entspricht. Die Nachricht von der angeblich zu gründenden ‹Auffanggesellschaft› kommt aus Bremer Senatskreisen. Sie kann den Geruch, gezielte Indiskretion zu sein, nicht loswerden ...»[87]

## Eine gescheiterte Sanierung: Unvermögen oder Komplott?

Borgwards Hoffnung, die öffentliche Hand würde zur Rettung Tausender von Arbeitsplätzen einspringen, hatte sich damit endgültig als trügerisch erwiesen. Bundeswirtschaftsminister Ludwig Erhard lehnte eine unmittelbare finanzielle Hilfe des Bundes ab; denn zu diesem Zeitpunkt wurde gerade das Volkswagenwerk teilweise «privatisiert» und Erhard argumentierte, der Bund könne doch nicht ein Konkurrenzunternehmen auf Kosten der Steuerzahler sanieren.[88]

Als möglicher Retter war somit nur das Land Bremen geblieben. Der SPD-Pressedienst am 1. Februar 1961 hierzu: «Während an den Kassenschaltern der Banken aus rein wahltaktischen Überlegungen gerade Teile des bisher gut florierenden öffentlichen Unternehmens, des Volkswagenwerkes, verkauft werden (privatisiert, sagt man), überlässt die gleiche Regierung das private und vor der Pleite stehende Borgward-Werk und seine Belegschaft ihrem Schicksal. Es bleibt dem sozialdemokratisch regierten Land Bremen überlassen, mittels einer Auffanggesellschaft und einer 50-Millionen-DM-Bürgschaft das soziale Risiko der Arbeitslosigkeit ... fern zu halten und den Steuerzahlern anzulasten. Das Risiko wird also sozialisiert ...»[89] Fünf Jahre später erinnerte die *Süddeutsche Zeitung* an die damaligen Vermutungen, der Konzern sei «auch unter die Räder politischer Querelen zwischen der von der SPD regierten Hansestadt und der CDU-Bundesregierung in Bonn gekommen». Diese würden nun neue Nahrung bekommen, nachdem «Borgward rehabilitiert» worden sei.[90]

Für Carl Borgward – übrigens CDU-Mitglied – wurde die Lage hoffnungslos. Nur vier Tage nach der Pressekonferenz, am 2. Februar, kam es zu der entscheidenden Verhandlung zwischen ihm und Senatsvertretern. Zwei Tage zuvor hatte die Bremer Bürgerschaft ohne jegliche Aussprache der überfallartig angekündigten Senatsvorlage zugestimmt, eine staatliche Auffanggesellschaft zu gründen. Borgward konnte in der Sitzung keinen überzeugenden Plan zur Rettung seines Unternehmens vorlegen. Vielleicht fehlte ihm aber als jahrzehntelangem Alleinherrscher auch die Kraft, die wenig schmeichelhaften Medienberichte wegzustecken und auch noch eine vom Senat verlangte Einschränkung in der Werksführung hinzunehmen. Nachts um 23.30 Uhr streckte Borgward die stumpf gewordenen Waffen. Er schied ohne jegliche Entschädigung aus seinen Unternehmen aus. Das Sagen hatte nun der Senat, auf den alle Kapitalanteile übergingen.

Dieser gründete offiziell am 10. Februar 1961 die staatliche Borgward-Werke Aktiengesellschaft mit dem von ihm bereitgestellten Grundkapital von 50 Millionen DM. Zur Führung der AG wurde ein Aufsichtsrat berufen, dem zwölf Mitglieder angehörten. Lediglich vier waren Arbeitnehmervertreter aus den Borgward-Werken; die Mehrheit stellten oder ernannten die im Senat vertretenen Parteien (SPD, CDU sowie FDP) und die Senatsbehörden. Offensichtlich hatten sich Politiker und Beamte im Senat darauf verständigt, alle politisch wichtigen Gruppierungen mit ins Boot einer möglichen Sanierung zu holen und so Verantwortlichkeiten verstecken zu können. Zumindest dieses Kalkül ging auf: Nach ihrem Scheitern konnte Finanzsenator Nolting-Hauff (FDP) in der Bürgerschaftsdebatte über die Borgward-Pleite am 18. Oktober 1961 darauf verweisen, dass alle Grundsatzentscheidungen über die Sanierungsbemühungen einstimmig gefallen waren.[91]

Zum Aufsichtsratsvorsitzenden hatte der Senat Dr. Johannes Semler aus München ernannt, der schon zuvor als Sanierungsbeauftragter nach Bremen geholt worden war. Der CSU-Politiker Semler stand zwar in dem Ruf, 1957 die maroden Henschel-Werke in Kassel und 1960 die ins Trudeln geratenen Bayerischen Motoren Werke saniert zu haben. Doch gab es viele Hinweise darauf, dass die Semler zugeschriebenen Leistungen eher auf das Konto anderer gingen.[92]

Viele der Beteiligten in Bremen verstanden nicht, warum die SPD/FDP-Regierung einen ihr sicher nicht nahe stehenden Politiker berufen hatte. Eine merkwürdig selbstkritische Begründung bot später der damalige SPD-Fraktionsvorsitzende in der Bremer Bürgerschaft und Bremer DGB-Vorsitzende, Richard Boljahn, der ebenfalls in den Aufsichtsrat der Borgward AG berufen worden war: «... Unser Altbürgermeister Wilhelm Kaisen ... hat in seinem ganzen Leben eine Schwäche gehabt: ‹Sozialdemokraten verstehen von Geld und von Finanzpolitik überhaupt nichts›. In der ganzen Nachkriegsgeschichte hat es bis 1971 überhaupt keinen Sozialdemokraten gegeben, der die Finanzen verwaltete. Das waren alles Bürgerliche, und aus diesem Sachzusammenhang muss man die Entscheidung des Senats verstehen ... Der Senat hat ihn deshalb geholt, weil Wilhelm Kaisen von der Idee besessen war, Sozialdemokraten können zwar Politik machen, können 10 000 Wohnungen bauen ... und können die ganze Welt verändern, aber von Geld verstehen sie nichts.»[93] Mit dieser Meinung ging Kaisen bekanntlich mit dem damaligen Bundeskanzler Konrad Adenauer konform.

Die Berufung des CSU-Politikers Semlers war in doppelter Hinsicht bemerkenswert. Semler hatte 1947 als Direktor für Wirtschaft in der Bizone öffentlich gerügt, der von den USA als Lebensmittelhilfe ins Nachkriegsdeutschland geschickte Mais eigne sich allenfalls als Hühnerfutter – ein Beleg für mangelndes diplomatisches Geschick in einer kritischen Zeit. Semler verlor seinen Posten (sein Nachfolger wurde dann Ludwig Erhard) und trug fortan den fragwürdigen Spitznamen «Hühnerfutter-Semler». Unbehagen löste zudem aus, dass Semler gleichzeitig Aufsichtsratsvorsitzender des Konkurrenzunternehmens BMW war. Das *Handelsblatt* zweifelte beispielsweise am 8. Februar 1961, ob Semler bei beiden Autoproduzenten – die auf dem Kleinwagenmarkt mit der Arabella und dem BMW 700 um den identischen Kundenkreis wetteiferten – die gleiche Funktion einnehmen könne. Semler ließ zumindest «aus Anstandsgründen» seinen Aufsichtsratsvorsitz bei BMW für ein Jahr ruhen.[94]

Der Senat hatte als Ziel die Sanierung der Werke und die anschließende Reprivatisierung vorgegeben. Schon bei der ersten Pressekonferenz am 21. Februar 1961 wurde dann aber deutlich, wie wenig Semler auf diese Aufgabe vorbereitet war. Ein schlüssiges Konzept legte er nicht vor. Das war wenig plausibel; denn nicht zuletzt dieses Unvermögen war es ja, das zu der Entmachung des Firmengründers Borgward durch den Senat geführt hatte. *Radio Bremen* zitierte den CSU-Politiker im Originalton: «Meine sehr verehrten Herren. Bitte erwarten Sie nicht von mir, dass ich Ihnen ein Wort sage über Programm und über Maßnahmen der Arbeiterentlassungen oder so etwas. Ich kann Ihnen die Versicherung und mein Wort geben, dass über allen diesen Dingen noch nicht ein einziger Beschluss gefasst ist, und ich kann Ihnen genauso die Versicherung geben, dass ich persönlich nicht die leiseste Vorstellung bisher davon habe. Das werden Sie mir nicht verübeln können, ich bin ein paar Tage hier, und es wäre in höchstem Maße leichtfertig von mir, wenn ich Ihnen irgendeine Andeutung in der Richtung machen wollte ... ich habe das Glück, dass ich die Beratung der anderen Herren des Aufsichtsrates für diese Aufgabe habe ...».[95] Dass ein solches Eingeständnis verheerend wirken musste, scheint Semler in Kauf genommen zu haben – warum auch immer.

Der Verdacht, dass Semler an einer Rettung der Werke wenig interessiert sein könnte, erhielt Nahrung durch seine Weigerung, die vergleichsweise geringen Prüfungsgebühren in Höhe von 38 000 DM für die Abnahme des von Borgward konstruierten und wohl flugtauglichen Hubschrauber-Prototyps «Kolibri» zu investieren. Stattdessen ließ Semler das Erfolg versprechende Fluggerät demontieren und verschrotten.[96]

Insbesondere gingen die fachunkundigen Sanierer nicht an die Beseitigung der strukturellen Mängel im Aufbau der Borgward-Werke. Katastrophal wirkte sich dann aus, dass die Überkapazitäten in der Belegschaft nicht abgebaut wurden: Die Produktion war im Frühjahr zu 80 Prozent gedrosselt; dennoch blieb nahezu die gesamte Belegschaft im Betrieb. Aber auch schon zu Zeiten des Firmengründers war es versäumt worden, bei rückläufiger Produktion die Zahl der Beschäftigten zu verringern. So behauptete der Bremer CDU-Bundestagsabgeordnete Ernst Müller-Hermann, an den Schwierigkeiten der Borgward-Werke 1960/61 seien nicht nur die schlechte Exportlage und die große Zahl der Modelle schuld, sondern auch Arbeitnehmer und Betriebsrat: «... Die Verantwortung des Kaufmanns Borgward liegt nicht zuletzt darin, dass er die notwendigen Konzentrations- und Rationalisierungsmaßnahmen unterließ, weil er dem Betriebsrat eine ungewöhnliche Machtfülle eingeräumt hatte und dieser alle durchgreifenden Maßnahmen systematisch blockierte ...» Bei Borgward lag in der Tat der Lohnanteil der Produktionskosten mit 24 Prozent etwa doppelt so hoch wie in der übrigen Automobilindustrie.

Unter dem Sanierer Semler schnellten die Stückkosten pro Auto nochmals erheblich in die Höhe. Bürgermeister Kaisen rechnete später vor, bei jedem verkauften Wagen sei ein Kostendefizit von 1500 DM angefallen; so sei praktisch jedes vierte Auto verschenkt worden.[97]

Paradoxerweise war auch nachteilig, dass die Sanierer einen Teil der staatlich bewilligten 50 Millionen DM zur Tilgung der dringendsten Verpflichtungen verwandten; denn Semler bewies erneut, wie wenig ausgeprägt sein diplomatisches Geschick war: Eher willkürlich und tröpfchenweise beglich er Lieferantenrechnungen. Damit verärgerte er die zunächst wohlwollenden Zulieferer. Die Folge war, dass diese auf kurzfristiger Zahlung ihrer Waren bestanden. Das Zulieferer-Kreditwesen, wie es Borgward eingeführt hatte, brach in kurzer Zeit zusammen. Abermals sank das Vertrauen in die Borgward-Werke, und der Absatz brach weiter ein. Im Juli 1961 hatten Semler und seine Sanierer mit 38,8 Millionen DM noch höhere Verluste eingefahren als Borgward im ganzen Vorjahr.[98]

Als dann Semler ein Gutachten vorlegte, nach dem zur vorläufigen Sanierung nochmals 50 Millionen DM, nach dieser aber weitere 100 Millionen DM erforderlich seien, winkte der Senat ab. Nach Bürgermeister Kaisen überstiegen diese Summen die Kräfte Bremens beträchtlich, meldete am 22. Juli 1961 der *Weser-Kurier*, der zugleich darauf verwies, dass die vier Arbeitnehmervertreter des Unternehmens sowie der SPD-Politiker und DGB-Vorsitzende Boljahn den Aufsichtsrat der Borgward-Werke AG verlassen hatten. Der Ruin der AG war nicht mehr aufzuhalten. Am 28. Juli beantragte Semler das Vergleichsverfahren: Seine Privatisierungs- und Sanierungspläne seien gescheitert. Innerhalb von drei Jahren sollte das mit 240 Millionen DM verschuldete nunmehrige Staatsunternehmen liquidiert werden. Vier Wochen später verließ Semler «auf eigenen Wunsch» den Aufsichtsrat, nachdem der «Dr. Semler erteilte Auftrag erledigt ist», so die Pressestelle der Borgward-Werke AG.[99]

Das Lebenswerk von Borgward war zerstört.* Wenigstens für den Aufsichtsratsvorsitzenden von BMW hatte sich die Sanierung aber gelohnt: Borgward als starker Konkurrent von BMW – damals selbst kurzfristig in Turbulenzen geraten – existierte nicht mehr. Semler selbst soll für seine erfolglosen, ja desaströsen Bemühungen, die Borgward-Werke zu sanieren, 650000 DM Honorar erhalten haben – eine stolze Summe angesichts der Bilanz, die der *Spiegel* zog: Die «Borgward-Geschäftsführung des Senats ... (ist) mit Pannen so reichlich garniert ... wie das bremische Rathaus mit Butzenscheiben und Fassadenstuck».[100] Und auch für den damaligen Wirtschaftssenator Eggers – der mit seiner Pressekonferenz am 30. Januar 1961 die Lawine losgetreten hatte – war die Verpflichtung Semlers der «Kardinalfehler» des Sanierungsversuches gewesen.[101]

War Borgward pleite? Am 31. Januar 1961, bei der Übernahme der Borgward-Gruppe durch den Bremer Senat, war sein Imperium lediglich zahlungsunfähig. So hatten zu Beginn des Jahres intime Kenner der Borgward-Unternehmen geschätzt, die Substanz der Werke übersteige die Schulden mit 190 Millionen DM.[102] Nach den Sanierungsbestrebungen waren sie dann am 27. Juli 1961 tatsächlich überschuldet. Noch am 10. Oktober 1961 hatte es brüsk geheißen, Borgward-Gläubiger könnten ihre Forderungen in den Schornstein schreiben. 1966 aber waren die Forderungen der

---

* Carl Borgward, der noch 1960 anlässlich seines 70. Geburtstages mit dem Großen Bundesverdienstkreuz mit Stern ausgezeichnet worden war, starb am 28. Juli 1963 im 73. Lebensjahr an einer Herzschwäche. Den Zusammenbruch seiner Unternehmen hatte er offenbar nicht verwinden können.

Gläubiger zu 100 Prozent befriedigt; dies hatte es in der Geschichte der Bundesrepublik bei einem Großkonkurs niemals gegeben. Allerdings hatte der Senat auf seine Forderungen teilweise verzichtet. Insgesamt waren öffentliche Mittel in Höhe von mindestens 80 Millionen DM verloren gegangen, möglicherweise sogar 100 Millionen DM. Das wären dann ein Fünftel der gesamten Steuereinnahmen Bremens in einem Jahr gewesen.[103]

Fazit: Fehlende kaufmännische Orientierung und der Starrsinn eines Tüftlers hatten ein Unternehmen trotz guter Produkte in eine gefährliche Schieflage gebracht. Der Lieferantenkredit, als Finanzierungsinstrument eher für den Detailhandel plausibel, erwies sich als besonders verletzlich durch Gerüchte. Hinzu kamen unfassliche Fehlleistungen bei der versuchten Sanierung, die eher belegten, dass bei allen Fehlern Borgwards die Zwangsläufigkeit eines Konkurses zweifelhaft war. Dies nährt den Verdacht, der damals in Finanzkreisen kolportiert und durch die Verschrottung des Hubschrauberprojekts bestärkt wurde: Die Bundesrepublik hatte nach Meinung einiger im wirtschaftlichen Establishment einen Autobauer zu viel; und bei der Wahl zwischen den beiden kränkelnden Unternehmen BMW und Borgward schien Borgward mit seinen archaischen Strukturen am ehesten entbehrlich zu sein.

## Schlieker: Absturz eines Aufsteigers

Willy H. Schlieker war die wohl schillerndste Figur unter den drei späteren Bankrotteuren und der Einzige, der erst nach dem Zweiten Weltkrieg zu Ruhm und Ehren kam. Er war 1914 als Sohn eines Hamburger Werftarbeiters geboren worden – ein Erbe, das sich in späteren Jahren für ihn verhängnisvoll auswirken sollte. Mit quasi nichts hatte Schlieker nach dem Zweiten Weltkrieg begonnen und durch den klugen Kauf der schlesischen Eisenhandelsfirma Otto R. Krause noch vor der Währungsreform den Grundstein für einen beispiellosen Aufstieg gelegt. Mit der neuen D-Mark expandierte sein junges Unternehmen, indem er Strümpfe und andere Waren aus der sowjetisch besetzten Zone gegen Stahl einführte. Insgesamt hatte er 1949/50 mit diesem glorifizierten Tauschhandel während des alliierten Embargos für Waffenlieferungen jenseits des Eisernen Vorhangs etwa vier Millionen DM verdient.

Dieses Kapital in «guter Mark» wurde der Grundstein für seine Schlieker Eisenhandel GmbH. Noch mehr Geld – mehr als 20 Millionen DM – brachte ihm der berühmt gewordene Tausch deutschen Ruhr-Stahls gegen Kohle aus den USA ein; geschickt hatte er eine Knappheit während des Korea-Krieges für sein Geschäft nutzen können.[104] Weiter gelang es ihm, das unbedeutende Walzwerk Neviges im Rheinland zu einem der modernsten Elektroblechwalzwerke auszubauen, das ihm Millionengewinne sicherte. Zeitgenossen bewunderten in ihm zu dieser Zeit den ellbogenstarken Individualisten, der einen in ihm gereiften Plan umgehend verwirklichen kann.

Diese fundierten Geschäfte reichten ihm nicht. Mit den verdienten Millionen erfüllte er sich stattdessen seinen Traum, der ihn letzten Endes in den Ruin treiben sollte: Schiffe zu bauen und Schifffahrt zu betreiben – eben als Hamburger Werft- und Reedereibesitzer dort zu wirken, wo sein Vater als bloßer Kesselschmied gearbeitet hatte.

Seit dem Frühjahr 1957 investierte Schlieker insgesamt 80 Millionen DM in seine nach ihm benannte Werft. Gebaut wurden eine riesige Schiffbauhalle, Ausrüstungskais, Kräne, Gleisanlagen, vier Trockendocks, Büro- und Lagerräume. Am Ende gehörten ihm die modernsten Maschinen seiner Zeit; die Organisationsabläufe für den Materialfluss und die Arbeit waren optimal: Der Leistungsumsatz pro Kopf der Beschäftigten lag weit über dem Durchschnitt anderer Werften.[105] Die ersten Großaufträge waren verbucht; das Vertrauen seiner Geschäftspartner hatte Schlieker schnell gewonnen. Und lassen wir erneut Pritzkoleit zu Wort kommen: «Wer Glück hat, besitzt auch Vertrauen. In diesem Betracht kann man, ohne vermessen zu sein, Willy Schlieker als repräsentativ für die Christliche Schifffahrt Deutscher Nation mitsamt unserem Schiffbau nehmen. Wir wissen nicht, wohin die Fahrt geht; wir sehen nur, dass der Wind mächtig die Segel schwellt und dass die Steuerleute das deutsche Geschwader auf einem eignen Kurs steuern.»[106]

Doch der Wind drehte sich bald, und die «Christliche Schifffahrt Deutscher Nation» geriet in schwere See. Die Finanzspekulationen Schliekers hätten sich gerechnet bei Vollbeschäftigung. Die weltweite Konjunktur im Schiffbau endete aber just in dem Moment, als die Schlieker-Werft voll produktionsfähig wurde. In der nun einsetzenden Flaute ging sein lediglich kurz- und mittelfristig konzipiertes Finanzierungskonzept nicht mehr auf. Die Zahlungsbedingungen hatten sich auf Druck der Auftraggeber verändert: Statt der bis dahin üblichen Vorauszahlungen in Raten musste Schlieker nun einen erheblichen Teil des Schiffbaus vorfinanzieren. Zudem erfüllte er die Voraussetzungen für einen Kredit des Bundes an die Schiffbauer nicht.[107] Selbst der Versuch, die Werft-Verluste durch den Verkauf der Eisenhandel GmbH und des glänzend florierenden Walzwerkes Neviges auszugleichen, scheiterte.

Gescheitert ist Schlieker aber wohl auch an nichtökonomischen Faktoren: Ihm war eine vom Hamburger Senat bereits geprüfte

Bürgschaft dann doch nicht gewährt worden. Für Schlieker – «ein Egozentriker, der an sich leidet und es an anderen vergilt, dass er leidet»[108] – lag die Erklärung nahe: Er habe schlicht die Kontakte zur hanseatischen Gesellschaft nicht genügend gepflegt; das habe sich durch die Zurückhaltung der Banken ausgewirkt.[109] Es wäre ihm aber sicher auch nicht geglückt, ertragreiche Seilschaften in Politik und Wirtschaft zu knüpfen; denn als hemdsärmelig auftretender Werftbesitzer wurde er, der wirtschaftlich an der Ruhr aufgestiegen war, in Hamburg von der «Gesellschaft» nicht akzeptiert. Einladungen in seine Villa an der vornehmen Elbchaussee nahm beispielsweise der Hamburger Finanzsenator Herbert Weichmann niemals an, weil er «von Schlieker nie viel gehalten» habe, wie er anlässlich der Sanierungsverhandlungen betonte. Ein Hamburger «königlicher Kaufmann» hat eben andere Maßstäbe, als sie wohl im Revier der fünfziger Jahre vorherrschten.[110]

Schlieker allerdings verwies auf die Problematik, in der er sich als Unternehmer befunden habe, der in der freien Marktwirtschaft die Rechtsform einer Personengesellschaft wählte: Ihm sei der direkte Zugang zum Kapitalmarkt versperrt gewesen. Seinen eigenen Betrieb hätte er erst in eine Aktiengesellschaft verwandeln können, wenn ein gewisser Konsolidierungspunkt erreicht worden wäre. Dazu war es nicht mehr gekommen. Eine Aktiengesellschaft – so Schlieker – hätte es «dank ihrer Verflechtung mit den Aktiendepots haltenden Großbanken sehr viel leichter …»[111], zumal diese in den Aufsichtsrat einer großen Gesellschaft in der Regel einen Vertreter entsenden.

Einem dauerhaften Erfolg Schliekers stand wohl auch sein Führungsstil entgegen. Seine Karriere hatte ihren ersten Höhepunkt in der NS-Zeit erfahren: Im Alter von lediglich 30 Jahren unterstand ihm als Abteilungsleiter beim Reichsrüstungsminister Albert Speer die Lenkung der Eisen- und Stahlindustrie.[112] Sein Einsatz für den Endsieg Hitlers war bekanntlich vergebens. Geblieben war Schlieker aus dieser Zeit vor allem der Kommandostil, wie er im Dritten Reich vorherrschte. Selbständig denkende Mitarbeiter waren weniger sein Fall.

Schlieker sah das naturgemäß eher anders: Als Gründer einer

Personengesellschaft sei er im Übrigen auch Opfer von Großkonzernen insofern geworden, als diese ihm «viel gute Leute» abgeworben hätten. Vielleicht wäre er ja mit einem anderen Finanzdirektor besser beraten gewesen, doch dass er beratungsresistent gewesen sei, wies Schlieker weit von sich.*

Bei Schlieker hatte sich nach seinen eigenen Angaben die Liquiditätslücke seiner Dachgesellschaft Willy H. Schlieker KG Hamburg-Düsseldorf bei einem Jahresumsatz von 750 Millionen DM auf ca. 20 Millionen DM belaufen; das Vermögen war vor der Vergleichseröffnung auf 55 Millionen DM geschätzt worden. Er betrachtete es als seinen Fehler, die Bedeutung des Geldes zu sehr nur als die eines Hilfsmittels der industriellen Arbeit angesehen zu haben; die Bedeutung der Werte schaffenden Leistung habe er vielleicht überschätzt. Auch etwas anderes hatte er falsch eingeschätzt: Als er mit seiner Werft in Turbulenzen geriet, war es für ihn schwierig, mit Partnern über die Möglichkeit einer finanziellen Stärkung zu sprechen, «denn Gerüchte können ein Unternehmen töten». Er musste Konkurs anmelden.**

Ein sehr wichtiger Fehler dürfte eine Art Investitionsrausch gewesen sein, der diese später gescheiterten Gründer erfasste und den wir erst wieder in den ausgehenden Jahren des 20. Jahrhunderts erleben: Statt ihre erfolgreichen Unternehmen finanziell abzusichern, versuchten sie, ihre Imperien immer weiter auszudehnen. Der Bankier Rudolf Münemann, der in den Zusammenbrüchen der Unternehmen Hugo Stinnes und Schlieker zu vermitteln ver-

---

\* Nach seinem Konkurs gelang ihm dann umgekehrt eine neue Karriere als geschätzter Unternehmensberater und Mitglied einiger Aufsichtsräte. Er wurde 1971 Vorsitzender einer Expertenkommission zur Flugsicherheit und schlichtete später beim Fluglotsenstreit. Verkehrs- und Postminister Georg Leber beauftragte ihn mit Organisationsfragen der Bundespost. Schlieker starb 1980 im Alter von nur 66 Jahren.

\*\* Zwangsläufig war der Konkurs nach Überzeugung Schliekers nicht. Schlieker: «Ich glaube ..., dass man zum Beispiel mit Ausfallbürgschaften des Bundes die Vernichtung von Volksvermögen vermeiden kann; dass dort, wo echte Werte, echte Leistungen, ein unverkaufbares Know-how, was letzten Endes auch Bestandteil des Volksvermögens ist, festzustellen sind, Volksvermögen gerettet werden kann.» (Spiegel 51/63, op. cit., S. 43 f.)

suchte, fasste dies so zusammen: «Wenn Hugo Stinnes von seinem Traum abgelassen hätte, so viele Firmen zusammenzukaufen wie sein Vater, und wenn Schlieker auf seine Rolle als Werftherr verzichtet hätte, wären beide heute noch steinreich.»[113]

Ausschlaggebend für die Zusammenbrüche war allerdings die fehlende Finanzkraft der jungen Unternehmen. Die Handelsbilanzen für 1962 hatten einen bis dahin nicht gekannten Tiefstand des Eigenkapitals ausgewiesen. Danach errechnete sich ein Durchschnitt im Verhältnis Eigen- und Fremdkapital von 35:65; 1950 hatte die Relation dagegen noch 57:43 und im Jahre 1911 sogar 83:17 betragen. Der schnelle Aufschwung war größtenteils durch ungesicherte Kredite finanziert worden.

So klagte Willy Schlieker in einem *Spiegel*-Interview: «Ich glaube, dass diese Finanzierung beim Wiederaufbau nicht nur von mir, sondern von einer großen Anzahl deutscher Unternehmer gemacht worden ist. Nach zwei Inflationen waren in Deutschland eben kaum Eigenmittel vorhanden.»[114] Am 20. Juni 1948, in der Stunde der Währungsreform, habe schließlich jeder praktisch, was die finanziellen Mittel betraf, bei null anfangen müssen, so Schlieker. Dass er weitblickend bereits vor der Währungsreform eine Eisenhandelsfirma und damit Sachwerte erwarb, verschwieg Schlieker in diesem Interview.

Die Jahre des Wirtschaftswunders waren ein Zeitabschnitt, in der Ordnungsfiguren verschiedener Zeitalter nebeneinander wirkten. Das zeigt sich auch an der Unterschiedlichkeit der Pleiten, über die hier berichtet wurde. In den Geschäftspraktiken von Stinnes ist noch jener auf Machtmaximierung zentrierte Zusammenraff-Kapitalismus der zwanziger Jahre wirksam, dem betriebswirtschaftliche Erwägungen wenig galten, ja weitgehend unbekannt waren. In der Person und Politik von Borgward wird ein technokratisches Missverständnis von Wirtschaften deutlich: Wenn das Produkt stimmt, dann wird wirtschaftlicher Erfolg sich schon einstellen. Schlieker schließlich, ganz Person seiner Gegenwart, führt den finanziellen Leichtsinn, die Hybris einer Gründerzeit vor – so wie wir sie zum Teil nach dem Fall der Mauer noch einmal in Deutschland erleben sollten.

# II

## Normalisierung –
## Soziale Marktwirtschaft und Arbeitslosigkeit

Auf dem Weg zur Industrialisierung und der Entwicklung der Wirtschaft in Europa wie den USA hatte zunächst Großbritannien einen gewaltigen Vorsprung vor den konkurrierenden Volkswirtschaften. Aber bereits 1881 wurde der Anteil Englands an der Welt-Fabrikproduktion von Amerika überflügelt. 1908 überholte dann auch Deutschland Großbritannien. In den «goldenen» zwanziger Jahren gelang es zwar nicht, den deutschen Anteil an der Welt-Fabrikproduktion von 1913 wieder zu erreichen, aber wiederum wurde England überholt und Frankreich sogar um fast das Doppelte.

Insbesondere die Einbrüche als Folge zweier verlorener Kriege brachten Deutschland immer wieder in die Situation des aufholenden Unruhestifters. Zwar gelang es jeweils, die tiefen Einbrüche innerhalb eines Menschenlebens wieder zu wenden, dies aber vor allem nach dem Ersten Weltkrieg mit der Folge, dass die großen Nachbarn Deutschlands in Europa sich bedrängt fühlen mussten. Unter dieser Belastung stand die deutsche Wirtschaft nach 1945 nicht – wahrscheinlich, weil zum ersten Mal Wirtschaftserfolg nicht mit imperialem Anspruch verknüpft war.

Die spektakulären Wachstumsraten zwischen 1950 und 1973 – im Durchschnitt 4,9 Prozent – waren selbstverständlich nicht auf Dauer zu erwarten. Sie waren Folge zunächst des niedrigen Niveaus, von dem aus das Wirtschaftswunder sich dann entwickeln konnte. Zugleich war das rasche Wachstum auch eine Folge der totalen Niederlage, durch die viele der sozialen Zwirnsfäden zerrissen waren, die sonst in einem westeuropäischen Land die Bewegungsfreiheit initiativer Menschen begrenzen. Diese Sicht stimmt überein mit der Theorie des Nobelpreisträgers Mancur Olson darüber, unter welchen Umständen Volkswirtschaften rasch wachsen können.[115] Zentral für die Erklärung Olsons ist die Existenz und Wirkungsweise von Institutionen auf der «Meso-Ebene» einer Gesellschaft. Nach Perioden rascher Entwicklung – so Olson – folgt eine «institutionelle Sklerose».* In Zeiten ruhiger Entwicklung wachsen Absprachen über die Verteilung von Gewinnen und Marktanteilen. Diese Verteilungskoalitionen engen zunehmend Effizienz und Dynamik ein. Durch Katastrophen – insbesondere die japanische und die deutsche Wirtschaft sind Beispiele dafür – werden diese Verteilungskoalitionen zerstört. Die Folge ist ein explosionsartiges Wachstum, bis dieses wieder durch zunehmende Sklerose der Institutionen bzw. Verteilungskoalitionen beengt wird.

Eine ähnliche Diagnose, speziell bezogen auf die Wirkung der Koalitionen in einem gemeinsamen europäischen Markt, findet sich bei Herbert Giersch, wenn er von «Eurosklerose» spricht. Diese ist nach Giersch verantwortlich für das Abflachen des Wachstums im Anschluss an die Rezession 1973/74.[116]

Immer wenn fixe Jahreszahlen genannt werden, um Phasen der Entwicklung voneinander abzugrenzen, wird der Wirklichkeit ein wenig Gewalt angetan. Dennoch wollen wir das Ende der Wirtschaftswunderzeit mit dem Jahr 1961 markieren. Damals begann sich die Vorstellung durchzusetzen, das Ende der Nachkriegszeit sei gekommen, und es gelte nun, der westdeutschen Gesellschaft und ihrem Staat eine programmatische Gestalt zu geben. Rüdiger Altmann mit seiner Vorstellung einer «formierten Gesellschaft» schlug Mitte der sechziger Jahre dem damaligen Bundeskanzler

---

* «Meso-Ebene» ist der Begriff für Institutionen und Verläufe oberhalb der Haushalte und unterhalb der des Staates; siehe auch das folgende Kapitel über den deutschen Korporatismus.

Ludwig Erhard eine Form gruppengelenkter Demokratie vor: eine Art formell verfassten Korporatismus. Das passte in das allgemeine Klima und zu der Vorstellung, jetzt müsse eine Konsolidierung versucht werden. Zugleich begann sich schon die Rezession am Horizont abzuzeichnen, die sich in den Jahren 1966/67 einstellte und die Stimmung für eine Große Koalition anstelle der bisherigen politischen Bündnisse begünstigte – und parallel hierzu ein grundlegendes Infragestellen der bürgerlichen Gesellschaft durch die Außerparlamentarische Opposition (APO).

Am 1. Dezember 1966 wurde Kurt Georg Kiesinger, CDU, zum neuen Bundeskanzler gewählt. Sein Kabinett umfasste neun Minister der SPD, darunter Karl Schiller als Wirtschaftsminister, und elf Minister der CDU/CSU mit Franz Josef Strauß als Finanzminister. Beide bildeten in der Praxis ein Bündnis für eine technokratisch gesteuerte Wirtschaft und erhielten für diese die Öffentlichkeit überraschende Partnerschaft die Spottbezeichnung «Plisch und Plum».

Schiller lud Vertreter von Arbeitnehmer- und Unternehmerverbänden sowie des Sachverständigenrates für volkswirtschaftliche Entwicklung und Ministerialbeamte zu Gesprächen über die Gründung eines neuen Gremiums ein. Die Bundesrepublik wurde inzwischen von einer zwar eher milden, aber doch ungewohnten Rezession geplagt, und diese sollte durch Gemeinsamkeit zwischen Akteuren, die sonst im politischen Alltag miteinander streiten, bekämpft werden. Im März 1967 wurde diese so genannte Konzertierte Aktion begründet, die bis zum Abschied von Karl Schiller aus dem Ministeramt 1972 als Instrument der Wirtschaftslenkung funktionierte. Formelle Grundlage für die Politik, welche die Konzertierte Aktion verwirklichen wollte, wurde das «Gesetz zur Förderung der Stabilität und des Wachstums der Wirtschaft», das die Wirtschaftslenkung auf die Verwirklichung des «magischen Vierecks» verpflichtete: Wachstum, Preisstabilität, Vollbeschäftigung und außenwirtschaftliches Gleichgewicht. Keines dieser Ziele durfte nach dem Gesetz ohne Abstimmung mit den anderen verwirklicht werden.

Mit der Konzertierten Aktion begann ein neuer Abschnitt in der Entwicklung des Wirtschaftssystems der Bundesrepublik. Weitgehend in Anlehnung an die Vorstellungen des Keynesianismus wurde Wirtschaftssteuerung über makroökonomische Größen versucht – die «Globalsteuerung». Durch die daneben vereinbarte «mittelfristige Finanzplanung» sollten die Staatsausgaben verstetigt werden. Die Gesprächsrunde «Konzertierte Aktion» vereinbarte Zielgrößen für die Lohnpolitik und die Preisgestaltung; die Vertragspartner waren dann gehalten, diese Zielgrößen jeweils in ihrem eigenen Bereich durchzusetzen. Das ist lupenreiner Korporatismus. Korporatismus war auch, dass zur Planung und Kontrolle der Kohleförderung 1968 die «Ruhrkohle AG» als Einheitsgesellschaft durch Bund, Regierung von Nordrhein-Westfalen und IG Bergbau und Energie gegründet wurde. Es dauerte einige Jahre, bis diese Konzeption allgemein griff, und zum wirklichen Bekenntnis einer Bundesregierung wurde sie erst mit der Regierungsübernahme durch Willy Brandt 1969. Die wurde möglich durch den Schwenk der F.D.P. zur Partnerschaft mit der SPD.

Willy Brandt hatte ungeachtet des schlechten Wahlergebnisses der SPD 1969 einen großen Vertrauensvorschuss in der veröffentlichten Meinung. In dieser Aufbruchstimmung, verstärkt durch eine verbesserte Konjunktur, kam eine neue Mannschaft von Wirtschaftslenkern nach vorn. Zunächst aber bestimmte weiter Karl Schiller die Wirtschaftspolitik – jetzt aber entschiedener denn zuvor als «Industriepolitik».* Dafür wurden reichlich Subventionen als Mittel der Wirtschaftslenkung ausgelobt. Das aber reichte den Brandt-Anhängern nicht. Superminister Schiller demissionierte 1972.

Der Oberbegriff für Strukturveränderungen im Sinne der Brandtianer lautete «Demokratisierung aller Lebensbereiche». Märkte und Selbstverwaltung sollten sich nach einem Modell wandeln, dessen Konturen zwar unklar blieben, das aber offenbar an rä-

---

* Das ist zunächst ein ziemlich unbestimmter Begriff, meint aber zum damaligen Zeitpunkt in den USA als «industrial politics» die Steuerung der Strukturentwicklung der Wirtschaft nach autonom von der Politik bestimmten Zielen mit direkter Einwirkung auf Großunternehmen. Siehe hierzu auch Hermann Witte: «Industriepolitik». In: «Management Enzyklopädie». Bd. 4, S. 684–692, 2. Aufl. Landsberg a. Lech 1983.

tesozialistischen Prinzipien orientiert war. Daraus wurde indessen nichts, weil im Jahre 1974 mehrere Dinge zusammenkamen. Es gab eine wirkliche Rezession, eine Phase, während der sich Experimente in der Wirtschaft verbieten. Diese Rezession bedeutete das Ende einer beispiellosen Wachstumsperiode von 1950 bis 1974, gedämpft lediglich durch die leichten Rezessionen 1958 und 1966. Willy Brandt musste im April 1974 wegen der Guillaume-Affäre als Bundeskanzler zurücktreten und wurde am 16. Mai 1974 von Helmut Schmidt abgelöst. Und schließlich stellte die Pleite der Herstatt-Bank das System von Finanzinstitutionen in Deutschland vorübergehend in Frage.

Zwei Probleme plagten Helmut Schmidt nach Übernahme der Regierungsverantwortung besonders: die Zögerlichkeit, mit der die Wirtschaft nach der Rezession auf Versuche der Ankurbelung reagierte, und die Arbeitslosigkeit. Für beides hatten die Wirtschaftspolitiker keine rechte Erklärung. Nach der Rezeptur von John Maynard Keynes pflegte die Wirtschaftspolitik einer Rezession mit einer Politik des billigen Geldes zu begegnen. Bereits in den USA erwies sich aber, dass selbst bei Inflation die Wirtschaft nicht in Schwung kam. In dieser «Stagflation» (Stagnation und Inflation zusammen) sah man in der Wirtschaft ein neues Phänomen. Als ein für die Wirtschaftspolitik bedrohlicher externer Faktor wurde die Preiserhöhung der Opec ausgemacht. Mit der «Ölwaffe» hatten arabische Länder 1973 im Jom-Kippur-Krieg Ägypten und Syrien gegen Israel unterstützen wollen, indem sie die Menge des gelieferten Öls an Freunde der USA minderten und damit die Preise vorübergehend auf etwa das Doppelte steigen ließen. Das löste in Europa auch einen Stimmungsschock aus und führte in Deutschland zu einer Beschränkung des Autoverkehrs. Den anderen Grund sah man in hohen Löhnen trotz einer Stagnation in der Wirtschaft.

Die Stagflation, die in den Wirtschaftsmedien als Schicksalsfrage gehandelt worden war, löste sich auf, wiederum ohne dass man recht wusste, warum. Was blieb, war die Arbeitslosigkeit. Bis heute ist sie resistent gegenüber Programmen geblieben, die zu ihrer Bekämpfung erdacht werden. Inzwischen wäre eine Bundesregierung hoch erfreut, wenn sie mit lediglich zwei Millionen Arbeitslosen zu leben hätte wie die Regierung Schmidt in ihrer Endphase 1982.

Im Grundsatz führte die Regierung Schmidt die Industriepolitik im Sinne von Karl Schiller weiter. Es gab daneben noch Reste von Versuchen, die Veränderung der Gesellschaft durch Wirtschaftsprogramme zu erreichen, etwa die Programmpakete «Humanisierung der Arbeitswelt» oder «Fachinformationssysteme». Im Wesentlichen aber baute die Wirtschaftspolitik von Helmut Schmidt auf das Verteilen von Steuergeldern an Projekte und Unternehmen. Exemplarisch hierfür ist der als «Jahrhundertvertrag» in der Öffentlichkeit gepriesene zweite Kohle-Strom-Vertrag vom 23. April 1980. Darin wurden die Verbraucher verpflichtet, durch ihren mit der Stromrechnung zu bezahlenden «Kohlepfenning» bis 1995 steigende Mengen einheimischer Steinkohle herunterzusubventionieren; 100 000 Arbeitsplätze sollten hierdurch gesichert werden. Gleichzeitig war dieses gigantische Subventionsprogramm eine Entlastung für die SPD-Kommunen des Ruhrgebiets, deren Haushalte durch weitere Massenarbeitslosigkeit kippen konnten.

Nach dem Schwenk der FDP von der SPD zur CDU/CSU im Jahr 1982 und der Bestätigung der neuen schwarz-gelben Koalition in den Wahlen 1983 führte der neue Bundeskanzler Helmut Kohl die Politik einer milden Wirtschaftslenkung durch das Verteilen von viel Steuergeld fort – allerdings nun bar jeder ordnungspolitischen Komponente. Das zeigte sich nicht zuletzt an der Passivität gegenüber Pleiten und Fusionen bei Großunternehmen.

Kurz vor der Regierungsübernahme durch Kohl hatte der zweitgrößte deutsche Elektrokonzern AEG-Telefunken ein Vergleichsverfahren zu beantragen. Das war der bis dahin größte Firmenzusammenbruch in der Nachkriegsgeschichte, den Beobachter auf Managementfehler zurückführten. 1985 gliederte dann Edzard Reuter die inzwischen umgewandelte AEG in Daimler-Benz ein. Unter spektakulären Umständen fusionierten 1985 Krupp Stahl und Klöckner, zwei der größten Stahlunternehmen der Bundesrepublik, zu einem Unternehmen mit 43 000 Mitarbeitern.

Zur größten Unternehmensfusion der Bundesrepublik kam es 1989, als sich Daimler-Benz den Luft- und Raumfahrtkonzern

Messerschmitt-Bölkow-Blohm (MBB) angliederte. Dagegen sprachen betriebswirtschaftliche Gründe und vor allem ordnungspolitische Erwägungen, weil dieses fusionierte Unternehmen eine marktbeherrschende Stellung in der Rüstung sowie in der Luft- und Raumfahrt haben würde. Entsprechend untersagte das Bundeskartellamt den Zusammenschluss. Der damalige Bundeswirtschaftsminister Helmut Haussmann (FDP) machte jedoch von der Möglichkeit Gebrauch, durch einen so genannten «Ministerentscheid» den Beschluss des Kartellamtes außer Kraft zu setzen.[117] Seither werden Zusammenschlüsse und Verträge, die den Wettbewerb in der Marktwirtschaft einschränken, im Wesentlichen nicht mehr durch das Bundeskartellamt, sondern durch den für Wettbewerb zuständigen Kommissar in Brüssel verhindert.

1980 war die Konjunktur wieder einmal Not leidend geworden, aber 1983 stieg das Wachstum erneut um über zwei Prozent. Das genügte aber nicht, um die Arbeitslosigkeit abschmelzen zu lassen. Im Gegenteil: Im Januar 1986 überschritt der Anteil der Arbeitslosen an der Erwerbsbevölkerung zehn Prozent! Inzwischen hatten die Tarifparteien Arbeitszeitverkürzungen hin zur 35-Stunden-Woche vereinbart – auch für den öffentlichen Dienst –, mit der Begründung, durch gleichmäßigere Verteilung von Arbeit werde die Arbeitslosigkeit verringert. Diese Hoffnung insbesondere des Deutschen Gewerkschaftsbundes war erkennbar trügerisch: In der Wirtschaftspraxis bedeutete die Senkung der Normalarbeitszeit in erster Linie eine niedrigere Schwelle, von der ab Überstundengeld zu zahlen war. Die tatsächlichen Arbeitszeiten lagen entsprechend erheblich über den Tarifarbeitszeiten. Ein erheblicher Teil der hartnäckigen Arbeitslosigkeit folgte aus dem Abbau der Arbeitsplätze in der Schwerindustrie, die in Deutschland ein besonders wichtiger Arbeitgeber war. Ein weiterer Teil folgte aus der zunehmenden Zahl derjenigen, die zu den bereits vorhandenen Erwerbstätigen hinzukamen. So ergab die Volkszählung 1987 eine Million Beschäftige mehr als angenommen!

Die Umstrukturierung der Wirtschaft brachte mit sich, dass viele Privatunternehmer in den achtziger Jahren aufgaben. Dazu gehörten so bekannte Unternehmer wie Max Grundig, Josef

Neckermann, die Gebrüder Bauknecht und nicht zuletzt Friedrich Karl Flick. 1985 verkaufte dieser sein Aktienpaket für fünf Milliarden DM an die Deutsche Bank – auch das war unter ordnungspolitischen Gesichtspunkten nicht unbedenklich.

Besonders auffällig und strukturell bedeutsam war die Politik der Regierung Kohl bei Subventionen und korporatistischen Verabredungen. Wenige Monate nach der Amtsübernahme beschloss die neue Regierung Kohl, die Bauwirtschaft zu unterstützen. Noch vor Ablauf des ersten Regierungsjahres wurden öffentliche Beihilfen für die Stahlindustrie in Höhe von drei Milliarden DM verfügt. Bundesregierung, nordrhein-westfälische Landesregierung, Gewerkschaften und Unternehmer einigten sich 1988 während einer «Montankonferenz» auf ein Investitionsprogramm in Höhe von einer Milliarde Mark. Ein Jahr zuvor hatten sich in einer «Stahlrunde» bei der Bundesregierung Verbandsvertreter auf einen Abbau der Arbeitsplätze um 20 Prozent geeinigt. In einer «Kohlerunde» wurde im gleichen Jahr eine Minderung der Kohleförderung von 20 Prozent beschlossen, was zum Abbau von 30 000 Arbeitsplätzen führte. Ende 1988 kam es zu einer Gesundheitsreform, mit der die «Konzertierte Aktion im Gesundheitswesen» früherer Kabinette weitergeführt wurde: Vertreter der Kassen, der Krankenhausträger, der Pharmaindustrie und der Ärzte vereinbaren, welcher Betrag insgesamt für das Gesundheitswesen verfügbar ist; dann wird die Aufteilung des Betrages auf die verschiedenen Sparten verabredet, und die Beteiligten verpflichten sich, diese Verabredungen jeweils verbandsintern durchzusetzen. Das hat selbstverständlich mit Marktwirtschaft – ob mit oder ohne den Zusatz «sozial» – nichts zu tun, sondern ist eine reine Kartellabsprache zwischen korporatistischen Akteuren.

Insgesamt war die Zeit zwischen 1966 und Anfang 1990 eine Phase des allmählichen Umbaus der Wirtschaft (und der Gesellschaft), parallel zu den Veränderungen in anderen entwickelten Volkswirtschaften. Wieweit die Wirtschaftspolitik hier gestaltend Einfluss nahm, ist unklar. Wahrscheinlich bestanden ihre wichtigsten Effekte darin, die sozialen Auswirkungen der Umbrüche zu dämpfen – vielleicht auch in einigen Fällen Veränderungen unzweckmäßig zurückzustauen – und jedenfalls viel Steuergeld für Unternehmenshandeln bereitzustellen. Das wiederum hat die ohnehin in Deutschland bestehende Tendenz zur gegenseitigen Durchdringung von Wirtschaft und Politik sehr gestärkt.

Bereits in den Wirtschaftswunderjahren war der Anteil der in der Land- und Forstwirtschaft Beschäftigten rapide zurückgegangen. In den sechziger Jahren erreichte der Anteil der in der Industrie Beschäftigten seinen Höhepunkt. 1965 betrug er 48 Prozent und lag damit über dem internationalen Durchschnitt. Ein Teil der hartnäckigen Arbeitslosigkeit seit Mitte der siebziger Jahre ist damit zu erklären, dass in Deutschland bei der Umstrukturierung zur Dienstleistungsgesellschaft hier besonders viele Menschen freigesetzt wurden – nicht zuletzt durch das Schrumpfen der einstmals gewaltig entwickelten Montanindustrie. Im Laufe der achtziger Jahre sank dann die Beschäftigung im sekundären Sektor auf unter 40 Prozent der Erwerbstätigen. Obwohl inzwischen mehr Beschäftigte im Dienstleistungssektor tätig sind, ist im internationalen Vergleich die Tätigkeit im sekundären Sektor noch relativ hoch geblieben.

Es wird geschätzt, dass unter zwei Prozent Beschäftigte in der Landwirtschaft heute mehr produzieren als früher über zwei Fünftel der Berufstätigen im gleichen Wirtschaftsbereich. Und es ist erwiesen, dass die etwa 28 Prozent aller Beschäftigten, die noch im eigentlichen Sinn produzieren, ein höheres Volumen an Waren zur Verfügung stellen als zur Hochzeit der Beschäftigung in der Produktion.

Die starke Stellung Deutschlands in der Weltwirtschaft entwickelte sich parallel mit dem Ansteigen des Lohnniveaus. Da wir aus historischen Gründen den Wohlfahrtsstaat ganz überwiegend über Lohnnebenkosten finanzieren, sind die Lohnstückkosten in Deutschland sogar die höchsten der Welt. Das ist nur möglich geworden durch einen Fortschritt in der Produktivität, der deutlich über den Werten für die Mehrzahl der konkurrierenden Länder liegt – besonders deutlich über den Werten für die USA.

## Der deutsche Korporatismus

Bevor wir uns den charakteristischen Pleiten der gerade beschriebenen Phase zuwenden, ist es an der Zeit zu erläutern, was genau mit «Korporatismus» gemeint ist. Wir befinden uns nun in einer Phase der deutschen Wirtschafts-(und Pleiten-)geschichte, in der diese Form der Ordnung von Beziehungssystemen sich gegenüber anderen Ordnungsgefügen in Deutschland so durchgesetzt hat, dass man sie als Alternative zu ihnen charakterisieren kann.

Wenn Sozialwissenschaftler die Besonderheiten eines Landes untersuchen, stehen häufig das Handeln des Staates sowie das von Firmen und von Individuen als einzelne Akteure im Vordergrund der Aufmerksamkeit. Damit wird ein wesentlicher Teil der sozialen Realität übergangen, die in der Soziologie «Meso-Ebene» genannt wird. Das hat einen einsehbaren Grund: Forschungstechnisch ist sie viel schwieriger zu erfassen als die Individualebene oder die der Kollektive von Bund und Ländern. Dabei wissen wir alle, dass wir im Alltag in einem sozialen Beziehungsgeflecht leben: mit Nachbarn, Freunden, Arbeitskollegen, Verbänden, Vereinen, Ämtern aller Art. Und Verbände, Vereine und Ämter sind ihrerseits vielfach mit anderen Instanzen und untereinander verflochten.

Auf dieser Meso-Ebene zeigt sich die Identität auch «moderner» Länder. Ungeachtet aller offenen Grenzen und der gegenseitigen Beeinflussung von Land zu Land bleibt eine französische Bürokratie anders als eine englische, eine deutsche Schule anders als eine italienische, ein skandinavisches Zeitungssystem anders als das der iberischen Halbinsel. Gerade heute wird insbesondere bei Institutionen versucht, von anderen Ländern zu lernen – Anfang der neunziger Jahre etwa Management-Techniken von Japan. Und doch wird immer wieder erfahren, dass sich einzelne Techniken nur insoweit verbiegungsfrei übertragen lassen, als sie dem neuen sozialen Kontext, in den sie hineinversetzt werden, keine größere Anpassung abverlangen.

Die in den Ländern Westeuropas und Japans zu beobachtenden Eigentümlichkeiten auf der Meso-Ebene sind zum großen Teil nur historisch zu erklären. Besonders wichtig ist hierbei die Ablösung der heutigen Gesellschaften aus vorindustriellen agrarisch-feudalistischen Systemen mit ständestaatlichen Strukturen in den Städten.[118] Dieser Systemwandel war von Land zu Land unterschiedlich radikal und ereignete sich in unterschiedlichen Zeitfolgen. «Sich ereignete» heißt allerdings nicht, dass diese Veränderungen gewissermaßen mit Naturgewalt und ohne menschliche Intervention stattfanden. Selbstverständlich haben Länder, in denen die Ablösung von der vorindustriellen Gesellschaft früher erfolgte, den in diesem Prozess nachfolgenden Ländern als Vor- und Schreckensbild zugleich gedient. Für Karl Marx in gleicher Weise wie für Friedrich List war England das bedeutende Beispiel – bei Marx dafür, wie es zwangsläufig auch in Deutschland zugehen werde, und für List, wie weit man es nicht kommen lassen dürfe. Nicht zuletzt war der spätere Bismarck'sche Sozialstaat ein Versuch, gestaltend in die Entwicklung der wirtschaftlichen Verhältnisse und ihrer sozialen Folgen einzugreifen.

Auch heute ist die Verbreitung von Maßnahmen und Entwicklungen von einem Land zum nächsten wichtig, wenn es darum geht, auf Veränderungen Einfluss zu nehmen. Wie sehr sich solche Versuche an den bereits existierenden Institutionen brechen können, zeigte erst vor wenigen Jahren der gescheiterte Ansatz Präsident Bill Clintons, in den Vereinigten Staaten Elemente des Systems deutscher Ortskrankenkassen und der Ordnung der dualen Berufsbildung einzuführen. Damit hätten zwei folgenreiche Schwachstellen der amerikanischen Gesellschaft korrigiert werden sollen: die ungenügende medizinische Versorgung für über 30 Millionen Amerikaner sowie die teilweise schlechte Qualität der amerikanischen Arbeiter im Vergleich zu Facharbeitern in Deutschland.[119]

Die sozialen Beziehungen auf der Meso-Ebene sind also zum Verständnis von Modernisierungsprozessen von besonderer Bedeutung. Sensibler als viele späteren Autoren hat dies Max Weber wahrgenommen, der in einem ersten Geschäftsbericht der Deutschen Gesellschaft für Soziologie 1910 einen Katalog von Dringlichkeiten der empirischen Forschung vorlegte, um den Wandel in der Gegenwart besser begreifen zu können: «... das erste Thema, welches die Gesellschaft (für Soziologie) als geeignet zu einer rein wissenschaftlichen Behandlung befunden hat, ist eine Soziologie des Zeitungswesens. Ein ungeheures Thema ... Denken Sie sich die Presse einmal fort, was dann das moderne Leben wäre ohne diejenige Art der Publizität, die die Presse schafft.»[120] Als zweites dringliches Thema nennt dann Max Weber «eine Soziologie des Vereinswesens im weitesten Sinn des Wortes, vom Kegelclub – sagen wir es ganz drastisch! – angefangen bis zur politischen Partei und zur religiösen oder künstlerischen oder literarischen Sekte».[121] Als drittes Thema führt Weber die «Frage der Auslese der führenden Berufe innerhalb der modernen Gesellschaft» an: «Wieso hat die überall wirksame Auslese gerade sie (gerade diese Führungskräfte) ... in diese Stellungen gebracht?»[122]

Die Einbindung von Personen und Institutionen in Geflechte begründet soziale Stabilität. Die kleinste Einheit des Alltagslebens sind die 27 Millionen Haushalte (alte Bundesrepublik), die wiederum mit etwa drei Millionen Wirtschaftseinheiten verflochten sind. Hinzu kommen Netzwerke von Beziehungen (Freundschaften, Bekanntschaften) sowie Vereine auf lokaler Ebene. Die Vereine binden nicht nur Individuen ein, sondern indirekt auch die weiteren Angehörigen eines Haushalts. All dies zusammen wollen wir «soziale Mikrosysteme» nennen.

Solche Mikrosysteme werden ihrerseits strukturiert durch gesamtgesellschaftlich wirkende Systemeigenschaften wie Berufsstrukturen, soziale Schichtung oder Wertsysteme. Als Rahmenbedingungen für ihre inneren Abläufe wirken die Rechtsordnung, die Korporationen, politische Entscheidungen und das Kultursystem: die «sozialen Makrosysteme».

Wer die Meso-Ebene genauer betrachtet, stellt bald fest, dass eine heute existierende Gesellschaft nicht nur aus aktuellen Umständen erklärt werden kann. Über Zeiten hinweg, wenn auch gewöhnlich übersehen, wirken Institutionen und Bereiche weiter, die sie mit schriftlosen Gesellschaften verbinden. Besonders René König, aber vor ihm auch Emile Durkheim, Bronislaw Malinowski und Alfred Radcliffe-Brown haben gezeigt, wie wichtig die von Ethnologen beschriebenen Prozesse auch für Erklärungen in modernen Gesellschaften sind.

Der angemessenste Zugang zum Verständnis moderner Gesellschaften ist unseres Erachtens, ihre sozialen Systeme als Geflechte von Netzwerken zu sehen. Empirische Unterlagen erlauben uns heute, diese Netzwerke aus drei Perspektiven zu behandeln: (1) Netzwerke und Gebilde als das Umfeld von «ego» – was wir als Wort der heute gebräuchlicheren Benennung «Akteur» vorziehen würden; (2) die Institutionen als Handelnde mit Raum für Eigendynamik, teilweise abgelöst von den in ihnen eingebundenen Personen und deren Präferenzen sowie von Personen und Institutionen, für die sie tätig sein sollen; (3) das «coupling» (Verweben) zwischen den Netzen, die Art und Stärke der Verknüpfungen.

Ein besonders eindringliches Beispiel für die Bedeutung der Meso-Ebenen einer Gesellschaft bietet Frankreich während der letzten 250 Jahre. Mit Entschiedenheit wurden in der Französischen Revolution alle Zwischeninstanzen zwischen dem Citoyen und der Nationalversammlung zerschlagen. Die Kirchen wandelten sich zu privaten Vereinigungen, berufsständische Gebilde verloren ihren Rechtsstatus, die Gliederung des Landes erfolgte nach Departements, deren Grenzen bewusst historische Einheiten zerschnitten. Und doch gibt es heute wieder die Provence, Savoyen oder die Bretagne.

Die Meso-Ebene ist also in modernen Gesellschaften von großer Bedeutung. Die Massengesellschaft kommt ohne solche vermittelnden Instanzen nicht aus, ja hätte sich gar nicht entwickeln können. Dass moderne Demokratien ohne Verbandswesen, also nur mit politischen Instanzen nicht funktionieren, ist inzwischen allgemein anerkannt. «Korporatistisch» werden solche Gesellschaften genannt, in denen ein Teil dieser vermittelnden Instanzen rechtsverbindlich wirken. Das jedenfalls ist seine in der Politikwissenschaft heute übliche Bedeutung[123]; allerdings wird der Begriff «Korporatismus» nicht immer so eng gefasst. In der Soziologie werden allgemeine Vorgänge und Gesellschaften «korporatistisch» genannt, in denen Entscheidung durch Verhandlungen zwischen Gruppen, insbesondere organisierten Gruppen, einem Ergebnis aus Konkurrenzprozessen oder Konfrontationen vorgezogen wird.[124]

Eine scheinbar ähnliche, aber in Wirklichkeit entgegengesetzte Gesellschaftsarchitektur war die berufsständische Ordnung. Mehrmals wurde versucht, dieses ursprüngliche Gliederungsprinzip einer mittelalterlich-ständischen Stadt-Kultur nun als Alternative zu Kapitalismus und Kommunismus zum Organisationsprinzip einer modernen Gesellschaft zu machen. Im deutschen Nationalsozialismus hatte das die Form einer Zwangsmitgliedschaft der qualifizierteren Berufe in berufsständischen Organisationen, ohne die ein Beruf nicht ausgeübt werden durfte. Ganz offensichtlich ist dieses Prinzip hinderlich für berufliche Mobilität. Und heute erhebt kein ernst zu nehmender Politiker mehr die Forderung, eine berufsständische Ordnung im Sinne eines dritten Weges zwischen Kapitalismus und Sozialismus einzuführen.

Der Korporatismus kann ganz unterschiedliche organisatorische Formen und Bausteine haben.[125] In Deutschland sind diese die wichtigen Parafisci (z.B. Industrie- und Handelskammern), private Vereinigungen wie DIN und TÜV oder staatlich begünstigte Kartelle wie das heutige Bündnis für Arbeit.\* Die Tarifverträge über Arbeitsbedingungen einerseits und Veranstaltungen wie die Konzertierte Aktion andererseits sind ebenfalls solche Formen einer Verschränkung von Willensbildung in Verbänden und staatlichen Instanzen. Seit Anfang der achtziger Jahre hat der Begriff «Korporatismus» für Netzwerke von Absprachen in Deutschland Konjunktur in der Politikwissenschaft.[126]

---

\* «Parafisci» ist ein Begriff aus der Finanzwissenschaft für private Vereinigungen, deren Beschlüsse aufgrund von staatlichen Übertragungen von Verantwortung rechtsverbindlichen Charakter haben.

An der 1967 begründeten Konzertierten Aktion, in der konkrete Absprachen über Löhne und Unternehmensverhalten getroffen wurden, hatten zunächst 34 Vertreter aus neun institutionellen Bereichen mitgewirkt; in der Folgezeit erweiterte sich der Kreis auf bis zu 80 Teilnehmer, weil auch zunächst nicht eingeladene Gruppierungen – zum Beispiel Bauern und Verbraucherverbände – an der Willensbildung beteiligt sein wollten.

In ihrem «Orientierungsrahmen '85» machte die SPD 1975 die korporative Beteiligung der Verbände zum Programm. Gegen Ende der Regierung Schmidt gab es allein auf Bundesebene über 300 korporativ besetzte Gremien.[127] Besondere Bedeutung erlangte die «Konzertierte Aktion im Gesundheitswesen» seit 1977[128] – ein lupenreines Kartell mit regierungsamtlichem Segen.

Die Regierung Kohl unternahm nach 1982 verschiedene Versuche der Deregulierung, wollte stärker auf den Markt als auf die Konzertierung als Steuerungsmechanismus setzen, machte sich aber dadurch insbesondere den DGB zum Feind.[129] Insgesamt hielten sich während der Regierung Kohl korporatistische Antworten auf Probleme und Deregulierungen ungefähr die Waage, ohne dass sich ein entschiedener Versuch erkennen ließ, zugleich die Reste von sozialer Marktwirtschaft zu stärken.

Der neue Bundeskanzler Gerhard Schröder machte ein korporatistisches Gremium zum zentralen Instrument seiner Politik: das Bündnis für Arbeit. Es sollte auf Seiten der Arbeitgeber – vertreten durch Verbandsfunktionäre – zum Versprechen zusätzlicher Arbeitsplätze führen, während die Gewerkschaften durch Zurückhaltung bei Lohnforderungen die Voraussetzungen für günstigere Kostenstrukturen ermöglichten; diese sollten aber nicht zur Rationalisierung benutzt werden. Insbesondere die Vertreter der Arbeitgeberorganisationen waren bislang nicht in der Lage, diese Konzeption für die Betriebe flächendeckend umzusetzen.

Allgemein dürften heute die großen Wirtschaftsverbände und auch die Gewerkschaften in Deutschland nicht mehr in der Lage sein, Verzichtprogramme verbandsintern durchzusetzen. Der hoch organisierte Regierungskorporatismus hat keine große Zukunft mehr vor sich.[130]

**«Bündnis für Arbeit»** (begründet am 7. 12. 1998)

| Spitzengespräch<br>Teilnehmer: der Bundeskanzler und mehrere Minister,<br>Spitzenvertreter der Gewerkschaften und der Wirtschaftsverbände ||||||||
|---|---|---|---|---|---|---|---|
| Steuerungsgruppe<br>Vorbereitung der Spitzengespräche, Koordination der Arbeitsgruppen ||||||| Benchmarking-<br>Gruppe<br>International<br>vergleichende<br>Studien |
| Arbeitsgruppen ||||||||
| Aus- und Weiterbildung | Arbeitszeitpolitik | Beschäftigungsförderung – aktive Arbeitsmarktpolitik | Steuerpolitik | Aufbau Ost | Neue Selbständigkeit | Rentenreform | Reform der Krankenversicherung und der Pflegeversicherung |

Nach unserem Verständnis ist Korporatismus dann gegeben, wenn Verwaltungsausgaben und Entscheidungsprozesse nichtstaatlichen «natürlichen» Gruppierungen zugeordnet werden, wenn Verhandlungslösungen den Entscheidungen am Markt bzw. durch Konkurrenz vorgezogen werden und dabei «Mediatisierungen» wichtig sind.

Mit dem zweifellos missverständlichen Wort «natürlich» sind Gruppierungen gemeint, die auch jenseits ihrer Teilnahme am korporatistischen Aushandeln wirken. So üben beispielsweise in Schweden lutherische Kirchengemeinden Funktionen aus, die in fast allen anderen Ländern Standesämter erfüllen, so wie die amtliche Registrierung einer Geburt. Seit der Französischen Revolution gibt es auch in Deutschland Industrie- und Handelskammern (IHKs), in denen für die Firmen eines Bezirks seit dem NS-Regime die Mitgliedschaft Pflicht ist («Kammerpflichtigkeit»). Diese IHKs organisieren – parallel zu den Handwerkskammern – in Deutschland die Berufsbildung im Rahmen des dualen Systems, stellen Bescheinigungen aus, die wie staatliche Dokumente Gültigkeit haben, und dürfen Beiträge einziehen. Der *Terminus technicus* für solche Gebilde ist «Parafisci» – wörtlich übersetzt «staatsgleich».

Die beiden Kontroll- und Normierungsinstitutionen TÜV und DIN sind uns in Deutschland so selbstverständlich geworden, dass die wenigsten wissen: Hier handelt es sich um «private» Vereinigungen. Als zu Beginn der zweiten Hälfte des 19. Jahrhunderts Dampfmaschinen in wohnungsnahen Produktionsstätten eingesetzt wurden, kam es nicht selten zu Explosionen. Da gründeten am 6. Januar 1866 die Besitzer von 20 Dampfmaschinen den «Dampfkessel-Überwachungsverein». Bis zur Gründung des Vereins war die Kontrolle der neuen Technik von staatlichen Stellen wahrgenommen worden. Dann aber setzte sich der 1856 gegründete Verein Deutscher Ingenieure (VDI) mit seinem Vorschlag durch, eine private Vereinigung der Betreiber von Dampfmaschinen zu gründen, weil diese technisch qualifizierter als staatliche Bürokratien sei. Im Laufe der Zeit wurde der Arbeitsbereich des Überwachungsvereins immer weiter ausgedehnt und schloss am Ende auch die Prüfung von Autos auf deren Sicherheit mit ein. Heute ist der in TÜV umbenannte Verein die Stelle zur Zertifizierung aller möglichen Geräte – von Schlagbohrmaschinen bis zu Leitern für Haushalte.[131] Eine vergleichbare Bedeutung hat die Vereinigung für Deutsche Industrienormen, DIN. Ihre Normen werden inzwischen nicht nur in Deutschland, sondern auch in weiten Teilen der Welt als verbindlich beachtet.

Gewerkschaften, Berufsverbände, Innungen, Wirtschaftsvereinigungen, aber auch ein Stadtsportbund, der Ruhrsiedlungsverband oder ein Zweckverbund etwa zwischen Gemeinden zum Hochwasserschutz sind in unserem Verständnis weitere solcher korporatisch einbindbaren «natürlichen» Einheiten.

Zentral zum Verständnis sowohl der positiven Effekte wie auch der negativen Wirkungen eines Netzwerkes von Korporationen ist ein Mechanismus, den wir in Übereinstimmung mit einem älteren Rechtssystem «Mediatisierung» nennen. Dieser Ausdruck ist verkoppelt mit dem Begriff der «intermediären Instanzen». Hiermit sind solche Institutionen und Personen gemeint, die vermittelnd wirken, insbesondere zwischen den Ebenen eines sozialen Systems. Sie filtern die Interessen, die sonst ungehemmt aufeinander stoßen würden, und ermöglichen den beteiligten Gruppen, mit teilweiser Autonomie aufeinander zu reagieren.[132]

Solche Formen gesellschaftlicher Vermittlung gab es schon früh: «Die Einschaltung von Instanzen, die Strukturen zwischen oben und unten vermitteln und dabei die Funktion übernehmen, die Klienten zu mediatisieren, wurde historisch bereits im ausgehenden Spätmittelalter durch die Bettelordnungen in Städten praktiziert. Der direkte, ungeregelte Kontakt von Spendern und Almosenempfängern wurde mit Maßnahmen unterbunden und eine selektive Zwischeninstanz eingeschaltet, die Verlässlichkeit und Rationalität, Sicherheit und Disziplin der Empfänger gewährleisten sollte».[133]

Verbände wirken gewiss mediatisierend, indem sie einen Kompromiss finden müssen zwischen Vereinbarungen mit anderen Verbänden und den Interessen ihrer Mitglieder. Allein darauf lassen sich jedoch die Wirkungen von Verbänden keinesfalls reduzieren, da sie ja auch eine Eigendynamik entwickeln. Wesentliche Innovationen gingen bei uns von Verbänden aus. Wir verwiesen bereits auf das Beispiel der dynamischen Rente, die von dem damaligen Geschäftsführer des «Bundes Katholischer Unternehmer», Wilfried Schreiber, Anfang der fünfziger Jahre konzipiert und dann gegen Widerstände aus der Wirtschaft durchgesetzt wurde. Inzwischen kommen aber solche Anstöße kaum noch.

Im Alltag unserer politischen Systeme wirken Verbände zugleich dämpfend wie auch verstärkend auf ihre Verbandsumwelt. In offenen Gesellschaften dämpfen sie den Staatseinfluss, in totalitären Gesellschaften binden sie als «Transmissionsriemen» den Einzelnen stärker in einen Gesamtwillen ein, als dies ohne intermediäre Instanzen möglich wäre.[134] Angesichts der Dichte von Verbänden und ihrer engen Verflechtung miteinander ist im heutigen Deutschland bei intermediären Instanzen die mediatisierende Wirkung sehr viel stärker als die der Repräsentation.[135]

Entgegen anders lautenden Befunden können Korporationen nach unseren Analysen in Zeiten des Wachstums – mit stabilen Institutionen und einem Grundkonsens in den Führungsgruppen – förderlich sein. Das korporatistische Netzwerk zwingt fortwährend zu Diskussionen zwischen den ausdifferenzierten Teilen der Gesellschaft und wirkt damit insgesamt friedensstiftend. So waren in den langen Zeiten raschen Wachstums in Deutschland kräftezehrende Arbeitskämpfe in der Wirtschaft deutlich seltener als etwa in England oder Frankreich oder auch den Vereinigten Staaten. In Zeiten der Stagnation und in Zeiten von größerem Reformbedarf scheinen sie aber eher hinderlich zu sein. Geht der Grundkonsens verloren, können solche korporatistischen Vereinbarungen, wie es etwa die «Konzertierte Aktion» war, nicht mehr funktionieren.

Leitende Funktionäre, die in korporatistischen Netzen tätig sind, neigen dazu, deren Wirksamkeit zu überschätzen. Kein Wunder: Jeder Verbandsgeschäftsführer muss das Kunststück fertig bringen, in Verhandlungen mit anderen Instanzen und den staatlichen Stellen vertrauenswürdig zu bleiben und zugleich heterogene Mitgliederinteressen zufrieden zu stellen. Solche Akrobatik wird besonders kompliziert in jenem Teil unseres Verbandswesens, der für den Korporatismus in der Politik besonders kennzeichnend ist, nämlich in Verbänden für Verbände.

Ein Beispiel: Für die Rentenversicherung gibt es in der Bundesrepublik 23 Landesversicherungsanstalten für Angestellte, die Bundesversicherungsanstalt für Angestellte, daneben die Bundesknappschaft, die Seekasse sowie die Bahnversicherungsanstalt. Diese sind wiederum miteinander verbunden im Verband Deutscher Rentenversicherungsträger. In der politischen Staatsbürgerkunde werden sie als Instrumente der Selbstverwaltung bezeichnet. Ihr wichtigstes Gremium, die Vertreterversammlung, wählt den Vorstand der Rentenversicherung, der je zur Hälfte aus Vertretern der Versicherten und der Arbeitgeber besteht. Die Vertreterversammlung ihrerseits geht aus den Sozialwahlen hervor, bei der die einzelnen Versicherten Vertreter von Organisationen wählen. Für sechs Jahre sehen dann die Versicherten nichts mehr von ihren Vertretern, die wiederum weitere Vertreter auswählen. Diese Wahlen haben den Charakter einer mehrfachen Mediatisierung. Und es verwundert, dass immer noch nahezu 40 Prozent der Berechtigten von ihrem Stimmrecht Gebrauch machen. Das Ganze ist übrigens ziemlich teuer: Die Sozialwahlen kosten über 100 Millionen DM. Hier wirkt Mediatisierung als Ablösung der Institutionen von denjenigen, die sie repräsentieren sollen.

In der ALLBUS-Erhebung wurde von ZUMA wiederholt erfragt, welche Teile der Bevölkerung sich von Institutionen der Meso-Ebene wirksam vertreten fühlten.[136] Durchweg lagen die Werte im Osten der Bundesrepublik höher als im Westen. Die hierbei berücksichtigten Institutionen erheben in der Regel den Anspruch, auch für Nichtmitglieder zu sprechen – überwiegend zu Unrecht, weil dieser Anspruch zwischen 1990 und 1998 durchweg weniger akzeptiert wird, nicht zuletzt auch für die Gewerkschaften.

Angesichts der Bedeutsamkeit der Verbände für das politische System der Bundesrepublik einerseits und der Defizite in der Akzeptanz verbandlicher Entscheidungen bei den Vertretenen andererseits gab es immer wieder die Forderung nach einem «Verbändegesetz». Dagegen wandte unter anderen Kurt Biedenkopf ein, dass eine solche Verrechtlichung eines informellen Zwischenraums zwischen der Lebenswelt von Bürgern und den offiziellen politischen Entscheidungsträgern den Korporatismus in einer kontraproduktiven Weise verfestigen würde.

In der Tat ließe sich durch Verrechtlichung der widersprüchliche Charakter des Geflechts nichtstaatlicher Institutionen auf der Meso-Ebene keinesfalls beseitigen. Zwar wird durch diese Verbände und andere Gruppierungen in einer pluralistischen Gesellschaft erst die Vielfalt der Interessen zu verhandlungsfähigen Paketen gebündelt; dies aber muss die Mediatisierung vieler Wünschbarkeiten zur Folge haben. Einerseits ergibt sich hieraus eine Dämpfung überzogener Verbandsansprüche, andererseits entstehen durch die Mediatisierung Freiräume für eigenes Handeln der Funktionäre, die sehr unterschiedlich genutzt werden. Das «loose coupling» (Embree) ist in einer hoch differenzierten Gesellschaft Voraussetzung für Dynamik.[137]

So kann der an Verhandlungen orientierte nichtstaatliche Korporatismus seine tendenziell befriedende Wirkung nur entfalten, wenn die Neigung des Führungspersonals von Korporationen, sich gegenüber den Mitgliedern zu verselbständigen, unter Kontrolle bleibt. Die zweite Gefährdung des Korporatismus ist die Immobilität. Sie folgt nicht nur aus mangelnden Fähigkeiten der Funktionäre, sondern insbesondere aus gegenseitigen Abhängigkeiten, die sich aus sachlichen Verflechtungen ergeben.

Während der Regierung Schmidt galt es als Ausweis politischer Klugheit, möglichst viele Staatsaufgaben als «Gemeinschaftsaufgaben» zu organisieren. Damit sollten die Länder, die ja unterschiedliche politische Mehrheiten hatten, in die vom Bund ausgehende Willensbildung mit eingebunden werden. Es war dies nichts anderes als die Übernahme einer auch sonst in Deutschland verbreiteten Taktik, mögliche Gegner vorweg mit ins Boot zu nehmen. In der Praxis machte sich damit aber die Bundesregierung wiederum abhängig von der Mitwirkung der Länder. «Politikverflechtung» nannte dies kritisch Fritz Scharpf.[138]

Diese Art von Verflechtung beschränkt sich keinesfalls auf die Politik. Sich gegenseitig Aufsichtsratsmandate anzubieten, sich gegenseitig in Gremien zu berufen, als Kreditgeber und Kreditnehmer in den gleichen Beschlussgremien einer Unternehmung zu sitzen, ist insbesondere unter den «Schwergewichten» der deutschen Wirtschaft üblich. In den USA haben «interlocking directorates» einen schlechten Ruf, in Deutschland sind sie weit verbreitet. Die behaupteten Vorteile sind nachvollziehbar: Ämterhäufung hebt das Niveau der Information; Entscheidungswege können verkürzt werden; es gilt das Motto des kölschen Klüngels: «Wir kennen uns, wir helfen uns». Hinzu kommt als Motiv die Mehrung von Macht durch Häufung von Funktionen.

Beträchtlich sind aber die charakteristischen Nachteile: Bei zu geringer Distanz nimmt die Kritikfähigkeit ab. Es entwickeln sich persönliche Verpflichtungen aus dem privaten Umgang miteinander. Und nicht zuletzt kann sich in solchen korporatistischen Geflechten ein Korpsgeist entwickeln, der die Bereitschaft weckt, sich gegenüber der Öffentlichkeit abzuschirmen, wenn es in der Korporation oder dem Unternehmen zu Fehlentwicklungen kommt.

Bemerkenswert an krisenhaften Entwicklungen und Fehlverhalten bis hin zu kriminellen Verfehlungen ist die Bereitschaft, solche Probleme möglichst geräuschlos intern zu regeln. Und wenn schon einmal die Öffentlichkeit aufmerksam wird, dann wird versucht, Aufklärung möglichst zu begrenzen. Es ist systembedingt, wenn bei Skandalen wie dem um die Neue Heimat oder den Baulöwen Jürgen Schneider viele offensichtlich erklärungsbedürftige Umstände nicht weiter aufgeklärt werden oder wenn trotz einer großen Zahl von Mitwissern kriminelle Praktiken wie zum Beispiel im Zuliefererbereich erst bei Opel und dann bei Ford über längere Zeit ungestört stattfinden können. Von Insidern wird nicht selten der Imageschaden durch die Aufdeckung von Fehlern höher gewertet als der Nutzen einer Aufklärung und gegebenenfalls Sühne gegenüber der Öffentlichkeit. Das kann so weit gehen, dass grobes Fehlverhalten ungeachtet eines großen finanziellen Schadens mit einem «goldenen Handschlag» für den Schuldigen vertuscht wird, statt den Staatsanwalt einzuschalten.

Der Korporatismus hat also keineswegs nur Vorteile, sondern wirft charakteristische Probleme auf. Und er ist jedenfalls etwas anderes als Marktwirtschaft – auch als soziale Marktwirtschaft.

Neben dem offiziellen Korporatismus gibt es auch einen informellen. Zum Beispiel unter den Topmanagern, die in der Öffentlichkeit eher als einzelne Akteure wahrgenommen werden, zumal ihr persönliches Umfeld weitgehend ausgeblendet wird. So wissen wir über die offiziellen Konstellationen hinaus wenig über die Netzwerkbedingungen, in denen wichtige Entscheidungen vorbereitet werden. Jedenfalls wird heute oftmals zugleich eine ganze Unterstützungsgruppe ersetzt, wenn ein Großunternehmen einen Topmanager auswechselt. Ebenso wichtig sind die horizontalen Beziehungen zu anderen Führungspersonen in vergleichbarer Spitzenstellung, die «Seilschaften».

Eine Schlüsselfigur der «exklusivsten Seilschaft Deutschlands», des Kreises der «Similauner», war etwa das Vorstandsmitglied der Deutschen Bank, Ulrich Cartellieri. Die Similauner sind eine Gruppe von Wirtschaftsführern, die Bergsteigen auch im Hochgebirge als Ausgleichssport betreibt. Dazu gehören Jürgen Schrempp

(DaimlerChrysler), Wolfgang Reitzle (Ford Premier Automotive Group), Herbert Henzler (McKinsey) und der Verleger Hubert Burda. Auf Berghütten treffen sich die Bosse von Siemens, Lufthansa und Gerling. «Manchmal», so Verleger Burda, «stehen auf dem Gipfel viele Milliarden Mark zusammen.»

Eine weitere Gruppe deutscher Wirtschaftsführer traf sich in den letzten Jahren bereits siebenmal zu vertraulichen Wochenenden in Brenners Parkhotel in Baden-Baden. Aber ein formeller Kreis soll dies, ebenso wie andere Einflusszirkel, nicht werden. Ein analoges, wenn auch gewichtigeres Forum für die Wirtschaftspolitik der USA ist das «Renaissance Weekend», das jeweils zum Jahreswechsel auf dem vornehmen Hilton Head Island stattfindet. Zu den – ausschließlich geladenen – Gästen gehörten auch Bill und Hillary Clinton. Das wichtigste nur halb formelle Gremium zur Meinungsbildung über Grenzen hinweg ist gegenwärtig noch das «Weltwirtschaftsforum» in Davos, zu dem sich jährlich viele internationale Wirtschaftsführer auf Einladung von Klaus Schwab treffen.

Derlei Seilschaften, die überwiegend informell sind oder eine ganz andere, offizielle Zweckbestimmung haben, verfügen heute über nicht unbeträchtlichen Einfluss. Das geht zu Lasten der Bedeutung formeller Gremien wie dem Sachverständigenrat der fünf Wirtschaftsweisen oder den Rätegremien bei den Ministerien. Ob diese Entwicklung einen Niedergang des organisierten Korporatismus einleitet, ist noch nicht absehbar; sie relativiert seine Bedeutung aber bereits. Damit wird es zugleich noch schwieriger, persönliche Verantwortung hinter Positionen und Entscheidungen zu orten.

## Herstatt: Die Bank als Spielcasino

Am 26. Juni 1974 brach in Köln eine Hysterie aus, als sich wie ein Lauffeuer das Aus der renommierten Privatbank I. D. Herstatt – der zweitgrößten Privatbank in der Bundesrepublik – herumgesprochen hatte: Die Bank hatte sich an den Devisenmärkten mit mindestens 480 Millionen DM verspekuliert und war vom Bundesaufsichtsamt für das Kreditwesen geschlossen worden.

Iwan Herstatt war nicht irgendwer in Köln. Er galt als Urgestein, immer präsent, ob im Karneval oder auf dem Opernparkett, ein Experte für Kölsch als Getränk und Kölsch als Lebensart; selbstverständlich war er auch auf dem Golfrasen zu sehen. Und seine Kunden liebten ihn wegen der für einen Kölner standesgemäßen Lebensweise, einschließlich stattlichen Leibesumfangs.

Wer in Köln Rang und Namen hatte, unterhielt bei dem offensichtlich erfolgsverwöhnten Bankhaus mit der stolzen Adresse «Unter Sachsenhausen 6» wie selbstverständlich ein Konto: die katholische Kirche mit Erzbischof Joseph Höffner, Journalisten wie Werner Höfer, Verleger wie Alfred Neven DuMont, Restaurationsbetriebe wie Blatzheim, Raiffeisen- und Volksbanken, Kneipiers ebenso wie Stadtkämmerer, ja selbst der eher kapitalferne Schriftsteller Günter Wallraff soll Herstatt sein Geld anvertraut haben (zu seinem Glück sollen es beim Zusammenbruch der Bank gerade mal 50 DM gewesen sein).[139] Besonders pikant: Auch der Kölner Stadtkämmerer, Heinz Meyer, überließ der Herstatt-Bank fast 200 Millionen DM, um hier höhere Zinsen als bei seiner Hausbank, der Kölner Stadtsparkasse, kassieren zu können.[140]

Sinnigerweise hatte Herstatt mit dem Slogan «Geldanlegen darf kein Glücksspiel sein» geworben. Und nun wurde schlagartig klar, in welchen Spekulationsrausch sich der seriös auftretende Kölner Privatbankier und seine Mitarbeiter, offensichtlich auf allen Ebenen und in allen Positionen des Hauses, hineingesteigert hatten. In der Bank war – so das schnelle und sich später bestätigende Urteil – bei der sich rasant ausbreitenden Spielsucht die Urteilskraft auf der Strecke geblieben.

Der Herstatt-Zusammenbruch – der größte Bankenkrach in Deutschland seit der Weltwirtschaftskrise 1931, als die Darmstädter und Nationalbank, kurz «Danat» genannt, zusammenbrach – kam zu einer denkbar ungünstigen Zeit. Abwegig schien das kursierende Katastrophenszenario nicht: Seit dem Ölschock 1973 warnten Politiker und Ökonomen vor einer weltweiten Wirtschaftskrise, und 1974 war eine seit 1950 währende Wachstumsperiode zu Ende gegangen, wie sie Deutschland in seiner Wirtschaftsgeschichte zuvor nicht erleben durfte. In der internationalen Forschung gilt diese Epoche rückblickend als das «goldene Zeitalter des Kapitalismus», in der von 1958 bis 1973 auch die Vollbeschäftigung gesichert war. Nun erlebten die ernüchterten Deutschen, dass Inflationsrate und Arbeitslosigkeit stiegen, in der Automobilbranche kurzgearbeitet und der weitere Zuzug von Ausländern gestoppt wurde.

1973 war zudem schon die Düsseldorfer Bau-Kredit-Bank zusammengebrochen, an der Versicherungsgesellschaften und renommierte Privatbankhäuser wie Trinkaus beteiligt waren. Dann meldete die Hessische Landesbank – die HeLaBa – 800 Millionen DM Verluste, die sie sich durch die Beteiligung an wackligen Unternehmen eingehandelt hatte.

Erhebliche Verluste im Devisenhandel hatte die Westdeutsche Landesbank unter ihrem Sparkassendirektor Ludwig Poullain eingefahren. Der Devisenhändler der WestLB hatte mit immer riskanteren Termingeschäften mindestens 270 Millionen DM «verspielt», ohne dass der Vorstand dies zunächst überhaupt bemerkt hatte![141] Für Poullain war dies ein Betriebsunfall – mehr nicht. Verluste waren 1974 ebenso bei der Schweizerischen Bankgesellschaft und bei der Banque de Bruxelles publik geworden.[142]

Umgehend wurde folglich das Schreckgespenst an die Wand gemalt, wieder könne es – wie in der Endphase der Weimarer Republik – zu einem Desaster der Geld- und Kreditwirtschaft insgesamt kommen. Zumindest dem Bankenverbands-Präsidenten und Privatbankier Alwin Münchmeyer (Bankhaus Schröder, Münchmeyer, Hengst & Co) drängte sich der Eindruck auf, das sei «ja fast wie damals mit der Danatbank», als er die wütende Menge vor dem geschlossenen Portal der Herstatt-Bank beobachtete, wie sie lautstark «Halunken, Gauner, Betrüger» schimpfte.

Linke Kräfte in der SPD glaubten sich in ihrer Forderung beflügelt, die Banken zu verstaatlichen. Der Chef der Deutschen Bank, Franz Heinrich Ulrich, sah das von ihm verteidigte deutsche Universalbankensystem in Gefahr, in dem unter einem Dach Geschäfte mit Sparguthaben sowie Krediten und Börsenhandel betrieben werden dürfen – anders als in den USA. Dort hatte Präsident Roosevelt nach der Weltwirtschaftskrise und dem Zusammenbruch vieler Bankhäuser die Trennung von Brokern und Bankern eingeführt: Verluste aus Spekulationen sollen so kleine Sparkonteninhaber nicht treffen können.

Devisentermingeschäfte waren nach dem Krieg 20 Jahre wenig lockend gewesen, da die westlichen Industriestaaten die Kurse ihrer Währungen bis 1968 eng miteinander verflochten hatten; sie durften nur in bestimmten Bandbreiten schwanken (das Bretton-Woods-System). Die geringfügigen Kursschwankungen lohnten das Spekulieren nicht. Voll ins Geschäft des Terminhandels stiegen dann die Devisenhändler ein, als 1971 die festen durch flexible Wechselkurse ersetzt wurden und die wichtigen europäischen Währungen zu «floaten» begannen – das heißt, ihr Wertverhältnis zum US-Dollar konnte sich auf dem Markt relativ frei einpendeln. Mehr und mehr beteiligten sich Banken an diesem Geschäft mit Devisen in der Hoffnung auf das schnelle Geld.

Zwei weitere Faktoren begünstigten das einsetzende Spekulationswesen: 1973 versuchte die Bundesbank, durch Verknappung des Geldes die Inflationsrate herabzudrücken. Die Folge waren teilweise große Ertragsverluste bei den Banken. Gleichzeitig stürzte der Dollar scheinbar unaufhaltsam in die Tiefe, in den ersten sieben Monaten 1973 von 3,15 DM auf 2,28 DM. Gegen den Dollar zu spekulieren, galt lange Zeit als sicheres Geschäft.

Zu dieser Zeit stagnierte das traditionelle Bankgeschäft. Mit der Kreditvergabe war kaum noch Geld zu verdienen. Herstatt selbst hatte in diesem normalen Bankgeschäft 1973 einen Verlust von 14 Millionen DM eingefahren[143], insbesondere deshalb, weil sich die Spanne zwischen den Zinsen für Kredite und für Guthaben immer mehr verengte. Das hätte eigentlich aufmerksamen Kunden der Bank selbst auffallen müssen, die die Zinsen für ihre Einlagen zu schätzen wussten: Sie lagen bei Herstatt nennenswert höher als bei anderen Banken. Gewarnt hätten Herstatt-Kunden auch durch die erwähnten Vorgänge bei einigen deutschen Geldinstituten sein können, die zu dieser Zeit bereits den zuvor erstklassigen Ruf der Branche beschädigt hatten. Aber in Köln galt offenbar selbst in Geldangelegenheiten der fragwürdige Spruch: Et is noch immer joot jejange.

Die Herstatt-Bank mit ihrem Hauptaktionär, dem Versicherungsmagnaten Hans Gerling, und dem agilen Iwan Herstatt als Chef galt seit ihrer Gründung im Jahre 1956 als erste Adresse für traditionelle Geschäfte im Dienstleistungssektor, die in ausländischen Währungen abzuwickeln waren. Mit dem Floaten der Währungen stiegen ihre Devisenhändler dann auch in den schon in Vorkriegszeiten blühenden Geschäftszweig ein, in dem selbst mit Millionen, die ihnen nicht gehörten, viel Geld zu verdienen (oder auch zu verlieren) war.

Für eine kurze Zeit schien bei der Herstatt-Bank das Märchen vom Glückstaler Wirklichkeit zu werden. Acht bis zehn Stunden am Tag schlossen ihre sechs jungen Devisenhändler – alle knapp über 20 – mit dem Mittdreißiger Dany Dattel als ihrem Chef bis zu 600 Verträge über Devisenverkäufe oder -käufe ab – lediglich telefonisch mit Partnern überall auf der Welt. Sie zählten zu den «fixen Superprofis der ersten Garnitur». Dattel und seine Mitstreiter arbeiteten mit vollem Einsatz, während sich – so Dattel – allzu viele «Frühstücksdirektoren einen faulen Lenz» bei Herstatt machen durften.[144] Sie hatten ja ihn, der die Kassen füllte – wenigstens für eine kurze Zeit. Dass die Devisenabteilung Dany Dattels, der Anfang 1974 zum stellvertretenden Direktor der Auslandsabteilung bei Herstatt aufstieg, im Jargon des Bankhauses treffend «Station

Orion» genannt wurde – völlig losgelöst von der in irdischen Bankenkreisen eigentlich erwarteten seriösen Geschäftstätigkeit agierend, sollte das heißen – schien niemanden ernsthaft zu beunruhigen. So wurde seinerzeit ein Bundesbeamter mit den Worten zitiert: «Wie soll man edle Rennpferde kontrollieren – und Devisenhändler sind nun einmal Vollblüter.»[145]

An dem Geschäft durften sich auch die Angestellten der Herstatt-Bank beteiligen, indem sie auf eigenes Risiko selbst Millionenkontrakte in Devisen schlossen. Ungeachtet einer Warnung durch seinen Revisor Heinz Laaff hatte Herstatt – gegen alle guten Sitten – seine Mitarbeiter mit Rundschreiben vom 5. September 1972 sogar ausdrücklich eingeladen, bei den Devisentermingeschäften mitzumischen. Zwar waren zehn Prozent Eigenkapital gefordert – später 20 Prozent –, doch konnten sie sogar diese Summe als Kredit aufbringen. Mehr als zehn Millionen Dollar (!) auf einmal durften seine Mitarbeiter – so das von Herstatt gesetzte abstrus hohe Limit – allerdings nicht kaufen oder abgeben.[146]

Und alle ließen sich von der grassierenden Spielsucht anstecken: von den Direktoren Kurt Wickel und Heinz Hedderich – der Vorgesetzte Dattels, der diesen eigentlich hätte kontrollieren sollen – über die Sekretärinnen bis hin selbst zu Minderjährigen: Wer wollte, konnte mit Riesensummen auf sein großes Glück setzen. Einige wurden über Nacht um 100 000 DM Devisengewinne reicher, andere verloren bis zu 300 000 DM – es ging zu wie beim Roulette im Spielkasino.

Warnungen gab es innerhalb des Bankhauses mehrmals. Der Revisor Laaff zeigte sich bereits 1971 alarmiert. Nach seinen Vermutungen gab es schon zu diesem Zeitpunkt unsaubere Buchungsmethoden: Bei einigen Geschäften seien die Gewinne frisiert worden. Sein Vorschlag: den Angestellten «Devisengeschäfte zu Spekulationszwecken» grundsätzlich zu verbieten. Die wiederholten Alarmrufe Laaffs sollen in den Chefetagen des Hauses Herstatt eher für Heiterkeit gesorgt haben. Es herrschte eben Goldgräberstimmung.

Denn Herstatt selbst beteiligte sich an den Spekulationen, ebenso wie sein Generalbevollmächtigter Bernhard Graf von der

Goltz, der für den Devisenhandel verantwortlich war. Ein Beispiel, wie die schnelle Mark zu diesem Zeitpunkt verdient wurde: Graf Goltz verkaufte am 3. April 1973 zwei Millionen Dollar zum Kurs von 2,7630 DM und kaufte den gleichen Betrag zwei Tage später zum Kurs von 2,7403 DM zurück. Die scheinbar winzige Differenz hinter dem Komma hatte ihm den Gewinn von stattlichen 45 400 DM eingefahren.[147] Um die für den Devisenhandel innerhalb des Hauses gesetzten Millionengrenzen überschreiten zu können, legten Herstatt und von der Goltz sich ebenso wie Dattel und andere Mitarbeiter der Bank zusätzlich auch noch Nummernkonten bei der Herstatt-Bank Luxemburg an, über die sie ihre weiteren Geschäfte in Gold und Devisen abwickelten.

Auch hier bewährte sich der in Politik und Wirtschaft allgemein gepflegte Grundsatz, alle wichtigen Verantwortlichen mit ins Boot zu holen: Hans Gerling, mit 81,4 Prozent Hauptaktionär der Herstatt-Bank und Vorsitzender ihres Aufsichtsrates, eigentlich als Kontrollorgan gedacht, stieg mit einer «ganz normalen Transaktion» (Gerling) ins Spekulationsgeschäft ein, indem er 16 000 Unzen Feingold – das ist eine halbe Tonne – für 1,9 Millionen Dollar bei Herstatt kaufte und damit eine Million DM verdiente. Allerdings war das Geschäft zuvor von der Gerling Globale Rückversicherung abgeschlossen worden; da dieser möglicherweise ein solches Spekulationsgeschäft verboten war, sprang dann Gerling selbst – unter Rückdatierung seines Kaufvertrages – in das sich als lukrativ erweisende Geschäft ein. Das Risiko hatte somit zuvor die Rückversicherung getragen.[148]

Eine häufig praktizierte Faustregel im Korporatismus lautet: Fehlleistungen werden so lange gedeckt, bis sie irgendwie behoben oder aber nicht mehr zu verschleiern sind. Das gilt in vielen Fällen erst recht, wenn den Verantwortlichen klar wird, dass sie in einen üblen Wirtschaftskrimi hineingeschlittert sind. Auch im Hause Herstatt setzte diese Kettenreaktion Ende 1973 ein. Solange es irgendwie ging, wurden die unverantwortlichen Glücksspiele mit realem Geld bedient und die folgenden Manipulationen vertuscht.

Bei Herstatt hatten die sieben Devisenhändler 1973 den damals gigantischen Betrag von 63,8 Milliarden DM – das war etwa die

Hälfte des Haushaltes der Bundesrepublik! – in Dollar, Pfund, Gulden und Schweizer Franken umgesetzt und einen Gewinn in Höhe von 48 Millionen DM ausgewiesen. Die Tagesumsätze des Chefdevisenhändlers Dattel und seiner Station-Orion-Überflieger erreichten manchmal 500 Millionen DM, bei Einzelpositionen von über 50 Millionen DM. Herstatt hatte seinen Mitarbeitern zwar ein Limit für die Nettoposition (den Saldo zwischen Terminkäufen und -verkäufen) von 25 Millionen Dollar gesetzt; dieses Limit war aber Ende 1973 um das 28fache und damit um das 23fache des haftenden Eigenkapitals überstiegen worden.[149] Bei einem haftenden Eigenkapital von 77 Millionen DM hatte die Herstatt-Bank drei Viertel Milliarden DM Verlust eingefahren.[150]

Um dieses Debakel zu verschleiern, ging die Bank mindestens seit März 1973 zu Tarngeschäften unter anderem mit einer Briefkastenfirma in der Schweiz – der Econ-Bank in Zürich – über: Rechtzeitig zum Monatsultimo wurden in Scheingeschäften zu fiktiven Wechselkursen Summen zwischen den beiden Banken – auch unter Einschaltung von Herstatt-Luxemburg in einem Dreiecksgeschäft – hin- und herbewegt. Bundesbank und Aufsichtsamt ließen sich auf diese Weise über die wahren Verluste der Herstatt-Bank täuschen. Ohne diese Tarngeschäfte wäre Herstatt bereits für 1973 gezwungen gewesen, statt eines Gewinns Verluste auszuweisen. In der Zeitschrift *Capital* fasste der Börsenguru André Kostolany treffend zusammen, warum eine Bank Pleite macht: «Ganz einfach, sie musste eine ehrliche Bilanz machen.»[151] Bertolt Brecht ging in seinem Sarkasmus bekanntlich weiter: Besser als eine Bank auszurauben sei allemal, eine zu gründen …

Im Januar 1974 spätestens war hausintern bekannt, dass die Herstatt-Devisenhändler 1973 mindestens 89 Termingeschäfte mit einem Gesamtvolumen von gut zwei Milliarden US-Dollar (= fünf Milliarden DM) abgeschlossen, sie aber erst für 1974 verbucht hatten. Mit dieser zeitlichen Verlagerung glückte es, die bedrohliche Tatsache zu verschleiern, dass Herstatt mit rund 20 Milliarden DM im Devisengeschäft engagiert war. Die Geschäftsleitung handelte trotz ihres Wissens um die geschönten Bilanzen nicht – vielleicht hatte sie sich an den Strohhalm geklammert, dass in diesem Monat

Januar aus den Devisengeschäften noch Gewinne eingefahren werden konnten. Herstatt schwieg selbst dann noch, als auf den internationalen Finanzmärkten immer öfter das Gerücht kursierte, seine Bank habe sich übernommen.

Die Situation sollte sich für die Herstatt-Bank sehr schnell verschlechtern. Dattel hatte auf einen fallenden Dollarkurs bis Mitte November 1973 und einen wiederum steigenden Kurs bis zum Frühjahr 1974 gesetzt. Dann aber kam die Ölkrise, und Dattel spekulierte darauf, dass sich der US-Dollar wieder auf hohem Niveau stabilisieren würde. Also kaufte er erneut massiv Dollars ein. Bis Mitte Januar 1974 schien sich seine Theorie auch zu bestätigen – der Dollar stand im Dezember 1973 bei 2,70 DM –, doch dann sackte der Kurs – gegen seine Wette – wieder ab. Besonders gefährlich war dabei, dass Herstatt zu diesem Zeitpunkt in erheblichem Maße in eine so genannte Netto-Plus-Position hineingerutscht war: Üblicherweise wird bei einem Termingeschäft das Risiko durch ein Gegengeschäft abgesichert, es werden Dollars in einer bestimmten Menge zu einem bestimmten Termin sowohl gekauft als auch verkauft: Die Herstatt-Bank hatte auf Terminbasis aber mehr US-Dollars gekauft als per Termin verkauft. Somit steigerte jeder auf Termin zu einem höheren Kurs verkaufte Dollar den Verlust, wenn der Dollar am vereinbarten Fälligkeitstag zu dem inzwischen stark gefallenen Dollarkurs abgenommen werden musste. Bei Herstatt wurde diese Netto-Plus-Position auf 711 Millionen Dollar beziffert.[152]

Dattel gelang es immer seltener, Dollars zu verkaufen; denn bereits 1973 hatten einige Banken ihren Handel mit Herstatt reduziert oder ganz eingestellt. Es fanden sich kaum noch Geschäftspartner, die zum Abschluss risikomindernder Geschäfte bereit gewesen wären. Die Herstatt-Bank war 1974 nicht mehr in der Lage, ihre an Wert verlierenden Dollars im Handel mit anderen Banken abzustoßen.

Devisenhändler und Management waren längst aus dem Wahn erwacht. Als dann der seit langem argwöhnische Revisor Laaff erfuhr, dass die Devisenhändler selbst über Strohmänner und Ehefrauen noch Spekulationsverträge abgeschlossen hatten, forderte er am 31. Mai 1974 schriftlich: «M. E. gibt es hier nur eine Konsequenz: Stornierung des gesamten Komplexes.»[153] Es war zu spät. Allein in den Monaten März bis Juni – bis zum Zusammenbruch – fuhr die Herstatt-Bank Verluste von insgesamt 1,396 Milliarden DM aus ihren Devisentermingeschäften ein.[154] «Rien ne va plus» – nichts ging mehr.

Bereits Monate vor der Pleite war es innerhalb der Branche offenes Geheimnis gewesen, dass die Herstatt-Bank im Devisengeschäft «ein ungewöhnlich großes Rad dreht». Auch dem Bundesaufsichtsamt blieben die kursierenden Gerüchte um den Herstatt-Devisenhandel nicht verborgen. Herstatt konnte jedoch abwiegeln. Im Februar 1974 wurde dann Bundesbankpräsident Karl Klasen auf einer Sitzung der Notenbankgouverneure in Basel mit der zunehmenden internationalen Beunruhigung über den Devisenhandel der Herstatt-Bank konfrontiert. Klasen alarmierte das Bundesaufsichtsamt. Das «große Rad» ließ sich nicht mehr zurückdrehen – auch nicht mit Hilfe der Bundesregierung oder der Großbanken.

Die Herstatt-Bank sollte nicht auf eine Weise wie Borgward in Konkurs gehen – darüber waren sich maßgebliche Vertreter der eigenen Branche einig. Ihr Interesse war, den Schaden wenigstens so weit zu begrenzen, dass sich die gröbsten Verluste in einem Vergleichsverfahren abdecken ließen. Bundesbankpräsident Klasen: «Wir waren uns alle einig, dass es im Interesse des deutschen Kreditwesens gelegen hätte, das Institut am Leben zu erhalten. Aber es ging nicht.» Andere bastelten an einer Verschwörungstheorie. Ludwig Poullain als Chef der Westdeutschen Landesbank – die ja im Jahr zuvor selbst erhebliche Verluste aus dem Devisentermingeschäft zu beklagen hatte, diese aber aufzufangen wusste – zeigte sich «sehr betroffen, dass man diese Privatbank so abrupt ins Wasser stürzte». Und auch Devisenhändler Dattel versuchte Schuld abzuwälzen: «Die Großbanken mochten uns nicht.» Und: «Der Markt ist kaputt geredet worden.» Die Sicht, die Großbanken wollten die kleinen Bankhäuser als Konkurrenz loswerden, war unter den Privatbankiers weit verbreitet.[155]

## Hauptaktionär Gerling: Das Ende einer Alleinherrschaft

Ein erstes Sondierungsgespräch mit Vertretern der drei Großbanken Deutsche, Dresdner und Commerzbank verlief in der Tat erfolglos: Die Bankiers lehnten nach einem Treffen in der Frankfurter Bundesbankzentrale mit Vertretern der Bankenaufsicht und der Bundesbank sowie dem Hauptaktionär der Herstatt-Bank, Hans Gerling, eine Hilfe ab. Dabei war rechtlich strittig, bis zu welchem Anteil der Hauptaktionär Gerling aufgrund der «Durchgriffshaftung» herangezogen werden konnte. Gerling hatte sich bereit erklärt, den vermuteten Verlust von 470 Millionen DM mit seinem Privatvermögen in 20 Jahren zu tilgen – ohne eigenen Machtverlust innerhalb seines Konzerns hinnehmen zu müssen. Für diese Summe hätten die Vertreter der drei Banken in halber Höhe bürgen müssen. Das aber schien diesen angesichts von möglicherweise weit höheren Schulden der Herstatt-Bank ein zu großes Risiko.* Der Sprecher der Deutschen Bank, Franz Heinrich Ulrich, verwies insbesondere auf die verschleierten Verluste, welche die Dimensionen des Zusammenbruchs nicht in letzter Konsequenz erkennbar werden ließen; denn niemand sei «so spekulativ, so expansiv, so aggressiv» vorgegangen wie Herstatt. «Was in Köln passierte, halte ich für kriminell.»[156]

Im Klartext hieß dies: Die Toleranzschwelle war überschritten; Herstatt und Gerling hatten sich nicht an den in der Branche bis dahin üblichen Comment gehalten. Was blieb, war ein Rückgriff auf den Gerling-Konzern – allen Beteiligten wurde schmerzhaft bewusst, wie schwierig dies werden würde; denn der knapp 60-jährige Hans Gerling sah sein Lebenswerk bedroht.

Hans Gerling war erst 18 Jahre alt, als ihn sein Vater, der Firmengründer Robert Gerling, 1933 als Vorstandsmitglied in die «Gerling Konzern Rheingruppe» aufnahm. 1935 starb Robert Gerling, der mit seiner Lebensdevise «Kopf, Genie und Ellenbo-

---

* Wie weitsichtig dies war, zeigte sich am Tage der Wahrheit: Der Gesamtverlust der Herstatt-Bank wurde im September 1974 dann mit 1,2 Milliarden DM angegeben (manager magazin: «Das ehrenhafte Komplott». 11/1974, S. 20).

gen» zu einem der reichsten Männer Deutschlands aufgestiegen war. Die Leitung des Konzerns übernahm der älteste Sohn Robert jun., dem der Vater den Aktienbesitz an der Dachgesellschaft des Konzerns – der «Gerling Konzern Rheinische Versicherungsgruppe AG» – übertragen hatte. Hans Gerling trat 1937 in die Leitung des Gesamtkonzerns ein. Zwei Jahre später trennten sich die Wege der beiden Brüder: 1939 emigrierte Robert in die USA. Hans blieb in Hitlers Deutschland und leistete von 1940 bis 1945 seinen Kriegsdienst ab. Noch während des Krieges, 1944, wurde er Vorstandsmitglied aller Gerling-Konzern-Versicherungsgesellschaften.

Noch musste er die Macht teilen: Sein Bruder Robert als Firmeneigner hatte ihm während des Krieges lediglich eine Generalvollmacht erteilt. Nach dem Krieg wollte dieser auf seinen angestammten Platz im Familienkonzern zurückkehren; doch Hans Gerling hatte inzwischen gemeinsam mit dem jüngeren Bruder Walter den Konzern derart neu gegliedert, dass das Vermögen der Rheinischen Versicherungsgruppe auf von ihnen selbst beherrschte Unternehmen übergegangen war. Die Holding des Robert Gerling war zu einer leeren Hülle ausgehöhlt worden. Zehn Jahre dauerten die Erbauseinandersetzungen zwischen den nun verfeindeten Brüdern Robert und Hans. Mit Hilfe seines Bruders Walter gelang es Hans 1957, Robert endgültig aus dem Konzern zu verdrängen.* 1965 musste dann auf seinen Druck hin auch Walter aus dem aktiven Geschäft ausscheiden.**

Hans Gerling war zum absolutistisch regierenden Alleinherrscher des Familienkonzerns aufgestiegen. Und er führte den Konzern – auch hier wohl wie Schlieker geprägt durch seine Kriegserfahrungen – «mit einer Ideologie des Befehls und Gehorsams. Widerspruch gab es nicht. Das reinste Renaissancefürstentum», so ein Kenner des Konzernherrn.[157] Teilweise nahm sein Patriarchentum absurde

---

 * Als Abfindung erhielt Robert Gerling jun. die schweizerischen und amerikanischen Gerling-Gesellschaften zuzüglich einer Summe von 30 Millionen DM (Spiegel 32/1974, S. 29).
 ** Seine finanziellen Ansprüche wurden über einen Zeitraum von 20 Jahren abgegolten.

Formen an. Gerling zeigte sich äußerst sozial und fürsorglich seinen Mitarbeitern gegenüber, die er auch bei groben Fehlern nach außen schützte (auch das ist Korporatismus pur). Andererseits vermied er zufällige Begegnungen mit ihnen. Wenn der Konzernchef gegen elf Uhr für kurze Zeit in die Zentrale seines Unternehmens in der Kölner Innenstadt kam – vorwiegend arbeitete er in seiner geräumigen, abgeschotteten Villa in der Kölner Marienburg –, mussten gar die Aufzüge stillgelegt werden. Gerling wollte unbehelligt in seine Kommandozentrale im ersten Stock gelangen.

Er allein bestimmte, welche Strategien seine Unternehmen einzuschlagen hatten. Auf seine Mitarbeiter hörte er lediglich, wenn er in versicherungstechnischen Dingen Rat benötigte. Die gesetzlich vorgeschriebene Mitbestimmung, nach denen Arbeitnehmervertreter im Aufsichtsrat hätten vertreten sein müssen, umging er, indem keine seiner zahlreichen Gesellschaften mehr als 500 Mitarbeiter beschäftigen durfte.[158] Ein weiterer geschickter Schachzug aus Gerlings Sicht war es, seine einzelnen Gesellschaften so miteinander zu verschachteln und so häufig umzubenennen oder umzustrukturieren, dass der Vergleich angemessen schien: «Solch einen Wirrwarr hat bisher nur Hugo Stinnes sen. auf die Beine gestellt.»[159]

Wie sein Vater, so bevorzugte auch Hans Gerling eine Außenseiterrolle im deutschen Versicherungswesen. Und er sollte sich als ebenso erfolgreich erweisen, indem er das von seinem Vater eingeführte System des Direktverkaufs von Versicherungen an die Industrie mit seiner als berüchtigt-aggressiv geltenden Geschäftspolitik ausbaute: 1948 – im ersten Jahr nach der Währungsreform – nahm der Gerling-Konzern an Prämien 79,47 Millionen DM ein; 1974 war dieser Anteil auf 2,19 Milliarden DM gestiegen. 1990 – das letzte Jahr, das Gerling zu verantworten hatte (er starb 1991) – lagen die Prämieneinnahmen bei 8,2 Milliarden DM, die Vermögensanlagen bei 22,5 Milliarden DM und der Lebensversicherungsbestand in der Erst- und Rückversicherung bei 117 Milliarden DM.[160]

Ganz bewusst hatte Gerling es aber stets verstanden, das Ausmaß seines Vermögens geheim zu halten. Und nun wurde gemunkelt, er – dessen Konzern in einem monumentalen Kölner Gebäudekomplex residiert, den in den fünfziger Jahren der bei den Nazis wohlgelittene Bildhauer und Architekt Arno Breker entwarf – sei möglicherweise nicht reich genug, um die immensen Verluste der Herstatt-Bank aufzufangen.

Wie aber könnte Hans Gerling zu einer Kapitulation bewegt werden? Denn als solche würde er eine auch nur teilweise Entmachtung empfinden – das war jedem klar, der seinen Aufstieg an die Spitze des Konzerns verfolgt hatte. Zu Hilfe kamen den Bankern und Politikern, die ein Übergreifen der Herstatt-Pleite auf den Konzern ihres Hauptaktionärs verhindern wollten, die Schwierigkeiten, in die der Außendienst der Gerling-Versicherungen geraten war: Der Vertrauensschwund in Gerling vermasselte immer häufiger Versicherungsabschlüsse. Hinzu kamen der Druck der um ihre Guthaben besorgten Kunden der Herstatt-Bank sowie massive Angriffe aus dem politischen oppositionellen Lager der CDU/CSU auf die Bundesregierung.

Bundeskanzler Schmidt (SPD) verweigerte – wie bereits 1961 der spätere Bundeskanzler Ludwig Erhard (CDU) bei Borgward – nach kurzer Beratung mit Finanzstaatssekretär Karl Otto Pöhl eine staatliche Hilfe für das angeschlagene Bankhaus. Pöhl: «Es ist völlig undenkbar, dass wir bei so miesen Geschäften über Steuermittel die Verluste sozialisieren.»[161] Bundesfinanzminister Hans Apel war ebenfalls strikt gegen dirigistische staatliche Eingriffe. Er bemühte sich um eine privatwirtschaftliche Lösung, die einen Teilverkauf des Gerling-Konzerns vorsah.

Der auch als «Sonnenkönig» unter den deutschen Bankiers titulierte Ludwig Poullain*, der ja schon seine WestLB nach Devisen-

---

* Poullain sollte drei Jahre später (1977) seinen Posten als Chef der WestLB verlieren. Er wurde fristlos entlassen, weil er einem Grundstücksmakler in Konstanz Millionenkredite gewährt und von diesem Kreditnehmer einen Beratervertrag über 1,1 Millionen DM erhalten hatte. Die Maklerfirma machte Pleite. Die WestLB wurde in verschiedenen Verfahren der Konkursverschleppung beschuldigt und verantwortlich gemacht für den Konkurs der Beton- und Monierbau AG 1979 (nach Rüdiger Liedtke: «Wem gehört die Bundesrepublik? Die Konzerne und ihre Verflechtungen – Namen. Zahlen. Fakten '94». Frankfurt am Main 1993, S. 487).

spekulationen aus der Gefahrenzone manövriert hatte, bildete gemeinsam mit Friedrich Wilhelm Christians von der Deutschen Bank die Führung eines Bankenkonsortiums aus öffentlich-rechtlichen, genossenschaftlichen und privaten Geldinstituten. Die folgenden Verhandlungen zerrten an den Nerven aller Anwesenden. Selbst seine Duzfreunde irritierte die Irrationalität des gefürchteten Einzelgängers Gerling. Dessen Art zu taktieren und zu lavieren wurde von Beteiligten als «Wolfsschanzenmentalität» empfunden, weil Gerling in seinen Gesprächspartnern durchweg den Feind sah.[162] Die Ausnahmen waren Poullain und Adolf Kracht, Vorstandsmitglied der WestLB, die sich als Retter in der Not für die durch die Herstatt-Krise ebenfalls geschädigte Gerling Global Bank in Hamburg erwiesen. Durch einen 150-Millionen-DM-Kredit konnten sie der Bank wieder Vertrauen verschaffen, nachdem nervöse Kunden ihre Gelder in so erheblichem Maße abgerufen hatten, dass die Bank in Zahlungsschwierigkeiten geriet.

Das Bündnis aus Bankiers, Bonner Politikern und Managern aus dem eigenen Haus benötigte wochenlange zähe Verhandlungen, um Gerling zu seiner «Enteignung» zu bewegen, wie dieser es empfand («Lieber zerschlage ich den ganzen Konzern, als enteignet zu werden»). Geschockt urteilte einer der anwesenden Banker: «Erst bei dieser Gelegenheit offenbarte sich im großen Kreis das monoman-autokratische Wesen und Geschäftsgebaren des Renaissancefürsten.»[163]

Am 2. Oktober 1974 verpflichtete sich Hans Gerling in einem Vergleichsverfahren, 210 Millionen DM an die Herstatt-Gläubiger zu zahlen; damit war der Konkurs der Bank abgewendet. Gesichert wurde der Betrag durch den Verkauf von 51 Prozent aller Gerling-Gesellschaften. Hans Gerling selbst musste es hinnehmen, nicht einmal den Aufsichtsratsvorsitz übernehmen zu dürfen, sondern lediglich als einfaches Aufsichtsratmitglied (mit allerdings 750 000 DM Jahreseinkommen) und damit ohne jede Verfügungsgewalt über seine Versicherungsgesellschaften im Hintergrund zu bleiben. Seine unumschränkte Herrschaft über den drittgrößten deutschen Versicherungskonzern war – vorläufig – zu Ende gegangen. Es schien, als sei der «Farbtupfer in der marktwirtschaftlichen

Landschaft – oft zitiertes Beispiel für die Möglichkeiten individueller unternehmerischer Initiative – ... ausgelöscht», so das *manager magazin*.*

Zwar war Gerling ein Rückkaufsrecht innerhalb von drei Jahren nach Vertragsunterzeichnung eingeräumt worden; doch vermuteten seine Gegenspieler aus Politik und Bankkreisen, der dann 62-Jährige würde den bis dahin umgekrempelten Konzern mit den dann durchgesetzten Mitbestimmungsrechten kaum noch übernehmen wollen. Sie sollten sich irren: Gerling nutzte sein Verbleiben im Aufsichtsrat, um weiterhin die Fäden – insbesondere durch eine geschickte Personalpolitik – zu ziehen.

Mitte 1976 war die Neugliederung abgeschlossen; an die Spitze des Gerling-Konzerns trat die Holding-Gesellschaft «Gerling Konzern Versicherungsbeteiligung AG» (GKB). Im April 1978 kaufte sich dann völlig überraschend die Flick-Gruppe in den Gerling-Konzern ein; sie legte damit einen Teil des Verkaufserlöses ihres Daimler-Pakets steuergünstig wieder an.

Hier überschneidet sich nun die Herstatt-Pleite mit einem der größten Skandale in der Wirtschaftsgeschichte der Bundesrepublik: der so genannten Flick-Affäre. Der Zehnte Deutsche Bundestag hatte am 9. Juni 1983 den Flick-Untersuchungsausschuss konstituiert. Auch damals wurde schon gefragt, wie auch im späteren

---

* Das letzte Urteil im Herstatt-Prozess wurde 1983 verkündet. Der Generalbevollmächtigte der Herstatt-Bank, Bernhard Graf von der Goltz, und der Leiter der Außenhandelsabteilung, Heinz Hedderich, wurden zu Gefängnisstrafen von jeweils zwei Jahren und fünf Monaten sowie Geldstrafen über jeweils 45 000 DM verurteilt, weil sie sich der Beihilfe zu einem besonders schweren Fall des Bankrotts sowie der Beihilfe zur Bilanzverfälschung schuldig gemacht hatten. Als Schuldige des Bankdesasters nannte Richter Höppner den Bankteilhaber Iwan David Herstatt, den Chefdevisenhändler Dany Dattel und den Hauptgesellschafter Hans Gerling («Der Spiegel»: «Beispiellose Missachtung». 36/1983, S. 119f.). Die Ermittlungen gegen Gerling waren 1982 eingestellt worden. Herstatt und Dattel konnten sich wegen «Verhandlungsunfähigkeit» einer Verurteilung entziehen. Der verbliebene finanzielle Schaden aus der Herstatt-Pleite nach Abwicklung des Vergleichsverfahrens wird mit 250 Millionen DM angegeben («Die Zeit»: «Die Farce von Köln». 23. 7. 1982). Iwan Herstatt starb 1995 in Köln.

Untersuchungsausschuss zur CDU-Spendenaffäre im Jahr 2000: Lassen sich deutsche Politiker von Industriellen bestechen?[164] Im Flick-Untersuchungsausschuss war zu prüfen, ob im Zusammenhang mit einem spektakulären Verkauf von Daimler-Benz-Aktien des Flick-Konzerns und der Wiederanlage des Gewinns Schmiergelder gezahlt worden waren und der Konzern in der Folge mehrere hundert Millionen Mark an fälligen Steuern sparte. Dabei ging es insbesondere um die Entscheidung des Bundesministers für Wirtschaft zugunsten des Flick-Konzerns.

Inhaltlich war es im Flick-Untersuchungsausschuss um die Anwendung des 1966 von der Regierung Ludwig Erhard eingeführten Paragraphen 6b des Einkommensteuergesetzes (EStG) gegangen. Dieser regelte, dass der Erlös aus dem Verkauf von Betriebsmitteln immer dann nicht steuerpflichtig ist, wenn und insoweit der dabei erzielte Gewinn wieder investiert wird. Dies sollte den Strukturwandel erleichtern. Um diese Regelung auch bei Geschäften über Grenzen anzuwenden, wurde als Entsprechung des § 6b EStG der § 4 des Auslandsinvestitionsgesetzes geschaffen. Auch wenn nicht Betriebsmittel, sondern Aktien verkauft werden, also Anteile an Kapitalgesellschaften, sollten die beiden Paragraphen greifen, dann nämlich, wenn eine solche Kapitaltransaktion «volkswirtschaftlich besonders förderungswürdig» sei. Diese steuersparende Wertung, eine reine Ermessensentscheidung, erforderte allerdings einen Ministerentscheid.[165]

Im Januar 1975 vereinbarten der Flick-Konzern und die Deutsche Bank, dass diese mit Wirkung des kommenden Jahreswechsels von Flick 29 Prozent des Daimler-Benz-Aktienkapitals übernahm. Preis: rund zwei Milliarden DM. Rund eine Milliarde hätte der Flick-Konzern an Steuern zu zahlen gehabt. Diese Steuerschuld konnte der Flick-Konzern verringern, indem die beiden Paragraphen nach Prüfung und Testierung durch Bundeswirtschaftsminister Otto Graf Lambsdorff, teilweise nach Rücksprache beim Bundesfinanzminister und in Kooperation mit anderen zuständigen Behörden, angewandt wurden.[166]

Der Ermessensentscheidung ging die sprichwörtlich gewordene «Pflege der Bonner Landschaft» durch den Flick-Spitzenmanager

Eberhard von Brauchitsch voraus. Erst später stellte sich die Frage, ob die in Bonn geflossenen Gelder in ursächlicher Beziehung standen mit der für Flick so günstigen Entscheidung der Ministerien hinsichtlich schwammig formulierter Steuerparagraphen.[167]

Zurück zur Herstatt-Pleite. Hans Gerling hatte den Einkauf der Flick-Gruppe zu verhindern versucht, indem er ein Vorkaufsrecht einklagte. Damit scheiterte er zwar, aber es wurde eine außerordentliche Hauptversammlung im November 1978 einberufen, die für Außenstehende sensationell verlief: Gerling wurde zum Vorstandsvorsitzenden der GKB bestimmt und saß somit wieder an den Schalthebeln seines Konzerns. 1986 konnte Gerling dann die Krönung seines Lebens feiern. Friedrich Karl Flick verkaufte ihm seine Anteile; Gerling war somit praktisch wieder Eigentümer des Gerling-Konzerns, und wiederum füllte er auch seine Rolle als «absolutistischer Alleinherrscher» aus. 1990 sicherte Gerling dann die Nachfolge: Da sein Sohn und Alleinerbe Rolf Gerling nicht in seine Fußstapfen treten wollte, berief er Adolf Kracht, bewährt in den für Hans Gerling bittersten Tagen der Herstatt-Pleite, zum neuen Vorstandschef. Rolf Gerling blieb im Konzern als Aufsichtsratsvorsitzender und setzte damit in dritter Generation die Tradition des Konzerns als Familienunternehmen fort.[168]

Hans Gerling, «der Mann, der nicht aufgibt», wurde 1999 vom *manager magazin* posthum in die von diesem Magazin ins Leben gerufene «Hall of Fame» aufgenommen. Sein Lebenswerk als «zweiter Gründer» des Familienunternehmens Gerling-Versicherungsgruppe würdigte der langjährige Sprecher der Deutschen Bank, Hilmar Kopper. In seiner Laudatio betonte Kopper, Gerling habe den Konkurs der Herstatt-Bank («die bittersten Momente seines Unternehmerlebens») nicht zu verantworten gehabt. Er habe die Mehrheit seiner Anteile am Gerling-Konzern verkauft und den Vorstandsvorsitz aufgegeben – «er reagierte und agierte nach dem ethischen Prinzip: Eigentum verpflichtet» … «Dank seiner unglaublichen Hartnäckigkeit und durch eine strategische und taktische Meisterschaft» habe Gerling am Ende seinen Konzern wieder zu hundert Prozent zurückgewinnen können.[169] Schöner hätte es Hans Gerling selbst nicht formulieren können …

## Neue Heimat: Selbstbedienung für die Bosse

In den achtziger Jahren deckte ausgerechnet das damals in konservativen Kreisen gern als «links» verschriene Hamburger Nachrichtenmagazin *Der Spiegel* zwei Skandale gewerkschaftseigener Unternehmen auf, die das Ende einer lange gepflegten Ideologie – die der Gemeinwirtschaft – einläuten sollten und die zugleich das Ansehen hoher Gewerkschaftsfunktionäre erschütterten.

Am 8. Februar 1982 schreckte der *Spiegel* die Öffentlichkeit mit der Titelgeschichte auf: «Gut getarnt im Dickicht der Firmen – Neue Heimat: Die dunklen Geschäfte von Vietor und Genossen». Der Unternehmensgruppe Neue Heimat (NH) warf der *Spiegel* darin vor, ihr Vorstandsvorsitzender Albert Vietor und seine Vorstandskollegen hätten mit Hilfe von Tarnfirmen und Strohmännern ihre Position dazu genutzt, sich privat zu bereichern, auch und gerade auf Kosten von Mietern der Neuen Heimat.[170] Sechs Jahre später, am 17. Oktober 1988, enthüllte der *Spiegel* dann unter dem Titel «Co op – umgebaut und ausgehöhlt» die kriminellen Tarngeschäfte des dortigen Vorstandstrios Otto, Casper und Hoffmann.[171]

Beide Unternehmen waren aus der Genossenschaftsidee hervorgegangen und später an der selbst gewählten Aufgabe, sowohl die Interessen der Arbeitnehmer wahrnehmen zu wollen als auch immer mehr in die Rolle weltweit agierender Unternehmen schlüpfen zu können, wohl zwangsläufig gescheitert.

Die ersten Genossenschaften waren in Deutschland 1846 nach englischem Vorbild gegründet worden.* Im Deutschen Reich ent-

---

* Im Altnordischen heißt «Hansa», was bei uns heute Genossenschaften heißt. Im allgemeinsten Sinn sind Genossenschaften als eine Form der Vereinigung prinzipiell gleichrangiger Personen und Gruppen viel älter als unsere heutigen

wickelten sich die Genossenschaften dann lange Zeit ohne eigene rechtliche Regelungen. Dabei standen zwei unterschiedliche Modelle der Zwecksetzung von Genossenschaften miteinander in Konkurrenz. Die Genossenschaften als eine Form des Sozialismus wurden insbesondere von Ferdinand Lassalle in der deutschen sozialistischen Bewegung vertreten. Lassalle forderte zugleich einen rechtlichen Umbau des Staates, in dem die Wirtschaft durch das Prinzip der Gemeinwirtschaft geprägt werden sollte.

Demgegenüber waren Genossenschaften nach Hermann Schulze-Delitzsch und Friedrich Wilhelm Raiffeisen Instrumente zur Selbsthilfe für den wirtschaftlich schwächeren Teil der sich herausbildenden modernen Wirtschaftsgesellschaft. Ironischerweise war Karl Marx außerordentlich wichtig für den Sieg des Genossenschaftsgedankens als Hilfe zur Selbsthilfe. Hiernach sind Genossenschaften in der deutschen Tradition geprägt durch die drei Prinzipien der Selbsthilfe, der Selbstverwaltung und der Selbstverantwortung. Erst am 1. Mai 1889 wurden diese von Schulze-Delitzsch und Raiffeisen parallel entwickelten Formen der Kooperation vornehmlich wirtschaftlicher Art in ein Genossenschaftsgesetz gefasst, das zwar wiederholt novelliert wurde, in seinen Grundzügen aber bis heute Gültigkeit besitzt. Nur einmal kam es zu einer prinzipiellen Veränderung, als am 30. Oktober 1934 im Zusammenhang mit der Gleichschaltung im Nationalsozialismus die Pflichtmitgliedschaft in einem Teilbereich (als Prüfungsverband) eingeführt wurde. Wie manche andere Pflichtmitgliedschaften ist auch dies bis heute nicht rückgängig gemacht worden.

Bereits im Laufe des 19. Jahrhunderts entwickelten sich die Genossenschaften als Teil des Institutionengeflechts um die linken

---

Begriffe. Andererseits werden Genossenschaften in der sozialwissenschaftlichen Literatur durchweg auch verstanden als Kinder der Not, als eine Reaktion auf die Probleme mit dem Entstehen der Industriegesellschaften (zu diesem Thema siehe insbesondere Helmut Faust: «Geschichte der Genossenschaftsbewegung». Frankfurt 3. Aufl. 1977; zur sozialwissenschaftlichen Perspektive siehe beispielsweise Erwin K. Scheuch: «Gesellschaftlicher Wandel und Genossenschaften». In: «Partnerschaft im Wandel der Zeit. 100 Jahre Genossenschaftsverband Rheinland e.V.», 1989, S. 129–147.

Gewerkschaften einerseits und die nach Schulze-Delitzsch sowie Raiffeisen andererseits mit unterschiedlichen Schwerpunkten. Die «bürgerlichen» Genossenschaften hatten ihre Klientel in erster Linie bei den kleinen Selbständigen: Kleinbauern, Handwerkern, Kaufleuten. Demgegenüber verstanden sich die gewerkschaftlich gesteuerten Genossenschaften als Dienstleister vor allem für städtische Arbeiter. Das bedeutete eine Konzentration auf die Schwerpunkte der Not in der Arbeiterschaft: Versorgung mit Wohnraum – die Wohnungsnot armer Menschen konnte in den Zeiten vor der Bundesrepublik in Deutschland nie beseitigt werden – und mit preiswerten Lebensmitteln. In dem Maße, wie sich die Bundesrepublik entwickelte, wuchsen auch die Genossenschaften, aber mit der Verstädterung die der Gewerkschaften besonders stark. Nur bei diesen kommt es dann zu den Fehlentwicklungen, die zum Skandal wurden.

In der Mitte des 19. Jahrhunderts hatte sich die Wohnungsnot einer wachsenden Zahl von Arbeiterfamilien insbesondere in den neu entstandenen Industrieballungen dramatisch verschärft. Nach der Verabschiedung des Genossenschaftsgesetzes unterstützten Arbeitervereinigungen die Bildung von Baugenossenschaften, die sich um die Wende zum vorigen Jahrhundert rasch vermehren sollten: 1889 existieren im Deutschen Reich erst 38, 1914, vor Ausbruch des Ersten Weltkrieges, bereits 1304 Baugenossenschaften.

1927 hatte die Reichswohnungszählung verdeutlicht, wie mangelhaft die Menschen im Nachkriegsdeutschland mit Wohnungen versorgt waren: Fünf Millionen lebten in lediglich 750 000 Wohnungen. Zudem waren in einem «Sechstel aller Wohnungen, in denen nahezu ein Viertel der Bevölkerung lebt» – so der Bericht –, zusätzlich Untermieter aufgenommen worden; Mieter brauchten das Geld, um sich die kargen Wohnungen überhaupt leisten zu können. Allein in Hamburg fehlten etwa 32 000 Wohnungen. 1926 war es in der Hansestadt zum Zusammenschluss einiger Genossenschaften zur «Gemeinnützigen Kleinwohnungsbaugesellschaft Groß-Hamburg mbH» gekommen, die gegen den dortigen Missstand durch Eigeninitiative und Selbsthilfe beim Bau von Eigenheimen anging. Diese Gesellschaft ist der Vorläufer der späteren

«Neuen Heimat», die nach dem Zweiten Weltkrieg ihre Arbeit bescheiden mit der Beseitigung von Trümmern aufnahm.[172] Mit der Zeit blähten Funktionäre sie zu einem Konzern auf, der mit Gemeinnützigkeit nicht mehr viel gemein hatte. Die «Neue Heimat» stand Jahrzehnte später vor ihren eigenen Trümmern.

Die Fehlentwicklungen bei co op waren noch spektakulärer als diejenigen der gewerkschaftseigenen genossenschaftlichen Bauunternehmung «Neue Heimat». Eine wichtige Modifizierung im Genossenschaftsrecht hatten insbesondere die Gewerkschaften am 21. Juli 1954 bewirkt, als die Konsumgenossenschaften das Recht erhielten, auch an Nichtmitglieder zu verkaufen. Das trug gewaltig zu deren Wachstum bei, und eben dieses Riesenwachstum des gewerkschaftlich verbundenen co-op-Konzerns sollte sich in den achtziger Jahren als ein Danaergeschenk an das Genossenschaftswesen erweisen. Genossenschaften haben sich in Deutschland eben bewährt als Vereinigungen zur Selbsthilfe von Genossen, die noch in einem überschaubaren Verhältnis zueinander gemeinschaftlich Ziele anstreben. Werden sie dagegen gefördert als Instrument eines alternativen Wirtschaftssystems, genannt Gemeinwirtschaft, so erweist sich ihre Unterlegenheit gegenüber anderen Formen der Unternehmensorganisation in einer Wettbewerbswirtschaft.[173]

Die Schlüsselfigur im Skandal um die Neue Heimat war der Gewerkschafter Albert Vietor, der offen wie ein früher Global Player agierte und zugleich im Verborgenen gut getarnt seinen dunklen Privatgeschäften nachging.

Albert Vietor war kurz nach dem Krieg in die Dienste der Neuen Heimat in Kassel eingetreten und schon 1954 als 32-Jähriger – gleich als Stellvertreter des Vorsitzenden Heinrich Plett – in den Vorstand der Hamburger Zentrale aufgerückt. Zu dieser Zeit hatte der DGB-Bundesvorstand verfügt, die ihr gehörenden Beteiligungen an Wohnungsbauunternehmen der gewerkschaftseigenen Neuen Heimat anzugliedern. Neun Jahre später stand Vietor an der Spitze des immer mehr expandierenden Unternehmens. Nach außen gab er sich als Vorstandsvorsitzender gern bescheiden: Seine Aufgabe sei es, «Notstände zu beseitigen». Wie ein «freier Unternehmer» könne er nicht handeln.[174]

Solche nach außen demonstrierte Tiefstapelei hinderte die Gewerkschaften nicht, Vietor an seinem 50. Geburtstag im Jahre 1972 in einem Hamburger Luxushotel wie einen Großfürsten zu feiern. 500 Ehrengäste aus allen bedeutenden gesellschaftlichen Kreisen traten zur Gratulation an. Einer der Höhepunkte war zweifellos, dass der Gewerkschafter aus der Hand eines Bundesministers «in Anerkennung der um Staat und Volk erworbenen besonderen Verdienste» das Große Verdienstkreuz des Verdienstordens der Bundesrepublik Deutschland empfangen durfte. Der DGB-Chef und Aufsichtsratsvorsitzende der Neuen Heimat, Heinz Oskar Vetter, würdigte Vietor, weil er «seine hervorragenden unternehmerischen Fähigkeiten mit so viel Engagement und Erfolg uneingeschränkt in den Dienst der arbeitenden Menschen gestellt» und sich «um den Schutz der Mieter» verdient gemacht habe.

Vetter war aber schon Monate vor diesem Jubeltage Vietors über Missstände in der Neuen Heimat unterrichtet worden: Der von ihm zu kontrollierende Vorstandsvorsitzende wirtschafte in die eigene Tasche; wichtige Unternehmensteile arbeiteten mit Verlust; einige Insider sorgten sich gar um die Existenz des Unternehmens.[175] Die Genossen müssen sich bemerkenswert sicher gefühlt haben: Um Angriffe abzuwehren, griffen sie bis in die achtziger Jahre in die Mottenkiste des Klassenkampfes, indem sie sich als Hüter des Guten schlechthin priesen. Johann Wolfgang Werner, Vertrauter Vietors und Direktor der Neuen Heimat, fand 1979 besonders schöne Worte, die keinen Zweifel an der Güte des Unternehmens Neue Heimat erlaubten sollten: «Die Entwicklung der Gemeinwirtschaft, wie der gemeinnützigen Unternehmen und damit auch der NH, ist die Entwicklung von Gegenmacht gegen bereits installierte Macht und damit eine Schutzmaßnahme der die freiheitliche Demokratie verteidigenden Kräfte».[176] Wer würde da noch Böses denken?

Zu diesem Zeitpunkt hatte sich der Konzern, der «beispielhaft sozial- und gesellschaftspolitische Forderungen der Gewerkschaften» verwirklichen sollte, längst zu einem schier unüberschaubaren Imperium entwickelt: Nebeneinander existierten zwei Konzerne:

- die Neue Heimat Gemeinnützige Wohnungs- und Siedlungsgesellschaft mbH (NH) mit 28 gemeinnützigen Gesellschaften in allen Bundesländern und Westberlin sowie daneben
- die 1969 gegründete, erwerbswirtschaftlich orientierte Neue Heimat Städtebau GmbH (NHS), die im In- und Ausland rund 60 Gesellschaften und über ihre – bereits 1962 ins Leben gerufene – Tochter Neue Heimat International (NHI) 60 bis 70 Auslandsbeteiligungen hielt.

Die rund 130 Einzelfirmen waren derart ineinander verschachtelt, dass wohl selbst die Gewerkschaften als Eigentümer den Überblick verloren haben dürften.

Die Neue Heimat entlohnte ihre Chefs großzügig: Vietor durfte dank einer Ausnahmegenehmigung des SPD-regierten Hamburger Senats zugleich Vorstandsvorsitzender der gemeinnützigen Neuen Heimat und der gewinnorientierten Neuen Heimat Städtebau sein. Aus diesen beiden Posten bezog er über eine halbe Million DM Gehalt und Tantiemen. Ebenso wie Vietor hatten die meisten anderen führenden Mitarbeiter mit beiden Unternehmen der Neuen Heimat Arbeitsverträge schließen können. Vietors Stellvertreter Harro Iden verdiente auf diese Weise jährlich um die 440 000 DM, die übrigen Vorstandsmitglieder jeweils rund 360 000 DM.[177] Hinzu kamen Tantiemen aus etlichen zusätzlichen Pöstchen. Vietor beispielsweise war stolz darauf, jährlich aus seinen Aufsichts- und Verwaltungsratsmandaten zwischen 200 000 und 250 000 DM zu beziehen.[178]

Es ist für das Aufschaukeln einer missbilligenden Berichterstattung bis zum eigentlichen Skandal typisch, dass Jahre ins Land gehen können, bis sich Verdächtigte ernsthaft Sorgen um ihre Existenz machen müssen. Das gilt auch für die Verantwortlichen der Neuen Heimat. Einer der Gründe dürfte wohl die Finanzstärke des Konzerns gewesen sein. So berichteten die Autoren des Buches «Neue Heimat – Teure Heimat» 1974, bei ihren Recherchen innerhalb des Unternehmens sei ihnen von dessen Pressechef Günther Baumann unmissverständlich gesagt worden: «Wenn ... ein Buch geschrieben werden sollte, wo offensichtlich falsch dargestellt wird, wo offensichtliche Fehler drin sind – nicht Tippfehler –, dann muss ich sagen, klagen wir. Und zwar klagen wir mit hohem Streitwert. Da wir einen Umsatz von fünf Milliarden Mark haben, müssen wir bei Geschäftsschädigung ziemlich hohe Streitwerte ansetzen. Das wollte ich Ihnen aufs Tonband gesagt haben. Ich bitte, mir das nicht als Drohung auszulegen ...»![179] Neben der Peitsche setzte die Neue Heimat auch das Zuckerbrot ein: Zumindest von Versuchen wird berichtet, Journalisten mit so genannten Beraterverträgen und kostenlosen Auslandsreisen zu bestechen.

Die schlechte Presse hatte das Unternehmen dennoch nicht verhindern können. In deutschen Publikationen hagelte es Negativschlagzeilen für die Neue Heimat. *Die Zeit* am 4. Mai 1973: «König Alberts Allmacht»; *Dialog* im Juni 1973: «Gemeinnützig wenn nötig, eigennützig wenn möglich»; die *Frankfurter Allgemeine Zeitung* am 30. Juni 1973: «Der unersättliche Baulöwe»; der *Express* am 7. Juli 1973: «Der Bauwolf im Schafspelz»; *Capital* im November 1973: «Unheimliche Heimat»; die *Deutsche Zeitung* am 28. Januar 1974: «Wer kontrolliert die Neue Heimat?»; *Die Weltwoche* am 13. März 1974: «Die Neue Heimat der Deutschen kennt keine Grenzen». Und das *Deutsche Fernsehen* strahlte in bester Sendezeit um 20.15 Uhr in Farbe einen fast einstündigen Film über die «Schöne Neue Heimat» aus.

Bei aller Kritik an Randerscheinungen innerhalb des Konzerns wurden aber zu dieser Zeit durchweg die «unbestrittenen Managerqualitäten» (*Dialog*) Albert Vietors und seiner Führungsmannschaft gewürdigt. In der *Frankfurter Allgemeinen Zeitung* war gar zu lesen: «Großer Respekt wird in Wirtschaftskreisen freilich der unternehmerischen Leistung von Albert Vietor und der gesamten Führungsmannschaft gezollt. Mancher Konzern könnte in der Tat froh sein, wenn er an der Spitze einen Vorstandsvorsitzenden mit so hohen Managerqualitäten hätte».[180]

Lediglich Christoph Hackelsberger wies 1972 in *BDA Aspekte* auf die bedenklichste Entwicklung bei der Neuen Heimat hin: «Die gesellschaftliche Großgruppe Gewerkschaft hat sich mit der Neuen Heimat ein Instrument geschaffen und finanziert, welches sich ursprünglich in gemeinnütziger Weise mit dem Wohnungsbau befasste, diesen engen Rahmen aber längst zugunsten anderer, gewinnträchtigerer Betätigungen gesprengt hatte ... Was sagen die Spitzenfunktionäre des gewerkschaftlichen Milliarden-Unternehmens, des Großvermieters und Großwirtschaftsfaktors für die Bauwirtschaft, über ihre Absichten aus? Neben blumiger Beschreibung der Erfolge tritt ganz klar zutage, dass sie beabsichtigen, das Unternehmen weiter in immer größere Bereiche auszudehnen. Dies geschieht, wie es ja nicht anders sein kann, in gesellschaftskonformer, also in kapitalistischer Weise ... Hierin liegt nicht die Besonderheit. Wesentlich wichtiger erscheint, dass die Expansion zu einer ständig steigenden Einflussnahme im kommunalen, öffentlichen und politischen Bereich führen soll ... Was so bedenklich ist, ist der Umstand, dass eine große geschlossene Gruppe, der DGB, hier über ein mächtiges und gut funktionierendes, in ständiger Zellteilung befindliches Instrument, Einfluss gewinnt, der den Rahmen dessen, was in einer pluralistischen Gesellschaft erlaubt sein darf, sprengt ...».[181]

Typisch für Deutschland dürfte es sein, dass nicht solch ordnungspolitische Kritik an schwer wiegenden gewerkschaftlich-politischen Fehlentwicklungen die Öffentlichkeit aufscheuchte, sondern das, was in der Politik der Bundesrepublik «Petitessen» heißt. Über Jahre hinweg hatte die Neue Heimat verheerende Schlagzeilen wegen Baumängeln, vernachlässigter Instandhaltung, unsozialer Mieterhöhungen, undurchsichtiger Gebührenabrechnungen und entsprechend wütender Mieter provoziert. Sie wuchsen sich dennoch nicht zu dem Skandal aus, der bei einem gemeinnützigen Wohnungsunternehmen längst überfällig gewesen wäre. Anstoß erregten vielmehr zunächst Großspurigkeiten in der Manier deutscher Schickeria, die für Gewerkschafter nicht passend schienen.

Albert Vietor hatte beispielsweise zu Silvester 1972/73 398 Gäste aus der gesamten Bundesrepublik zu einer Einweihungsparty in das Hotel Loew's Hamburg Plaza eingeladen; dieses hatte die Neue Heimat soeben nach zweijähriger Bauzeit fertig gestellt. Die Feier mit bekannten Künstlern, auf der sich Vietor den mitwirkenden Kessler-Zwillingen als «Onkel Albert» vorstellte, verschlang immerhin 200 000 DM Geschäftskosten. Die *Frankfurter Allgemeine*

*Zeitung* zeigte sich pikiert: «Für die Neue Heimat selbst war die Wirkung nach außen negativ, nachdem in der Presse, auch auf Illustriertenpapier, ausgemalt wurde, wie großzügig Onkel Albert auf Firmenkosten zu feiern versteht. Alteingesessene Hanseaten, die mit Sparsamkeit kokettieren, monierten, dass ‹man so etwas einfach nicht tut›. Vorstände von Aktiengesellschaften konnten sich den Kommentar nicht verkneifen, dass die Aufsichtsräte ihres privatwirtschaftlichen Systems eine rauschende Silvesternacht nicht tolerieren würden»[182] – zumindest nicht auf Firmenkosten. Zur Erinnerung: An dem Unverständnis der hanseatischen Gesellschaft, am Widerspruch zwischen seiner Herkunft und seinem Lebensstil war letzten Endes auch Willy Schlieker gescheitert.

Politische Unterstützung hatte das Gewerkschaftsunternehmen – wie *BDA Aspekte* kritisierte – über Jahrzehnte auf breiter Ebene aktivieren können: Wer sich mit der Arbeiterbewegung verbunden fühlte – auf kommunaler und Länderebene Politiker, Betriebsräte in Unternehmen ebenso wie Gewerkschaften –, ebnete Wege, ohne dass es anfangs dazu formaler Beschlüsse bedurft hätte. Innerhalb der Gewerkschaften war das Vertrauen in ihre Funktionäre vielfach ungebrochen – trotz der erwähnten Kritik an feudal anmutenden Festen einerseits und gravierender Mängelwirtschaft zulasten Einkommensschwacher andererseits. «Letzten Endes würden Gewerkschafter die Interessen der Werktätigen vertreten, auch wenn sie mächtige Manager geworden waren. Tatsächlich war das von Anfang an eine leere Ideologie, von der aber Leute wie Hesselbach und seine Schüler bis heute profitieren», schrieb 1987 Hans-Jürgen Schulz, von 1965 bis 1986 Angestellter der Neuen Heimat.[183] Gewerkschafter wie der hier angeführte Chef der Bank für Gemeinwirtschaft (BfG) und Aufsichtsrat der Neuen Heimat, Walter Hesselbach, sowie etliche andere führende Genossen handelten – ungeachtet des nach außen hochgehaltenen moralischen Standards – eben nicht anders als viele private Unternehmer auch.

Wer bauen will, braucht zuerst einmal Bauland und entsprechende Bebauungspläne. Darüber entscheiden in letzter Konsequenz Politiker. Josef Kun – ein Bauunternehmer mit 4500 Beschäftigten und einem Auftragsvolumen von 2,6 Milliarden DM –

hatte im September 1971 Konkurs anmelden müssen. Anschließend plauderte er seine Erfahrungen aus. In seiner Heimatregion im Rheinland war die SPD tonangebend; also erwarb Kun deren Parteibuch. Von Einfluss, wenn auch in bescheidenerem Maße, waren auch CDU-Politiker. Den Christdemokraten trat sein Bruder bei, der sich zusätzlich bei der FDP mit Spenden absicherte. Opportun schien es, auch einige Angestellte in den Parteien mitmischen zu lassen; umgekehrt stellte Kun einflussreiche Kommunalpolitiker als Geschäftsführer zu einem Gehalt von je 10000 DM ein (zum Vergleich: der Lohn eines Industriearbeiters lag zu dieser Zeit bei 1200 DM). Als Makler dienten dem Bauunternehmer mindestens 50 weitere Kommunalpolitiker aus allen Parteien. Flächendeckend hatte Kun sich damit ein Netz aufgebaut, in das selbst ein Vertrauensmann der politischen Polizei eingebunden war, der notfalls durch ein genaueres Studium von Akten ausfindig machen konnte, wie Widerspenstige günstig zu stimmen waren – zum Beispiel durch den Bau eines billigen Häuschens. Kuns Fazit: Unternehmen sind «ohne Kontakte und Beziehungen ... nicht lebensfähig».

Die SPD schloss übrigens nach dieser bitteren Beichte Kun wegen «antidemokratischer Äußerungen» aus. Der Bauunternehmer hatte Kommunalpolitiker «Zwerge» genannt, deren Beschlüsse «stümperhaft» seien; und im Übrigen wertete Kun die meisten Landtagsabgeordneten als «im Beruf Gescheiterte, die ein bisschen reden können». Inhaltlich überprüfte die SPD die Anschuldigungen ihres bisherigen Genossen nicht[184] – zumindest ist nichts bekannt geworden. Das hätte die Arbeiterpartei aber besser getan; denn zu diesem Zeitpunkt war es bereits ein offenes Geheimnis, dass auch im gewerkschaftseigenen Baukonzern Neue Heimat mit seinem Vorstandsvorsitzenden Albert Vietor nicht alles zum Besten stand.

Die – dem *Spiegel* zugespielten – ersten Enthüllungen trafen das Selbstverständnis der gemeinnützigen Unternehmen wie der Gewerkschaften zwar ins Mark, ließen aber dennoch das Ausmaß des wirtschaftlichen Schlamassels noch nicht erkennen, in das führende Manager die Neue Heimat hineingerissen hatten. Mit ihrer Titelgeschichte über die «dunklen Geschäfte von Vietor und Genossen» deckten die Hamburger Journalisten auf, dass Gewerkschaftsfunktionäre sich bis in die höchsten Ränge hinein mit ihren hohen Einkommen nicht zufrieden gegeben, sondern sich weitere Quellen erschlossen hatten. Scheinbar geschickt, zumindest auf lange Zeit gut getarnt, forcierten «Vietor und Genossen» auch private Geschäfte, die unter Einbeziehung immer weiterer Kreise innerhalb der Neuen Heimat gang und gäbe wurden. Es sollten 15 Jahre vergehen, bis kurz vor Vietors 60. Geburtstag mit einem Paukenschlag klar wurde, auf welch windige Geschäfte sich der Neue-Heimat-Chef eingelassen hatte:

1967 erwarb Vietor gemeinsam mit den damaligen Geschäftsführern der Neuen Heimat Nord, Wolfgang Vormbrock und Georg Bamberg, getarnt über die Hamburger Bankiers Ernst und Claus Wölbern, privat Immobilien, die sie über Tarnfirmen unter Ausnutzung ihrer Stellung in der Neuen Heimat betreuen ließen. Kaum nachvollziehbar dürfte für einfache Gewerkschaftsmitglieder die Skrupellosigkeit sein, mit der das Trio vorging, und wie sicher sich die Manager offensichtlich vor der Enttarnung wähnten: «Die Vertragschließenden kommen überein, dass nach außen hin die Gesellschafter Vietor, Bamberg und Vormbrock nicht als Gesellschafter in Erscheinung treten», hieß es in der Übereinkunft, die sie mit ihren Strohmännern zur Gründung der «Wölbern Hausbaugesellschaft» schlossen. Deren Zweck war «der Erwerb von Grundvermögen, seine Bebauung und Verwaltung sowie alle damit zusammenhängenden Geschäfte» – insbesondere in Hamburg. Später gesellte sich NH-Finanzchef Harro Iden dem Trio hinzu. Die vier Spitzenmanager der Neuen Heimat hielten je 20 Prozent der Anteile, die Treuhänder Wölbern das restliche Fünftel.

Am 5. Januar 1972 besiegelten die stillen Gesellschafter dann mit ihren Treuhändern einen weiteren Pakt: Mit der «Wölbern Hausbaugesellschaft II» ließen «Direktor Vietor, Dr. Iden, Dipl.-Arch. Bamberg, Dipl.-Volksw. Vormbrock» verdeckt Eigentumswohnungen errichten und gewinnbringend wieder verkaufen. Verständlicherweise konnten sie aus ihrer privilegierten Stellung bei der NH heraus wesentlich mehr zum Gelingen des Projektes beitragen als ihre außenstehenden Verschworenen; nach dieser Logik standen ihnen nach dem Vertrag dann auch jeweils 21 Prozent der Gewinne zu; Wölbern aber nur 16 Prozent – anders als bei dem erstgegründeten Unternehmen. Das lief parallel weiter nach dem Muster: Die leitenden Mitarbeiter der Neuen Heimat ließen getarnt über Wölbern ihre Wohnungen unteren Chargen der NH andienen, die diese dann betreuten – immerhin gegen eine Betreuungsgebühr von pauschal drei Prozent. Häufig durchschauten diese nicht, wozu sie missbraucht wurden.[185]

Den der Gemeinnützigkeit verpflichteten Genossen waren noch weitere Verdienstmöglichkeiten eingefallen: Seit Mitte der sechziger Jahre lieferten elf Verantwortliche der Neuen Heimat als «Treugeber» der Firma tele-therm in Lübeck über ihren Strohmann, den ehemaligen Angestellten der Neuen Heimat Karl Maximilian Eberhardt, etlichen ihrer Mieter auch das Heizmaterial. Diese argwöhnten schnell, Tarife und Abrechnungen seien viel zu hoch ausgefallen. Auf die Idee aber, dass an den Heizkosten Gewerkschafter mitverdienten – unter ihnen der Vorstandsvorsitzende Vietor und selbst der damalige Vorstandsvorsitzende der BfG sowie Aufsichtsrat der Neuen Heimat, Hesselbach –, dürften wohl die wenigsten gekommen sein. Offensichtlich ohne die geringsten Hemmungen ließen die Gewerkschaftsführer über tele-therm Mietern ihrer Neuen Heimat Heizkosten in einer Höhe in Rechnung stellen, die ihre ansonsten preiswerten Sozialwohnungen unbezahlbar machten.

Wie ein «freier Unternehmer» wollte Vietor nicht handeln und verwandelte sich doch in einen besonders unsozialen Miethai. So hatten Mieter der Neuen Heimat in Berlin-Kreuzberg verglichen, was in ähnlichen Berliner Wohnanlagen für die Wärmeversorgung verlangt wurde, und dabei herausgefunden: Sie sollten durchschnittlich um die 30 Prozent mehr für das Heizen zahlen. Als sich Mieter dann weigerten, die hohen Nachforderungen zu entrichten, klagte die tele-therm – und verlor. Die Richter hatten erkannt, dass für Sozialwohnungen willkürlich gegriffene Heizkosten berechnet worden waren.[186]

Mit der Manipulation von Heizkosten begnügten sich die leitenden Mitarbeiter der Neuen Heimat nicht; auch an den Antennen ließ sich auf Kosten ihrer Mieter gut verdienen. Auf Initiative Vietors hatte 1971 die GVG Grundstücksfinanz- und Verwaltungsgesellschaft mbH, eine Tochter der gewinnorientierten Neuen Heimat Städtebau, 50 Prozent der Anteile der Antennen-Verwaltungs- und Betreuungsgesellschaft mbH (AVB) erworben – die andere Hälfte gehörte der tele-therm des Vietor-Freundes Eberhardt.

Besonders erfolgversprechend für die AVB musste scheinen, dass ihr acht Berater zur Seite gestellt wurden – unter ihnen hohe Manager der Neuen Heimat. Da konnte es nicht verwundern, dass in der Folge die AVB in Neue-Heimat-Wohnanlagen auch dann Antennen errichten durfte, wenn andere Bieter günstigere Angebote unterbreitet hatten. Notfalls griffen Vorstandsmitglieder der NH selbst ein, um die tatsächlich gegebenen Vorteile der Konkurrenz wegzurechnen. Im deutschen Wirtschaftsrecht gibt es den Sachverhalt «selbstkontrahieren» – mit sich selbst Geschäfte machen, ohne dass das Dritten kenntlich wird –, was hier der Fall gewesen sein dürfte. Selbstkontraktion ist verboten – ohne Wenn und Aber.

Als besonders günstiger Nährboden für legale, aber durchaus nicht legitime Geschäfte der Genossen in der Neuen Heimat sollte sich Berlin erweisen. Als geteilte Hauptstadt Deutschlands profitierte die Stadt über Jahrzehnte von erheblichen Steuervergünstigungen aus dem Bundeshaushalt. In Berlin war die Neue Heimat – wie in Hamburg auch – zur größten Wohnungsbaugesellschaft aufgestiegen und in den Genuss eines besonderen Privilegs gekommen: Der Berliner Senat hatte das Bauunternehmen «Neue Heimat Berlin» offiziell als Sanierungsträger anerkannt. Die Rechtslage war eindeutig: Der Senat überließ der Neuen Heimat Grundstücke, die diese nach dem Städtebauförderungsgesetz an Bauherren wieder zu veräußern oder in Erbpacht zu geben hatte. In diese «Reprivatisierung» waren laut Gesetz «weite Kreise der Bevölkerung» einzubeziehen. Deren Investition in den sozialen Wohnungsbau wurde dann mit erheblichen Steuervorteilen belohnt. Insbesondere Abschreibungsgesellschaften konnten dabei in besonderem Maße verdienen.

Die Förderung solcher Gesellschaften aber war den Gewerkschaften stets ein Dorn im Auge gewesen. Es konnte «keinen Zweifel daran geben, dass die Gewerkschaften sich stets gegen das System der Abschreibungsgesellschaften gewehrt haben, da es reichen Leuten ohne großes Risiko – aber auf Kosten der Steuerzahler – erlaubt, ‹legal› noch reicher zu werden».[187] Und nun enthüllte der *Spiegel* eine Woche nach dem ersten Paukenschlag über die Missstände innerhalb des Gewerkschaftskonzerns, «wie die Manager der Neuen Heimat in Berlin Geschäfte machten».[188] Die Berliner Senatsverwaltung für Bau- und Wohnungswesen hatte Ende der siebziger Jahre aufgedeckt, welchen Leuten die NH-Manager die Abschreibungsvorteile zuschoben und dadurch erreichten, dass sich diese von der Neuen Heimat betreuen ließen: durchweg Mitarbeitern des eigenen Konzerns ebenso wie vertrauenswürdigen Partnern aus Gewerkschaften und Politik. Als Rechtsform hatten die «Genossen» dabei die – von den Lippenbekenntnissen dieser Gewerkschafter her gesehen wesensfremde, den Steuerzahler besonders ausnutzende – «Gesellschaft bürgerlichen Rechts» (BGB-Gesellschaft) gewählt. Diese erzielte nicht unmittelbar Gewinn, sondern kam auf ihre Kosten durch die «Verlustzuweisungen», die ihnen das Finanzamt einräumt.\*

Selbstverständlich stellten die Steuervorteile in Berlin – so das für die Neue Heimat Nord verantwortliche Vorstandsmitglied Vormbrock vor Betriebsräten der Neuen Heimat – «gerade auf so genannte reiche Leute ab, damit diese ihre Gelder in Berlin investierten». Dass man in der Neuen Heimat gar nicht daran dachte, sich an das Städtebauförderungsgesetz zu halten, geht aus einem Aktenvermerk für die Geschäftsführung der Neuen Heimat Berlin hervor. Eine breite Streuung des Immobilienbesitzes sei fragwürdig, aber «als Alibifunktion» sollte man etwas unternehmen. Dann

---

\* Es versteht sich von selbst, dass bei diesen Geschäften genügend «Verluste» anfielen, die die Steuerlast erheblich minderten. Vormbrock, Vorstandsmitglied der Neuen Heimat, beispielsweise hatte gemeinsam mit seiner Frau für das Jahr 1978 Einkünfte in Höhe von 404057 DM angegeben. Dank seiner vielen Immobilien konnte er dem Finanzamt gegenüber Verluste von insgesamt 356587 DM abschreiben, sodass sich seine Einkommenssteuerschuld auf gerade 4712 DM belief. Vorausgezahlt über den Lohnsteuerabzug hatten die Vormbrocks 153 117 DM; also erstattete ihnen das Finanzamt 148405 DM (Spiegel 6/82, S. 98).

aber gab es die ersten harschen Kritiken an der Praxis der Neuen Heimat, ausschließlich «reiche Leute» aus dem geschlossenen Dunstkreis der Gewerkschaften bei der Vergabe von Sanierungsobjekten ausgewählt zu haben. Hierauf reagierten Vietor und Vormbrock in zuvor bewährter Weise: Von «Selbstbedienung» bei der Neuen Heimat zu sprechen, sei Ausdruck einer doppelten Moral, die Rechtsstaat und Menschenwürde gefährde.[189]

Nach Walter Hesselbach jedenfalls war es keineswegs «Selbstbedienung», sondern jenseits aller moralischen Maßstäbe ein Akt der Cleverness. In einem *Spiegel*-Gespräch betonte er: «Wenn der Gesetzgeber steuerliche Anreize bietet, dann kann man dem, der sie nutzt, dies nicht übel nehmen ... Ist es nicht eine Herausforderung an jeden, der verstanden hat, sein Einkommen dadurch zu erhöhen, dass er dem folgt, was die Regierung ihm empfiehlt?» Das war von höchster gewerkschaftlicher Ebene ein Bekenntnis zur Mentalität des «Was nicht verboten ist, das reißen wir uns unter den Nagel», jener Mentalität, die die Genossen bei anderen Unternehmen scharf angriffen.

Hesselbach – lange Zeit NH-Aufsichtsrat – gab an, bis Ende 1981 rund 600 000 DM in das Berliner Abschreibungsgeschäft investiert zu haben. Gern würde er sich in den nächsten zwei, drei Jahren mit weiteren 300 000 bis 400 000 DM beteiligen, «wenn ich die Beteiligung kriegen kann». Insgesamt hatte der Gewerkschafter in knapp zehn Jahren mehrere hunderttausend Mark Steuern sparen können. Vietor wiederum bekannte in der *Zeit* vom 14. Mai 1982, an 270 und einer halben Wohnung Anteile zu besitzen, deren Vermögenswert «zwei bis drei Millionen Mark in Höhe des Eigenkapitals» betrage. Der ehemalige DGB-Vorsitzende Heinz Oskar Vetter hatte 200 000 DM in Berlin investiert.[190]

Wie es im deutschen korporatistischen System üblich geworden war, holten die Verantwortlichen der Neuen Heimat auch Persönlichkeiten aus Politik, Wirtschaft und Gewerkschaften mit ins Boot. Am Berliner Abschreibungsgeschäft beteiligten sich beispielsweise der hessische Wirtschaftsminister Heinz Herbert Karry, FDP (der später, im Jahre 1981, ermordet wurde) ebenso wie Bundesminister Hans Apel (SPD) und der damalige Vorstandsvorsitzende der WestLB, Johannes Völling.[191] Es verwundert nach allen Erfahrungen mit Filz und Klüngel nicht, dass – wenn auch bei anderer Gelegenheit – ein wichtiger Politiker der Opposition ebenfalls von den NH-Managern begünstigt worden war: Konrad Grundmann, als CDU-Politiker leitend in den Sozialausschüssen tätig, Aufsichtsratsmitglied der Neuen Heimat Nordrhein-Westfalen, ehemaliger Landesminister und Vizepräsident des Landtages, hatte sich «aus geschäftspolitischen Gründen» beim Bau seines Eigenheims finanzieller Zuwendungen durch die Neue Heimat erfreuen dürfen.[192] Ihrem Aufsichtsratsmitglied Alfons Lappas baute die Neue Heimat ein Haus in Friedrichsdorf im Taunus. Statt des wahren Wertes von über einer Million Mark stellte der Konzern dem Gewerkschafter rund 300 000 DM weniger in Rechnung. Das Unternehmen habe sich schlicht «verkalkuliert», hieß es.[193]

Besonders dicht war die Verfilzung des Genossen-Netzwerkes in Hamburg: So klagte Horst-Udo Niedenhoff im *Gewerkschaftsreport*, wie sehr «weitere Skandale das Ansehen der Neuen Heimat sowohl bei den Gewerkschaftsmitgliedern als auch in der Öffentlichkeit untergraben würden ...» Er verwies auf das Bekenntnis des ehemaligen Stadtrates Dieter Haas: «Die Neue Heimat hat gehandelt, und hinterher haben wir sanktioniert.» Die Umgangsformen der Neuen Heimat seien im Untersuchungsausschuss der Hamburger Bürgerschaft als «frühkapitalistisch und hemdsärmelig» charakterisiert worden. Auch hier wurden von der Neuen Heimat SPD-Politiker begünstigt. Unter anderen soll der frühere Bundeskanzler Helmut Schmidt für die Erstellung zweier privater Bauvorhaben lediglich eineineinhalb Prozent statt der üblichen mindestens sieben Prozent Bearbeitungsgebühr bezahlt haben.[194]

Die Manager der Neuen Heimat vergaßen aber auch ihren eigenen Unterbau nicht: Als Bauherren durften beispielsweise weniger «reiche» Mitarbeiter der Neuen Heimat Hamburg mitmischen. Die gemeinnützige Neue Heimat Hamburg zog ganze Wohnsilos hoch, um auf diese Weise bewährten Managern des zweiten Gliedes Wohnungen zu verkaufen. Ebenso partizipierten Sekretärinnen, Fahrer und auch Ehepartner an diesem Belohnungssystem. Die Chefsekretärin Vietors beispielsweise konnte sich gemeinsam mit ihrem Mann in Hamburg insgesamt sechs Häuser mit jeweils acht Wohnungen leisten und sich so ein beträchtliches Zusatzeinkommen aus Mieten und Immobilienverkäufen sichern.[195] Extrem preiswerte Grundstücke, kombiniert mit zinsgünstigen Arbeitgeberdarlehen, dienten als Grundlagen, dass die Neue Heimat sich auch für vertrauenswürdig gehaltene Mitstreiter unterhalb der Führungsebene in einen Selbstbedienungsladen verwandelte. Die Parallele zur Herstatt-Bank liegt nahe: Auch bei ihr hatten sich Angestellte am großen Geschäft beteiligen können. Bei beiden Unternehmen erlagen Mitarbeiter den Verlockungen des eigenen Gewerbes. Schwierig war das im europaweit größten Bauunternehmen nicht. Immerhin verwaltete die Neue Heimat im Jahr 1982 insgesamt 420 000 Wohnungen und mehrere tausend gewerbliche Objekte. Ihr Grundstücksvermögen in der Bundesrepublik wurde zu dieser Zeit auf rund zwei Milliarden DM geschätzt.[196]

Nicht alle Mitarbeiter, die von den privaten Geschäften zulasten der Neuen Heimat wussten, schwiegen oder ließen sich in den Kreis der Begünstigten hineinziehen. Arbeitnehmervertreter hatten sehr wohl im Aufsichtsrat der Neuen Heimat «immer einmal wieder einzelne Gerüchte über private Geschäfte von Vorstandsmitgliedern der NH im Aufsichtsrat vorgetragen», wie der Betriebsratsvorsitzende und Aufsichtsrat Otto Cordua 1983 gegenüber dem *Spiegel* betonte. Dies sei auch in Protokolle aufgenommen worden. Statt den Gerüchten nachzugehen, sei den Informanten mit Verleumdungsklage gedroht worden.[197]

Angesichts dieser Verfehlungen – viele weitere zählen wir hier nicht auf, weil sie nach ähnlichen Strickmustern abliefen – konnten sich Beobachter zumindest noch damit beruhigen, dass es sich doch lediglich um Fälle von persönlichen Bereicherungen handelte, ohne dass die Neue Heimat als Wirtschaftseinheit nachhaltig beeinträchtigt wurde. Am 13. Februar 1982 waren die Vorstandsmitglieder Vietor, Iden und Vormbrock ihrer Ämter enthoben worden. Grund waren – so hieß es in einer Dokumentation des DGB vom 16. März 1982 – die gegen sie erhobenen schwer wiegenden Vorwürfe: «Sie sollen unter Missbrauch ihrer Funktion über Strohmänner private Geschäfte mit der Neuen Heimat gemacht und sich hierdurch persönlich bereichert haben».[198] Das sollte es gewesen sein. Weiter gehende Presseberichte, die «die Geschäftstätigkeit der Neuen Heimat insgesamt in Zweifel» zögen, wies der DGB vehement zurück: «Auch berechtigte Kritik kann die unbestreitbaren Leistungen der Neuen Heimat nicht schmälern.»[199]

Auf einen entscheidenden Schwachpunkt ging der DGB aber doch ein: das Auslandsgeschäft. Dort seien «auf Grund äußerer Bedingungen» in den letzten Jahren Risiken entstanden. Zugesagte Aufträge seien nicht oder nur schleppend vergeben worden; Wechselkurse hätten sich zuungunsten der Neuen Heimat verändert. Aus solchen Engagements ziehe sich die Neue Heimat Städtebau auf Anweisung ihres Aufsichtsrates seit 1979 zurück.

### Verkauft für eine Mark – das Ende der Neuen Heimat

Lange konnten die Gewerkschaften diese beschönigenden Darstellungen nicht durchhalten. Der nach der Entlassung Vietors zum Aufsichtsratsvorsitzenden der Neuen Heimat berufene Diether Hoffmann musste nach sechsmonatiger Überprüfung der Bilanzen den 17 deutschen Gewerkschaften als Eigentümer der Neuen Heimat offenbaren, dass die bisher bekannt gewordenen «persönlichen Bereicherungen» noch die geringsten Verfehlungen waren. Wie bei den tröpfchenweisen Enthüllungen im seinerzeitigen Watergate-Skandal um den damaligen US-Präsidenten Richard Nixon kam auch bei der Neuen Heimat der so genannte «Attentismus» voll zum Tragen: Ist erst einmal ein Sündenfall bekannt, schauen Beobachter genauer hin und werden in der Regel fündig. So auch bei der Neuen Heimat – bis hin zum «Ende der Legende».[200] Vietor hatte keineswegs als Vorstandsvorsitzender mit «hohen Managerqualitäten» *(Frankfurter Allgemeine Zeitung)* zum Nutzen der Neuen Heimat gewirkt, sondern im Gegenteil das weltweit agierende Wohnungsbauunternehmen auf Pleitekurs gesteuert.

Über Jahre hatten Vietor und leitende NH-Angestellte dies durch Bilanzmanipulationen verschleiern können, beispielsweise indem so genannte Querverbindungen zwischen der Konzernzentrale und den einzelnen Regionalgesellschaften künstlich geschaffen wurden, um stille Reserven «zur Abdeckung/Verringerung von Verlusten oder zur Gewinnabführung» aktivieren zu können. Auf diese Weise ließen sich zwischen 1974 und 1983 Scheingewinne von zusammen 620,3 Millionen DM zusammenrechnen; eingefahrene Verluste in einem Unternehmen konnten zudem geschickt durch interne Schiebereien innerhalb des verschachtelten Konzern versteckt werden.[201] Denn dies war die Voraussetzung für das Wirken der Konzernleitung: das Verschachteln von Unternehmenseinheiten mit Kreuz- und Querverbindungen. Der DGB hatte diese Entwicklung hingenommen, obwohl jeder weiß, dass eine solche Praxis einer transparenten wirtschaftlichen Leitung abträglich ist und oft der Verschleierung gegenüber der Außenwelt dient.

Zum Verhängnis sollten Vietor und mit ihm der Neuen Heimat Jugendsünden werden, die er als hoffnungsvoller Nachwuchsfunktionär Anfang der sechziger Jahre begangen hatte, die der Öffentlichkeit aber erst 20 Jahre (!) später bekannt wurden.[202] Gemeinsam mit anderen Genossen aus der Neuen Heimat – vor allem ihrem damaligen Vorsitzenden, Heinrich Plett – hatte Vietor 1961 verdeckt die «Terrafinanz», die Terrain- und Finanzierungsgesellschaft, gegründet. Wie später in Hamburg benutzten die Genossen für die Außenwelt als Strohmann den Vietor-Freund und Hamburger Bankier Wölbern. Die Terrafinanz kaufte in der Folge 550 000 Quadratmeter Grund in einem Gebiet auf, das die Stadt München für eine Entlastungsstadt – Neu-Perlach – eingeplant hatte. Plett war besonders nützlich, konnte er dem jungen Unternehmen im Namen der Neuen Heimat doch großzügig mit einer selbstschuldnerischen Bürgschaft in Höhe von 7,5 Millionen DM beispringen; dies wiederum veranlasste die Bayerische Vereinsbank, ihrerseits an die Terrafinanz Kredite zu vergeben. 1963 war das clever eingefädelte Geschäft perfekt: Der Neuen Heimat Bayern erteilte die Stadt München erwartungsgemäß als im Städtebau bewährtem Großunternehmen den Auftrag, die Trabantenstadt für ca. 80 000 Menschen zu bauen. Der Terrafinanz kaufte sie nun die billig erworbenen Grundstücke ab; diese steckte einen Supergewinn für ihre verdeckten Teilhaber ein. Die Schäden für die Neue Heimat –

so wurde 20 Jahre später errechnet – beliefen sich in Perlach auf 49,2 Millionen DM! Insgesamt erlitt die Neue Heimat durch die privaten Machenschaften Vietors und seiner Verbündeten über 100 Millionen DM Verlust.[203]

Den Verantwortlichen der Stadt München waren diese Machenschaften um die Trabantenstadt verborgen geblieben, so dem seinerzeitigen Oberbürgermeister Hans-Jochen Vogel (SPD) 1983. Zu seiner Verteidigung verwies Vogel darauf, was in Neu-Perlach geschehen sei, habe außerhalb seines damaligen Vorstellungsvermögens gelegen «und offensichtlich auch außerhalb des Vorstellungsvermögens aller anderen beteiligten Personen, Behörden und Institutionen, dass Vorstandsmitglieder der Neuen Heimat gleichzeitig insgeheim an einer derartigen Gesellschaft beteiligt» gewesen sein sollen.[204]

Dieses in Perlach erprobte Konzept – billig Grundstücke zu erwerben und dann mit hohen Gewinnen an Bauwillige weiterzuverkaufen, diesen dann möglichst noch bei Planung und Durchführung der Objekte hilfreich zur Seite zu stehen – wollten die Verantwortlichen der Neuen Heimat um Vietor nun weltweit wiederholen, diesmal nicht als Privat-, sondern als Unternehmensstrategie. Kreditfinanziert erwarben sie über die Neue Heimat Städtebau riesige Ländereien in etlichen Winkeln der Erde, insbesondere in Brasilien und Mexiko – tollkühn kauften sie selbst unerschlossene Urwälder als Spekulationsobjekte mit Geldern, die sie nicht besaßen. Seinen Nachfolger Diether Hoffmann hatte Vietor damit zum «größten Grundbesitzer» gemacht, wie dieser erstaunt feststellte. Ebenso errichteten die NH-Manager im Ausland gigantische luxuriöse Wohn-, Hotel- und Geschäftskomplexe auf Kredit. Das ging nicht gut: Der Konzern war mit seinen zahlreichen Tochterfirmen und Beteiligungsgesellschaften nicht mehr überschaubar und ineffizient geworden. Mitte der siebziger Jahre ließ die Baunachfrage bei sinkender Konjunktur weltweit nach; die Neue Heimat blieb auf vielen Projekten sitzen, die durch die steigenden Kreditzinsen zudem immer kostspieliger wurden. Vietor hatte sich verspekuliert. Anfang 1982 war die Neue Heimat bei 115 Kreditinstituten mit rund 4,5 Milliarden DM verschuldet.[205]

In der Phase, als sich das Dilemma der wachsenden Zahlungsunfähigkeit des Wohnungsbaukonzerns abzeichnete, versuchte Vietor noch sein Glück, indem er Großobjekte der NHS veräußerte. Das reichte nicht; skrupellos setzte er mehr und mehr illegale Mittel ein: Unter anderem musste auf sein Geheiß die gemeinnützige Neue Heimat Grundstücke einer – nicht gemeinnützigen – Tochterfirma der NHS zu überhöhten Preisen aufkaufen. Am Ende saß dann auch die gemeinnützige Neue Heimat auf einem kreditfinanzierten Grundstücksbestand im Wert von 1,9 Milliarden DM. Die fälligen Zinsen überforderten dieses Unternehmen genauso wie die NHS.[206]

Selbst Phantasiegeschäfte, wie den Verkauf der «künftigen Gewinnaussichten von drei Tochtergesellschaften», schloss Vietor in der offensichtlich verzweifelten Hoffnung auf Rettung ab. Ein externer Käufer fand sich für dieses «Glücksspiel» freilich nicht. Kein Problem für den cleveren Funktionär: NHS und BfG gründeten zu gleichen Teilen die «Union Treuhand GmbH & Co. Immobilien-Anlagen-Gesellschaft», die IAG. Als persönlich haftende Gesellschafter fungierten die beiden Unternehmenschefs Vietor und Hesselbach. Die IAG erwarb dann die «Gewinnrechte» für einen dreistelligen Betrag, der zwar nicht gezahlt wurde, aber die Bilanzen der NHS schönte.

Der Gipfel des Absurden war erst erreicht, als die Gewerkschaftsmanager den gesamten Wohnungsbestand der Neuen Heimat unter dem erst ungläubigen Staunen und dann Spott der – finanziell nicht betroffenen – Beobachter am 21. September 1986 an den Berliner Backwarenfabrikanten Horst Schiesser gegen Übernahme ihrer Schulden in Höhe von 17 Milliarden DM für eine Mark verkauften. Schlagfertig kommentierte am selben Tag Otto Graf Lambsdorff als FDP-Bundestagsabgeordneter die Transaktion: «Es wäre besser gewesen, der DGB hätte nicht einen Bäcker, sondern gleich einen Schlachter gefunden.»[207] Schiesser selbst zeigte sich dagegen noch sehr optimistisch, nachdem er am 14. Oktober 1986 zum Aufsichtsratsvorsitzenden der Neuen Heimat gewählt worden war: «Eine Konkursgefahr für die Neue Heimat sehe ich nicht ... Wenn jemand mit Vernunft an die Aufgabe herangeht, erwarte ich, dass es keine Schwierigkeiten mehr gibt.»[208]

Doch dann scheiterte der Plan. Für Schiesser war der Schuldige schnell ausgemacht: In der Sendung «Menschen '86» des ZDF durfte er am 11. Januar 1987 einem Millionenpublikum erläutern, warum sein kühnes Unterfangen schief gegangen war: «Die Politik hat leider Gottes – und vielleicht war die Zeit falsch, weil es gerade vor der Wahl war – uns sehr viel Schwierigkeiten gemacht.» Führende Bankinstitute in der Bundesrepublik hätten zudem die Neue Heimat nicht «in Privathand» sehen wollen, «und deshalb wurde die Rückabwicklung erzwungen, das ist ja kein Verkauf ... und dann kriegt man die Mark zurück, und damit ist das Geschäft dann erledigt.» Die Zuschauer im Fernsehstudio fanden das lustig.[209]

Ein bezeichnendes Licht auf das Selbstverständnis von Gewerkschaftern warf im Oktober 1986 ein Vorgang, der bis heute immer wieder zitiert wird – zuletzt im Untersuchungsausschuss des Deutschen Bundestages zur Spendenaffäre um Altkanzler Helmut Kohl: Auch zur Affäre Neue Heimat hatte das Parlament einen Untersuchungsausschuss eingerichtet. Vor diesem sollte am 16. Oktober 1986 der Aufsichtsrat der Neuen Heimat und Vorstandsvorsitzende der BGAG, Alfons Lappas, als Zeuge vernommen werden. Lappas erschien zwar, verlas aber nur einen vorbereiteten Text, mit dessen Aussagen er offensichtlich selbst sozialdemokratische Abgeordnete beleidigte, verweigerte ansonsten die Aussage und verschwand in seiner Luxuslimousine. Der Ausschuss griff zu seinem schärfsten Instrument und beantragte Beugehaft gegen den Gewerkschafter. Auf Gesuch des Ausschusses erließ ein Richter des Amtsgerichtes Bonn gegen Lappas den Haftbefehl: Ein Zeugnisverweigerungsrecht stehe dem Gewerkschafter nicht zu.

Lappas sollte in seinem – «unfreiwillig» von der Neuen Heimat mitfinanzierten – Haus in Friedrichsdorf verhaftet werden. Doch er war zum IG-Metall-Kongress nach Hamburg gefahren. Dort herrschte verständlicherweise helle Aufregung.

Die Gewerkschafter reagierten auf diesen rechtlich einwandfreien Vorgang mit zweierlei Maß. Intern musste sich Lappas von seinen Genossen auf einer Sondersitzung des DGB-Vorstandes wegen seines anmaßenden Auftritts im Untersuchungsausschuss tadeln lassen. Nach außen aber schlossen die Gewerkschaften ihre Reihen und verhalfen der frühen Erkenntnis Max Webers zu plastischer Aktualität: Jede Berufsvereinigung ist eine Verschwörung gegen die Außenwelt. Franz Steinkühler als Zweiter Vorsitzender der IG Metall zeigte sich empört über die Tatsache, dass Lappas «aus unserer Mitte heraus» verhaftet werden sollte. Der Vorsitzende der Gewerkschaft der Polizei im DGB, Günter Schröder, erfand gleich einen neuen Rechtsstatus für Gewerkschaftskongresse: Diese seien so immun wie ein Parlament. Ausgerechnet er griff dann die im Foyer wartenden Polizisten an, indem er sie in die Nähe der Nazis rückte. Lappas sei Opfer: «Ich habe von meinen Lehrern gelernt, dass sich 1933 nicht wiederholen wird ...». DGB-Vorsitzender Ernst Breit bekundete «Alfons» «unsere Solidarität». Und dieser selbst versicherte unter dem tosenden Beifall der anwesenden Funktionäre treuherzig: «Was ich getan habe, das habe ich getan zur Sicherung der Kampfkraft der Gewerkschaften.» In dieser Haltung durfte er sich bestärkt fühlen durch ein Flugblatt, das während des Kongresses zirkulierte und in dem DGB-Bundesvorstand und IG Metall behaupteten: «Der Haftbefehl gegen Alfons Lappas ist ein politischer Haftbefehl.» Dessen Verhaftung bedeute eine Kampfansage an die Gewerkschaften.[210]

Lappas verließ siegesgewiss mit nach oben gestrecktem Daumen unter stehenden Ovationen den Kongress. Selbst im Hamburger Polizeipräsidium gerierte er sich ungebrochen als der «Bonze» (*Spiegel*) und bestellte sich im Nobelhotel Atlantic gleich drei Filetsteaks und ein paar Flaschen Burgunder – offensichtlich wollte er seinen heldenhaften Abgang als «politischer Häftling» gebührend feiern. Er musste nüchtern bleiben; das Hotel lieferte nicht in Gefängniszellen.

Nachdem auch die zweite Gerichtsinstanz den Haftbefehl für rechtens befunden hatte, gab Lappas klein bei. Die Aussage vor dem Untersuchungsausschuss würde er lediglich «nach Maßgabe der gesetzlichen Vorschriften» verweigern. 40 Stunden nach seiner spektakulären Verhaftung konnte Lappas die Zelle wieder verlassen. Kurze Zeit später, am 14. November 1986, musste er seinen Posten als Vorstandsvorsitzender der BGAG aufgeben.

Eine unserer Grundthesen ist: Wer in Deutschland in bestimmte Höhen aufgestiegen ist, fällt weich. Die Frage ist lediglich: Ab welcher Höhe gilt diese Faustregel? Bei Lappas jedenfalls sorgten die Gewerkschaften für eine besonders weiche Landung: Ihm verblieben eine hohe Pension sowie Aufsichtsrats- und andere Posten, darunter insbesondere die mächtige Position als Aufsichtsratsvorsitzender der co op AG.*

Ende 1986 kam es dann – auf Vorschlag der WestLB – zur Berufung eines «Totengräbers» der Neuen Heimat in der Gestalt des Bankiers Heinz Sippel, der Anfang der achtziger Jahre die Hessische Landesbank – HeLaBa – vor dem Konkurs gerettet hatte. Bevor er sein neues Amt akzeptierte, tat Sippel etwas für Banker eher Untypisches: Den Vorschlag der BGAG, ihm eine erfolgsabhängige Vergütung zu zahlen, lehnte er ab; er sei kein Teppichhändler. An Entgelt verlangte er deutlich weniger, als er bei der Sanierung der HeLaBa erhalten hatte; wichtiger für ihn war seine Handlungsfreiheit, und die sicherte ihm die treuhänderische Übertragung von 98 Prozent der NH-Stimmrechte. Eher erstaunlich ist, dass sich Sippel auch mit seiner Forderung durchsetzte, die Zahl der Aufsichtsräte von 20 auf sechs zu verringern. Die Gewerkschaften mussten selbst seine Begründung schlucken, sonst habe er es mit einer «Schwatzbude» zu tun.

Erfolgreich war Sippel vor allem auch dadurch, dass er Politiker offensichtlich richtig einschätzte: Ihnen ein Ultimatum zu stellen, sei «töricht». Sein Vorgänger als Nachfolger des geschassten Vietor, Hoffmann, hatte Landesregierungen noch mit einer Drohung gedrängt, die hoch verschuldeten Immobilien der Neuen Heimat zu erwerben. Würde er sie an private Investoren verkaufen, könnte es zu Ärger unter den Mietern und – was bei Politikern wohl noch wichtiger als Drohung ist – Wählern kommen. Sippel dagegen

---

* Albert Vietor ist 1984 in seiner Villa in Ascona am Lago Maggiore verbittert gestorben, nachdem die Gewerkschaften ihn fallen gelassen hatten. Strafrechtliche Konsequenzen hatte der Skandal im Übrigen nicht. Die Hamburger Staatsanwaltschaft ermittelte mit einer «solchen Trägheit und Nachlässigkeit» – so der Vorsitzende des Bundestagsuntersuchungsausschusses, Hüsch, CDU –, dass etwaige Straftaten dann verjährt waren (Unternehmer, 6/90, S. 20).

weckte mit dem Einsatz des Geldes der Gewerkschaften bei den Landesregierungen das Vertrauen, sie könnten Wohnungsunternehmen kaufen, die langfristig gesunden würden.

Gegen Ende hatte Sippel erreicht, dass die rund 150 Gläubigerbanken der Neuen Heimat einen «Solidarbeitrag» leisteten und auf Forderungen von zusammen etwa 200 Millionen DM verzichteten. Damit seien die Banken «gut aus der Sache herausgekommen». Schließlich hätten sie zuvor an der Neuen Heimat hervorragend verdient. Die Gewerkschaften aber hatte die Zerschlagung der Neuen Heimat insgesamt 1,6 Milliarden DM gekostet – die BGAG hatte als «Zahlmeister» fungieren müssen, so der unerbittliche Liquidator Sippel.[211]

Spötter lästern, in Deutschland sei der Aufsichtsrat überflüssig, wenn alles gut gehe, und wirkungslos, wenn es schief laufe. Bei der Neuen Heimat hat der gleichnamige Bundestagsuntersuchungsausschuss nach der Auswertung der Sitzungsprotokolle des Aufsichtsrates der BGAG aus den Jahren 1977 bis 1986 diesen eindeutig als Mitschuldigen ausgemacht: Ihm wurde «eine entscheidende Mitverantwortung am Niedergang der Neuen Heimat» zugewiesen. Ungünstige wirtschaftliche Rahmenbedingungen und das persönliche Verhalten einiger Vorstandsmitglieder seien weitere Gründe gewesen, aber: «Ausschlaggebend für den Zusammenbruch des gemeinnützigen Wohnungsunternehmens ist vielmehr, dass die Gewerkschaften faktisch das Unternehmen ohne Eigenkapital der Gesellschafter, allein angewiesen auf Geldmittel der öffentlichen Hände und des Marktes, haben agieren lassen und darüber hinaus über Jahre hinweg verhindert haben, dass die Neue Heimat Reserven bildete.»[212]

## co op: Luftgeschäfte gieriger Genossen

Jahrelang konnte das Vorstandstrio der co op um den Vorsitzenden Bernd Otto die Genossenschaft betrügen: Die Aufsichtsgremien beanstandeten nichts. Ausdrücklich ist denn auch in dem späteren Prozess gegen die Verantwortlichen um das co-op-Debakel von Ottos Verteidiger Rudolf Karras behauptet worden, Otto sei nicht der Haupttäter – das Aufsichtsratspräsidium habe den Vorschlägen des Vorstandes ja schließlich zugestimmt.[213] Sein Anwalt: «Das Klavier stand schon da, als Otto kam, und hatte alle Tasten».[214] Auch für Otto waren Gewerkschaftsfunktionäre im Aufsichtsrat der co op die Schuldigen; diese hätten ihn überhaupt erst zu merkwürdigen Bilanztricks und anderen Praktiken ermuntert. Tatsächlich hatten Gewerkschafter das Klima erzeugt oder zumindest geduldet, das die kriminellen Husarenstücke Ottos und seiner Kollegen ermöglichte. Insofern ist der Fall Otto ein besonders krasses Beispiel für verfilzte Beziehungsgeflechte innerhalb der Gewerkschaften.

Bernd Otto, Jahrgang 1940, war im Wuppertaler Arbeiterviertel Barmen aufgewachsen. Er kletterte als Gewerkschaftsfunktionär auf einer Karriereleiter wie aus dem Bilderbuch in die höchsten Etagen: Mit 15 begann er eine Lehre als Färber. Ende der fünfziger Jahre arbeitete er tagsüber in seinem erlernten Beruf und bereitete sich zugleich abends auf die Fachschulreife vor, die er im November 1959 ablegte. Nun kam ihm die Förderung durch Gewerkschafter zugute, die seine Mitwirkung in der gewerkschaftlichen Jugendarbeit zu würdigen wussten: Mit einem Gewerkschaftsstipendium schaffte er 1962 das Abitur; anschließend durfte er mit einem Stipendium der Hans-Böckler-Stiftung an der Universität zu Köln studieren. 1965 trat er in die SPD ein. Nachdem er sein Diplom in

Wirtschaftswissenschaften in der Tasche hatte, wurde er 1966 Sachbearbeiter für Mitbestimmungsfragen beim DGB in Düsseldorf. Vier Jahre später – 1970 – promovierte er in Köln, avancierte zum Bundesvorstandssekretär und wurde zugleich Intimus des DGB-Vorsitzenden Heinz Oskar Vetter.

In den siebziger Jahren schlug die große Stunde für Bernd Otto, als die Konsumgenossenschaften in eine ernste, sich seit langem abzeichnende Krise gerieten. Die Konsumgenossenschaften galten als eine wichtige Säule der Arbeiterbewegung. Und nun drohte diese Säule wegzubrechen. Immer mehr Konsumläden waren in die roten Zahlen gerutscht. 1960 hatte es 271 Konsumgenossenschaften in der Bundesrepublik gegeben, 1970 waren es 136, von denen etliche den sich verschärfenden Wettbewerb durch Supermarktketten, Discountläden und Verbrauchermärkte verschlafen hatten. Schuld an dieser Misere war – so der Hamburger Genossenschaftsexperte Professor Reinhard Schultz, einer der beiden Vertreter der Kleinaktionäre im co-op-Aufsichtsrat –, dass die meisten Konsumgenossenschaften auf die Einstellung von Topmanagern verzichtet hatten.[215] In der Folge drängte die gewerkschaftseigene Bank für Gemeinwirtschaft (BfG), der die kränkelnden «Konsum»-Läden insgesamt etwa 800 Millionen DM schuldeten und die durch diese Last selbst gefährdet war, die Kräfte zu bündeln.

1974 kam es deshalb zur Gründung der co-op-Zentrale AG in Frankfurt; Hauptaktionär wurde mit 48,7 Prozent die BfG (39 Prozent dieses Anteils wurden später auf die Gewerkschaftsholding BGAG übertragen). Der Erfolg der neuen co op sollte gesichert werden, indem nicht nur die Rechtsform geändert, sondern insbesondere auch die Qualität des Managements verbessert wurde. Unter den hoch motivierten Handels- und Industriemanagern, die damals zur co op kamen, war übrigens auch Helmut Maucher; dieser entschied sich als Außenseiter jedoch sehr schnell, den Konzern wieder zu verlassen. Maucher gelang anschließend eine Traumkarriere bis hin zum ersten deutschen Chef des weltweit operierenden Schweizer Nestlé-Konzerns.

Die meisten Manager der neuen co op AG entsandten indessen die Gewerkschaften oder die SPD. Dabei war offensichtlich der vertraute «Stallgeruch» oft wichtiger als die Überprüfung des Könnens. In den Vorstand wurden im Laufe der Zeit auch die drei Manager berufen, die später für das Fiasko der co op verantwortlich gemacht wurden: Werner Casper, ehemals Jungsozialist, kam von der BfG und rückte im neuen Konzern zum Finanzvorstand auf; Dieter Hoffmann gehörte zuvor dem gewerkschaftseigenen Reiseunternehmen GUT an und wurde 1982 bei der co op zuständig für die Bereiche Organisation und Rechnungswesen; Bernd Otto vom DGB war der Dritte im Bund.

Otto war bereits als 34-Jähriger 1974 auf Empfehlung des Finanzexperten im geschäftsführenden Vorstand des DGB, Alfons Lappas, als Arbeitsdirektor in den neu gegründeten Zusammenschluss lokaler Konsumgenossenschaften eingetreten. Es dauerte nur kurze Zeit, bis Otto die Verwandlung vom engagierten Gewerkschafter in einen Kapitalisten glückte, der sich vom «Stallgeruch der Gewerkschaften» gründlich befreien sollte.[216] Allerdings blieb Otto anfangs seinem Stil noch rhetorisch treu. Den Betriebsräten versprach er als Arbeitsdirektor: «Ich bin der Bernd. Wir sind hier alles Kollegen, und ich werde nie vergessen, woher ich komme.» Später lästerte er während eines Essens in höchsten Funktionärskreisen, zu dem in das auch für Unternehmer standesgemäße Schlosshotel in Kronberg gebeten worden war: «Ihr wisst ja, dass ich dafür bin, dass es den Werktätigen gut geht.» Der Raum sei für alle aber nicht groß genug, und so «müssen wir hier stellvertretend so leben, wie alle Arbeitnehmer leben sollten.»[217] Aus dem Aufsteiger mit Bodenhaftung war ein Zyniker geworden.

1979, nach sechs Jahren bei der co op, war Otto der Aufstieg zum Gipfel geglückt, zuerst als Vorstandssprecher, ein Jahr später als Vorstandsvorsitzender, ernannt durch Lappas, der mittlerweile Vorstandsmitglied der Gewerkschaftsholding BGAG sowie Aufsichtsratsvorsitzender der co op geworden war. Mit 40 Jahren konnte Otto damit beginnen, sich zum sich absolutistisch gebärdenden Fürsten bei der co op in Frankfurt aufzubauen. Daran hinderte ihn auch nicht, dass der Konzern nur mit finanzieller Unterstützung der Gewerkschaften lebensfähig war, die mehrere Jahre über Tarnfirmen mehr als 90 Prozent der co-op-Aktien hielten. Der co op waren zwar mehr als hundert ehemals selbständige Konsumgenossenschaften beigetreten, die aber als schwach und kaum noch existenzfähig galten. Starke Organisationen blieben der neuen co op – bis zu ihrem Ende oder zumindest vorläufig – fern. Der neue Handelskonzern fuhr von 1975 bis 1983 Verluste von mehr als 500 Millionen DM ein.[218]

Der co-op-Vorstandsvorsitzende Otto machte intern weder einen Hehl aus der miserablen Finanzsituation seines Konzerns noch aus seinen weit gesteckten Zielen. In der Aufsichtsratssitzung des Hauptaktionärs BGAG am 17. März 1983, die im Hause der BfG stattfand und an der auch Ernst Breit teilnahm, Vorsitzender des DGB und des Aufsichtsrates der BGAG, zeichnete er ein ungeschminktes Bild: «Die Kapitalentwicklung des Unternehmens selbst ... ist nach Auffassung des Vorstandes unzureichend. Und zwar deshalb, weil wir ein relativ großes Rad drehen. Ich darf das hier so offen sagen. Wir sind ja in sehr hohem Maße fremdfinanziert. Wir haben im letzten Jahr einen Zinsaufwand gehabt, der deutlich über 100 Millionen DM liegt. Das bedeutet, dass sich von da her eine gewisse Risikoanfälligkeit aufgrund von Nachfrageveränderungen auswirkt ...».

Mehr als ein Dutzend Gewerkschaftsführer waren anwesend. Nach dem Protokoll der Sitzung schien bei ihnen weder das Reizwort «fremdfinanziert» noch der Hinweis auf das Drehen eines relativ großen Rades für Aufregung zu sorgen. Nicht zuletzt wegen der Fremdfinanzierung war immerhin gerade die Neue Heimat ins Trudeln geraten; bei der Herstatt-Bank war das große Rad überdreht worden, aber die Gewerkschafter vertrauten offenbar Otto blind, es besser zu können als Vietor oder Herstatt. Sie nahmen auch nicht offiziell Anstoß daran, dass der co-op-Vorstand die Gewerkschaften finanziell in die Pflicht nehmen wollte, sollten seine Pläne schief laufen: «Wir haben immer große Reckübungen zu veranstalten, um unseren Bänkern oder jeweiligen Landeszentralbankherren zu erläutern, dass das alles gleichwohl ordentlich und gesittet ist. Bisher hat es uns auch geholfen, dass wir in den meisten Fällen immer darauf hinweisen konnten, dass die deutschen Gewerkschaften als große gesellschaftliche Kraft sicherstellen, dass die Fragen an die Bonität eines Unternehmens sich von selbst positiv beantworten.»[219]

Eine scheinbare Wende in der co op war nach außen zumindest 1981/82 mit der Berufung von Klaus-Peter Schröder-Reinke gekommen. Dieser hatte zwar das Examen als Wirtschaftsprüfer nicht geschafft und auch seinen späteren Posten als Revisor bei der Ruhrgas AG wieder aufgegeben. Allerdings hatte er in seiner Doktorarbeit veröffentlichte Bilanzen auf Schwachstellen untersucht. Auf diese Weise war er vertraut mit allen Tricks, mit denen Bilanzen zu manipulieren sind.[220]

Werner Casper als Finanzvorstand der co op holte den sofort verfügbaren Bilanzkünstler in die Abteilung Bilanzen. Tatsächlich bewirkte die Neuerwerbung scheinbar Wunder: Schröder-Reinke, so der *Spiegel*, machte seine Arbeit nach der Devise: «Erst wird die Bilanz gemacht, dann buchen wir entsprechend.»[221] Die Bilanzen sahen plötzlich gut aus! Die Zauberei folgte einem einfachen Prinzip. Fehlten Umsätze, schloss die co op mit einer neu gegründeten Firma beispielsweise Mietverträge oder wickelte andere scheinbar ertragreiche Geschäfte ab. Immer eifriger ließen die eingeweihten Manager ihrer Phantasie freien Lauf: Sie gründeten Hunderte von Firmen, gestalteten bereits bestehende um, ließen Geschäftsführer und Direktoren rotieren – bis diese manchmal selbst den Überblick verloren – und schoben Kredite von einem Unternehmen zum anderen. Das Ziel – so Schröder-Reinke im Rückblick 1989 – war «die Herstellung eines völlig geschlossenen Kreises von Gesellschaften um den Teilkonzern co op». Selbstverständlich gab es Buchhalter, denen dieses Hin- und Hergeschiebe unheimlich war. Otto wischte Bedenken unwirsch vom Tisch. «Lasst mich mit euren düsteren Prognosen in Ruhe. Ich will Schröder-Reinkes Zahlen, die sind besser.»[222]

Ungeachtet des zu dieser Zeit eskalierenden Skandals um die Neue Heimat zeigten sich die Gewerkschaftsvertreter im Aufsichtsrat der co op nicht nervös, als sich das Netzwerk neuer Firmen innerhalb des co-op-Konzerns immer mehr verzweigte. Auch nahmen sie die urplötzlich schwarzen Zahlen des zuvor angeschlagenen Unternehmens nach außen ungefragt hin.

In seiner Machtposition erwies sich für Bernd Otto vor allem sein freundschaftlicher Kontakt mit Alfons Lappas als besonders nützlich. Der war inzwischen in die Spitze der Gewerkschaftsholding BGAG aufgestiegen. Zu seiner Zeit galt Lappas als «Urbild des Gewerkschaftsbonzen – anmaßend in seinem Anspruch, wichtigtuerisch in seinem Gehabe, skrupellos in seinen Geschäften». Er führe die BGAG «autoritär und abgeschottet wie das Zentralkomitee einer Kommunistischen Partei», hieß es im *Spiegel*.[223]

Auch die Geschäfte des Bernd Otto schottete Lappas als Aufsichtsratsvorsitzender der co op AG nach außen ab. Als oberster Chef hätte er Otto kontrollieren müssen; doch dazu schien es für ihn keinen Anlass zu geben. «Die beiden waren immer ein Herz und eine Seele», so ein Aufsichtsrat. Grund für heftige Auseinandersetzungen gab es an sich zuhauf: Es fehlten Konzepte für eine Gesundung der Konsumgenossenschaften, oder aber sie scheiterten daran, dass sich die wie Provinzfürsten gebärdenden Genossen zwingenden Einsichten verweigerten. «Man hat den Eindruck, als ob Laien Kaufmannsläden spielen», bewertete ein co-op-Konkurrent das damalige Treiben auf den krisengeschüttelten Chefetagen.[224]

Lappas und Otto verband vieles: der verwandte Führungsstil, die Herkunft aus kleinen Verhältnissen, aber vor allem der Hang zu Protz und Prunk. Beide leisteten sich unübersehbar Luxus pur: Villen, Limousinen, Golf, teure Reisen. Ottos höchst aufwendiger Lebensstil war dabei selbst mit seinen jährlichen Bezügen von deutlich mehr als einer Million DM nicht zu finanzieren. Das war aber kein Problem: Genosse Lappas billigte beispielsweise vor seinem Ausscheiden als Aufsichtsratsvorsitzender der co op dem Vorstand eine Sonderprämie von gut sechs Millionen DM zu. Umgekehrt bedachte Otto seinen Aufseher mit riesigen Provisionszahlungen aus dem co-op-Vermögen. Nach seinem Abschied durfte Lappas zudem einen gut dotierten Beratervertrag entgegennehmen; die Finanzierung seines luxuriösen Lebens sicherte ihm fortan die co op.[225]

Gewerkschafter in den Aufsichtsgremien nahmen offenbar keinen Anstoß an einem solchen eigentlich für Funktionäre provokanten Lebensstandard. Weder Günter Döding von der Gewerkschaft Nahrung, Genuss, Gaststätten (NGG) noch Günter Volkmar von der Gewerkschaft Handel, Banken und Versicherungen (HBV) zeigte sich etwa wissbegierig, wie denn die Lebensweise ihres Duz-Freundes Otto und anderer Genossen finanziert wurde. Der co-op-Chef war entsprechend großzügig bei der Pflege seiner guten Beziehungen: Wohlwollende Aufsichtsräte belohnte er mit aufwendigen Geschenken oder der organisatorischen wie finanziellen Regelung schöner Reisen ins ferne Ausland – erster Klasse, versteht sich.

Zur Seilschaft Ottos zählten selbstverständlich auch Betriebsräte, deren Willfährigkeit er mit Reisen in die nähere Umgebung oder neuen Autos belohnte. Dabei bedienten sich co-op-Manager des Prinzips Zuckerbrot und Peitsche – wie die Verantwortlichen der Neuen Heimat zuvor: Kritische Betriebsräte wie der Hamburger Betriebsrat Jürgen Siewert sahen sich mit zahllosen Arbeitsgerichtsprozessen konfrontiert – ohne dass Gewerkschaftsführer Siewert zu Hilfe gekommen wären. Siewert hatte 1985 herausgefunden, dass Vorstandsmitglieder der co op sich privat an einem Immobilienfonds beteiligt hatten. Dieser baute und verwaltete später ein Lager in Sarstedt – zwischen Hannover und Hildesheim gelegen –, das dann die co op mietete. Dieses anrüchige Geschäft war vom Aufsichtsrat gebilligt worden. Der co-op-Vorstand entließ Siewert mit der Begründung, dieser habe Aufsichtsratsprotokolle veröffentlicht und sich geschäftsschädigend verhalten. Auf einer Belegschaftsversammlung des co-op-Konzerns kam es zu einem regelrechten Proteststurm der Angestellten, Betriebsräte und Gewerkschaftssekretäre gegen die Billigung des Filzes durch den co-op-Hauptaktionär: «Das Schlimmste ist, der Vorstand hat aus dem Neue-Heimat-Skandal nichts gelernt», beklagte einer der Gewerkschaftssekretäre.

Für die co op AG war der folgende Prozess vor dem Hamburger Arbeitsgericht in mehrfacher Hinsicht skandalös: Siewert gewann seinen Prozess. Dem gewerkschaftlich-genossenschaftlichen Unternehmen wurde ein notorisch schlechtes Betriebsklima angelastet. Auch rügte der Vorsitzende Richter die Verletzung der Mitbestimmungsrechte des Betriebsrates. Die Entlassung Siewerts und zweier weiterer Betriebsräte wurde aber erst 1990 vom neuen co-op-Vorstand zurückgenommen, der auch die Nachzahlung der Gehälter anordnete.[226] Otto selbst hielt sich allerdings aus solchen Auseinandersetzungen heraus.

Mit internen Managementplanungen für die Verbesserung der co-op-Geschäfte setzte sich Otto Berichten zufolge eher ungern auseinander. Schilderten ihm Mitarbeiter beispielsweise Marketingkonzepte, die für einen Handelsriesen ja besonders wichtig sind, war Ottos viel zitierte Standardantwort: «Sehr bemerkenswert.» Im Klartext: Das interessiert mich nicht. Während Schröder-Reinke sich um die Zahlen kümmerte, konzentrierte sich Otto auf andere Aufgaben. Dazu zählte, die co op auf repräsentativen Veranstaltungen zu vertreten, gern auch, wenn damit Reisen zu Unternehmen an entfernten Plätzen der Welt verbunden waren, oder die Übernahme von Lehraufträgen an den Universitäten in Frankfurt und Bochum.

Die Öffentlichkeit ließ sich durch Schröder-Reinkes Bilanzkünste über den Erfolg des Unternehmens täuschen. Ernsthaft bezweifelte kaum jemand außerhalb der Gewerkschaften die ausgewiesenen Gewinne. Und auch Otto selbst schien Phantasie und Wirklichkeit immer mehr zu verwechseln. Die Wahrheit – der wachsende Schuldenberg der co op – blieb ausgeblendet. Nicht zuletzt die zunehmend freundliche Berichterstattung soll ihn ermuntert haben, an seinem aufwendigen Lebensstil inner- und außerhalb des co-op-Konzerns festzuhalten. Unbekümmert ließen sich die Manager auf der Vorstands- und Direktorenebene ihre Gehälter erhöhen: «Schweigegelder statt Gehalt», wie hausintern gemunkelt wurde.[227] Otto erzielte eineinhalb Millionen DM, Casper und Hoffmann eine Million DM pro Jahr plus ergebnisabhängige Komponente: 1986 pro Mann fast 1,7 Millionen DM plus 50 Prozent zusätzlich für den Vorsitzenden. Ottos Einnahmen betrugen 1986 fast fünf Millionen DM. Die co-op-Vorstandsmitglieder gehörten zur Gruppe der Spitzenverdiener unter den deutschen Managern.[228] Bis dahin hatte das co-op-Spitzentrio gleich mehrere ökonomische Gaunerstücke der besonderen Art in Szene gesetzt.

Die Gewerkschaftsholding BGAG musste 1985 wegen des Neue-Heimat-Debakels ihre co-op-Aktien (sie hielt 39 Prozent) verkaufen. Nachdem klar war, dass die finanziell angeschlagene BGAG aus der verschuldeten co op ausscheiden wollte, gründeten Spitzenmanager aus beiden Gesellschaften den «Arbeitskreis zur Umgestaltung der Gesellschafterverhältnisse bei der co op AG». Es klingt abenteuerlich, welche Täuschungsmanöver sich gestandene Gewerkschafter einfallen ließen, um das Vertrauen von Anlegern und Banken zu gewinnen. Die hohen Verluste der co op wurden einfach verschleiert, indem «die co op AG 1983 und in den nächsten drei Jahren trotz hierzu erforderlicher hoher Gestaltungsnotwendigkeiten eine Dividende» ausschüttete. Das Geld hierfür lieh ihr die BGAG. Zudem wurde das Kleinaktionärspotenzial angezapft: Noch im Jahre 1984 schafften die Verantwortlichen der co op die Fusion ihres Konzerns mit der Verbraucher AG, einem Zusammenschluss der früheren Genossenschaftsmitglieder. Und tatsächlich konnten sie mit dem Abtragen der Gelder beginnen, die sie über Tarnfirmen der Gewerkschaften der BfG schuldeten.[229]

Für die co-op-Aktien der BGAG war indessen kein Käufer zu interessieren, und so beschlossen Otto und seine mitverschworenen Vorstandsmitglieder Hoffmann und Casper, gleichsam selbst in die Bresche zu springen. Das Trio lieh sich 100 Millionen DM von der niederländischen Amro-Bank, um über eine weitere Tarnfirma – die Bund deutscher Konsumgenossenschaften (BdK) Beteiligungsverwaltungsgesellschaft in Stuttgart – die eigenen Aktien zu erwerben.[230] Damit hielt die co op mehr als die Hälfte ihrer eigenen Aktien. Nach dem deutschen Aktienrecht war dies zwar verboten, aber der vor allem mit hohen Gewerkschaftsfunktionären besetzte Aufsichtsrat nahm diese Gesetzeswidrigkeit mehrheitlich hin. Wenigstens der Chef der IG Bau-Steine-Erden, Konrad Carl, mahnte auf einer Klausurtagung Ende 1984, über Jahre hinweg sei «lediglich heiße Luft geschaffen worden». Diese müsse nun finanziert werden. Er ließ gar ins Protokoll aufnehmen, was er für den Fall, dass die Manipulationen ruchbar würden, auf die Gewerkschaften zukommen sah: «Der Schock wäre sicherlich vergleichbar mit demjenigen der Affäre von 1982 bei der Neuen Heimat.»[231]

Trotz solcher Bedenken war der Weg frei für Otto, Hoffmann und Casper, die in Personalunion nun Vorstand und Hauptaktionär der co op in einem bildeten. Sie waren der Aufgabe, die ihnen bei der Gründung der co op AG anvertraut worden war, allerdings nicht gewachsen. Erst 1986 beriefen sie in den Vorstand als vierten Mann mit dem ehemaligen McKinsey-Berater Michael Werner einen anerkannten Handelsexperten, den sie aber bei seinen Bemühungen, den angeschlagenen Konzern zu sanieren, nicht nach dessen Vorstellungen walten ließen. Im Zorn verließ Werner im Mai 1988 die co op gegen eine Abfindung von 16,3 Millionen DM, die angesichts ihrer – zumindest für damalige Zeiten – außergewöhnlichen Höhe von Insidern als «Schweigegeld» gewertet wurde.[232]

Otto, Hoffmann und Casper konzentrierten sich in der Folge fast ausschließlich auf ihre private «Vermögensmehrung im Ausland», so ein Banker. Als Instrument hierfür wählten sie einen von ihnen aufgebauten Schattenkonzern: die schweizerische Briefkastenfirma Garvey Holding AG. Vorstandsvorsitzender Otto und seine beiden Vorstandskollegen hatten damit zwei Konzerne nebeneinander gestellt: die Auslandsholding Garvey in Stans/Schweiz und die co op AG, die lediglich durch die drei Personen miteinander verbunden waren. Bei Garvey gab es keine Kontrollmöglichkeit wie durch den Aufsichtsrat der co op. Otto war Präsident, Casper und Hoffmann wurden Generaldirektoren des Verwaltungsrates der Garvey.[233]

Warum die Garvey in der Schweiz gegründet wurde, erklärte später Otto so: Die co op und ihr Großaktionär BGAG hätten «nach der Affäre um die Neue Heimat überlegt, wie vermieden werden könnte, dass eventuelle Rückschläge im Ausland sich auf die deutsche Gesellschaft auswirken». Um die vom Vorstand als besonders zukunftsträchtig angesehenen Aktivitäten zusammenzufassen, sei der «personelle Gleichordnungskonzern» Garvey geschaffen worden.[234] Es habe eine Weisung des Aufsichtsrates im Jahre 1984 gegeben, «die Auslandsengagements außerhalb des Konzerns anzusiedeln». Genehmigt wurde vom Aufsichtsrat ebenfalls die Einrichtung der Schweizer Stiftung Fundatio Cooperationes. In einem geheimen Zusatzprotokoll hielten Lappas und Döding fest, die Stiftung solle «weiterhin dafür zuständig sein, einen Teil der co-op-Aktien, die heute mehr oder weniger im eigenen Bereich der co op gehalten werden, direkt zu halten bzw. zu finanzieren».[235]

Für ihre Geschäfte in der Schweiz und in Liechtenstein bis hin zu den Cayman-Inseln (einem notorischen Steuerflucht-«Paradies») gewannen die co-op-Vorstände den Liechtensteiner Unternehmensberater Ronald Kranz. Der fungierte zu ihrer vollen Zufriedenheit als Schaltzentrale für die Gründung immer neuer Briefkastenfirmen und Stiftungen, auf die auch co-op-Gelder umgeleitet wurden. Kranz erwies sich als Meister der Verwischung von Millionentransfers von einem Konto auf ein anderes. Als Basis für die private Vermögensmehrung im Ausland schuf sich das Trio unter Einbeziehung ihres Vorstandssekretärs Hans Gitter die Schweizer Stiftung «Goch» (G wie Gitter, O wie Otto, C wie Casper, H wie Hoffmann), die in der Folge als schwarze Kasse dienen sollte und in die vor allem Provisionen oder Erträge aus fingierten Rechnungen und ähnliche Mittel flossen. Otto, Hoffmann und Casper hielten zudem je zwei Stiftungen in Liechtenstein: Otto wählte die schönen Namen «Leiles» und «Ermitage», Hoffmann «Verpeil» und «Grazia», Casper «Benjamin Constant» und «Cargano». Später ließen Hoffmann und Casper ohne Wissen von Otto ihre Stiftungen löschen und je zwei neue gründen, für die Hoffmann die Namen «Kauner» und «Watze», Casper «Fuskau» und «Danila» aussuchte.

Erstaunt beobachtete Kranz, wie ungeachtet (oder wegen) der millionenschweren gemeinsamen Interessen Otto, Casper und Hoffmann allzu oft gegeneinander arbeiteten und sich mit der Zeit immer mehr Misstrauen in ihre Beziehungen einschlich. Der Liechtensteiner machte einen nachvollziehbaren Grund für die wachsenden Spannungen ausfindig, den «ausgeprägten Selbstdarstellungstrieb von Dr. Otto». Aufgefallen war ihm bei Hoffmann und Casper aber auch ein «leichter Minderwertigkeitskomplex»: Zwar waren sie ebenfalls Akademiker, doch fehlte ihnen im Gegensatz zu Otto die Doktorwürde.

Zusätzlich zu ihren Auslandsaktivitäten schufen Otto, Hoffmann und Casper einen weiteren Schattenkonzern, die Immobilienfirma Handels-Investitions GmbH (HIG), in die sie einen Großteil des

Immobilienvermögens der co op verlagerten. Die Idee hinter diesem Konzept war wiederum ganz einfach, weil die Erfinder skrupellos genug waren: Das Vermögen der co op wurde auf verworrenen Wegen Firmen übertragen, die mit dem Mutterkonzern angeblich nicht verbunden waren. Das einzig Gemeinsame bildeten die Personen, die hinter den Verschiebungen standen. Den Aufsichtsrat der co op hatten die Drahtzieher damit jedenfalls entmachtet.[236]

Die Nebenkonzerne ermöglichten es, die publizierten Bilanzen des Unternehmens so zu manipulieren, dass seine Gesamtverbindlichkeiten gegenüber Kreditinstituten beispielsweise am Jahresende 1985 mit knapp 434 Millionen DM angegeben werden konnten. In Wirklichkeit betrugen sie aber 2,36 Milliarden DM. Die Schulden der Immobilienfirma HIG und der Garvey-Gruppe konnten außen vor bleiben, weil beide Firmen formal unabhängig von der co-op-Zentrale in Frankfurt agierten.

## *Das große Geld macht blind – Vertrauensselige Banken*

Dass das Trio in die Zielgerade des bis dahin «größten Gangsterstücks der Nachkriegszeit» – Originalton jedenfalls eines der an der späteren Sanierung beteiligten Bankers – kommen konnte, wird auch den Geldinstituten angelastet, die dem Unternehmen co op immer neue Mittel bereitstellten, ohne wie bei kleinen Schuldnern gewissenhaft die Reputation und Kreditwürdigkeit zu prüfen – was sich später im Fall des Baulöwen Schneider wiederholen sollte.

Allerdings war zumindest die Deutsche Bank bei der co op vorsichtig: Als das Unternehmenstrio Otto, Casper und Hoffmann den Handelskonzern an die Börse bringen wollte, hatten die Deutschbanker das vorgelegte Gutachten einer Wirtschaftsprüfungsfirma zur Börseneinführung sorgfältig geprüft. Sie fanden Hinweise auf die «fehlende Einsichtnahme im Grundstücks- und Auslandsbereich», auf die «ungewöhnliche personelle Verflechtung auch im Hinblick auf die Anteilseignergesellschaft der co op AG» und die damit verbundenen «sehr weitreichenden Gestaltungsmöglichkeiten». Umgehend sprangen sie ab; denn sie hatten dem Gutachten die geschickt formulierte Wahrheit entnommen: wie verworren der Konzern aufgebaut war und über welch weit reichende Vollmachten die Vorstände verfügten. Zwei Jahre zuvor hatte bereits die DG Bank – das Spitzeninstitut der Raiffeisen- und Genossenschaftsbanken – auf eine Börsenbegleitung verzichtet; ihr hatte der gewährte Einblick in die co op nicht ausgereicht.[237]

Dagegen entschlossen sich im Oktober 1987 der Schweizerische Bankverein (SBV) und die Dresdner Bank, die co-op-Aktien im deutschen Wertpapierhandel anzubieten. Der SBV galt als eines der angesehensten Bankhäuser der Schweiz. Nun aber zeigte er sich den co-op-Bilanzen gegenüber zu vertrauensvoll. Zwar lag auch den Schweizern das Gutachten vor, das die Deutsche Bank alarmiert hatte, doch sie stolperten nicht über die warnenden Passagen. Fassungslos mussten sie später erkennen, dass sie «nach Strich und Faden betrogen» worden waren. Der Chef des SBV, Walter Frehner, flüchtete sich in den Trost, gegen «so viel kriminelle Energie» sei nun einmal «kein Kraut gewachsen». Wahrscheinlicher ist, dass der «sportliche Ehrgeiz» der Schweizer Banker ihren ökonomischen Sachverstand besiegte, als sie die Chance sahen, auf dem deutschen Markt auch mit Hilfe der Dresdner Bank Fuß fassen zu können. Dazu kam das Hochgefühl, die Börseneinführung eines der größten deutschen Handelskonzerne – der mit seinen fast 50 000 Beschäftigten einen Umsatz von zwölf Milliarden DM erwirtschaftete – anderen etablierten deutschen Banken wegzuschnappen.

Wie sehr die Schweizer von ihrem sonst üblichen rationalen Geschäftsgebaren abwichen, zeigen weitere handwerkliche Fehler. Sie nahmen hin, wie wenig vertraut ihr deutscher Partner mit der co op war. Die co-op-Manager kannten sie weder persönlich, noch ließen sie deren Lebensstil überprüfen. Nicht genug damit: Die Schweizer hatten auch noch ein schlichtes «Perzeptionsproblem». Sie hatten bei der deutschen co op an die grundsolide Schweizer coop gedacht.

Beim Börsengang wurde dann mit kargen Informationen geworben. Vor allem bot die co op gegen den Rat der Banker lediglich

Aktienkapital von nominal 30 Millionen DM aus den eigenen Beständen an. Das Trio wollte bewusst den Kreis der Aktionäre klein halten, um sich die Möglichkeit nicht zu verbauen, den Aktienkurs zu manipulieren.[238] Und in der Tat schossen zur Überraschung der Skeptiker – das Wirtschaftsmagazin *Capital* hatte von einer «Mogelpackung» gesprochen – nach Börseneinführung die Aktien in die Höhe. Später wurde bekannt, dass die co-op-Manager einen weiteren Coup mit einer simplen Kalkulation landen wollten: Sie ließen über Strohmänner die eigenen Aktien aufkaufen in der Erwartung, diese später zu einem sehr viel höheren Kurswert wieder verkaufen zu können. Diese Rechnung hätte sogar aufgehen können: Innerhalb eines Jahres stieg der Kurs von 160 DM um über 200 Prozent; zeitweilig übersprang er gar die 500-DM-Grenze.[239]

Erst durch den Bericht im *Spiegel* vom 17. Oktober 1988 mit dem Titel «Co op – umgebaut und ausgehöhlt» wurde das Hin- und Herschieben von Aktien auf Pump von einem zum anderen «Altaktionär» aufgedeckt, wie die als Besitzer getarnten Briefkastenfirmen offiziell hießen.

Und nun gelang den Vorstandsmitgliedern der co op ihr letztes Ganovenstück – zulasten ausgerechnet der eigenen Kleingenossen. Casper war zugleich Verwaltungsratsvorsitzender der Hamburger Pensionskasse, die über ein Vermögen von rund zwei Milliarden DM verfügte. Dem Vorstandstrio Otto, Hoffmann und eben Casper fiel diese Kasse als mögliche weitere Quelle ein, die sich anzapfen ließ, als dem Konzern durch die kritischen Veröffentlichungen des *Spiegel* der Zusammenbruch drohte. Offenbar ohne jeden Skrupel riefen sie für den 28. Oktober 1988 die Vorstände und die Mitglieder des Anlageausschusses der Pensionskasse zu einer gemeinsamen konspirativen Runde zusammen. Es kamen acht Männer in den Partyraum von Werner Blum, Vorstandsmitglied der co-op-Genossenschaft Dortmund. Auf Drängen Ottos beschloss die Herrenrunde: Für 308 Millionen DM wurden aus der Pensionskasse – also mit Geldern, die den co-op-Beschäftigten gehörten – knapp 775 000 Aktien des konkursreifen Unternehmens co op zum Stückpreis von 397 DM gekauft.[240] Harald Loh, ehemaliger co-op-Manager und nun für Kapitalanlagen zuständiger Vorstand der Pensionskasse, erwarb gesetzwidrig insgesamt gut acht Prozent der co-op-Aktien; erlaubt waren gerade zwei Prozent. Finanziert wurde der Aktienerwerb durch den Verkauf solider Anleihen und Obligationen sowie Chemie- und Bankaktien. Eine Woche nach dem teuren Erwerb war der Aktienkurs auf 100 DM gefallen. Der Verlust wird auf 200 Millionen DM geschätzt. Die Millionen aus der Pensionskasse verschwanden auf Konten verschiedener Schweizerischer Gesellschaften. Lediglich 70 Millionen DM kamen bei der co op AG in Frankfurt an – zu wenig zur Rettung des angeschlagenen Handelsriesen.[241]

Ende 1988 wurden der Vorstand ebenso wie Bilanzkünstler Schröder-Reinke und andere Manager fristlos entlassen. Dabei zeigte sich der stellvertretende Aufsichtsratsvorsitzende Günter Döding von der Gewerkschaft NGG in den Augen Ottos besonders undankbar: Döding war es, der zum Sturz des Vorstandes beitrug und Casper sowie Hoffmann die Kündigungsschreiben verlas. Die entlassenen Vorstandsmitglieder schworen Rache; Döding habe doch immer alles mitgetragen.[242]

Weihnachten 1988 war die co op pleite – zugrunde gerichtet von Managern, die in erster Linie ihr eigenes Wohlergehen interessierte. «Es war eben», so co-op-Vorstandsmitglied Dieter Hoffmann beinahe fassungslos und mit bemerkenswerter Klarheit zum plötzlichen Ende, «alles nur ein Luftgebilde».[243]

Nach der fristlosen Kündigung der drei Vorstandsmitglieder Otto, Casper und Hoffmann hatten im Dezember 1988 vier Auslandsbanken unter Führung des Schweizerischen Bankvereins ein Aktienpaket von 72 Prozent der co op übernommen. Zum neuen Aufsichtsratsvorsitzenden wurde Ex-Bundeswirtschaftsminister Hans Friderichs (FDP) – Otto unverfroren: ein «Straftäter»[244] – bestimmt. Vor dem Konkurs konnte die co op zu einem hohen Preis gerettet werden. In einem Vergleich verzichteten die Gläubiger auf 1,7 Milliarden DM; sonst wäre der co-op-Konzern völlig untergegangen. Leidtragende des co-op-Skandals waren auch die 130000 Kleinaktionäre. Auf der Hauptversammlung der co op Ende November 1989 setzte Sanierer Friderichs ihre Enteignung durch, indem er mit den sechs Millionen Stimmen der vier Banken, deren

Stimmrecht ihm übertragen worden war, einen Kapitalschnitt auf null beschließen ließ.[245] Welch immensen Imageverlust die Genossenschafts- ebenso wie die Gewerkschaftsidee durch ein derart unsoziales Vorgehen erlitt, leuchtet unmittelbar ein. Mit dem Zusammenbruch des co-op-Konzerns war die Gemeinnützigkeit der Konsumvereine früherer Jahre am Ende. 1990 übernahm die Asko Deutsche Kaufhaus AG den verbliebenen Kernbereich der einstigen co op AG.

Der Schaden durch das co-op-Management wird auf etwa zwei Milliarden DM geschätzt. Dennoch kam Bernd Otto 1993 nach einem Handel mit der Staatsanwaltschaft mit viereinhalb Jahren Haft davon. Prozessökonomie nennen Juristen das, was Nichtjuristen als skandalöses Ausblenden von Untaten empfinden. Schwer wiegende Teile der Anklage gegen Otto wurden einfach fallen gelassen; der ehemals allmächtige Manager Otto, der sich stets als Opfer der Banken und überhaupt in wenig eingeweiht darstellte, brauchte lediglich eine Erklärung abzugeben, dass er sich der Untreue und der persönlichen Bereicherung schuldig gemacht hatte. Wie Otto betonte, war dies nicht einmal ein «Geständnis».[246] Einem Anwalt fiel dazu der Vergleich ein: «Das ist so, als würde ein Mörder wegen Sachbeschädigung bestraft, weil er bei der Tat den Anzug seines Opfers versaut hat.»[247] Das Urteil widersprach auch deswegen dem Gerechtigkeitsempfinden, weil bei der co op in früheren Zeiten gegen kleine Ladendiebe ebenso wie gegen unbequeme Betriebsräte strafrechtlich unnachsichtig vorgegangen worden war. Sein Vermögen hatte Otto zum Teil auf seine Frau übertragen, er ist auch heute noch ein begüterter Mann. Der ehemalige Gewerkschaftsfunktionär gilt als ein besonders krasses Beispiel für einen Manager, dem offensichtlich jedes Unrechtsbewusstsein abging und wohl heute noch abgeht.[248]

Dieter Hoffmann wurde 1993 zu vier Jahren und drei Monaten Haft verurteilt. Michael Werner erhielt eine Freiheitsstrafe von zwei Jahren und acht Monaten.[249] Vorstandssekretär Hans Gitter bekam zwei Jahre Gefängnis, die zur Bewährung ausgesetzt wurden. Er hatte 1992 als erster co-op-Manager die Vorwürfe als «im Wesentlichen zutreffend» bestätigt.[250] Werner Casper hatte sich zunächst nach Kanada abgesetzt, kam dann aber freiwillig zurück. Im Mai 1984 wurde er zu fünf Jahren und drei Monaten Haft verurteilt.[251]

Alfons Lappas erhielt eine Freiheitsstrafe von zwei Jahren – auf Bewährung. Als strafmildernd bewertete es das Gericht unter anderem, dass Lappas ohne einschlägige Ausbildung «eine beachtliche berufliche Leistung vorzuweisen habe». Das ist zweifellos eine ungewöhnliche Begründung für einen teilweisen Verzicht auf Strafe. Immerhin wirkte andererseits strafverschärfend, dass die «Überwachung der Geschäftsführung durch den Aufsichtsrat unterlaufen wurde und Lappas dies nicht nur nicht beanstandete, sondern daran teilhatte».[252]

Die Moral von der Geschichte: Verbrechen lohnen sich – auch in einem Rechtsstaat, zumindest dann, wenn nicht mit Tausenden, sondern mit Millionen und Milliarden jongliert wird. So wenigstens argumentierte Ottos Verteidiger: Was seien denn schon 20 Millionen im Vergleich zu 14 Milliarden DM Umsatz, die die co op unter der Führung Ottos erzielt habe? «Man muss das doch im richtigen Verhältnis sehen.»[253]

Für die Gewerkschaften neigte sich damit das Kapitel Gemeinwirtschaft dem Ende entgegen; denn nach dem Verkauf der Neuen Heimat und der co op – ebenso wie der GUT-Reisen – beschloss die gewerkschaftseigene BGAG, sich auch von ihrer Bank für Gemeinwirtschaft AG (BfG) zu trennen. Zu groß war die Angst unter den jüngeren Gewerkschaftsfunktionären – zu ihnen zählte der neue Vorsitzende der IG Metall, Franz Steinkühler, der später seinerseits über Insider-Geschäfte stolpern sollte –, auch die BfG könne ins Trudeln geraten und damit die Glaubwürdigkeit der Gewerkschaften endgültig ruiniert werden. Ausschlaggebend war für die nachwachsenden Gewerkschaftsführer dabei, sich von der undankbaren Doppelrolle verabschieden zu können, die die Gewerkschaften in den Jahrzehnten nach dem Zweiten Weltkrieg zunehmend übernommen hatten: zwar Arbeitnehmervertreter zu sein, gleichzeitig aber auch als – mehr und mehr übel beleumundete – Unternehmer zu fungieren. Nicht wenige empfanden dies verständlicherweise als schizophren.[254]

## AEG: Das lange Leid der Lichtgöttin

Zu den Pleiten der siebziger und achtziger Jahren gehört das bis dahin größte Insolvenzverfahren der deutschen Nachkriegszeit, das der Elektrokonzern AEG-Telefunken am 9. August 1982 beantragt hatte, auch wenn die Göttin des Lichtes erst 14 Jahre später erlöschen sollte.* Als die Skandale um Herstatt im Juni 1974 und die Neue Heimat im Februar 1982 aufgedeckt wurden, reagierte die interessierte Öffentlichkeit geschockt bis fassungslos. Das Eingeständnis fehlender Liquidität bei der AEG wenige Monate nach dem Bekanntwerden des Neue-Heimat-Fiaskos verwunderte dagegen niemanden. Das einst so stolze Traditionsunternehmen kränkelte schon seit vielen Jahren.

Es gab einen weiteren Grund für die unterschiedlichen Reaktionen: Der schleichende Zusammenbruch der AEG war kein Fall für den Staatsanwalt, auch wenn ein AEG-Aufsichtsratsmitglied – unter Berufung auf seine «Loyalität» nur andeutungsweise – von fragwürdigen Hintergründen für den Niedergang sprach.[255] Was das Wursteln um die AEG zeigte, war die schlichte deutsche Tradition des Korporatismus, die wir in der Hinführung zu diesem Kapitel beschrieben. Jürgen Jeske wählte 1981 in der *Frankfurter Allgemeinen Zeitung* dafür das Bild der Laokoon-Gruppe, «jener griechischen Marmorskulptur, die den Priester Laokoon und seine Söhne in dem Würgegriff der Schlangen zeigt. Auch bei der AEG ist inzwischen alles auf fast unentrinnbare Weise miteinander verschlungen und paralysiert.» Gemeint waren Banken, Industrie,

---

\* Die AEG hatte um die Wende zum 20. Jahrhundert einen barbusigen Engel mit einer Glühbirne in der Hand als «Göttin des Lichts» für sich werben lassen.

Versicherungen, Vorstand, Betriebsrat.[256] Wir werden später an einem prägnanten Beispiel dieses Gewirr ausleuchten.

An eine Genesung der AEG glaubte 1982 kaum jemand. Zu oft hatte der Konzern in der Vergangenheit Anlass zu Sorgen und neuen Hoffnungen gegeben – und letztlich kam alles stets schlimmer als zunächst erwartet. 1971 hieß es in der *Süddeutschen Zeitung* beispielsweise: «AEG-Telefunken ringt um eine bessere Ertragsbasis.» 1972 klang es optimistischer: «AEG-Telefunken hat's bald geschafft.» Drei Jahre später zweifelte die *Süddeutsche Zeitung* am Fortbestand der AEG: «Zerfällt Rathenaus Erbe?»[257] Und nun, 1982, fragte der *Spiegel*: «‹Wat is denn, wenn die Mutter AEG absäuft?›» Für die *Zeit* stand fest: «Auch Riesen können sterben», und Henri Nannen empfahl im *Stern*: «Lasst sie doch pleite gehen!»[258]

Der Konkurs ließ sich dann doch vermeiden, und das Vergleichsverfahren wurde 1984 abgeschlossen. Hoffnung auf eine dauerhafte Sanierung kam aber erst ein Jahr später auf, als 1985 die Daimler-Benz AG auf Betreiben ihres Vorstandes Edzard Reuter zunächst 24,9 Prozent der AEG-Aktien und dann ein Jahr später die Aktienmehrheit übernahm. Als Teil des neu entstehenden «integrierten Technologiekonzerns» Daimler-Benz AG, gemeinsam mit weiteren Erwerbungen wie Dornier, Messerschmidt-Bölkow-Blohm (MBB) und Fokker, hätte der AEG eigentlich eine gesicherte Zukunft garantiert sein müssen.

Doch wieder wurden Aktionäre und Mitarbeiter schnell ernüchtert. Reuter ließ es ungeachtet seiner Visionen zu, dass AEG-Manager im alten Trott und ohne weiterführende Sanierungskonzepte werkeln durften. Lähmend wirkten sich zudem Spannungen aus, die sich zwischen dünkelhaften Daimler-Managern und den Beinahe-Versagern der AEG aufluden. Die Unternehmenskulturen passten einfach nicht zusammen. Im Vorstand soll es zu einer regelrechten «Polarisation» gekommen sein. Das Ergebnis: Der Daimler-Neuerwerb AEG glitt weiter in die Verlustzone ab.

Jürgen Schrempp, der 1995 Reuter im Vorstandsvorsitz von Daimler-Benz ablöste, erklärte diesen auch wegen seiner Misserfolge bei der AEG zum allein zuständigen Sündenbock. Da störte es ihn offensichtlich nicht, dass er selbst dessen Unternehmenspolitik mitgetragen hatte und auch die Dasa mit dem Neuerwerb Fokker einen Jahresfehlbetrag von 4,2 Milliarden DM auswies; für diese Sparte war Schrempp verantwortlich. Vielleicht war dies der Grund für das umso rigorosere Vorgehen des neuen Daimler-Chefs bei der Sanierung des Mutterkonzerns. Fokker wurde abgestoßen, die AEG zerschlagen.[259]

Das einst zweitgrößte Elektrounternehmen Deutschlands war zweifelsohne wegen «Unfähigkeit von Vorstand und Mehrheitsaktionär» nicht zu retten gewesen. So lautete auf der 132. und letzten Hauptversammlung der AEG auch einer der Vorwürfe an den letzten Vorstandsvorsitzenden des Unternehmens, Ernst Georg Stöckl. 1980 hatte die Leitung von AEG Heinz Dürr an ihre Spitze als Hoffnungsträger berufen, mit dem sich jedoch der Niedergang fortsetzte. 1991 war mit Stöckl der nächste Hoffnungsträger an der Reihe. Der musste 1996 das Scheitern seiner Sanierungsbemühungen verkünden. Stöckl zufolge war aber die AEG schon seit dem Vergleichsantrag 1982 einem hoffnungslosen Aufholprozess in einer Zeit ausgesetzt gewesen, in der sich die Rahmenbedingungen ständig verschlechtert hätten.[260] Mit dem Aufgehen in der Daimler-Benz AG büßte 1996 der Elektrokonzern schließlich seine eigenständige Existenz ein.\*

Aufstieg und Niedergang der AEG sind eng verwoben mit den politischen und wirtschaftlichen Geschehnissen in Deutschland – darin besonders ähnlich dem Schicksal der Stinnes-Familie. Die Pleite um die AEG ist nur verständlich, wenn – wie bei Stinnes auch – die Zielvorstellung und Rahmenbedingungen mit berücksichtigt werden, innerhalb deren die AEG-Akteure von Beginn an handelten – erfolgreich oder verhängnisvoll.

1881 hatte Emil Rathenau, Sohn einer jüdischen Familie des deutschen Großbürgertums, die Patente Thomas A. Edisons er-

---

\* Der Markenname AEG besteht aber nach wie vor: Elektrogeräte mit dieser Bezeichnung werden in der seit 1994 zur schwedischen Electrolux-Gruppe gehörenden Nürnberger AEG Hausgeräte GmbH hergestellt, die vom Niedergang der AEG AG nicht betroffen ist.

worben, der das «achte Weltwunder» – so die Zeitgenossen – geschaffen hatte: Es genügte, einen Schalter zu drehen, und schon gingen in der Dunkelheit die Lichter an. Elektrisches Licht ohne Ruß oder Gestank – das war es, was den beispiellosen Aufstieg Rathenaus bis in die Spitze der Gesellschaft begründete: 1883 schuf Rathenau die «Deutsche Edison-Gesellschaft für angewandte Elektricität», die er 1887 in Allgemeine Elektricitäts-Gesellschaft (AEG) umbenannte. Technische Anfangsschwierigkeiten gab es zuhauf, die Rathenaus Glauben an die Zukunft seiner Visionen hart prüften. Doch dann eilte die AEG von einem Rekord zum nächsten: Um die Jahrhundertwende – aus dem «achten Weltwunder» war in den Städten längst eine Selbstverständlichkeit geworden – verfügte die AEG über ein Kapital von 60 Millionen, das bei Kriegsausbruch auf 155 Millionen Reichsmark angewachsen war. Rathenaus Elektrizitätswerke waren binnen kurzer Zeit zu einem der größten Konzerne im Kaiserreich aufgestiegen, «den größten der Montanindustrie mindestens ebenbürtig».[261] Trotz seiner Visionen war Rathenau ein kühler Rechner: Sein Unternehmen stand «finanziell auf eigenen Füßen» und gestattete «den Banken keinen beherrschenden Einfluss auf seine Geschäfte», wie Georg von Siemens – Hauptgründer der Deutschen Bank – als beobachtender Zeitzeuge festhielt. An der Börse war die AEG zu dieser Zeit heiß begehrt: Erhöhte Rathenau das Kapital seines Unternehmens, wurden die Aktien bis zum 42fachen überzeichnet.[262]

Der große Konkurrent Rathenaus auf dem Elektrizitätsmarkt war das Unternehmen Siemens & Halske. Werner von Siemens hatte 1847 mit einem Werk für Zeigertelegraphen das Fundament für den Aufstieg zum Weltkonzern gelegt.* Vom Unternehmerty-

---

* Werner von Siemens (1812–1892) hatte als Artillerieoffizier technische und naturwissenschaftliche Kenntnisse erworben. Die Not – nach dem frühen Tod der Eltern hatte er die Familie zu versorgen – brachte ihn auf die Idee, sein Wissen in Erfindungen umzusetzen und diese finanziell in die Telegraphenbauanstalt einzubringen, die er 1847 gemeinsam mit Halske gründete. Die Existenz des jungen Unternehmens war anfangs durch die preußische Telegraphenverwaltung gefährdet. Der Erfolg seiner Brüder Carl und Wilhelm – Carl hatte 1855 eine russische, Wilhelm 1858 eine englische Tochtergesellschaft gegründet – brachte ihm

pus und von der politischen Grundeinstellung waren sich Rathenau und Siemens eher fremd: Rathenau befürwortete im Gegensatz zum liberalen Siemens den imperialen Geltungsanspruch Wilhelms II. So konnte Rathenau, gern gesehen bei Hofe, den Herrscher um Vermittlung für seine Idee bitten, die beiden größten elektrotechnischen Firmen des Kaiserreichs auf dem Gebiet der drahtlosen Telegraphie zur Zusammenarbeit zu bewegen. Ein Wort des Kaisers beim Spazierritt genügte: Siemens willigte umgehend in Rathenaus Plan ein. 1903 kam es dann zur Gründung der gemeinsamen «Telefunken Gesellschaft für drahtlose Telegraphie mbH».[263]

Seinen eigenen Konzern AEG führte Emil Rathenau bis zu seinem Tode 1915 im Alter von 77 Jahren als Patriarch. Sein Erbe als Unternehmer trat sein 1867 geborener Sohn Walther an, der 1900 in den AEG-Vorstand eingetreten war. Den Sohn aber – so charakterisierte ihn Georg von Siemens – füllten Technik und Geschäft allein nicht aus. Öffentlich brillierte der junge Walther Rathenau auch als Schriftsteller und Publizist mit seinen Analysen der wirtschaftlichen und politischen Zeitfragen. Siemens: «Im Kriege beschäftigte Rathenau sich mit der Organisierung der Rohstoffwirtschaft und kam dadurch auf allerlei planwirtschaftliche Ideen, die dem bisherigen Kapitalismus der Vorkriegszeit fern gelegen hatten. Als nach der Demobilisierung überall in den großen Unternehmen die Geschäfte neu eingeteilt werden mussten, ließ er sich zum ‹Präsidenten› der AEG ernennen, eine in der damaligen deutschen Wirtschaft ungebräuchliche Bezeichnung. Als solcher hielt er eines Tages eine Rede, in der er auf die Fehler und Irrtümer zu sprechen kam, die seiner Meinung nach zu Niederlage und Zusammenbruch [des Kaiserreiches] geführt hatten … Namentlich in den Kreisen der schweren Industrie setzte ein förmlicher Boykott gegen die

---

dann auch in Preußen den Durchbruch. Den Aufstieg des Siemens-Konzerns schafften somit Werner von Siemens mit seinen Erfindungen, mit ihren unternehmerischen Leistungen seine Brüder Carl und Wilhelm im Ausland sowie sein Sohn Wilhelm weltweit (zur Geschichte der Familie Siemens siehe: Wilfried Feldenkirchen: «Siemens – Von der Werkstatt zum Weltunternehmen». München 1997).

AEG ein, und eine Reihe von großen und wichtigen Aufträgen, die ihr sonst zugefallen wären, gingen ... in erster Linie an die Siemens-Schuckert-Werke ... In jener Zeit vollzog sich eine deutlich wahrnehmbare Gewichtsverschiebung innerhalb der Schwerindustrie zuungunsten der AEG.» Die Verantwortlichen der AEG wollten sich mit diesem bleibenden Verlust der Vorherrschaft nicht abfinden. Daraus ergab sich als nicht hinterfragte Priorität der Firmenpolitik der AEG, Siemens einzuholen; und das führte Jahrzehnte später zu verhängnisvollen Fehlentscheidungen, die für die AEG tödlich endeten.

Walther Rathenau befürwortete eine andere Politik in der zu Beginn der Weimarer Republik zentralen wirtschaftlichen Frage: wie auf die horrenden Reparationsforderungen insbesondere Frankreichs reagiert werden sollte. Die Reichsregierung setzte auf die Politik der Geldentwertung. Seine «Schuld war, dass er gegen den Strom jener Inflationsereignisse zu schwimmen versuchte, die nicht nur den wertvollsten Teil der produktiven Substanz unserer Wirtschaft ... in die Hände weniger Gruppen überantwortete, sondern die der Masse der Deutschen auch die Ersparnisse raubten ... Er durchschaute den Zusammenhang ... zwischen kommerzialisierten Reparationsleistungen, Inflation, Expropriierung des deutschen Volkes, Liquidierung der kulturtragenden Schicht und industrieller Machtkonzentration ...»[264] Rathenau legte – auch auf Druck eigener AEG-Manager – konsequenterweise seine Präsidentschaft in der AEG nieder und wechselte in die Politik. Bekanntlich wurde er als Reichsaußenminister im Juni 1922 ermordet.

In der unmittelbaren Nachkriegszeit war wenig Platz für den patriarchalisch auftretenden Unternehmer. An seiner Stelle begann der «massenpsychologisch geschickte und geschulte Manager seine Herrschaft» anzutreten, für den «das Menschenleben, der Wert und die Würde des Einzelnen weit unter dem Preis einer Waggonladung Schrott rangierte», urteilte der Wirtschaftsjournalist Kurt Pritzkoleit 1953. Der mächtigste dieser Vertreter in der Schwerindustrie, Hugo Stinnes der Ältere, empfand Rathenaus Politik als besonders störend für seine eigenen Pläne, ein gewaltiges Imperium zusammenzuraffen. Kurz vor Rathenaus Ermordung erwarb

Stinnes als sein prominentester Widerpart 35 000 Aktien der Berliner Handelsgesellschaft, der Konzernbank der AEG. Krupp folgte wenige Monate später mit dem Erwerb eines Aktiendrittels. Rathenau war Vorsitzender des Aufsichtsrates dieser Gesellschaft, in der er die Interessen der AEG vertrat. «Wäre Rathenau nicht im Feuer der Maschinenpistolen geblieben, so wäre hier die Mine hochgegangen», urteilte Pritzkoleit sicher zu Recht. Der Tod des vormaligen AEG-Präsidenten «löschte auch den letzten Makel der Erfüllungspolitik aus, der noch an der Firma haften mochte. Die Animosität gegen die Gesellschaft schwand.»[265]

Es ging noch einmal aufwärts mit der AEG. 1925 – nach Überwindung der Inflation und Wiederherstellung normaler Währungsverhältnisse – verfügte das Unternehmen mit einer Kapitalausstattung von über 150 Millionen Reichsmark wieder über ein gesundes Polster. Die Verluste durch Kriegs- und Kriegsfolgeschäden waren zum großen Teil aufgefangen, ertragreiche weitere Sparten hinzugekommen. Unter anderem gründete die AEG 1918 als Gemeinschaftsunternehmen mit der Gutehoffnungshütte die Deutsche Werft AG Hamburg; ein Jahr später beteiligte sie sich mit Siemens an dem neuen Unternehmen Osram, das aus der Zusammenlegung der deutschen Glühlampenfabriken entstanden war. Seit den zwanziger Jahren ließ sie Schreibmaschinen in den Olympia-Werken fertigen, und 1930 erfolgte dann die Übernahme des Dampflokomotivgeschäfts von Borsig. Allerdings war damit die AEG ein Mischkonzern mit völlig unverbundenen Geschäftsbereichen geworden, woraus später Führungsprobleme folgten. Selbst die Weltwirtschaftskrise Ende der zwanziger Jahre überstand der Konzern aber noch, allerdings unter Verlust eines Teils des Eigentums, der an den amerikanischen Konzern General Electric abgegeben werden musste.

Erst 1932 fuhr auch die AEG Verluste ein. 1936 griff dann die Konzernleitung erstmalig zu dem Instrument, durch einen Kapitalschnitt ihre Aktionäre teilzuenteignen: Im Verhältnis 3:1 wurde das Stammkapital in Höhe von 185 Millionen Reichsmark abgewertet und zugleich um 58,3 Millionen Reichsmark erhöht. Die AEG war auf diese Weise mit genug Kapital ausgestattet, um «den Wind der

Rüstungskonjunktur voll in die Segel zu bekommen».[266] Während des Kriegs mit den wachsenden Anforderungen an die elektrotechnische Industrie stockte die AEG mehrmals ihr Kapital weiter auf, zuletzt 1943 auf dann 264 Millionen Reichsmark.

1951 enteigneten die AEG-Verantwortlichen ihre Aktionäre ein zweites Mal um zwei Drittel, indem sie wiederum das Kapital im Verhältnis 3:1 – auf somit 88 Millionen DM – umstellten. Anders als 1936 war dieser Kapitalschnitt aber unumgänglich. Die AEG hatte durch den Krieg und die Teilung Deutschlands (sie hatte umfangreichen Besitz auf dem Gebiet der späteren DDR und der ehemals deutschen Ostgebiete) neun Zehntel ihrer Nutzfläche und mehr als neun Zehntel ihres Werkzeug- und Maschinenbestandes verloren. Insgesamt wurde der Verlust auf weit mehr als eine Milliarde DM geschätzt – eine für damalige Zeiten unvorstellbar hohe Summe –, den die AEG durch Krieg, Demontagen, Enteignungen und Einziehung des gesamten Auslandsvermögens erlitt. Dass er überhaupt überleben konnte, verdankte der Konzern den Beschäftigten, die ihr verblieben waren (9000 von 55 000), die mit ihrem Können und Wissen den schwierigen Wiederaufbau meisterten. Zudem standen der AEG in Berlin und in Westdeutschland durch den wachsenden Flüchtlingsstrom aus den ehemaligen deutschen Ostgebieten und der sowjetisch besetzten Zone, der späteren DDR, genügend leistungsfähige und vor allem hoch motivierte Mitarbeiter zur Verfügung.

Zum Zeitpunkt des erneuten Kapitalschnitts 1951 hatte die AEG einen Anteil am Umsatz der westdeutschen Elektrotechnik von 10,2 Prozent; Siemens konnte mit 22,3 Prozent mehr als doppelt so viel auf diesem Markt umsetzen. Das wollten die AEG-Verantwortlichen ändern: In dieser Nachkriegsphase entschieden sie sich unter ihrem ersten Vorstandsvorsitzenden Friedrich Spennrath, ungeachtet ihrer großen Verluste ihre Produktion wiederum auf all den Gebieten aufzunehmen wie schon vor dem Krieg und auf diese Weise erneut in eine Aufholjagd mit Siemens einzutreten. Die Telefunken Gesellschaft war nach fast vier Jahrzehnten Partnerschaft mit Siemens bereits 1941 in den alleinigen AEG-Besitz übergegangen. Bei dem gewollten Kampf um die Spitzenposition übersahen die AEG-Manager allerdings, dass die Kriegsverluste von Siemens weit geringer als ihre eigenen waren und ihr Mitbewerber über erhebliche Eigenmittel verfügte.* Sie selbst mussten dagegen mangels genügend Grundkapital auf Fremdfinanzierung setzen und damit Bankern einen beherrschenden Einfluss auf ihr Unternehmen einräumen. Vom eisernen Prinzip der Gründerpersönlichkeit Emil Rathenaus, auf der Basis eines soliden Finanzierungssystems zu wirtschaften, war unter den angestellten Managern nichts mehr geblieben. Hans C. Boden, als Spennraths Nachfolger von 1956 bis 1961 Vorstandsvorsitzender, meisterte als Verwaltungsmann und geschickter Diplomat noch die vielen Schwierigkeiten, in welche die AEG und ihre Töchter hineinschlitterten. Allerdings wurde ihm fehlender unternehmerischer Weitblick nachgesagt.

Auf Empfehlung von Boden zog dann mit dem Telefunken-Vorstandsvorsitzenden Hans Heyne der «Weitblick» in die AEG-Chefetage ein; aber gerade das wirkte sich verhängnisvoll aus. Boden selbst wechselte in den Vorsitz des Aufsichtsrates. Heyne, verschrien als «Raubein», krempelte den Konzern nach seinem Vorbild General Electric um, inzwischen größter AEG-Aktionär. Dabei erwies es sich als schwerer Managementfehler, 1964 selbständige Konzernsparten einzuführen, ohne zugleich für ein wirksames Finanzkontrollsystem zu sorgen. Dieses Versäumnis wurde erst Anfang der siebziger Jahre und damit zu spät behoben. So konnten die Spartenchefs der teilweise total verschiedenen Geschäftsbereiche jahrelang nach eigenem Gutdünken handeln, wie es ihnen beliebte.[267]

Nachteilig wirkte sich auch aus, dass die Verschmelzung der beiden Säulen AEG und Telefunken zur AEG-Telefunken erst 1966 erfolgte. Zu spät wurde damit die aufgeblähte Verwaltung des Konzerns effizienter. Siemens hatte eine solche Straffung Jahre zuvor erfolgreich vorgemacht.

---

\* Siemens hatte kurz vor Kriegsende die Zentralen von Siemens & Halske von Berlin nach München, die der Siemens-Schuckert-Werke nach Erlangen verlegt. Die Firmenlegende lautet, die Führung habe rechtzeitig die Bedeutung des Beschlusses von Jalta 1944 erkannt, Deutschland zu teilen, und entsprechend gehandelt.

Mit Heyne begann vor allem die so genannte «Chef-Misere» eines häufigen Wechsels im Vorstands- und Aufsichtsratsvorsitz, der ohne Kontinuität und klare Zielvorgaben über die Bühne ging. Heynes Amtszeit als Vorstandsvorsitzender dauerte wenige Jahre; 1965 löste ihn sein Stellvertreter seit 1963, Berthold Gamer, ab; Heyne erbte von Boden den Chefsessel des Aufsichtsrates. Zwischen Heyne und Gamer stimmte die Chemie nicht, und ihre die AEG lähmenden Querelen zwangen den Konzern ein Jahr später, beide zugleich zu entlassen.[268]

Fehler waren zu steigern, wie Gamers Nachfolger im Vorstand seit 1967, Hans Bühler, beweisen sollte. Der war ein ausgesprochener Liebhaber der AEG-Sparte Haushaltsgeräte. Unter Bühler übernahm sich AEG-Telefunken vollends: Im Eifer, Siemens als den Branchenführer und einzigen großen Konkurrenten um jeden Preis zu überflügeln, durften die Manager der AEG die Gerätefirmen Linde, Neff, Zanker, BBC und Küppersbusch aufkaufen – ohne die finanziellen Mittel und das ausreichende technische Know-how im Mutterkonzern. Das Management unterschätzte die Auswirkungen der revolutionären Entwicklung in der Mikroelektronik und in ihrem Hochmut insbesondere die in den deutschen Markt drängende Konkurrenz aus Japan («Die Japaner machen die Massenware, Telefunken die technischen Spitzenprodukte»).[269] Aus den Pleiten um Stinnes, Borgward und Schlieker, die ökonomisch an mangelndem Eigenkapital scheiterten und in diesen sechziger Jahren den Glauben an Deutschlands immer währendes Wirtschaftswunder erschütterten, hatten die AEG-Manager keine Lehren gezogen.

Der Chef des Aufsichtsrates der Deutschen Bank, Franz Heinrich Ulrich, kritisierte selbst die Banker, «dass wir immer wieder großzügig neues Geld gegeben haben».[270] Die Folge: Seit 1967 konnte die AEG Dividenden nur noch auszahlen, indem sie stille Reserven auflöste. Bis 1971 schaffte der Konzern es so, den gleichen Dividendensatz wie der Konkurrent Siemens auszuschütten. Zum ersten Mal fiel dann 1975 die Dividende aus.[271] Die Zeit des Bluffens war vorüber.

1970 durfte Bühler ungeachtet der innerhalb des Konzerns bekannten Misere, in die er die AEG gesteuert hatte, an die Spitze des

Aufsichtsrats wechseln und als oberster Kontrolleur den Versuch seines Nachfolgers Hans Groebe überwachen, das Werk zu konsolidieren. «Manager-Inzucht» nannte dies die *Zeit* und eine «höchst fragwürdige Art der Beförderung».[272]

Groebe begann unverzüglich mit dem Verkauf von AEG-Beteiligungen, sofern sie denn einen Abnehmer fanden. 1973 wurde beispielsweise die traditionsreiche Deutsche Werft verkauft. Selbst aus der Osram GmbH, die sie mit Siemens 1919 gegründet hatte, schied die AEG aus. Umgekehrt trennte sich im Mai 1976 nach 47 Jahren General Electric von den in der Weltwirtschaftskrise erworbenen AEG-Aktien. Aber auch Erfindungen wurden veräußert: 1974 war es den Ingenieuren der AEG-Tochter Olympia gelungen, den ersten integrierten Schaltkreis in Europa, einen Chip in MOS-Technik, zu entwickeln. Dem Konzernvorstand entging die Bedeutung dieser Technik; er verkaufte die Patentrechte nach Amerika, statt den Chip selbst zu produzieren.* Das so erworbene Kapital reichte nicht, um die erheblichen Folgen des jahrzehntelangen Missmanagements auszugleichen.[273]

Katastrophal wirkte sich ausgerechnet ein Geschäft der AEG aus, das sie mit Siemens in Geheimverhandlungen eingefädelt hatte: 1969 begannen die beiden Unternehmen mit der Kraftwerk Union (KWU) ein gemeinsames Geschäft mit Kernkraftwerken. In diesem Bereich ging dann ein besonders verlustreiches Nukleargeschäft der KWU allein zulasten der AEG: Sie hatte es übernommen, einen Siedewasserreaktor zu fördern, und der fuhr in der Folge erhebliche Verluste ein. Als problematisch erwies sich vor allem das Kernkraftwerk Würgassen. Konstruktionsmängel im nicht-nuklearen Teil erzwangen häufig Stilllegungen. 1976 stieg die AEG aus der sie nervenden KWU aus; Siemens zahlte ihr 668 Millionen DM. Zwei Jahre später musste die AEG nach langwierigen Regressverhandlungen dann Siemens noch 1,215 Milliarden DM Schaden ersetzen.[274]

---

* Die Manager der AEG haben kein Monopol auf eine solche Art von Fehlentscheidungen bei Zukunftstechnik. Anfang der fünfziger Jahre hatte Siemens die Möglichkeit, ein Fax-Gerät zu entwickeln. Die Siemens-Manager entschieden sich stattdessen für die Förderung von Telex und überließen die Fax-Entwicklung damit den Japanern.

Wenig Weitsicht zeigten die AEG-Manager auch, als sie 1974 das gemeinsam mit der Nixdorf Computer AG errichtete Unternehmen Telefunken Computer AG, in dem der AEG-Großcomputer TR 440 gebaut wurde, an den Konkurrenten Siemens für einen einstelligen Millionenbetrag abstießen. Das Unternehmen hatte innerhalb von zwei Jahren einen Verlust von 86 Millionen DM eingefahren[275], aber Siemens machte damit ein gutes Schnäppchen. Ebenso war den Verantwortlichen in der AEG entgangen, dass ihre einst stolze Tochter Olympia die Weiterentwicklung zu den immer intelligenteren elektrischen Schreibmaschinen verschlafen hatte. Erschwerend kam das Versagen der Aufsichtsräte hinzu, die nicht durchschauten, dass die Manager der Olympia-Werke hohe Tantiemen bezogen, indem sie Luftgeschäfte vorgaukelten.[276]

Bessere Zeiten schienen für die AEG anzubrechen, als der Vorstandsvorsitzende der Dresdner Bank, Jürgen Ponto, 1975 an die Spitze des Aufsichtsrats rückte und mit Walter Cipa, der sich als Gelsenberg-Chef den Ruf eines erfolgreichen Managers erworben hatte, einen Optimismus verströmenden Vorstandsvorsitzenden präsentieren konnte. Cipa löste Groebe im Juli 1976 ab. Er hatte einen schönen Traum: Das von ihm geleitete Unternehmen sollte wie ein Phönix aus der Asche emporsteigen. Für die AEG war es dann ein schwerer Schlag, als Ponto von RAF-Terroristen 1977 ermordet wurde. Ihm war zugetraut worden, erstmalig in dem zweitgrößten Elektrokonzern Deutschlands zukunftsweisende Strategien durchzusetzen.

Cipa jedenfalls schaffte es nicht. Er eckte nicht zuletzt durch seine herrische Art im Umgang mit seinen Mitarbeitern an. Beobachter monierten, er sei mit dem Spitzenmanagement bei AEG-Telefunken wie ein Oberlehrer mit seiner Klasse umgesprungen.[277] Bei seiner geplanten Radikalkur zogen dann mehrere Vorstandsmitglieder nicht mit. In der AEG kursierten in dieser Zeit dumme Sprüche, die aber den lähmenden Fatalismus illustrierten: «Die Cipas kommen und gehen, die AEG aber bleibt bestehen.» Allerdings mussten unter Cipa auch reihenweise Mitarbeiter den Konzern verlassen, wenn sie nicht freiwillig flüchteten.[278] Cipa gestand nach drei Jahren sein Scheitern ein: Die AEG hatte 1979 einen Schuldenberg von über vier Milliarden DM bei den Banken aufgehäuft. Sarkastisch kommentierte ein Aktionär auf der Hauptversammlung Anfang 1980: «Eine Milliarde verlieren, das konnten wir auch.»[279]

Grund für Cipas Scheitern war aber weniger das Atmosphärische als vielmehr das Umfeld, in dem er agieren musste. Die strukturellen Schwächen des Konzerns waren zu schwerwiegend. Dazu zählte der noch aus Bühlers Zeiten stammende viel zu hohe Anteil am Konsumgütergeschäft; die Investitionsgüterfertigungen waren zu schwachbrüstig; die Auslandsproduktion war vernachlässigt worden, was sich mit dem Einbruch der Exporte rächte; und die AEG verfügte nur über wenige Gewinn versprechende Zukunftssparten, für deren Ausbau etwa eine Milliarde DM Investitionen hätten aufgebracht werden müssen – Geld, das sich nicht mehr borgen ließ. Die AEG war zusätzlich noch in den Sog der immer tieferen Rezession und der Zins-Hausse geraten, wodurch sich die Wettbewerbsbedingungen weiter verschlechterten.

Im November 1979 kündigte Cipa dann völlig überraschend seinen Rücktritt an. Letztlich auslösend dürften auch hier wieder persönliche Querelen gewesen sein – wie beim Rausschmiss von Heyne und Gamer. Cipa hatte ein außerordentlich kühles Verhältnis zu dem designierten neuen Aufsichtsratsvorsitzenden der AEG, Hans Friderichs, dem Chef der Dresdner Bank. Dieser hatte es Cipa als Bundeswirtschaftsminister verwehrt, bei der Übernahme von Gelsenberg durch die Veba in die Veba-Konzernspitze aufzusteigen.[280]

Für Außenstehende verblüffend, präsentierte Friderichs im Januar 1980 als Nachfolger Cipas Heinz Dürr, einen 46-jährigen schwäbischen Mittelständler. Damit waren an die Spitze der AEG zwei Männer gerückt, die bar jeder Erfahrung im Umgang mit einem Weltkonzern waren. Für Friderichs schien dies kein Problem zu sein. Seine Begründung für die Wahl Dürrs gegenüber der staunenden Öffentlichkeit: Dürr habe «als selbständiger Unternehmer eigene Haftung und Verantwortung getragen», und die AEG-Telefunken bestehe schließlich aus einer Vielzahl von Einzelunternehmen.[281] Die Wahl eines erfolgreichen Mittelständlers, der Dürr war, sollte wohl als Signal wirken, mit dem Friderichs die Sanierung der AEG als Prüfstein für die Marktwirtschaft darstellte: «Der Fall wird privatwirtschaftlich gelöst.»

Zeitgleich mit der Berufung von Friderichs und Dürr griff die AEG zu ihrem erprobten Instrument des Kapitalschnitts 3:1 – von 930 auf 310 Millionen DM – nebst Wiedererhöhung auf 620 Millionen DM. Zudem gewährten Industriefirmen und Versicherungen Schuldscheindarlehen. Insgesamt flossen der AEG auf diese Weise 1,4 Milliarden DM zu. Dürr war bei seinem Start also nicht chancenlos. Dann aber häuften sich auch bei ihm die Fehler. Anfangs überschätzte er seine vorzüglichen kommunikativen Fähigkeiten, mit denen ihm eigentlich alle Probleme dieser Erde lösbar schienen. Zudem war er guten Glaubens, sich auf den bisherigen Cipa-Führungsstab verlassen zu können. Ihnen fehle lediglich die nötige Motivation und ein Erfolgserlebnis; also müsse er seinen Mitarbeitern nur auf die Sprünge helfen.[282] Dies war sympathisch, aber weltfremd; die Motivation sollte und konnte sich wohl auch nicht mehr einstellen. Noch im selben Jahr musste der Schwabe Dürr ernüchtert feststellen, dass die mit Vorschusslorbeeren überhäuften Manager ihm Bilanzen und Zukunftsprognosen vorlegten, die sich in der Regel als Makulatur erwiesen. Es war, wie er erfahren sollte, Alltag, dass sich Verluste bei der AEG über Nacht schier verdoppelten.[283]

Dazu hatte er auch selbst beigetragen, indem er anfangs darauf verzichtete, bei Einkäufen einen rigorosen Sparkurs zu fahren und die Verwaltungsausgaben zu kürzen. 1979, unter Cipa, hatte die AEG gut eine Milliarde DM eingebüßt, 1980 – nach dem Wechsel zu Dürr – weitere 600 Millionen DM. Im ersten Halbjahr 1981 waren bereits an die 580 Millionen DM neuerlicher Verluste angehäuft. Da reichten die Gewinne in Höhe von etwa 650 Millionen DM nicht, die Dürr mit den Geschäftszweigen Elektrowerkzeuge und Lichttechnik erzielte.[284]

Der als Hoffnungsträger präsentierte AEG-Chef Heinz Dürr erwies sich letztlich als Totengräber der AEG; denn um überhaupt über die Runden zu kommen, veräußerte er eine Perle nach der anderen. Mit der Produktionssparte «Weitverkehr und Kabeltechnik», ihrer Satellitentechnik und Produktion von Glasfaserkabeln für die Bundespost, verkaufte er gar das Herzstück der AEG. Dass damit der Konzern «lebensunfähig» würde, war nicht nur dem Commerzbank-Chef Walter Seipp klar.[285]

Es wurden auch Fehler wiederholt, wie sie bei Borgward begangen wurden, nämlich den Vertrieb übermäßig zu privilegieren: Dürr engagierte 1980 als neuen Telefunken-Chef den früheren Grundig-Manager Josef Stoffels. Die wichtigste Erfindung der Telefunken war 1962 dem Ingenieur Professor Walter Bruch mit dem PAL-Farbfernsehen gelungen; doch damit war kaum noch Geld zu verdienen; denn die Lizenzen liefen aus. Auf dem Fernsehmarkt purzelten die Preise durch die Überkapazitäten. Stoffels griff zu dem Strohhalm, Fernsehhändlern als Anreiz für den Verkauf eines Telefunken-Geräts eine feste Provision zu garantieren. Der Absatz erhöhte sich nicht nennenswert, aber Telefunken musste an die Händler zusätzlich an die 130 Millionen DM zahlen.[286]

Den vorläufigen Tiefpunkt der Entwicklung erreichte die AEG, als nach dem Vergleichsantrag 1982 der Chef der englischen General Electric Company (GEC), Lord Arnold Weinstock, Teile des Konzerns übernehmen wollte. Schon 1981 hatte die GEC sich an einer Beteiligung an der AEG interessiert gezeigt. Doch dann zog sie sich zurück, als sie erkannte, dass in den Pensionskassen für die 145 000 Mitarbeiter bis Ende 1981 2,3 Milliarden DM fehlten.[287] Jahrelang hatte AEG-Finanzchef Horst Brandt sich der Pensionskassen bedient, um die vielen Haushaltslöcher des Konzerns zu stopfen. Brandt durfte übrigens nach seinem Ausscheiden aus dem Vorstand in den Aufsichtsrat wechseln. Zuvor hatte er den neuesten Schuldenstand mit fünf Milliarden DM (Ende Mai 1982) bekannt gegeben.

Hans Dürr sah in der GEC den Retter in der Not und wollte ihren Einstieg. Doch Lord Weinstock und Dürr sahen sich einer unüberwindlichen Phalanx von Gegnern gegenüber: Hans Rubke, als Arbeitnehmervertreter stellvertretender Aufsichtsratsvorsitzender der AEG, wollte den Konzern, koste es, was es wolle, als Ganzes erhalten. In seinem Glauben beirrten ihn auch Bilanzen nicht, die die Unmöglichkeit solcher Hoffnungen belegten. Banken und Industrieunternehmen waren aus einem anderen Grund entschieden gegen eine Beteiligung der GEC an der AEG. Diese hatte Anfang der achtziger Jahre zwar wichtige Teile ihrer Telefon- und Nachrichtentechnik an die Elektrofirma Bosch, an den Röhrenhersteller Mannesmann und an die Allianz-Versicherung versilbert; dennoch blieb genug, um Lord Weinstock mit einer Beteiligung an der AEG auch den Einstieg in diese Technik in Deutschland zu erlauben. Bosch-Chef Hans Merkle, durch dessen Empfehlung Dürr auf den AEG-Chefsessel gelangt war und der diesen anfangs auch beim Bestreben unterstützte, die GEC ins Boot zu holen, vereitelte in einer Kehrtwendung gemeinsam mit Siemens das deutsch-britische Geschäft. Die Gewerkschaften machten mit; denn Weinstock, in ihren Augen berüchtigt als beinharter Sanierer, hatte ihnen auf eine entsprechende Frage klipp und klar gesagt, er halte «nicht sehr viel» von der deutschen Mitbestimmung. Und über den Chefjustitiar der IG Metall und Wortführer der Gewerkschaften im AEG-Aufsichtsrat, Professor Michael Kittner, hatte Lord Weinstock gar geurteilt: «Wenn Sie in Deutschland mehr Professor Kittners haben, dann ist mir um die britische Industrie nicht bange.»*

Die Bundesregierung war auch nicht begeistert. Forschungsminister Andreas von Bülow (SPD) sorgte sich um die Forschungsmittel in dreistelliger Millionenhöhe, die sein Ministerium der AEG jährlich überließ, und seinem Parteigenossen Hans Apel, Verteidigungsminister, war nicht ganz geheuer, dass ein britisches Unternehmen Einblick in die Milliardengeschäfte nehmen könnte, die die AEG mit der Bundeswehr machte. Im August 1982 zog Lord Weinstock sein Angebot zurück – angesichts der «negativen Haltung der Gewerkschaften» und des «Ausmaßes an Feindseligkeit seitens mächtiger Elemente in der deutschen Industrie».[288]

---

\* Henri Nannen schrieb bissig: «Höchste Zeit, sagen die Gewerkschaften, dass endlich die paritätische Mitbestimmung eingeführt wird, damit die unternehmerische Willkür ein Ende hat und die Arbeiter nicht die alleinigen Leidtragenden sind. Aber im Aufsichtsrat der AEG saßen doch neun gewerkschaftliche Arbeitnehmervertreter, darunter ein veritabler Professor von der IG Metall. Und schließlich haben gewerkschaftliche Unternehmerdarsteller bei der ‹Neuen Heimat› erst vor wenigen Monaten die Beschränktheit ihres wirtschaftlichen Sachverstandes unzweideutig unter Beweis gestellt.» (Stern, 26. 8. 1982, op. cit.)

Voller Hoffnung reisten als Gesandte der Gewerkschafter in der AEG Rubke, Kittner und zwei weitere Genossen an den Brahmsee. Helmut Schmidt als sozialdemokratischer Bundeskanzler müsse nun dem Elektrokonzern mit Mitteln aus dem Bundeshaushalt beispringen, meinten sie. Anders als später Gerhard Schröder bei der drohenden Holzmann-Pleite ließ dieser sich nicht beeindrucken. Im Vorfeld hatte Schmidt sich beim Vorsitzenden des Siemens-Aufsichtsrates, Bernhard Plettner, informiert und so seinen Gesprächspartnern eröffnen können: «In der weißen Ware schafft ihr doch mit 28 000 Leuten so viel wie Siemens und Bosch in ihren Fabriken mit 14 000.» Außerdem treibe Siemens dreimal so viel Forschung wie die AEG. Die Gewerkschafter mussten frustriert abreisen. Schmidt ließ sich in seinem Widerstand gegen eine direkte Beteiligung des Bundes nicht beirren – darin ähnlich der seinerzeitigen Weigerung Bundeswirtschaftsminister Erhards, dem angeschlagenen Borgward-Konzern mit Steuermitteln zu helfen.

Schmidt zahlte einen hohen Preis. Er hatte die Gewerkschafter inmitten des Krisensommers 1982 abblitzen lassen. Die Stimmung innerhalb der SPD war ohnehin auf dem Tiefpunkt. Beobachter sahen Deutschland in der schwersten wirtschaftlichen Rezession der Nachkriegszeit. 5676 Firmen hatten im ersten Halbjahr aufgeben müssen, die Juli-Arbeitslosigkeit war die höchste seit 1950. Ein Koalitionswechsel der FDP-Politiker Hans Dietrich Genscher und Otto Graf Lambsdorff hin zur CDU war nicht mehr auszuschließen. Bekanntlich verlor Schmidt in diesen Monaten immer mehr Rückhalt in seiner Partei und wurde im Herbst 1982 durch ein konstruktives Misstrauensvotum durch den CDU-Vorsitzenden Helmut Kohl abgelöst. Der unternehmerischen Krise fiel auch einer der wichtigsten Politiker der Nachkriegszeit zum Opfer.

Im Ringen um die Sanierung der AEG 1982 spielten im Übrigen die von der Dresdner Bank geführten Konsortialbanken eine bizarre Rolle, als über weitere Finanzspritzen für die AEG verhandelt wurde. Trickreich hatte die SPD-geführte Regierung zwar eine indirekte Milliarden-Bürgschaft in Aussicht gestellt, diese jedoch an die Bedingung geknüpft, die Banken müssten der AEG weitere 275 Millionen DM Kredite einräumen. 250 Millionen DM waren aufzubringen. Um die fehlenden 25 Millionen DM – also im späteren Kopper-Jargon gerade eine halbe Peanut – stritten sich die Banker so heftig, dass einem von ihnen dazu das Bild einfiel: «Wenn man den Stöpsel rauszieht, ist irgendwann die größte Badewanne leer.»

Als größte Belastung erwies sich ein Machtkampf innerhalb der Dresdner Bank. Der Moderator der Banker-Runde zur Rettung der AEG, Manfred Meier-Preschany, ein lang gedientes Dresdner-Bank-Vorstandsmitglied, war wenig begeistert gewesen, dass er mit Hans Friderichs einen Politiker und Quereinsteiger als Chef vorgesetzt bekommen hatte. Im Poker um die 25 Millionen DM trat Meier-Preschany völlig undiplomatisch auf, düpierte Kollegen und wurde gar beleidigend. Vom Niveau der Auseinandersetzungen zeugt folgender überlieferter Dialog mit dem AEG-Aufsichtsrat und BP-Chef Hellmuth Buddenberg. Buddenberg: «Ihre blumenreiche Sprache kotzt mich an. Sagen Sie doch mal, was Sie meinen.» Der so Provozierte konterte: «Wenn Sie mich nicht verstehen, dann muss das wohl an der unterschiedlichen Intelligenz liegen.» Friderichs ließ seinen untergebenen Vorstand gewähren, wobei ihm unterstellt wurde, er habe Angst davor gehabt, sich durch mangelnde Beherrschung des Banker-Kauderwelschs zu blamieren – anders als Buddenberg, der nachhakte, wenn es ihm zu verklausuliert zuging. Meier-Preschany wiederum trauten Insider sogar zu, er habe die Sanierung der AEG hintertrieben, um den Ruf Friderichs' zu schädigen.[289]

Das Ende der AEG hatten wir weiter oben beschrieben. Dürr und Friderichs blieb nur noch der Ausweg, das Vergleichsverfahren eröffnen zu lassen. Der Knick in ihren Karrieren bedeutete aber nicht ihr Ende; denn das war politisch nicht gewollt.

Heinz Dürr ging 1991 als Vorstandsvorsitzender zur Deutschen Bahn AG. Dort profilierte er sich als «Vater der Bahnreform», der die aufwendigsten Investitionen in der Geschichte der Bundesbahn durchsetzte. Insbesondere zwei Großprojekte wurden in seiner Amtszeit beschlossen: die ICE-Neubaustrecke Köln/Rhein-Main und die Berliner Nord-Süd-Verbindung. Noch vor dem Abschluss seiner gefeierten und von politischer Seite abgesegneten Modernisierungsoffensive übergab er den Vorstandsvorsitz an den Kohl-Protegé Johannes Ludewig und übernahm selbst die Position des Aufsichtsratsvorsitzenden. Inzwischen muss er sich allerdings gegen Vorwürfe wehren, für das immer offenkundiger werdende Missmanagement und die unzureichende Planung bei diesen Neubaustrecken mitverantwortlich zu sein. Im ungünstigen Fall sollen auf die Bundesbahn durch zahlreiche gravierende Fehler Mehrkosten bis zu fünf Milliarden DM zukommen.[290]

Hans Friderichs war uns im Kapitel über den Niedergang der co op zuletzt begegnet: Im Dezember 1988 durfte er neuer Aufsichtsratsvorsitzender der co op werden.

## *Fazit aus den Pleiten des Korporatismus*

Wir versuchen an Pleiten Eigenheiten der jeweiligen Zeitabschnitte und Charakteristika des Sozialsystems aufzuzeigen. Lediglich als Wirtschaftsabläufe sind solche Vorgänge unverständlich.

(1) Da ist einmal hervorzuheben, dass es Pleiten bei Töchtern sehr potenter Mütter waren: Gerling-Konzern oder DGB. Wohl im Vertrauen auf diese Mütter schöpften die Verantwortlichen bei Herstatt, Neuer Heimat oder co op den Mut, an den Rand eines zunächst noch beherrschbaren Risikos zu gehen.

(2) Als dann erkennbar sein musste, dass die Schieflage mit normalem Geschäftsgebaren nicht korrigierbar sein würde, wurde Hazard als Ausweg versucht. Bemerkenswert ist, wie viele Menschen an diesen Hazard-Spielen über wie lange Zeit beteiligt sein konnten, ehe von außen gebremst wurde.

(3) Verschlechterte sich die Situation, so wurde als Abschirmung vor Kontrolle in allen Fällen versucht, eine größtmögliche Undurchsichtigkeit herzustellen. Das ist nachvollziehbar. Aber weniger nachvollziehbar ist, dass die Mütter dies duldeten.

(4) Eine Pleite ist selbstverständlich auch anders möglich als in den drei zuerst geschilderten Zusammenbrüchen, die wiederholt in Betrügereien mündeten, ohne dass sie als solche angelegt waren: Versuche der Nachbesserung von krassen Managementfehlern. Be-

merkenswert ist in den Fällen Neue Heimat und co op, wie lange nach Abgleiten in den Betrug weitergewurschtelt werden kann. Bemerkenswert ist auch, dass es den Betrügern an Unrechtsbewusstsein fehlt.

(5) Immer wieder brechen persönliche Kämpfe zwischen Managern aus, die schädlich für ein Unternehmen sind. Zumindest auf dieser Leitungsebene – mit ziemlicher Sicherheit nicht nur hier – werden dann Ego-Trips auslebbar, ohne dass von außen wirksam gegengesteuert wird.

(6) Auf dieser Entscheidungsebene sind in Deutschland Wirtschaft und Politik miteinander verknäuelt. Unternehmen von der Bedeutung der Neuen Heimat, co op oder AEG sind dann nicht mehr nur Wirtschaftsbetriebe, sondern auch politisch wirkende Institutionen.

(7) Der langsame Tod des Traditionsunternehmens AEG ist ein Beispiel, wie über Jahrzehnte dennoch ein Konzern überleben kann, der zum Sterben einfach zu groß zu sein schien. Die Weichen für den schließlichen Tod der AEG wurden bereits nach dem Abgang Walther Rathenaus Anfang der zwanziger Jahre gestellt: die irrationale Fixierung, Siemens einzuholen, zum wichtigsten Unternehmensziel zu machen und hierfür den Zusammenbau eines Mischkonzerns zu wählen, der nicht betriebswirtschaftlich führbar war. Wann immer dann die nächste Krisensituation kam, wurde geflickt, statt einen Neubeginn nach radikalem Schnitt zu versuchen.

(8) Auffällig musste für Außenstehende der Schickeria-Lebensstil sein, den Herstatt, Vietor und Otto sowie deren Clans zelebrierten. Im Umkehrschluss ist daraus zu folgern, dass für viele in Deutschland der Unterschied in der Lebensführung von Medienstars und Wirtschaftskapitänen verblasste – eine Erkenntnis, die sich später insbesondere der Bauunternehmer Jürgen Schneider bei seiner neuen Spielart einer Köpenickiade zunutze machte. Schneider behauptete später, das Vorgaukeln der Fähigkeit, einen solch pompösen Lebensstil finanzieren zu können, sei die Voraussetzung für dessen anschließende Finanzierbarkeit.

## III

## Umbau –
## Wiedervereinigung und globale Orientierung

Als der Eiserne Vorhang zerbrach – der Fall der Mauer war nur ein Teil dieser gewaltigen Umwälzung der Verhältnisse –, wurden das politische System der Bundesrepublik und ihre Wirtschaft mit einer Aufgabe konfrontiert, auf die sie nicht vorbereitet waren. Bereits gegen Ende der Regierung Schmidt war den Ministerien des westlichen Deutschlands untersagt worden, Pläne fortzuschreiben, wie im Falle einer Vereinigung beider deutscher Teilstaaten zu verfahren sei. Das Verbot galt während der anschließenden Regierung Kohl weiter. Möglicherweise wusste deshalb das Establishment in der Bundesrepublik wirklich so wenig über die Misere der Wirtschaft im Osten, wie es nach außen vorgab. Vielleicht wollte mancher auch nicht wahrhaben, was aus dem angeblich achtgrößten Industriestaat der Erde – so die Selbstdarstellung – geworden war. Der Leiter der Außen- und Sicherheitspolitik im Kanzleramt, Horst Teltschik, zum Beispiel, der 1988 öffentlich vom nahen Kollaps der DDR-Wirtschaft gesprochen hatte, handelte sich dafür die Forderung des damaligen SPD-Vorsitzenden Hans-Jochen Vogel an Kanzler Kohl ein, ihn zu entlassen.

## Die Wurschtelei bei der Wiedervereinigung

Jedenfalls wurde für die meisten Entscheidungsträger der Bundesrepublik die Wiedervereinigung zunächst zu einem Blindflug. Nach der Öffnung der Grenzen hatte die westdeutsche Regierung keinesfalls die sofortige Vereinigung im Blick; sie stellte sich anfangs eine Konföderation mit schrittweise enger werdenden Bindungen vor. Der Wunsch in der Bevölkerung nach Vereinigung war indessen durch die politischen Eliten beider Teile Deutschlands nicht zu kanalisieren. Beispielhaft deutlich machte dies die rasche Einführung der Deutschen Mark auf dem Gebiet der DDR. Entgegen dem Rat der Bundesbank entschied Kanzler Kohl, dass ihre Einführung nicht bis zur politischen Vereinigung warten könne, die am 3. Oktober 1990 vollzogen wurde. Mit ziemlicher Sicherheit war das ein zutreffendes Urteil. Ebenso sicher darf geurteilt werden, dass die praktische Umsetzung des Beschlusses eine Stümperei war.

So wurde verfügt, dass es für den Umtausch keine Obergrenze gab – ein gigantisches «Begrüßungsgeld» vor allem für jene Eliten mit ihren teils dubiosen Vermögensdepots, die die DDR heruntergewirtschaftet hatten. Gravierender war die Entscheidung, zwei verschiedene Umtauschraten zu benutzen: bei Privatpersonen 1:1 bis zu 6000 Mark, 1:2 darüber hinaus, im Schnitt 1,65 Mark Ost zu 1,00 Mark West. Eine DDR-Geldinstitution musste demnach eine Einlage von 165 Mark Ost mit 100 «Vereinigungsmark» verrechnen; ihre Forderung in Höhe von 165 Mark war aber nur noch 82,5 «Vereinigungsmark» wert. Die Ausgleichslücke, welche die Politiker völlig überraschte, wurde auf 90 Milliarden DM geschätzt.

Hinzu kam zunächst eine falsche Optik der Regierung, die Kanzler Kohl zu dem später oft kritisierten Satz bewog, schon bald werde man im Osten «blühende Landschaften» erblicken können. Damals traf die Regierung eine ordnungspolitische Entscheidung mit schwer wiegenden Folgen, als Bundeskanzler Kohl sich gegen eine Rückübertragung des zwischen 1945 und 1949 enteigneten Eigentums aussprach. Vor dem Bundesverfassungsgericht machte die Regierung Kohl zur Begründung geltend, der sowjetische Präsident Michail Gorbatschow habe die Respektierung dieser Enteignungen zur Vorbedingung der Wiedervereinigung gemacht. Das Gericht unter Vorsitz seines Präsidenten Roman Herzog bestätigte die Entscheidung darauf hin «aus übergeordneten Gründen».

Die Aussage der Regierung Kohl war womöglich eine Lüge.[291] Gorbatschow jedenfalls konnte sich wenige Jahre später an dieses wichtige Detail nicht erinnern. Die Bundesregierung hoffte, dass der Aufbau im Osten zu großen Teilen aus dem Veräußerungsgewinn der enteigneten Werte finanziert werden konnte – ein bemerkenswertes Verhältnis des Staates zum Eigentum und im Übrigen eine völlige Fehleinschätzung der Werte, um die es ging. Vielleicht hatte Letzteres auch eine nützliche Folge: Die Regierung erkannte damals nicht, dass in den ersten zehn Jahren Transferleistungen von weit über 1000 Milliarden – vielleicht sogar 1500 Milliarden DM – notwendig sein würden. In der westdeutschen Bevölkerung hätte eine solche Erkenntnis im Sommer 1990 wohl den Willen zur Wiedervereinigung erheblich gedämpft.

Schon bald wurde deutlich, dass die wirtschaftliche Entwicklung des Ostens große Anstrengungen zur Verbesserung der Infrastruktur voraussetzte. Bis Ende 1997 wurden 11000 Kilometer Straßen neu gebaut oder instand gesetzt. Zum Zeitpunkt der Vereinigung durften Eisenbahnen in der damaligen DDR auf einer Reihe von maroden Strecken nur noch mit Tempo 25 Kilometer voranzuckeln; inzwischen wurden 5300 Kilometer Schienenweg erneuert. Ende 1997 war das vormals verkommene Telefonnetz auf dem Gebiet der DDR zur Gänze digitalisiert und damit moderner als im Westen. Der halbe Bestand an Wohnungen, mehr als 3,8 Millionen Einheiten, wurde modernisiert, das Netz an Dienstleistungsbetrieben – Tankstellen, Sparkassen, Verkaufsflächen – erneuert und verdichtet. Und nicht zuletzt wurde mit Hilfe von «Leihbeamten» aus dem Westen ein dezentraler Unterbau der Verwaltung geschaffen. Was der Staat tun konnte, wurde zum großen Teil auch getan. Die private Wirtschaft entwickelt sich dagegen bis heute nur zögernd.

Die ohnehin gegebenen strukturellen Nachteile für die Wirtschaft in den neuen Bundesländern wurden durch eine politisch motivierte Entscheidung noch verstärkt. Unmittelbar vor den

Volkskammerwahlen vom 18. März 1990 hatte die Regierung unter Hans Modrow ein Treuhandgesetz verabschiedet, das die bisherigen administrativen Strukturen der Wirtschaft durch eine Staatsholding ersetzte. Damals glaubte die letzte sozialistische Regierung der DDR den Einschätzungen ihrer Meinungsforscher, sie werde durch einen glatten Wahlsieg in ihrem Amt bestätigt und könne dann als zweiter deutscher Staat mit ihrer Art der Sanierung der Wirtschaft beginnen. Die folgende Wahlniederlage bedeutete dann das Ende der Regierung Modrow und des sozialistischen Systems, nicht jedoch auch das Ende der «Treuhand».

Erkennbar hatte es für die Regierung Kohl Priorität, Turbulenzen beim Prozess des Übergangs der ehemaligen DDR in die Ordnung der Bundesrepublik zu vermeiden. Besonders schreckhaft zeigte sich die Bundesregierung gegenüber Vorwürfen in Ost und West, die Wiedervereinigung laufe auf eine Kolonialisierung des Ostens durch den Westen hinaus. DDR-Ministerpräsident Lothar de Maizière wollte die Weiterexistenz der Treuhand, und die Regierung Kohl gab nach.

Es gab und gibt viele Spekulationen darüber, warum die Regierung Kohl so agierte, bis hin zu der Vermutung allgemeiner Erpressbarkeit westdeutscher Eliten durch das Geheimdienstwissen im Osten; wir wollen uns daran nicht beteiligen. Jedenfalls nutzte das sich im Vereinigungsprozess befindliche Deutschland nun eine sozialistische Institution zum Umbau des Wirtschaftsgefüges, sogar mit Personal, das auch aus SED-Institutionen rekrutiert wurde – und zusätzlich mit westlichen Spitzenkräften, die des Kanzlers Wohlgefallen hatten. Leiter der Treuhand wurde zunächst der als hoch qualifiziert geltende Detlev Karsten Rohwedder, nach seiner Ermordung im April 1991 dann Birgit Breuel, deren Qualifikationen für die schwierige Aufgabe dunkel blieben. Kohl-gefällig war auch die Übertragung der Aufsicht über die Treuhand an das CDU-Mitglied Jens Odewald im Jahre 1990.

Mit der Währungsunion im Sommer 1990 war die Treuhand zuständig für zunächst ca. 8500 Betriebe mit 4,1 Millionen Beschäftigten. Die Anstalt deutete ihren Auftrag als «Privatisieren vor Sanieren», und im Urteil vieler Beobachter hatte dies übermäßig viele

Betriebsschließungen zur Folge.[292] Nach einer Bilanz zum 31. Mai 1994 hatte die Treuhand bis dahin von 12 335 Betrieben 49,4 Prozent vollständig privatisiert; 12,9 Prozent wurden an Alteigentümer rückübertragen; 27,9 Prozent wurden liquidiert.\* Fast die Hälfte der vollständigen Privatisierungen waren allerdings Management-Buy-outs, was eigentlich für die Treuhand nur eine Art letzter Ausweg sein durfte, weil dadurch ja kein zusätzliches Kapital in die neuen Bundesländer gelangte.\*\* In nur 6,8 Prozent der Verkäufe konnten ausländische Investoren gewonnen werden – überwiegend amerikanisches und westeuropäisches Kapital. Es war eines der wichtigsten Defizite der Wirtschaftspolitik à la Treuhand, dass es nicht gelang, in nennenswertem Umfang ausländisches Kapital nach Ostdeutschland zu bringen.

Die Treuhandanstalt hinterließ nach 1994 ihrem Nachfolgeinstitut, der «Bundesanstalt für vereinigungsbedingte Sonderaufgaben» (BvS), Schulden in Höhe von mehr als 220 Milliarden DM, obwohl sie «Verkauf vor Sanieren» betrieben hatte. Hinzu kommen milliardenteure Umwelt-Altlasten, über deren Kosten es anhaltend Streit zwischen dem Bund und den neuen Ländern gibt. Die zahlreichen Fälle von «vereinigungsbedingter Kriminalität» im Zusammenhang mit der Privatisierung sind noch lange nicht alle aufgearbeitet. Vier Millionen Arbeitsplätze gingen verloren. Dem standen Versprechungen von Firmenkäufern gegenüber, 1,5 Millionen neue Arbeitsplätze zu schaffen; fast in jedem vierten Fall sollen diese Zusagen gebrochen worden sein. Gemessen an den Versprechungen der Eröffnungsbilanz, in der Detlev Karsten Rohwedder ein Plus aus der Privatisierung von über 200 Milliarden DM ankündigte, ist die Treuhand in kaufmännischer Betrachtung der größte Managementflop seit 1945 weltweit.

---

\* Durch Entflechtung und Aufspaltung erhöhte sich die Zahl der Betriebe gegenüber dem Anfangsbestand; Jan Priewe: «Die Folgen der schnellen Privatisierung der Treuhandanstalt». In: Aus Politik und Zeitgeschehen (Beilage zur Wochenzeitung «Das Parlament») B 43/44, 28. 10. 1994, S. 23.
\*\* «Management-Buy-out» bedeutete im vorliegenden Fall, dass die Betriebsleitungen zu Zeiten des SED-Regimes ihre Führungsstellungen beibehielten. In ca. einem Viertel der Betriebe verblieb mithin die frühere Führungsspitze.

Eines der größten Defizite in den neuen Bundesländern war das weitgehende Fehlen von Klein- und Mittelbetrieben, die in Deutschland das Rückgrat des Arbeitsmarktes sind. Als die Mauer fiel, waren im Osten des Landes nur 2,2 Prozent der Erwerbsbevölkerung Selbständige, 1999 betrug ihr Anteil wieder 8,4 Prozent; er nähert sich inzwischen den Werten für den Westen. 1998 gab es mehr als 510 000 Klein- und Mittelbetriebe auf dem Gebiet der ehemaligen DDR, in denen ungefähr 3,4 Millionen Menschen beschäftigt waren. Die Schwachstelle in der Wirtschaftsstruktur des Ostens ist heute das Fehlen einer angemessenen Zahl von Großbetrieben, die ihre Zentrale in den neuen Bundesländern haben. Einzelne international vorzeigbare Spitzenbetriebe mit Sitz im Osten wie Jenoptik oder Leuna (Elf Aquitaine) oder modernste Technik wie beim Opelwerk in Eisenach oder dem gläsernen Automobilwerk von Volkswagen gibt es: Sie sind allerdings in der Regel auf verschiedene Weise und aus unterschiedlichen Gründen hoch subventioniert worden.

Der Entschluss von Kanzler Kohl, die sozialistische Erfindung «Treuhand» zu übernehmen, hat sicherlich unnötig viel Geld und Arbeitsstätten gekostet, aber angesichts der positiven Entwicklung etwa bei der Infrastruktur ist kein bleibender Schaden zu befürchten. Bis zur schließlichen Angleichung der wirtschaftlichen Vitalität dürften aber noch zwischen fünf und zehn Jahre vergehen.* In zehn Jahren ist der Rückstand der Wirtschaftskraft des Gebietes der ehemaligen DDR halbiert worden, aber auch heute wird die Wirtschaftskraft dieses Gebietes auf nur 66 Prozent der des Westens geschätzt.[293] Jedenfalls leistet die Wirtschaft der Bundesrepublik seit 1990 einen doppelten Kraftakt, der das Land in den Statistiken der gesamtwirtschaftlichen Entwicklungen weniger gut aussehen lässt als verdient: zeitgleich die Weiterentwicklung und den Umbau im Westen sowie die Angleichung im Osten.

---

\* Die Angleichung im Konsumbereich erfolgt wesentlich schneller aufgrund der hohen Subventionen, die überwiegend konsumptiv verwendet werden. Siehe Heinz Herbert Noll und Roland Habich (Hg.): «Vom Zusammenwachsen einer Gesellschaft». Frankfurt 2000.

## *Modernisierungsschübe*

Nun sind nicht nur bei uns, sondern auch in anderen Ländern die Leistungen heutiger marktwirtschaftlicher Systeme kontrovers geworden. Anstoß wird genommen an einer hohen Arbeitslosigkeit, die auch bei Wirtschaftswachstum nur wenig zurückgeht, und an der zunehmenden Unmöglichkeit, das soziale Netz weiter im gewohnten Umfang zu finanzieren. Ursache der akuten Krise ist das Zusammentreffen von zwei weltweiten Entwicklungen: erstens des Umbaus in der Arbeitswelt und zweitens der Globalisierung.

Mit dem Umbau der Arbeitswelt ist die deutsche Wirtschaft inzwischen besser zurande gekommen, als früher erwartet wurde. Insbesondere gibt es eine zunehmende Flexibilisierung der Arbeitsbedingungen und der Arbeitszeiten. Beispiele sind Jahresarbeitszeitkonten, mit denen elastischer auf Schwankungen im Absatz reagiert werden kann. Hinzu kommen unterschiedlich lange Arbeitswochen je nach Zustand der Nachfrage und eine Flexibilität in der Abstimmung der Arbeit zwischen Privatwelt und Betrieb. Bereits 37 Prozent aller Beschäftigten geben an, nach einem Arbeitszeitkontenmodell zu arbeiten.[294] Nur 15 Prozent erklären, noch unter den Bedingungen eines normalen Zeitstandards für die Arbeitswoche beschäftigt zu sein.[295] Insgesamt ist heute die Bereitschaft für das Arbeiten unter Flexi-Bedingungen so hoch, dass von der «Erosion des Normalarbeitsverhältnisses» geschrieben wird.[296]

Nicht die ungenügende Flexibilität der Arbeitnehmer oder zu wenig innovationsbereite Unternehmer sind der Hauptgrund für die Arbeitslosigkeit. Noch vor dem Mismatch von Angebot und Nachfrage auf dem Arbeitsmarkt als Folge auch von Strukturänderungen sind es die Arbeitskosten in Deutschland, die für die Höhe der Arbeitslosigkeit mitverantwortlich sind. Sie betrugen 1999 in der verarbeitenden Industrie nach Berechnung des Instituts der Deutschen Wirtschaft (idw) in Köln pro Stunde für Westdeutschland 49,23 DM und waren damit weltweit die höchsten Kosten.[297] Von seinen Lohnkosten erhält der westdeutsche Arbeitnehmer zum Mitnehmen nach Hause jedoch nur 27,11 DM, während der Arbeiter in den USA bei wesentlich geringeren Lohnkosten fast so viel wie sein deutscher Kollege zum Ausgeben behält. Und das ist bereits die ganzen neunziger Jahre so. Hauptverantwortlich für die hohe Arbeitslosigkeit ist unsere Art der Finanzierung des Sozialstaates, also ein politisch zu verantwortender Umstand. Manager können hieran nichts ändern. Ihr Können erweist sich im Ausschöpfen von Möglichkeiten, welche die Flexibilisierung der Arbeitsverhältnisse zur Kostensenkung bietet.

Der strukturelle Umbau der Wirtschaft in Deutschland, der schon bis zur Wende weit gediehen war, geht insbesondere im Westen des Landes weiter. Der Anteil der Beschäftigten im produzierenden Gewerbe ist von 30,3 Prozent im Jahre 1991 sieben Jahre später auf 25,5 Prozent gesunken. Gleichzeitig stieg der Prozentsatz der mit Finanzierungen, Vermietungen und Unternehmensdienstleistungen Beschäftigten von 24,5 auf 29,6 Prozent.[298]

Nebeneinander wachsen in Deutschland nach wie vor viele Branchen, andere bauen ab. Es sind indessen nicht immer dieselben Branchen, die mit Rückgang leben müssen. So war der Schiffbau in Deutschland bereits totgesagt; er schien an Schwellenländer wie Südkorea verloren. Inzwischen boomt der Schiffbau mit neuen und qualitativ höchst anspruchsvollen Produkten, seegängigen Fähren und Kreuzfahrtschiffen der absoluten Luxusklasse. Einen Jahrzehnte währenden Niedergang hat in der Bundesrepublik die Textilbranche hinter sich. Abgewandert sind die einfachen Produkte. Die Textilbranche kann indessen wieder leichte Zuwächse verzeichnen, indem besonders Hochwertiges produziert wird. Beispiele sind die Herrenmode von Boss oder die Textilien von Joop. Diese Kreationen sind im Textilbereich gewissermaßen das, was Porsche in der Automobilproduktion ist.

Diese Verlagerung des Schwerpunktes der Produktion hin zu «Premium-Marken» ist ein Trend in mehreren Branchen, so auch in der Automobilindustrie. 1995 produzierten die Vereinigten Staaten bei einer Weltproduktion von 50,3 Millionen Automobilen 12 Millionen und Japan 10,2 Millionen. Deutschland folgte mit 4,7 Millionen erst auf Platz drei. Damit ist Deutschland in der Automobilproduktion nicht ganz so gewichtig, wie wir das in unserem Selbstbild unterstellen. Immerhin ist die Bundesrepublik mit einigem Abstand der führende Automobilproduzent in Europa, und die Branche wächst weiter, während das Produktionsvolumen in den USA schon seit einigen Jahren rückläufig ist. Aber auch in der Automobilproduktion setzt sich die internationale Arbeitsteilung durch, wonach beispielsweise bei Ford die einfachen Produkte in Spanien und die anspruchsvolleren Autos in Deutschland hergestellt werden. Volkswagen produzierte 1995 in Deutschland jährlich ca. 1,2 Millionen Automobile, in anderen Ländern aber bereits ca. 1,7 Millionen – mit rasch steigender Tendenz der ausländischen Produktion. Langfristig sind wohl anspruchslosere Automodelle in Deutschland nicht mehr produzierbar.

Das Rückgrat der deutschen Wirtschaft ist der Maschinenbau geblieben. Hier boomt nach wie vor der Export. Insgesamt blieb er in den ganzen neunziger Jahren der Motor der Wirtschaft, während die Nachfrage im Inland überwiegend stagnierte. Die weitaus meisten Exporte gehen in den europäischen Wirtschaftsraum, allem voran in die anderen EU-Staaten. Während in den USA der Export fast nur von deren Weltfirmen getragen wird, sind in Deutschland die mittleren Firmen ein Rückgrat des Exportes – wogegen sich die leistungsfähigen Großunternehmen Deutschlands heute eher durch den Export von Arbeitsplätzen hervortun.

Ein starkes Indiz für die Wettbewerbsfähigkeit des Landes ist der Rang, den Deutschland unter den Lieferanten ausländischer Wirtschaften hat. Auf den größten Exportmärkten steht Deutschland meist auf Rang 1 oder 2. Eine relativ schwache Stellung haben deutsche Exporteure allerdings in den USA (Rang 4) und in Südostasien mit Rangziffern zwischen 5 und 7.

Positiv war auch die Entwicklung bei den Neugründungen von Firmen. Gewiss war demgegenüber seit Mitte der neunziger Jahre auch die Zahl der Firmenpleiten mit jährlich zwischen 26 000 bis 28 000 Unternehmen ziemlich konstant; diese Werte sind aber, so erstaunlich es anmuten mag, im internationalen Vergleichsrahmen eher niedrig.

In den alten Bundesländern wurden im Jahr 2000 rund 175 000 neue Unternehmen gegründet, und in den neuen war mit fast 28 000 die Talsohle für Neugründungen durchschritten.[299]

**Firmenpleiten im internationalen Vergleich**[300]
(Zahl der Unternehmensinsolvenzen)

| Land | 1997 | 1998 | 1999 | 2000 |
|---|---|---|---|---|
| Deutschland | 27 474 | 27 828 | 26 500 | 28 000 |
| – Westdeutschland | 19 348 | 19 213 | 18 100 | 19 300 |
| – Ostdeutschland | 8 126 | 8 615 | 8 400 | 8 700 |
| Frankreich | 49 568 | 43 253 | 39 246 | 37 600 |
| Großbritannien | 37 051 | 37 752 | 43 088 | 44 400 |
| USA | 54 027 | 44 367 | 37 884 | 36 200 |

Allerdings verfiel die Bereitschaft, in Deutschland zu investieren. Seit 1993 wuchsen die Investitionen, die in die Ausrüstung flossen, in den USA jährlich im Durchschnitt um zehn Prozent, während sie in Deutschland erst 1998 mit 9,2 Prozent wieder die für Wachstum erforderlichen Werte erreichten.[301] Ein wichtiger Umstand für unser Investitionsdefizit ist der Abfluss deutschen Kapitals in die USA, wo hohe Zinsen verdient werden konnten und der Aktienmarkt phantastische Kursgewinne versprach. Da gleichzeitig die Leistungsbilanz der USA hoch defizitär war, bedeutete dies, dass europäisches Kapital den Dauerboom der USA während der neunziger Jahre finanzierte.

Aufgrund des Drängens der großen amerikanischen Investmenthäuser (beispielsweise Goldman Sachs, Morgan Stanley, Merrill Lynch, Chase Morgan, Salomon Smith Barney) waren im Verlaufe der neunziger Jahre Restriktionen, die den freien Kapitalverkehr über Grenzen beeinträchtigten, für viele Länder der Erde beseitigt worden. Von den sich hier eröffnenden Verdienstmöglichkeiten machten in der zweiten Hälfte der neunziger Jahre bundesrepublikanische Spekulanten noch mehr Gebrauch als die Amerikaner selbst. Einen Höhepunkt erreichte das internationale Hin- und Herschieben im Jahre 1998, könnte aber durch die Vergünstigungen, welche die rot-grüne Steuerreform insbesondere für Spekulanten brachte, jetzt noch verstärkt werden.

**Wertpapierhandel international**[302]
Grenzüberschreitender Handel mit Anleihen und Aktien in Prozent des Bruttoinlandsprodukts

|  | 1990–1994 | 1995 | 1996 | 1997 | 1998 | 1999 |
|---|---|---|---|---|---|---|
| Deutschland – Anleihen | 87,3 | 148,8 | 171,0 | 211,6 | 259,1 | 250,9 |
| – Aktien | 15,2 | 18,5 | 24,8 | 44,7 | 69,8 | 83,4 |
| USA – Anleihen | 94,0 | 110,2 | 129,0 | 163,6 | 166,3 | 125,8 |
| – Aktien | 14,7 | 22,4 | 27,2 | 44,3 | 56,5 | 53,1 |
| Japan – Anleihen | 74,5 | 55,2 | 66,1 | 78,3 | 72,4 | 56,0 |
| – Aktien | 9,8 | 9,6 | 13,4 | 17,1 | 18,2 | 29,1 |

Das war dann auch der Zeitraum, in dem die Zahl von «Übernahmen» rasch anstieg. Die gibt es im gegenseitigen Einverständnis als «freundliche Übernahme», aber auch als feindliche Übernahme durch Aufkauf von Aktien gegen den Willen der Geschäftsleitung des Unternehmens, das geschluckt werden soll. Der spektakulärste Fall einer sich über einen langen Zeitraum hinziehenden feindlichen Übernahme war das Aufgehen von Mannesmann in die britische Vodafone. Vodafone zahlte schließlich den Aktionären von Mannesmann 338 Milliarden DM und dem Vorstandsvorsitzenden der übernommenen Firma Klaus Esser eine Abfindung von 60 Millionen DM (nach Gerüchten sogar 100 Millionen). «Zahlt» muss allerdings relativiert werden, weil die Zahlung auch in der Hingabe von Papieren der übernehmenden Gesellschaft bestehen kann – nach deutschem Recht muss allerdings die Hälfte des Übernahmepreises in wirklichem Geld statt mit Papieren bezahlt werden. Die Mannesmänner erhielten übrigens dann einen geringeren Wert, als sie glauben durften, weil anschließend der Kurs der Vodafone-Papiere abrutschte.

Der Geschäftsführer der M & A International GmbH, Arno Burckhardt, schätzt die Zahl der Übernahmen im Jahr 2000 auf insgesamt 1972.[303] Bei aller Größe der so entstehenden Wirtschaftseinheiten sind das auf dem Fusionsmarkt weltweit keine Vereinigungen der Spitzengröße. Wenn die Ölfirmen Exxon und Mobil Oil zu einem Kaufpreis von 134 Milliarden DM fusionieren, dann ist das eine Summe, die den Staatshaushalt mancher kleiner Länder übersteigt. Das gilt auch für die Verschmelzung von Citibank und der Versicherung Travellers. Die Fusion der Deutschen Bank mit Bankers Trust schlägt vergleichsweise nur eben mit einem Preis von 17,1 Milliarden DM zu Buche, die von Daimler-Benz mit Chrysler allerdings bereits mit 75 Milliarden DM.

Nach wie vor wird nachgewiesen, dass die Mehrzahl insbesondere der internationalen Fusionen sich nicht rechnet, aber dennoch ist der Trend ungebrochen. Für deutsche Manager haben internationale Fusionen auch bei einer Verschlechterung des Betriebsergebnisses insbesondere einen Vorteil: Die Gehälter auf der Führungsebene sind in Deutschland im internationalen Maßstab nicht besonders hoch und bei übernommenen Firmen oft höher; im Vergleich zu den Gehältern des Führungspersonals in den USA ist der Unterschied sogar dramatisch. So lässt sich denn für deutsche Manager eine drastische Erhöhung der eigenen Bezüge innerbetrieblich sehr viel leichter rechtfertigen.

Durch entsprechende Gestaltung der Verrechnungspreise zwischen den fusionierten Einheiten in verschiedenen Ländern kann zudem die Unternehmensleitung entscheiden, in welchem Land sie welchen Gewinn versteuern will. Allerdings sind beide hier genannten Argumente nicht geeignet, als Bestimmungsgründe für eine internationale Fusion auf Hauptversammlungen genannt zu werden.

Gegen eine Verflüssigung der Wirtschaftsstrukturen in Deutschland wirkt neben weiter bestehenden Regulierungen[304] – wie beispielsweise beim Ladenschluss oder den Zugangsbeschränkungen zu Berufen – das massive Subventionswesen. Um die 300 Milliarden DM beträgt die Höhe der Subventionen. Das sind schätzungsweise um die zehn Prozent des gesamten Bruttosozialprodukts. Allerdings behauptet die neue Bundesregierung Schröder, die wahre Höhe der Subventionen übersteige diesen Betrag noch.

1961 betrugen die Staatsausgaben insgesamt 113,4 Milliarden DM; das entsprach 34,2 Prozent des Bruttoinlandproduktes. Seither sind die Ausgaben in absoluten Zahlen kontinuierlich gestiegen. Vor der Wiedervereinigung lagen die Staatsausgaben bei 45,8 Prozent bzw. 1118,1 Milliarden DM. 1997 gab der Staat nach den Berechnungen des Instituts der Deutschen Wirtschaft 1777,9 Milliarden DM aus; dies entsprach einer Staatsquote von 48,8 Prozent, nachdem sie in den Jahren 1993 bis 1996 über 50 Prozent gelegen hatte. Es wird geschätzt, dass sich weniger als die Hälfte der Preise an wirklich freien Märkten bildet.

Das hat massive Folgen für die Personalauswahl auf der Leitungsebene von Unternehmen, für die öffentliche Gelder aller Art wichtig sind. Ein Beispiel für parteipolitischen Einfluss auf Personalentscheidungen ist die Deutsche Bahn AG. Gegen den Willen des bisherigen Vorstandschefs Heinz Dürr und der führenden Aufsichtsräte der Bahn AG wurde Johannes Ludewig aus dem Kanzleramt von Helmut Kohl an die Spitze des privatisierten Unternehmens gesetzt: «Die Sache wird politisch entschieden.» Favorit Dürrs, selbst CDU-Mitglied, war dagegen Hartmut Mehdorn, Chef der Heidelberger Druckmaschinen AG, zuvor im Vorstand der Daimler-Tochter Dasa verantwortlich für das Airbus-Programm. Ludewig verfügte über keinerlei Konzernerfahrung, sondern wies eine lupenreine Beamtenkarriere auf. Auch bei anderen Personalentscheidungen bei der Bahn AG hat das Parteibuch eine maßgebliche Rolle gespielt: Axel Nawrocki, CDU-Mitglied, war Büroleiter beim CDU-Generalsekretär Kurt Biedenkopf, wechselte auf der Unionsschiene in die Berliner Treuhand und fiel später insbesondere als Chef der Berliner Olympia GmbH durch sein undurchsichtiges Ausgabengebaren auf.

Die Schuldenlast steigt seit der Wiedervereinigung weit überproportional.[305] Inzwischen ist die 2000-Milliarden-DM-Grenze bei der Verschuldung längst überschritten. Die wohl wichtigste Veränderung dürfte in den neunziger Jahren aber die steigende Bedeutung sein, welche die Aktienmärkte mit der Deregulierung des internationalen Finanzwesens ebenso wie mit dem explosionsartigen Anstieg von Fusionen erhielten. Mit der daraus folgenden Nervosität der Börsen ist wahrscheinlich zum Teil erklärt, dass bei Großunternehmen dann ein neuer Typ von Managern nach vorn kam: der medientaugliche Charismatiker.

## Schneider: «Superblöff» mit 50 Banken

1994 sorgten zwei Ereignisse für Schlagzeilen, die die Rolle der Banken ein weiteres Mal ins Zwielicht rückten: die Spekulationen in Öl der Metallgesellschaft mit ihrem Vorstandsvorsitzenden Heinz Schimmelbusch und die Flucht des Baulöwen Jürgen Schneider aus Deutschland nach der Pleite seines Imperiums. In beide Fälle war insbesondere die Deutsche Bank verwickelt. Aufschlussreich ist die Gegenüberstellung der beiden Geschehnisse wegen der schnellen Schuldzuweisung, die sich aber nur in einem Fall eindeutig belegen ließ. Jürgen Schneider war ein betrügerischer Hochstapler, auf den wichtige Banker in Deutschland hereingefallen waren. Bei der Metallgesellschaft dagegen lagen die Verhältnisse nicht so einfach. Im Kräftemessen mit der Deutschen Bank jedenfalls sollte Schimmelbusch Sieger bleiben – wenn auch mit Blessuren. Wir werden im Folgenden besonders ausführlich den Fall Schneider als eine Art Gegenstück zu den Pleiten um die Neue Heimat und die co op schildern: In den letzteren Skandalen waren die Gewerkschaften die Blamierten, bei Schneider die Banken.

Jürgen Schneider stieg «mit aufwendigen Renovierungen und Höchstmieten ... zum Größten in der Immobilienbranche auf». Der *Spiegel* war in seiner ersten Nummer des Jahres 1994 voll des Lobes über den «privaten Investor», der «mit der Branche, in der sich so viele Glücksritter und halbseidene Figuren tummeln, nichts zu tun haben» will. Nein, «Schneider kann rechnen, obwohl er Grundstücke teuer kauft und Häuser ungemein aufwendig renoviert». Er nehme «aberwitzig hohe Kosten» in Kauf, um denkmalgeschützte Häuser zu sanieren; er habe nun einmal «eine riesige Freude an historischen Immobilien». Dafür könne er dann «aber auch die höchsten Büromieten der Stadt» kassieren. Er «habe noch nie Geld verloren». Und anrührend zitiert das Hamburger Magazin Schneider, der als Student «fast geflennt» habe, als in Frankfurt Spekulanten Altbauten abreißen ließen.[306] Der *Spiegel* stand nicht allein mit seinem Irrtum: Auch die *Frankfurter Allgemeine Zeitung* zeigte sich noch Ende Februar 1994 überzeugt, Schneiders Imperium sei «in sich tragfähig»; zuvor hatte Ulrich Weiss, Vorstandsmitglied der Deutschen Bank als Schneiders größtem Kreditgeber\*, Gerüchte als dummes Gerede zurückgewiesen, ihr Kunde befinde sich in finanziellen Schwierigkeiten.[307]

Wenige Wochen später wussten auch die Vertrauensseligsten, dass Schneider ein Hochstapler war. Und Jahre später urteilte der *Spiegel*: «Jürgen Schneider ist einer von jenen Unternehmern, die ein kapitalistisches Wirtschaftssystem braucht, damit das todernste Profitstreben hin und wieder mit einem Hauch von Heiterkeit verschönt wird. Er hat bewiesen, dass Frechheit, wenn ihr Anspruch nur hoch genug ist, in der Tat siegt. Wie der Hauptmann von Köpenick hat der Spekulant – im strengen Gewand des seriösen Geschäftsmannes – die Öffentlichkeit genarrt und die Obrigkeit, in diesem Fall die Banken, dem Gespött der schadenfrohen Menge preisgegeben. Das muss wohl manchmal sein, damit die Arroganz der Macht nicht überhand nimmt. Insofern hat sich Schneider um das Vaterland verdient gemacht.»[308]

Eine schöne Steilvorlage für Schneider, der sich mit ähnlichen Argumenten vor Gericht verteidigen sollte. Und sein Richter Heinrich Gehrke stieg später in seiner Urteilsbegründung darauf ein: «Eines hatte Dr. Schneider ... erkannt wie wenige andere vor

---

\* Bemerkenswert ist, dass Weiss aber bereits im Juni 1990 (!) für Deutsche Bank und damit Centralboden angeordnet hatte: «Keine weitere Engagementerhöhung mehr» (Jürgen Schneider, unter Mitarbeit von Ulf Mailänder und Josef Hrycyk: «Bekenntnisse eines Baulöwen». München 1999, S. 265). 1993 hatte dann Weiss Schneider gegenüber telefonisch versichert, «dass aus unserem Haus keinerlei negativ anmutende Äußerungen über Herrn Dr. Schneider nach außen dringen», so in einem Aktenvermerk des ab 1992 in der Filiale Baden-Baden für Schneider zuständigen Mitarbeiters Thomas Rittershaus. Hintergrund seien Presseanfragen gewesen, die Deutsche Bank habe mit dem «Kreditrisiko Dr. Schneider» ein Problem (ibid., S. 269f.).

ihm, den Hauptmann von Köpenick vielleicht ausgenommen; er hat es bei seinen Geschäften ... perfektioniert: dass in unserer Gesellschaft im Allgemeinen und bei den Banken im Besonderen Schein vor Sein geht.»[309]

Schneiders Geschichte hat allerdings – wie das Überzeichnungen so an sich haben – mit der Realität nur bedingt zu tun: Von den Getäuschten und Betrogenen des so genannten «Baulöwen» spürte wohl niemand den «Hauch von Heiterkeit», und im «strengen Gewand des seriösen Geschäftsmannes» war Schneider auch nicht aufgetreten. Charakteristisch für ihn war vielmehr das Janusköpfige.

Schneider war der überaus charmante, liebenswürdige Partner seiner Kreditgeber, solange sie ihm nicht mit lästigen Fragen in die Quere kamen. Das ist an sich nichts Besonderes; verblüffend ist lediglich, mit welch schlichten Gesten des «Menschelns» sich Manager auf den höchsten Chefetagen der Finanzwirtschaft blenden ließen: Im späteren Prozess gegen Schneider vor dem Frankfurter Landgericht verteidigte sich der ehemalige Direktor der Bezirksfiliale Baden-Baden der Deutschen Bank, Klaus Peter Fischer, der seit 1982 für Schneider zuständig war und nach dem Schneider-Desaster «freiwillig» sein Amt aufgegeben hatte: Zwar hätten die Banker mit der Zeit gefühlt, «dass die Lage irgendwann unübersichtlich geworden war», und «wie die Teufel» um Unterlagen gekämpft. Beeindruckt sei er, Fischer, aber von Schneiders «persönlicher Bonität» gewesen und ganz besonders von dessen Art, alles für seine Familie zu tun, in deren Mitte Schneider sich stets bei feierlichen Objekteinweihungen gezeigt habe. Der vormalige Direktor der zentralen Kreditüberwachung der Deutschen Bank, Klaus Leukert, hatte nach eigenen Aussagen schon 1987 (!) Hinweise erhalten, Schneider arbeite mit manipulierten Gutachten. Diese Warnung habe er aber erst ein Jahr später der für die Kredite an Schneider zuständigen Deutschen Centralbodenkredit-AG (DCB) weitergeleitet – wegen «einer positiven Grundstimmung», die Schneider in ihm «erzeugt» habe, indem er denkmalgeschützte Gebäude renovierte.[310]

Dieser liebenswürdige Mann, der Banker mit solch rührenden Auftritten nachsichtig stimmen konnte, war Handwerkern gegenüber alles andere als galant. Der Justitiar des Verbandes der baugewerblichen Unternehmen in Hessen, Reinhard Buhl: «Der Mann kann richtig die Sau rauslassen. Dem macht es dann sogar Spaß, einen Menschen fertig zu machen.» Schneider hatte zuvor Handwerker und mittelständische Unternehmer als scheinbar jovialer Bauherr für sich gewinnen können; diese unterzeichneten in der Folge selbst Verträge, über die das Landgericht Frankfurt dann 1991 urteilte, «dass die den Auftragnehmern diktierten Klauseln inhaltlich Teil eines betrügerischen Systems sind»; Schneider handele «skrupellos und in der klaren Absicht, rechtlich unerfahrene Auftragnehmer zu übervorteilen».[311]

An Warnungen vor diesem Mann hatte es also nicht gefehlt. Dennoch konnte Schneider noch Jahre Handwerker mit Prozessen überziehen oder bei Beschuldigungen, seine Erfolge seien geschönt, mit Klagen wegen Rufschädigung und Schadensersatzforderungen drohen. Wütende Reaktionen Schneiders auf unliebsame Kritiker waren jedenfalls an der Tagesordnung; offensichtlich haben sie ihn lange vor der Enttarnung geschützt – wie es ihm die Genossen bei der Neuen Heimat vorgemacht hatten. Was bei diesen die Gewerkschaftsidee war, die bedroht schien, war für Schneider das Kulturerbe, der Schutz alter Häuser, die ohne ihn vielleicht verloren gingen.

## Lehrjahre

Die Wurzeln für diese Janusköpfigkeit dürften in Schneiders «Lehrjahren» liegen, ohne die seine späteren größenwahnsinnigen Machenschaften nicht zu verstehen sind. Sein Vater Richard Schneider hatte nach dem Krieg die Baufirma Josef Kunz & Söhne übernommen, die der Familie seiner Frau gehörte. Standesgemäß lebte die Familie fortan in einer der größten Villen in Königstein. Es ging dem Jungen materiell sehr gut; doch emotional schenkte der Vater ihm nichts: Jürgen kann es dem Vater nicht recht machen, der ihn als notorischen Versager beleidigt haben soll. Vielleicht bezeichnete sich Schneider deshalb später gern als «einfachen Frankfurter Bub».

Nach dem Abitur arbeitete der Junge quasi als Maurerlehrling in der Familienfirma. Privilegien genoss er nicht, im Gegenteil: Nun musste der Sohn sich vom Vater gar öffentlich demütigen, ja wie Dreck behandeln lassen, erinnern sich ehemalige Mitschüler Schneiders. Dieser ertrug es, ohne öffentlich zu murren.

Zielstrebig baute er frühzeitig an seiner eigenen Karriere. Nach der De-facto-Lehre – eine Gesellenprüfung legte er nicht ab – erwarb er das Ingenieurdiplom an der Technischen Hochschule Darmstadt, arbeitete bei Holzmann als Hilfsbauleiter sowie bei anderen Baufirmen und kehrte dann in den väterlichen Betrieb als Bauleiter zurück – mit dem niedrigsten Lohn innerhalb dieser Gruppe. Dann gelang dem Sohn endlich, es dem Vater zu zeigen und diesen zumindest in einem Punkt zu überflügeln: An der Universität Graz wurde er in Staatswissenschaft promoviert. Graz hatte er ausgewählt, weil man «hier auf besonders schnelle Weise den Grad eines Doktors erlangen» konnte, «auch wenn Österreich deshalb nicht den besten akademischen Ruf genoss». Auf den Doktortitel ist er in der Folge entsprechend besonders stolz, war er doch ein Teil seiner Strategie, den Vater gesellschaftlich zu überholen. Dazu gehörte weiter, dass er – wie sein Vater auch – in eine begüterte Familie einheiratete. Die Suche nach einer standesgemäßen Ehefrau aus der Oberschicht hat er nicht dem Zufall überlassen.

In seiner «Lehrzeit» als Bauleiter in der Firma seines Vaters – er war Mitte der sechziger Jahre beauftragt worden, eine Hochhaussiedlung in Porz (1975 in die Stadt Köln eingemeindet) hochzuziehen – will sich Schneider noch «über das Ausmaß des alltäglichen Betruges» am Bau entsetzt haben. Doch er habe sich beruhigt, sobald er verstanden habe, dass dieser «üblich und sogar notwendig war». Akribisch schildert er seine Tricks, mit denen «sich locker 10 bis 15 Prozent des Auftragswerts etwa herausschlagen» ließen. «Das heißt, dass es in Sonderfällen auch mal bis zu 50 Prozent ausmachte.» Es sind immer wieder Tricks, mit denen er über Jahre hinweg zu einem der angesehensten Bauunternehmer aufsteigen konnte. Schneider wunderte sich in seinen Erinnerungen: Seltsam sei, «dass dieser Betrug so üblich ist, dass niemand auf die Idee käme, ihn strafrechtlich zu verfolgen».

1973 ernannte der Vater ihn zum Technischen Geschäftsführer seines Unternehmens. In dieser Zeit perfektionierte der spätere «Baulöwe» – wie er sich stolz nennt – das Wissen, wie korrupt und trickreich er sich im Bauwesen nach der Devise «Frech kommt weiter» durchboxen konnte.[312] Seine «Bekenntnisse eines Baulöwen» sind ein interessantes, wenn auch larmoyantes Sittengemälde. Die streckenweise operettenhaften Schilderungen Schneiders, die vereinzelt auch auf seinen Vorsitzenden Richter Gehrke abfärbten*, machen im Übrigen deutlich, wie sehr auch Medienbilder in die Vorstellungswelt und Ausdrucksweise bei medienfernen, anders qualifizierten Berufen Eingang gefunden haben.

In seiner Art Lebensbeichte berichtet Schneider von ähnlichen Erfahrungen, wie wir sie über die Neue-Heimat-Pleite und den Konkurs des Bauunternehmens Josef Kun mitteilten. Schneider will aus seinen Erkenntnissen anfangs noch den Schluss gezogen haben, es besser zu machen – so schreibt er es zumindest nieder: «In dieser Zeit bekam ich bitter zu spüren, dass zum dauerhaften Erfolg in der Marktwirtschaft nicht so sehr die Leistung, sondern vor allem Größe und Macht gehören. Gleichzeitig wuchs der Traum in mir, es eines Tages den Großen zu zeigen und auf eigene Faust meinen Beitrag zur Umgestaltung der Welt zu leisten ...»

Richard Schneider hatte sich mit dem Bau von Kindergärten, Krankenhäusern, Schulen, Kläranlagen, Bürgerhäusern und Hallenbädern zum größten mittelständischen Bauunternehmer Hessens hocharbeiten können. Jürgen Schneider: «Die öffentliche Auftragsvergabe lief wie geschmiert, ohne dass unmittelbar Scheine getauscht wurden. Wer von den Bauunternehmern über ‹Vitamin B› vor Ort verfügte, baute nebenher zum ‹Freundschaftspreis› die Villa vom Landrat gleich mit. Die Konkurrenzfirmen mussten nur das zugehörige Bauschild studieren, schon wussten sie, ob eigene

---

\* Der Vorsitzende Richter Gehrke in seiner mündlichen Urteilsbegründung: «Wir haben uns ... einen Eindruck davon machen können, dass wir ... vor uns haben ... einen ... ‹Frankfurter Bub›, der ... am liebsten, einem altmodischen Heimatbild folgend, seine geliebten Taunuswälder mit Wehmut im Herzen und einer Träne im Auge beschreibt und sein Familienidyll larmoyant in den Himmel lebt ...» (Schneider, op. cit., S. 334).

Bewerbungen für öffentliche Aufträge im betreffenden Landkreis Aussicht auf Erfolg hatten.» Niemand – und das ist das Frappierende an dieser Schilderung Schneiders – habe daran etwas Anstößiges gefunden.

Bei großen Projekten seien Preisabsprachen zwischen den Anbietern die Regel gewesen. Ein Drittel der beteiligten Unternehmen habe sich untereinander «moralisch anständig» verhalten; die Firma seines Vaters habe zu der Mehrheit derjenigen gehört, die «auch gegen die internen Regeln der ehrenwerten Gesellschaft» verstießen.[313] Udo Müller*, Chef des hessischen Landesrechnungshofes, schätzte Mitte der neunziger Jahre den Anteil verbotener und manipulierter Absprachen bei öffentlichen Abschreibungsverfahren im Bauwesen auf etwa 40 Prozent.[314]

1976 händigte übrigens der damalige Bundespräsident Richard Schneider das Große Bundesverdienstkreuz mit Stern aus. Auch Sohn Jürgen ist zumindest wegen dessen «vorbildlichem Einsatz in öffentlichen Belangen» stolz auf seinen Vater.[315]

Hinter dem Rücken des Vaters baute Schneider an seiner eigenen Karriere. Mit dem Erbe seiner Frau Claudia Granzow-Schneider fasste er 1979 im Immobiliengeschäft Fuß. Noch handelte er lediglich mit Eigentumswohnungen. Doch dann gelang es seiner Frau, weiteres Geld aufzutreiben: Ihre Mutter überließ den Schneiders das Geld, das sie für eine Hypothek auf den Familienstammsitz, die Villa Zacharias in Baden-Baden, erhalten hatte.

Schneider begann nun auf eigene Rechnung und ohne Wissen seines Vaters zu bauen und setzte dabei ohne Hemmungen Kräne und Arbeiter der Firma Kunz & Söhne ein. Sein Vater beendete sofort die weitere Zusammenarbeit, als er dem Sohn auf die Schliche kam. Fortan sind Vater und Sohn jedenfalls offen verfeindet. Gegen

---

* Udo Müller hat als Präsident des hessischen Landesgerichtshofs eine Typologie «normabweichender» Handlungsweisen im Baubereich zusammengetragen. Dabei unterschied Müller zwischen drei Phasen: der Zeit vor der Angebotsabgabe, der Zeit zwischen Angebotsabgabe und Auftragsvergabe sowie der Zeit nach der Auftragsvergabe (Udo Müller: «Korruption in der öffentlichen Verwaltung. Typologie und Schaden im Baubereich». In: «Kriminalistik», Heft 8–9/1993, S. 509ff.).

den Rat des Vaters gaben die Banken Jürgen Schneider weiterhin Kredite, und sein Versuch, ihm den kleinen Anteil an seiner Firma – Jürgen Schneider besaß nach eigenen Angaben fünf Prozent – abzunehmen, misslang; die anschließenden Prozesse verlor der Vater. Dem Sohn nutzte das Urteil nichts: Im August 1988 war die Baufirma Kunz & Söhne pleite. Richard Schneider konnte allerdings einen zweistelligen Millionenbetrag in die Schweiz retten; seinen Sohn Jürgen hatte er 1982 enterbt.[316]

### Herrenjahre: Der erste Coup

1983 schaffte Jürgen Schneider den Durchbruch mit seinem ersten großen Wurf: Er erwarb das heruntergekommene historische «Goldene Kreuz» in Baden-Baden und baute es zu einem modernen Geschäfts-, Büro- und Wohnhaus unter weitgehender Beibehaltung der denkmalgeschützten Substanz um. Das Projekt finanzierte die Deutsche-Bank-Tochter DCB, die in der Folge Schneiders wichtigster Geldgeber werden sollte. Dieser hatte nämlich als Verhandlungspartner den seit 1967 selbständig arbeitenden Repräsentanten und Kreditvermittler der DCB, Dr. Friedrich Möll, schätzen gelernt. Schneider behauptet, Möll habe ihn überhaupt erst gelehrt, «wie Banken funktionieren und wie man mit ihnen umgehen muss, um beim Spiel die Nase vorn zu haben». 25 Millionen DM benötigte Schneider für den Kaufpreis und für die «Projektentwicklung». Die kreditgebende DCB durfte aber nur 60 Prozent des Wertes beleihen. Auf dem Papier erhöhte Schneider entsprechend die Angaben über die Mietflächen und die zu erzielenden Quadratmeterpreise; das Projekt «stieg» im Wert rein rechnerisch auf 42 Millionen DM. Durch diese Fiktion lebte die Bank im Glauben, sie habe 60 Prozent des Objektes beliehen, während Schneider 100 Prozent der benötigten Summe erhielt. «Miethöhe und Mietflächen» blieben für Schneider in der Folge die «beiden Schrauben, deren Drehung den zu erwartenden Betrag beeinflusste».[317] Das «Goldene Kreuz» wurde somit zum Prototyp für seine späteren Manipulationen in immer größerem Stil. Schneider selbst hielt in den achtziger Jahren seine Schlussfolgerungen weniger vornehm fest: Er müsse «Handwerker bescheißen und für Banken alles optimal hochlügen».[318]

Möll seinerseits hatte allen Grund, an einer großzügigen Kreditvergabe an Schneider interessiert zu sein: Für jeden vermittelten Kredit bezog er ein Prozent Provision. Von größtem Nutzen war dabei den beiden neuen Geschäftsfreunden die damalige Arbeitsteilung innerhalb der Deutschen Bank: Für die Kreditvergabe war die Centralboden, für die Zwischenfinanzierung die Filiale der Deutschen Bank in Baden-Baden und für die Kreditüberwachung als drittes Geldinstitut die Filiale Mannheim zuständig. Hinzu kam, dass die Deutsche Bank just zu dem Zeitpunkt ihre Abteilung «Zentrale Baufinanzierung» auflöste, als sie ihr Engagement für Schneider ausweitete.

Der Grund, warum der spätere «Baulöwe» insgesamt sieben weitere Projekte, «die außerhalb des Einzugsbereichs der Filiale Baden-Baden lagen, ebenfalls dort zwischenfinanziert» hatte, lag – wie sich die Deutsche Bank später in einem Prüfbericht sagen lassen musste – darin, «dass Herr Dr. Schneider bereits bei dem ersten Projekt die unkritische Arbeitsweise der Filiale erkannt hatte». Für Möll zumindest sollte sich sein Protegé Schneider auszahlen: Der Bauunternehmer erhielt von der Deutschen Centralboden im Laufe der nächsten zehn Jahren etwa 1,2 Milliarden DM Kredite; auf Möll entfielen somit etwa zwölf Millionen DM an Provisionen.[319]

Schneider will von Möll vor allem den Rat bekommen haben, der seine immer trickreicher werdende Finanzierung erst ermöglichte: getrennte Banken mit der Kreditvergabe und dem Vermögensdepot zu beauftragen. Möll habe, so Schneider, zu diesem Konstrukt gegriffen, um der Deutschen Bank die auf kurze Sicht mangelhafte Rentabilität des «Goldenen Kreuzes» zu verschleiern. Vor allem war der kreditgebenden Bank damit die Möglichkeit versperrt, bei Liquiditätsproblemen auf das Vermögen ihres Kreditnehmers zugreifen zu können. Die Banken ließen es sich gefallen.

Liquide war Schneider nicht nur durch manipulativ erwirkte Kredite der Banken; seine von ihm selbst so genannte «Kriegskasse» ließ sich auch dadurch füllen, dass er weiterhin als «knochenharter Handwerkerschreck» (Schneider über Schneider) Rechnungen brutal drückte. Die ihm zugeflossenen Mittel aus Überfinanzierungen und abgepressten Handwerker-«Nachlässen» legte Schneider als so genanntes «Frostgeld» bei einer dritten Bank an – «Frostgeld» nannte Schneider diese Mittel «in Befürchtung des eisigen Windes, der eines Tages seitens der Großbanken wehen könnte».[320] Baten Kreditinstitute um gesonderte Sicherungen, konnte er ihnen somit von Banken geliehenes Festgeld vorweisen – ein «Spiel», das diese offenbar lange Zeit nicht durchschauten.

Sein Vorzeigeobjekt als einer der bedeutendsten «Immobilienentwickler unserer Tage»[321], mit dem Schneider lange Zeit erfolgreich bluffen kann, ist der «Fürstenhof» in Frankfurt, den er 1987 aus dem Bundesvermögen für einen Kaufpreis von 40 Millionen DM erwerben konnte. Schneider berichtete später, die Deutsche Bank habe selbst den Fürstenhof vom Bund übernehmen wollen, sei aber durch sein eigenes Angebot, das eine halbe Million höher lag, aus dem Rennen geworfen worden. Ausgerechnet die Deutsche Bank habe ihm dann durch die Vermittlung ihres Repräsentanten Möll den Neuerwerb finanziert – Möll habe dafür von der Deutschen Bank an Provision kassiert: eine halbe Million. Für Schneider hatte die eine Hand in der Deutschen Bank nicht gewusst, was die andere tat.

Das für Schneider zuständige Vorstandsmitglied von Centralboden, Jürgen Huvendick, bekräftigte später vor Gericht, wie entscheidend die Erfolgsgeschichte um den Fürstenhof für seine Bank war. Es sei das einzige Mal gewesen, «wo der gesamte Vorstand mit Herrn Schneider zusammentraf. Da hat er uns im Zuge einer Begehung seine Fachkenntnisse, sein Know-how und sein Geschick, denkmalgeschützte Bauten in diesen qualitätvollen Zustand zu bringen, nachdrücklich persönlich vor Augen geführt.»[322]

Ende 1990 konnte Schneider den Fürstenhof nach aufwendiger Restauration an die japanische Kowa Real Estate verkaufen. Mit seiner lange gerühmten Rechenkunst zauberte Schneider einen enormen Gewinn: «Die Mathematik sagt, wir haben runde 190 Millionen

Kosten gehabt, der Verkaufspreis lag bei brutto 416 Millionen. Dann bleiben runde 200 Millionen DM übrig.» Überprüft hatten Mitarbeiter der Deutschen Bank das Zahlenwerk nicht, und so blieb vorerst verborgen, dass Schneider lediglich 70 Millionen DM verdient hatte: Die Japaner hatten laut *Spiegel* nur 365 Millionen DM gezahlt, an Krediten hatte Schneider für den Fürstenhof in Wirklichkeit insgesamt 295 Millionen DM aufgenommen.[323] In seinen «Bekenntnissen» behauptet Schneider dann aber, er habe den Fürstenhof sogar für «sagenhafte» 430 Millionen DM verkauft und «auf einen Schlag 200 Millionen DM Gewinn eingefahren».[324] In seinen Erinnerungen meint er immerhin rückblickend, bis zum Verkauf des Fürstenhofes habe seine «Mogelei zivile Formen» gehabt.[325]

Beflügelt von seinem Traum, im großen Maßstab in das expandierende Baugeschäft mit denkmalgeschützten Bauten (für Schneider «seltene Antiquitäten des Stadtbildes») einzusteigen, baute sich Schneider in den achtziger Jahren als eine Art Feudalfürst auf: 1989 bezog er als Firmenresidenz in Königstein ein Schloss aus dem 19. Jahrhundert, das er detailverliebt hatte restaurieren lassen: die Villa Andreae, die auf seinen Wunsch über solche Besonderheiten wie eine Landerampe für Turmfalken und atomsichere Schutzräume* für 220 Menschen verfügte.[326] Nachts ließ er sein Anwesen so fulminant ausleuchten, «als wenn der liebe Gott sagen wollte, Kinder, ich bin da», wie ein Nachbar spottete. Nicht alle waren allerdings beeindruckt. Schneider hatte sein Schlösschen durch einen hohen Zaun abschirmen lassen, den er mit goldenen Spitzen verzieren ließ. Walter Seipp, einer der Nachbarn und Aufsichtsratschef der Commerzbank, zog den richtigen Schluss aus diesem Schnickschnack: «So etwas macht ein solider Unternehmer nicht.» Von der Commerzbank jedenfalls konnte Schneider in der Folge «nur» 130 Millionen DM Kredit beziehen.

* Atomsichere Untergeschosse wurden in den Zeiten des Kalten Krieges vom Staat bezuschusst – eine von Schneider bei vielen Bauten gern angezapfte Geldquelle. Beispielsweise ließ Schneider für die Heidelberger ATOS-Klinik einen subventionierten Atomschutzbunker anlegen, der zweckmäßigerweise in den Zeiten des Friedens als Parkhaus mit 200 Stellplätzen dient.

In der Tat war vieles nur Schein: In einer Vermögensaufstellung ließ Schneider über seinen Wirtschaftsprüfer Wolfgang Klenke den Wert der Villa mit 37,5 Millionen DM beziffern. Der tatsächliche Wert wurde später mit fünf Millionen DM angegeben, dem 9,5 Millionen DM Hypotheken gegenüberstanden.[327] Die von Klenke im September 1992 vorgelegten Angaben zum Schneider-Vermögen wurden von der Centralboden zwar als teilweise «nicht seriös» eingestuft. Insbesondere fehlten wichtige Informationen über die Ausgaben- und Einnahmensituation. Dennoch verzichtete die Bank auf eine Überprüfung der Bilanzen; dies sei «Dr. Jürgen Schneider, einem unserer besten Kunden, nicht zuzumuten».

Hilmar Kopper als Sprecher der Deutschen Bank hatte in seiner Zeugenvernehmung vor Gericht eine einfache Erklärung für die Hinnahme einer nichts sagenden, ja unseriösen Vermögensaufstellung; denn diese würde ja «erst in dem Zeitpunkt interessant, wo man glaubte, zur Not auf solches Vermögen zurückgreifen zu müssen, um damit zu geringen für ein Einzelobjekt in der Zukunft möglicherweise anfallenden Cashflow zu kompensieren».[328]

Besonders wichtig zur Imagepflege war Schneider seine Erfindung der gemeinnützigen Dr.-Jürgen-Schneider-Stiftung «ganz im Geist der Gründerväter des 19. Jahrhunderts». Gefördert wurden von ihr junge Unternehmer im Hightech-Bereich. Schneider erkaufte sich mit diesem ehrbaren Anliegen zugleich seine Eintrittskarte ins Establishment von Politik und Wirtschaft: Ihm gelang es, als Kuratoriumsmitglieder den hessischen Finanzminister Ernst Welteke, SPD, und den ehemaligen Innenminister Gottfried Milde, CDU, zu gewinnen. Erfahrene Manager holen sich Vertreter aller Parteien in ihr Boot. Auch Schneider rühmt sich entsprechend in seinen Erinnerungen der Unterstützung auch solch «namhafter Politiker wie Wolfgang Gerhardt und Joschka Fischer».[329] Den Absprung aus seinem bisherigen Dasein als Kleinunternehmer sicherte sich Schneider zudem durch Gründung oder Erweiterung von Firmen und Institutionen «rund um die Kernfirma herum». Wichtige Grundsteine für sein Imperium waren gelegt.

## *Die wundersame Mietflächenvermehrung*

Mit einer der offenkundigsten Irreführungen durch seine Tricks, Mietfläche und -höhe zu manipulieren, hatte Schneider seit 1990 die Deutsche Bank bei der Finanzierung des Einkaufscenters Les Facettes an der Frankfurter Zeil übertölpeln können.

Auf den von ihm vorgelegten Plänen hatte Schneider – nach seinen Angaben gemeinsam mit Möll, der dies aber vor Gericht vehement abstritt[330]* – eine vermietbare Fläche von 20 000 Quadratmetern angegeben und damit den Wert des Einkaufscenters so hochgerechnet, dass die Bank einen Kredit von 415 Millionen DM bewilligen konnte. An Baukosten waren Schneider aber nur schätzungsweise 200 Millionen DM entstanden. Für die Verkaufsflächen sollte er nach einem Schlussgutachten des Sachverständigen Werner W. Neumann eine Jahresmiete von 57,7 Millionen DM erzielen können.[331] Neumann errechnete gar einen Verkaufswert von 983 Millionen DM.[332]

Für Schneider lagen abweichende Gutachten schlicht «in der Natur der Sache»: «Es werden nicht harte Eigenschaften und unstrittige Fakten existierender Gegenstände untersucht, sondern weiche Faktoren wie Markt, Trend und Lage ...»[333] Also hat – so des Baulöwen Philosophie – der Bauherr nur dafür zu sorgen, dass ein wohl gesinnter Gutachter dem zuständigen Vorstand – in diesem Fall der Deutschen Bank – die Kreditvergabe für ein Prestigeobjekt empfiehlt. Sieht dieser dann die Chance, sein eigenes Ansehen durch ein lukratives Geschäft zu erhöhen, wird er sich im Vorfeld der entscheidenden Sitzung der Zustimmung seiner Vorstandskollegen versichern; denn es herrschte zu dieser Zeit bei der Deutschen Bank das «Kollegialitätsprinzip», das einstimmige Vorstandsbeschlüsse verlangte. Bekanntlich nicken in der Regel Mit-

---

* In der Urteilsbegründung heißt es ausdrücklich: In keinem Fall habe sich bei den für die Banken handelnden Personen feststellen lassen, «dass sie mit dem Angeklagten gemeinsame Sache machten und ihn bei seinen Manipulationen bewusst unterstützten». Allerdings wunderte sich der Richter an anderer Stelle, «wer alles – aus nicht näher zu bewertenden Gründen – einer staatsanwaltlichen Befassung entgangen ist. Ich nenne nur die Namen Möll ... und Dr. Adenauer».

glieder eines Gremiums dann gegenseitig Vorlagen ab, insbesondere wenn ihnen der eigene Sachverstand fehlt.

Indirekt bestätigten dies vor Gericht die beiden Vorstandsmitglieder der Deutschen Bank, die für sie im Präsidium der Centralboden saßen, Georg Krupp und Jürgen Krumnow. Krupp beschrieb in seiner Zeugenvernehmung, in der Regel würden diesem Gremium für einen zu beurteilenden Kreditantrag «eine Seite, manchmal zwei Seiten» vorgelegt. Unterlagen lägen der Beschlussvorlage nicht bei. Somit seien mögliche Schwachstellen auch nicht überprüfbar gewesen. Ein systembedingter Fehler sei dies nicht; denn der Vorstand habe für so etwas weder die Zeit, noch sei es seine Aufgabe. Aufgabe des Vorstandes sei lediglich die Plausibilitätskontrolle: «... und insofern hat die Plausibilitätskontrolle ergeben, dass es plausibel war. Wenn es nicht plausibel gewesen wäre, wäre es aufgefallen.» Für Krumnow wäre es «ja Misstrauen gegenüber den Mitarbeitern» gewesen, hätte das Präsidium die vorgelegten Fakten in Zweifel gezogen.[334]

Hinweistafeln am Einkaufscenter weisen die tatsächlich vermietbare Fläche dann wahrheitsgemäß mit 9000 Quadratmetern aus.* Besonders pikant ist an diesem offenkundigen Betrug, dass die Zeil in unmittelbarer Nähe der Deutschen Bank liegt und es dennoch offenbar keinem Banker auffiel, wie gravierend Baupläne und Rohbau voneinander abwichen, dass die Mieteinnahmen in der veranschlagten Höhe damit völlig illusorisch waren.[335] Ebenso war den

---

* Für den seinerzeitigen Direktor der Filiale Baden-Baden der Deutschen Bank, Fischer, lag kein Widerspruch zwischen den ausgewiesenen 9000 und den berechneten 20 000 Quadratmetern vor. Die Bank – so seine Aussage vor Gericht in einer Art Irrenlogik – habe angenommen, für 10 000 Quadratmeter habe es eine «Zwischenfinanzierung eines öffentlichen Zuschusses für eine atombombensichere Zwischendecke» gegeben. Nach dem Fall der Mauer seien diese Räume umdefiniert worden in besondere Schutzräume, beispielsweise für Kopien von Datenbändern. Der Richter fragte nach, ob Fischer dies im Ernst meine. Dieser bejahte. Diese Schutzräume seien aber geheim zu halten gewesen, weil er wusste, «dass die Deutsche Bank an zwei weiteren Stellen irgendwo ihre Kopien einlagerte». Schneider kommentierte diese Aussage: «Die Geschichte mit den atombombensicheren Räumen ist wohl eine Ausrede Fischers, um sich den Vorwurf der Mitwisserschaft zu ersparen.»

Bankern entgangen, dass Schneider – wie dieser später formulierte – in einem «nervenaufreibenden Betrug» für die Zeil-Galerie Mietverträge gefälscht hatte.[336] Dabei verzichtete die Deutsche Bank selbst auf die Führung der Mietkonten Schneiders, weil ihr Kunde «steuerschädliche» Gründe dagegen vorbrachte. Der Vorsitzende Richter Gehrke: «Mit diesem Schwachsinn hat sich die Bank zufrieden gegeben.»[337]

Auf dem Papier vermehrte sich das Vermögen des Ehepaares Schneider dann besonders wunderlich um weitere 568 Millionen DM; denn in der Vermögensaufstellung zum 31. Dezember 1993 hatte Wirtschaftsprüfer Klenke die Angaben zum Wert des Projektes vom Gutachter Neumann mit 983 Millionen DM übernommen.[338] Dieses Vorschwindeln eines hohen Vermögens war ein wichtiger Baustein im Schneider-Konzept: Banken zeigen sich bekanntlich umso großzügiger, je wohlhabender ihr Kreditnehmer erscheint.

Nach dem Zusammenbruch bezifferte dann der Konkursverwalter den Wert der Zeil-Galerie auf 80 bis 130 Millionen DM; die Anfang 1994 gezahlten Mieteinnahmen betrugen gerade um die zehn Millionen DM – das war weniger als die Betriebskosten für die Galerie.[340]

Verheerender als der materielle Schaden war für die Deutsche Bank der Imageverlust bis hin zum Gespött angesichts des völligen Versagens der eingebauten Kontrollinstanzen. Das größte deutsche Geldinstitut hatte einem Hochstapler wie Schneider und einem eigenen Repräsentanten wie Möll zu lange blind vertraut. In der gereizten Stimmung nach der Flucht Schneiders am 7. April 1994 – Möll selbst war zum 31. März 1994 gekündigt worden – entfuhr Hilmar Kopper als Vorstandssprecher der Deutschen Bank dann in einer Pressekonferenz das «Unwort des Jahres 1994», als er 50 Millionen DM unbezahlter Handwerkerrechnungen zu «Peanuts» erklärte.* In seiner Zeugenvernehmung vor Gericht setzte Kopper

---

\* Die Deutsche Bank beglich den Handwerkern die für sie selbst «kleine» Summe von 50 Millionen DM, um wenigstens diesen Imageverlust wieder gutzumachen.

noch eins drauf: Für die Person Schneider habe sich im Vorstand der Deutschen Bank niemand interessiert.* «Die Person ist bei dieser Art des Geschäfts sehr uninteressant. Es ist das Objekt, das Objekt, das Objekt. Von der Person haben Sie am Ende nichts Positives zu erwarten, auch in anderen Fällen nicht ...»[341]

Und die Deutsche Bank musste sich von ihrem Vorzeigekunden nach dessen Flucht aus Florida anhören: «Im Laufe von vielen Jahren wurden uns, einem einzelnen Ehepaar, circa sechs Milliarden DM für unsere Häuser langfristig ausbezahlt. Die Deutsche Bank hat, als eine der größten Banken der Welt, mit ihren erfahrenen Expertenteams aufgrund der für sie geltenden, ausnehmend strengen Regeln und Sicherheitsbestimmungen des Hypothekenbankgesetzes, die Bewertungen unserer Häuser selbst vorgenommen und hierauf dann die Beträge ausbezahlt.»[342]

## Der Helfer in der Not schafft sich eigene blühende Landschaften

Das Jahrhundertereignis der Wiedervereinigung spornte Schneider zusätzlich an. In den neuen Ländern herrschte eine Goldgräberstimmung, die einen beispiellosen wirtschaftlichen Aufbruch versprach. Kohls «blühende Landschaften» sollten entstehen. Schneider wollte dabei sein: «Leute meines Schlages» seien «als Helfer in der Not berufen». Geld konnte er sich von den Banken holen, da war er sicher; denn «bei den als nüchtern geltenden Banken herrschte Aufbruchstimmung, die so genannte ‹Ost-Phantasie› ... veranlasste sie, das Schneckenhaus ihres vorsichtigen Kalküls zu verlassen.»[343] In der Begründung des Urteils gegen Schneider wird später ein «eher massenpsychologisch orientierter Ansatz» bemüht: In den wirtschaftlich prosperierenden Zeiten seit der Hausse auf dem Immobilienmarkt in den achtziger Jahren habe

---

* Personelle Konsequenzen hatte der laxe Umgang mit Schneider innerhalb der Deutschen Bank für zwei Vorstände der Centralboden sowie die Geschäftsleiter in Baden-Baden und der Filiale Mannheim, die gehen mussten.

die Konkurrenz unter den Banken ebenso wie innerhalb eines Geldinstituts kritische Überprüfungen verhindert; denn schließlich habe jeder von dem Boom profitieren wollen. «Banken als ertragsorientierte Unternehmen leben nun einmal von der Gewährung, nicht von der Versagung von Krediten.»[344]

Selbst Realpolitiker und harte Geschäftsleute seien «umnebelt und trunken vor Euphorie» gewesen, so Schneider. Nachdem Leipzigs Oberbürgermeister Hinrich Lehmann-Grube ihn in einen so genannten Fünferrat der Wirtschaft als Beratungsgremium bei politischen Entscheidungen berufen hatte, bot sich für Schneider die Chance, in der Altstadt berühmte Bausubstanzen «zu retten». Mit Deckfirmen – Schneider hatte in Leipzig knapp 40 Gesellschaften bürgerlichen Rechts gegründet – erwarb er insgesamt 58 Objekte in der Absicht, erstmalig im großen Stil in eine Stadtplanung einsteigen zu können. Konkurrenten hatten weniger Glück, bot Schneider doch Kaufpreise der Spitzenklasse. Ignatz Bubis in seiner Eigenschaft als Immobilienkaufmann: «Wo immer ich hinkam, war der Schneider da und hat 50 Prozent mehr geboten.» Jürgen Schneider – das wurde in Leipzig zum Synonym für den Aufschwung Ost. Plakate verkündeten mit dem Schneider-Zitat, Leipzig sei seine «erste Adresse»: «Leipzig kommt!»

Die Banken zeigten sich Schneider gegenüber – nicht zuletzt aufgrund der guten Empfehlungen der Deutschen Bank für ihren Vorzeigekunden – seinen Erwartungen entsprechend großzügig: Die Hypo-Bank bewilligte Schneider für den Barthels Hof 147 Millionen DM. 19 Millionen DM hatte Schneider für ihn gezahlt, auf 50 Millionen DM wurden die Sanierungskosten geschätzt. Das Hotel Fürstenhof finanzierte die Hypo-Bank mit 92 Millionen DM – 32 Millionen DM mehr, als Schneider für Kauf und Sanierung einplante. Im März 1993 begannen die Bauarbeiten am Barthels Hof, im Juli die am Hotel Fürstenhof.[345]

Die Bau- und Bodenbank in Frankfurt finanzierte Schneider Kauf und Restaurierung des Zentralmessepalastes in Leipzig mit 126 Millionen DM. Zusätzlich zum Kaufpreis von 44,5 Millionen DM hatte Schneider nach eigenen Angaben der australischen Gesellschaft European Pacific in Sydney eine Abfindung in Höhe von 29 Millionen DM gezahlt. Der Bank genügte als Beleg die Fotokopie einer Rechnung vom 25. Januar 1991 – die aber hatte Schneider gefälscht. Immerhin holte die Bank Informationen über die australische Firma ein, die in der Tat real existierte, aber nicht im Telefonbuch eingetragen war und lediglich ein eingezahltes Kapital von drei (!) Dollar vorweisen konnte. Konsequenzen aus dieser Recherche zog die Bau- und Bodenbank nicht. Die Firma gehörte einem früheren Geschäftspartner Schneiders. Dieser hatte ihm aus damaligen Zeiten 50 000 DM geschuldet, die Schneider ihm dann bei einem Australien-Aufenthalt gegen die Überlassung einiger Briefbögen mit Firmenaufdruck erließ.

Prunkstück Schneiders in Leipzig war zweifelsohne die Mädler-Passage, die zum Zeitpunkt seiner Pleite fertig gestellt war. Für ihn war das Objekt besonders begehrt, hatte er doch mit Auerbachs Keller «die Geburtsstätte des ‹Faust›, der hier auf dem Fass aus dem Keller ritt, in mein Reich eingegliedert». Zu zahlen hatte Schneider einen Kaufpreis von insgesamt 80 Millionen DM, verbunden allerdings mit der Auflage der Mädler-Erben, das Grundstück nicht mit einer Hypothek zu belegen. Schneider musste 32 Millionen DM «Frostgeld» enteisen, also so genannte Eigenmittel einsetzen.[346] Nach Schneiders Ausführungen erfand dann die Bau- und Bodenbank als Lösung, dass die BHF-Bank auf die «Schillerpassage» in Frankfurt am Main weitere 32 Millionen DM Kredit einräumte.[347] Gemeinsam mit der Baden-Württembergischen Bank gab sie Schneider für dieses viel versprechende Projekt rund 50 Millionen DM. Sicherheiten brauchte der Bauherr nicht zu leisten.[348]

## Das letzte Aufgebot

Peinlich für die Dresdner Bank wurde die Finanzierung des Berliner Geschäftshauses «Kurfürsteneck» im Jahre 1993. Schneider war zu diesem Zeitpunkt bereits mit etwa vier Milliarden DM verschuldet; dennoch gelang ihm ein wahres Lehrstück für Wirtschaftskriminelle. In seinen persönlichen Aufzeichnungen vermerkte Schneider am 15. August 1993 offen: «Jetzt gilt es!

Nochmals alle Tricks – Offensive. Erfolg ist immer gepaart mit großem Blöff.» Er war nach seinen späteren Bekenntnissen zu der Einsicht gelangt, dass sich seine Geschäfte («wegen des konjunkturellen Niedergangs») mittlerweile in einem «Schneeballsystem» verfangen hatten und er somit «too big to fall» werden musste.

Für den Doktor der Universität Graz läuft nun sein «Superblöff» ab. Die Dortmunder Brau und Brunnen AG wollte Anfang 1993 das denkmalgeschützte Kurfürsteneck für 80 Millionen DM verkaufen; eine Kölner Firma war aber nur zur Zahlung von 60 Millionen DM bereit. Schneider, auf den Handel aufmerksam geworden, bat den Verhandlungspartner von Brau und Brunnen, Rolf Meyer, in seine Königsteiner Villa Andreae. Dieser forderte – möglicherweise angespornt durch das üppige Ambiente – den Phantasiepreis von 121 Millionen DM. Der Hausherr stimmte zu – wie auch der Aufsichtsrat von Brau und Brunnen, dem die Vorstandsmitglieder der Dresdner Bank, Hans-Günther Adenauer, und der Bayernhypo, Eberhard Martini, angehörten – beide Banken zählten bereits zu Schneiders wachsender Gläubigerrunde.

Bei diesem Geschäft setzte Schneider voll auf Strohmänner. Er hatte ein System von Tarnfirmen aufgebaut, nachdem das Vertrauen der Banken in ihn selbst bröckelte. Bald verfügte er über eine Vielzahl von Treuhänderfirmen mit klangvollen Namen wie «Andreae Alpha» bis «Andreae Gamma» oder die «Erste» bis «Siebenundzwanzigste Realty». Ende Juni 1993 erwarb er durch seine Tarnfirma Arnaud de Vienne Société Immobilière mbH – eine Gesellschaft bürgerlichen Rechts – das Objekt für 121 Millionen DM; für weitere neun Millionen DM kaufte er einem Kaufmann den Rest des Gebäudes ab. Im November verkaufte Arnaud de Vienne das Kurfürsteneck für 370 Millionen DM an Schneiders weitere Tarnfirma Laetsch Properties GmbH, an der er und seine Frau offiziell jeweils nur 1,5 Prozent hielten. Beide Firmen hatte Schneider am 14. Juni 1993 ins Leben gerufen. Der Erfindungsreichtum Schneiders – hier hatte er sich «vier oder fünf» Mitbewerber einfallen lassen, die mit 160 Millionen DM hatten abgefunden werden müssen – ließ somit den Wert des Kurfürstenecks innerhalb weniger Monate um fast 500 Prozent steigen.

Die Dresdner Bank bewilligte in der Folge auf Schneiders Antrag für das Kurfürsteneck einen Kredit von 325 Millionen DM – immerhin 40 Millionen DM weniger, als Schneider beantragt hatte, und verbunden mit mehreren Auflagen und Nachfragen, die der Bauherr phantasievoll beantworten konnte. Schneider später in seiner Verteidigung: Die Dresdner Bank habe von seinen Treuhänderfirmen wissen müssen, und im Übrigen sei das Vorstandsmitglied Adenauer ja an der Kreditvergabe von 325 Millionen «für das gleiche Objekt, das er in seiner Funktion als Aufsichtsrat der Brau und Brunnen AG zuvor für 121 Millionen verkauft hat», beteiligt gewesen.

Adenauer behauptete später vor dem Bundeskriminalamt, im Vorstand der Dresdner Bank habe das für das Objekt zuständige Mitglied Horst Alfred Müller lediglich mündlich die Positionen in der Kreditanfrage erläutert. Ihm sei dann eine «gewisse Diskrepanz» zwischen den Angaben bei Brau und Brunnen und bei Müller aufgefallen. In seiner Vernehmung durch Richter Gehrke erläuterte dann Adenauer ausweichend, für ihn sei relevant: «Bis zu welcher Höhe kann man dieses Objekt beleihen? Was sich dazwischen abgespielt hat, war von relativ geringem Interesse bzw. hat mich letztlich auch nicht berührt.» Und im Übrigen, so Adenauer: Die Dresdner Bank habe ein Kreditvolumen von 350 Milliarden DM; «die Größenordnung, die hier zur Rede steht, ist nicht die größte, wie Sie vermuten». Es sei eben «schier unmöglich», «in jedem Detail» drin zu sein. Richter Gehrke hielt ironisch fest, dass anders als bei den übrigen Banken bei Vorstandssitzungen der Dresdner Bank nach den Aussagen Adenauers nicht einmal schriftliche Vorlagen über Kreditwünsche vorgelegt würden.[349]

Die Norddeutsche Landesbank (NordLB) betrog Schneider 1992 mit einer anderen Variante: In Berlin hatte er Ende 1992 zwei Kaufverträge unterzeichnet und so eine Immobilie im Herzen Berlins – an der Tauentzienstraße 7 b/c – für 83 und 68 Millionen DM erwerben können – so Schneider zumindest in seinem Kreditantrag an die NordLB. 186 Millionen DM wollte er, ohne allerdings die Verträge beizufügen. Großzügig erlaubte der Bauunternehmer wenigstens einem Abgesandten der NordLB, Leonhard Goebel, in seiner Villa Andreae einen Einblick in die Verträge. Dass der Vertrag über 68 Millionen DM mit einer «australischen Tochter» von Schneider gefälscht war und es sich um eine reine Luftbuchung handelte, bemerkte der Banker nicht. Die NordLB zahlte in der Folge 131 Millionen DM.

Erst Monate später suchte auch Werner Schildt als zuständiges Vorstandsmitglied der NordLB Schneider in dessen Villa auf. Diesen konnte der Schlossherr nicht mehr bluffen; denn Schildt war zu der nahe liegenden Einsicht gekommen: «Wenn jemand laufend neue Immobilien kauft, die noch keinen Ertrag abwerfen, kann eigentlich sein Barvermögen nicht weiter anwachsen ...» Sein Misstrauen, Schneider drehe «als Einzelperson ein zu großes Rad», war nur zu berechtigt, wie eine Überprüfung der Grundbucheintragung in Berlin-Charlottenburg ergab: Schneider hatte lediglich 83 Millionen DM für die Immobilie gezahlt. Nochmals versuchte der «Baulöwe», mit seinen bisher erfolgreichen Ausreden, Lügen und Drohungen die NordLB zu besänftigen. Doch die setzte sich durch: Am 24. März 1994 verpflichtete sich Schneider, bis zum 20. April 1994 sein Darlehen zurückzuzahlen.[350]

Die Verschuldung Schneiders war binnen kürzester Zeit ins Astronomische gestiegen. Zu Beginn des Jahres 1990 schuldete er 750 Millionen DM, zwölf Monate später, Ende 1990, schon 1,35 Milliarden DM. Bis Januar 1992 hatte sich auch dieser Schuldenberg auf 2,5 Milliarden DM fast verdoppelt. Am Ende von Schneiders Baulöwen-Karriere war die Summe auf astronomische 6,347 Milliarden DM angewachsen.[351]

Bis zum Jahr 1994 waren aber nur Immobilien vermietet, deren Kosten für Kauf und Herstellung etwa 1,3 Milliarden DM betragen hatten. Damit waren von den Banken etwa fünf Milliarden DM an Krediten für Projekte gewährt worden, denen noch keine Einnahmen gegenüberstanden.[352]

Völlig unverständlich an dem Skandal um die bereitwillig gewährten Hypotheken für den Baulöwen ist, dass über lange Zeit offensichtlich keine der am Ende insgesamt 50 Gläubigerbanken die so genannte Evidenzliste der Deutschen Bundesbank ernst genommen hat. Kredite ab einer (!) Million DM sind meldepflichtig. Die Bundesbank ihrerseits benachrichtigt dann die Geldinstitute, wenn einer ihrer Schuldner bei einer weiteren Bank um einen Kredit nachsucht. Diese Evidenzmeldungen sind Teil des gesetzlich vorgeschriebenen Alarmsystems. Versagt hat nicht dieses System, schuld sind die Banken.[353]

Schneider bedauerte nach den Aussagen seines Verteidigers Franz Salditt vor Gericht ausdrücklich sein Handeln insofern nicht, als er Objekte geschaffen habe, die nach wie vor «seine Kinder» seien. Schließlich habe Schneider «ein Entwicklungspotenzial im Blick in die Zukunft verwirklichen» wollen und dabei annehmen dürfen, die Banker hätten ähnlich wie er den «spekulativen Charakter» seiner Geschäfte gekannt. Schneider selbst ist gar der Meinung – wobei er offensichtlich seine Betrügereien vergessen hatte –, dass alles hätte gut gehen können: «Die Spekulation, die die vielen Banken über weite Strecken teilten, hätte auch aufgehen können, wenn die Konjunktur nicht eine derart gnadenlose Talfahrt genommen hätte.» Kopper vor Gericht: «Wunder soll es ja immer wieder geben.»[354]

Und das Ganze habe auch sein Gutes, so sein Anwalt: «Die wirkliche Bedeutung des Falles Dr. Schneider wird ... in gefährlicher Weise verkannt, wenn man der Versuchung nachgibt, ihn auf die Person dieses Angeklagten zu reduzieren. Dann würde unsere Gesellschaft und würden die großen Institutionen des Kreditwesens eine einmalige Gelegenheit verfehlen, aus dieser Erfahrung nachhaltig zu lernen.»[355]

Freilich ist die Person Schneider selber auch von Interesse für die Erklärung dieser Pleiten. Offensichtlich hat Schneider sich eine Privatwelt aufbauen können. Sie erlaubte ihm, als Bewahrer wertvoller Bausubstanz ohne Schuldgefühle agieren zu können. Und das wiederum war sicherlich mit entscheidend für sein wirkungsvolles Auftreten gegenüber den Kreditgebern. Sie nahmen die Fassade seiner Selbstdarstellung, unterstützt durch Attribute eines Lebensstils ohne finanzielle Sorgen, für die Sache selbst. Davon hatte schon Albert Vietor im Fall der Neuen Heimat profitiert: von mangelnder kritischer Distanz gegenüber all denen, die «mit uns» als zu den obersten Rängen der Gesellschaft (der gleichen «Korporation») gehörend akzeptiert werden.

## Metallgesellschaft: Und keiner ist's gewesen

Ende 1993 stand – neben der AEG – mit der Metallgesellschaft ein weiteres deutsches Traditionsunternehmen mit einst exzellentem Ruf durch zu risikobereite Manager am Rand des Ruins. Die Metallgesellschaft war 1881 gegründet worden und dank des Booms der «Gründerjahre» unter ihrem Mitinhaber Wilhelm Merton binnen weniger Jahre zu einem weltumspannenden Unternehmen ausgedehnt worden. Anders als die AEG schien allerdings die Metallgesellschaft noch zu Beginn der neunziger Jahre ein kerngesundes Unternehmen zu sein.[356]

Heinz Schimmelbusch, seit 1989 Vorstandsvorsitzender der Metallgesellschaft (MG), durfte sich 1991 mit dem Titel «Manager des Jahres» der Zeitschrift *Top Business* schmücken. Verdient habe er sich die Auszeichnung wegen seiner unternehmerischen Leistung, den Bergbau- und Rohstoffkonzern MG in einen «Umweltspezialisten» verwandelt zu haben. Andere Beobachter waren skeptischer: Schimmelbusch hatte aus der MG durch den Aufkauf der Chemie-, Keramik- und Zementindustriesparten der Feldmühle Nobel AG einen kaum überschaubaren «Gemischtwarenkonzern» mit 258 verschachtelten Unternehmen gemacht. Der Verdacht, er drehe «ein zu großes Rad», verstärkte sich, nachdem der Konzern im Geschäftsjahr 1991/92 Dividenden nur noch durch die Auflösung stiller Reserven ausschütten konnte. Vor allem die weltweit nachgebenden Rohstoffpreise hatten sich negativ auf den Konzerngewinn ausgewirkt. Ein Jahr später war Schimmelbusch abgestürzt. Ein betroffener Banker übte sich in Sarkasmus: «Wenn ein Firmenchef zum Manager des Jahres gewählt wird, ist es an der Zeit, die Kreditlinien für die Firma zu kürzen.»[357]

Im Dezember 1993 hatte Schimmelbusch einen Konzernverlust von 347 Millionen DM eingestanden, verursacht – wie kurz darauf bekannt wurde – durch die amerikanische Tochtergesellschaft MG Corps., die sich in Öltermingeschäften der Art des «stacked hedging» engagiert hatte: Langfristige Lieferverpflichtungen für Benzin werden bei einem solchen Handel mit kurzfristigen Ölkontrakten abgesichert. Der Konzern stand, so der MG-Vorstandsvorsitzende, am Rande der Zahlungsunfähigkeit.[358]

Von diesen Spekulationen der US-Tochter mit Öl will Ronaldo Schmitz, erst seit 1991 Vorstand der Deutschen Bank und seit März 1993 als Nachfolger des Vorstandsvorsitzenden der Dresdner Bank, Wolfgang Röller, Aufsichtsratsvorsitzender der MG, im Vorfeld nicht so richtig informiert gewesen sein.[359] Andernfalls hätte er seine Pflichten als Kontrolleur der MG vernachlässigt gehabt. Dieser Verteidigung durch Schmitz widersprach der Erfinder dieses Spekulationsgeschäfts, Arthur Benson, der Chef-Ölhändler der US-Tochter der MG: Er habe Schmitz bei dessen Amerika-Besuch im Juli 1993 sein System sehr wohl erläutert.[360] Wieweit es hier Missverständnisse gab oder Schimmelbusch und Benson ihre Ölgeschäfte tatsächlich verschleierten, ist ungeklärt geblieben; problematisch wäre auf jeden Fall, dass das System solche Verschleierungen zugelassen hätte. Jedenfalls setzten sowohl Röller als auch Schmitz in Schimmelbusch ein offensichtlich zu großes Vertrauen und ließen ihn einfach gewähren. Noch im November 1993 verlängerte der Aufsichtsrat den Vertrag Schimmelbuschs um weitere fünf Jahre. Später betonte Schmitz: Schimmelbusch sei der «Herausforderung», die Metallgesellschaft als eines der «kompliziertesten Unternehmen in Deutschland» zu führen, «nie gewachsen» gewesen. «Er ist immer ein Händler geblieben. Darin liegt zum Teil die Tragik der Metallgesellschaft.» Verlängert habe der Aufsichtsrat dennoch den Vertrag; denn es sei nicht einfach, «den Vorstandsvorsitzenden eines deutschen Unternehmens, der ... nicht mit einem gestohlenen silbernen Löffel entdeckt wurde, seines Amtes zu entheben.»[361]

Nur einen Monat später, im Dezember 1993, veranlasste Schmitz dann die fristlose Entlassung von Schimmelbusch und dessen Finanzvorstand Meinhard Forster. Die MG stieg unter ihrem neuen Vorstandsvorsitzenden Kajo Neukirchen unverzüglich – ungeachtet des niedrigen Standes der Ölpreise – unter hohem Verlust aus den Ölgeschäften aus. Insgesamt beliefen sich diese Einbußen auf 1,87 Milliarden DM[362] – in der Handelsgeschichte der Nachkriegszeit war dies eine neue Dimension.[363]

Seit 1994 streitet sich die interessierte Öffentlichkeit, ob es sich bei dem Ölhandel der MG um reine Spekulationen oder aber doch um ein langfristig abgesichertes, zumindest nicht verlustreiches Geschäft handelte. Jedenfalls hatte Hilmar Kopper, Vorstandschef der Deutschen Bank, am 5. Dezember 1993 von einer bloß «technischen Liquiditätsklemme» gesprochen. Hätten die Banken diese behoben, wäre nach Meinung Schimmelbuschs der Schaden vermieden worden; denn im Laufe des Jahres 1994 stieg der Ölpreis erheblich an.[364]

Mit der einseitigen Zuweisung der Schuld durch den Aufsichtsratsvorsitzenden Schmitz an Schimmelbusch setzte einer der härtesten Machtkämpfe zwischen einem bisherigen Vorstandsvorsitzenden und seinem obersten Kontrolleur ein, der nach den Recherchen des *Handelsblatt*-Korrespondenten Thomas Knipp von persönlichen Empfindlichkeiten geprägt war.[365]

Beide Seiten fanden Gutachter für ihre jeweilige These, so wie dies in den letzten Jahrzehnten üblich geworden ist: Ein im Januar 1995 veröffentlichtes Sonderprüfungsgutachten belastete eindeutig Schimmelbusch und Forster, die Beinahe-Pleite verursacht zu haben. Schmitz und die anderen Aufsichtsratsmitglieder seien ausdrücklich nicht für die Krise mitverantwortlich. Für den Deutsche-Bank-Vorstand stand fest: Schimmelbusch hatte den Aufsichtsrat massiv getäuscht und eine waghalsige Expansionspolitik betrieben. Im Februar 1995 reichte die MG Klage auf 25 Millionen DM Schadensersatz gegen Schimmelbusch ein.[366] Im März 1995 mussten allerdings die Sondergutachter einräumen, nicht die Zulässigkeit, sondern das Volumen der Ölgeschäfte sei von ihnen getadelt worden. Ihre Schlussfolgerungen seien trotz eines Fehlers richtig.[367] Schmitz in einem *Spiegel*-Interview: Zu Beginn des Geschäftsjahres 1992/93 habe das Volumen im Ölgeschäft 19 Millionen Barrel, am Ende rund 160 Millionen Barrel betragen. «Damals fiel die Aussage: Wäre dies die Ölposition der Shell – du großer Gott!»[368]

Schimmelbusch andererseits konnte als Kronzeugen mit dem Chicagoer Wirtschaftsprofessor und Nobelpreisträger des Jahres 1990 Merton Miller einen renommierten Fachmann vorweisen. Der deutsche MG-Aufsichtsrat habe den Unterschied zwischen Risikosicherung und Spekulation nicht verstanden und in Panik falsch gehandelt, war Millers Schlussfolgerung. Weil Schimmelbusch Schmitz unterstellte, dieser habe «seine Stellung als MG-Aufsichtsratsvorsitzender zum finanziellen Vorteil der Deutschen Bank» genutzt, sei er nun Opfer einer von Schmitz, Deutscher Bank und MG gesteuerten «systematischen Verleumdungskampagne». Schimmelbusch reichte deshalb im Januar 1995 in New York eine Klage gegen die Deutsche Bank auf mindestens zehn Millionen Dollar Schadensersatz ein. Als Beleg für ihren Vorwurf, die Bank habe sich mit dem Verkauf der Ölkontrakte bereichert, verwiesen Schimmelbusch und Benson auf die Bilanzen der Deutsche-Bank-Tochter Morgan Grenfell. Deren New Yorker Filiale habe im ersten Quartal 1994 die «profitabelste Periode» seit Beginn ihrer Aktivitäten in den USA erlebt. Den Grundstein für diesen Erfolg vermuteten sie in dem Aufkauf eines Teils der Öloptionen der MG Corps. zum Tiefstkurs und deren späteren Veräußerung, mit der erhebliche Gewinne hätten eingefahren werden können.[369]

Zumindest für die Öffentlichkeit überraschend kam es 1997 zu einem außergerichtlichen Vergleich. Die fristlosen Kündigungen der beiden MG-Manager wurden aufgehoben und ihre Dienstverträge zur Jahresmitte 1994 beendet. Schimmelbusch erhielt eine Pauschalnachzahlung von 1,5 Millionen DM. Das Wichtigste für ihn und Forster war wohl, dass ihr betrieblicher Rentenanspruch vom 62. Lebensjahr wiederauflebte. Die Schadensersatzklagen waren damit gegenstandslos. Immerhin stellte die Frankfurter Staatsanwaltschaft bei Schimmelbusch und Forster eine «geringe Schuld» fest. Gegen eine Geldbuße von insgesamt immerhin 900 000 DM wurde das Ermittlungsverfahren wegen Untreueverdachts im Mai 1998 eingestellt. Hinweise auf persönliche Bereicherung hätten sich nicht ergeben.[370]

## Balsam: Und die Justiz schaut weg

1994 sorgte eine weitere Pleite in Deutschland für Schlagzeilen: Am 1. August 1994 meldete die Balsam AG, der führende Anbieter von Sportböden auf dem Weltmarkt, Konkurs an.

Die Balsam AG war das Werk eines mutigen Jungunternehmers aus kleinen Verhältnissen, der sich 1965 mit geliehenen 20000 DM als Baustoffhändler in Bielefeld selbständig machte. Friedel Balsam erkannte im Alter von 23 Jahren, welche Chance ihm der Wandel innerhalb der Bundesrepublik von der mehr arbeits- zur eher freizeitorientierten Gesellschaft bot. Er setzte auf einen anhaltenden Sportboom, von dem er dann mit Herstellung und Vertrieb von Böden für Sportstätten bestens profitierte. Dann glückte ihm gar der Sprung in die Weltliga, als er das Münchener Olympiastadion 1972 zu aller Zufriedenheit ausstattete. Die internationale Anerkennung verleitete Balsam, seine Geschäfte weltweit auszudehnen – ein Entschluss, mit dem er nur wenige Jahre später das häufige Schicksal anfangs erfolgreicher Manager erlitt: Sie lassen ihr Unternehmen zu groß werden. Der Balsam-Konzern war 1984 mit zahlreichen Gesellschaften in wichtigen europäischen Ländern sowie in Amerika und Australien vertreten, beschäftigte rund 1500 Mitarbeiter, hatte aber die ungezügelte weltweite Expansion finanziell nicht verkraftet. Zu diesem Zeitpunkt war die Balsam AG praktisch konkursreif, ohne dass ihr Gründer Friedel Balsam davon etwas bemerkt haben will. «180 Tage pro Jahr war ich im Ausland.» Die Finanzen habe er einem lang vertrauten Mitarbeiter überlassen; er selbst sei für Logistik und Technik zuständig gewesen.[371]

Klaus Schlienkamp, Industriekaufmann und 1974 als 21-Jähriger bei Balsam als Kalkulator eingestellt worden, beschritt nach seinem

Aufstieg zum Verantwortlichen für die Finanzen anfangs einen völlig legalen Weg, um das Unternehmen liquide zu halten. Sobald die Balsam einen Auftrag erhielt, ließ er sich 90 Prozent der ausstehenden Schuld umgehend über die Procedo Gesellschaft für Exportfactoring D. Klindworth vorfinanzieren. Bei einem solchen Geschäft, das in der Regel mit maximal zwei Prozent vom Umsatz vergütet wird, übernimmt das Inkasso-Unternehmen die Rolle des Gläubigers des Auftraggebers. Die Procedo, die 1970 von Dieter Klindworth gegründet wurde und mit rund 3,7 Milliarden DM Umsatz zu einem der größten Unternehmen dieser Art in Europa aufgestiegen war, lieh sich ihrerseits bei ungefähr 50 in- und ausländischen Banken das benötige Kapital.[372] Balsam sollte ihr wichtigster Factoringkunde werden.

Dann allerdings schlitterte Balsam in den Betrug; denn bald reichte dem Sportbodenhersteller die Vorfinanzierung eingehender Aufträge nicht mehr, um die vielen Löcher im Unternehmenshaushalt zu stopfen. Schlienkamp «rettete» das Unternehmen in der Gewissheit – so seine spätere Aussage –, von ihm werde dies selbstverständlich erwartet: «Kläuschen, du machst das schon.» Fortan manipulierte er Verträge mit Kunden, indem er deren Auftragssummen um ein Vielfaches erhöhte, oder erfand in einer Art Schneeballsystem lukrative Projekte möglichst weit weg von Deutschland. Um den Schaden auszugleichen, versuchte Schlienkamp sein Glück mit Devisenspekulationen – und streckenweise agierte er so erfolgreich, dass selbst die Spezialisten der Dresdner Bank voller Bewunderung ob seiner Kunst des Jonglierens mit gigantischen Summen waren. Bankern, Wirtschaftsprüfern, Steuerbeamten und Devisenhändlern galt Schlienkamp lange Zeit als ein glänzender Finanzspezialist[373], bis er sich an der Börse ähnlich verspekulierte wie 20 Jahre zuvor Dany Dattel bei der Herstatt-Bank.

In der späteren Untersuchungshaft listete der gern mit Baron Münchhausen verglichene Schlienkamp auf 230 Seiten «Das Milliardengrab» (so der Titel) auf, das er mit seinen vielen Trickserein und Spekulationen geschaufelt hatte. Hierin schilderte er mit «unfreiwilligen realsatirischen Untertönen» (FAZ), wie leicht es ist, gutgläubige Banken betrügen zu können.[374] Den beiden Procedo-

Managern Dieter Klindworth und Ulrich Brandenberger kann der betrügerische Charakter der mit ihnen abgewickelten «Phantom-Geschäfte» dagegen nicht verborgen geblieben sein, Klindworth habe mitgemacht, weil er Balsam als seinen besten Kunden nicht habe verlieren wollen, hieß es.[375]

Friedel Balsam will – wie erwähnt – dagegen entgangen sein, wie phantasievoll Schlienkamp, 1990 zum Mitglied des Vorstandes befördert, Geld wundersam vermehrte. Aber nicht nur ihm war nichts aufgefallen: «Alle – die Banken, die weltgrößten Wirtschaftsprüfungsfirmen, die Betriebsprüfer vom Finanzamt, die von A bis Z alles untersucht hatten, und ich – wir waren alle über Jahre ohne Argwohn, selbst die Staatsanwaltschaft Bielefeld, die eine anonyme Anzeige vorliegen hatte. Und dann hieß es, nur ich allein soll alles gewusst haben – das Ding war so unglaublich, das gibt es einfach nicht.»[376]

Das «unglaubliche Ding» bei Balsam waren immer häufiger rein virtuelle Geschäfte, die aber schwer wiegende reale Konsequenzen hatten. Balsam hatte insoweit Recht, als auch in diesem Fall wiederum deutlich wurde, in welchen Dimensionen in Deutschland Geld vernichtet werden kann – der Schaden bei Balsam wird auf etwa 2,7 Milliarden DM geschätzt – und wie unvollkommen das System der Aufsicht über Spitzenmanager ist. Schlienkamps Machenschaften konnten sich jedenfalls durchaus mit den Dimensionen eines Jürgen Schneider messen. Die Firma Balsam hatte einen Umsatz von lediglich 400 Millionen DM im Jahr, und dennoch war offenbar keinem der Kontrolleure das Missverhältnis zwischen Umsatz und Kreditvolumen aufgefallen.[377] Unter den zu vertrauensseligen Banken gegenüber der Procedo waren so namhafte Geldinstitute wie die BfG-Bank, die BHF-Bank, die Bayerische Vereinsbank, die ABN Amro und vor allem die Deutsche Bank: Diese war zudem bei der Balsam, die 1989 in eine Aktiengesellschaft umgewandelt worden war, indirekt über ihre Beteiligungsgesellschaft WFG Deutsche Gesellschaft für Wagniskapital mbH & Co. KG mit 15 Prozent der Aktien (die übrigen 85 Prozent hielt Friedel Balsam), direkt über eine stille Einlage engagiert.[378]

Das für Außenstehende wohl Verblüffendste am Balsam-Betrug

ist aber ein Justizskandal: die Verschleppung von Ermittlungen gegen den Sportbodenhersteller. Friedel Balsam wies später zu seiner Verteidigung darauf hin. Ein vom nordrhein-westfälischen Landtag eingesetzter parlamentarischer Untersuchungsausschuss zum Betrugsfall Balsam deckte eine ganze Palette von Ungereimtheiten auf: Am 30. November 1992 war eine anonyme Strafanzeige bei der Steuerfahndung und bei der Staatsanwaltschaft in Bielefeld eingegangen. Es war kein einfacher Schrieb, der vielleicht nach kurzer Überprüfung hätte abgeheftet werden dürfen. Auf 14 Seiten hatte der Absender erläutert, die Balsam AG fälsche Aufträge und lasse sich diese durch die Procedo vorfinanzieren. Umfangreiche Anlagen legten nahe, dass die Vorwürfe zumindest zu prüfen waren. Zunächst handelten die zuständigen Beamten vorschriftsgemäß. Im Dezember 1992 berieten in einer gemeinsamen Sitzung drei Oberstaatsanwälte, zwei Staatsanwälte, zwei Wirtschaftsfachleute der Staatsanwaltschaft sowie drei Beamte der Finanzverwaltung die Vorwürfe. Die Steuerfahnder regten dabei eine Stichprobe zur Prüfung der Beschuldigungen an, Balsam habe reine Luftgeschäfte getätigt. Sie gingen im Glauben, ihr Vorschlag würde umgesetzt.

Balsam hatte laut dem anonymen Informanten ein Geschäftsnetz im In- und Ausland aufgebaut, das so ineinander verwoben war und derart komplizierte Finanzierungsmethoden praktizierte, dass ein Staatsanwalt schon deshalb hätte misstrauisch werden müssen. Wir schrieben das Jahr 1992 – und die Betrugsfälle um Herstatt sowie um Neue Heimat und co op waren jedem aufmerksamen Zeitungsleser bekannt. Aber auch Jürgen Schneider konnte zu diesem Zeitpunkt ja noch ungehindert von allzu neugierigen Fragen seine eigenen, immer phantasievolleren «Blöffs» weiterspinnen. Jedenfalls war – wie der vom Untersuchungsausschuss beauftragte Sonderermittler, ein Leitender Oberstaatsanwalt der Generalstaatsanwaltschaft Köln, bestätigte – aus der Anzeige ein Anfangsverdacht auf Betrug, Untreue und Bilanzfälschung durch Balsam-Manager ableitbar.

Von nun an reihten sich die Merkwürdigkeiten aneinander. Der Leiter der Abteilung für Wirtschaftsstrafsachen der Staatsanwaltschaft, ein Oberstaatsanwalt mit Prädikatsexamen, sah zwar seinerseits keinen Anfangsverdacht, stellte aber dennoch – gegen alle Regeln der Kunst – das Verfahren nicht ein. Auch versäumte er es, pflichtgemäß die zuständige Generalstaatsanwaltschaft in Hamm über die Vorwürfe gegen Balsam zu unterrichten. Warum er so handelte, blieb dem Untersuchungsausschuss schleierhaft. Erklärlich wäre das Vorgehen vielleicht gewesen, hätte der Jurist Balsam verschonen wollen. Ein Motiv hierfür war aber nicht auszumachen. Aus der Staatsanwaltschaft hakte keiner der Juristen und Wirtschaftsfachleute nach, die von der Strafanzeige wussten, um «die Anzeige und die dazugehörigen Anlagen mit der Gründlichkeit» zu untersuchen, «die geboten gewesen wäre», so der Befund des Sonderermittlers zur Rolle der Justiz im Fall Balsam.

Irritiert über das Schweigen der Staatsanwaltschaft, lüftete der bisher anonyme Aufdecker des Skandals seine Identität und fand Gehör bei einem interessierten Kriminalhauptkommissar. Dieser wurde im September 1993 schnell fündig. Auf seine Bitte schauten sich französische Kollegen – informell – die angeblichen Geschäfte der Balsam AG mit Firmen in Frankreich genauer an und deckten den Betrug auf. Der Kommissar selbst recherchierte in Handelsregistern und Archiven, vernahm erneut den Anzeigenerstatter und weitere Zeugen. Dann leitete er das umfangreiche Beweismaterial im April 1994 der Staatsanwaltschaft zu. Doch auch jetzt – ungeachtet der belastenden Befunde des Polizisten – blieb die Staatsanwaltschaft Bielefeld – bis auf das Abheften der Vernehmungsprotokolle – untätig. Die Staatsanwälte handelten nach dem Eindruck des Sonderermittlers derart irrational, weil sie eine «grundsätzliche Aversion» gegen die Polizei hegten.

Es bedurfte der Einschaltung des Fernsehens, um den Stein ins Rollen zu bringen: Nachdem im Mai 1994 auf diese Weise der Skandal um den Sportbodenhersteller öffentlich wurde, mussten die Strafverfolgungsbehörden in Nordrhein-Westfalen aktiv werden. Im Juni 1994 verlor Schlienkamp die Nerven und legte ein Geständnis ab. Mit ihm wurden drei weitere Vorstandsmitglieder in Untersuchungshaft genommen, einschließlich des Vorsitzenden Friedel Balsam. Eineinhalb Jahre Schlampereien – ein bloßer Einzelfall? Wer das Vorgehen der Staatsanwaltschaften in Deutschland bei den Bestechungsvorwürfen in der so genannten Leuna-Affäre beobachtet hat, darf daran zweifeln.[379]

Das fragwürdige Verhalten der Bielefelder Staatsanwaltschaft, das sich die meisten Beobachter nicht erklären konnten, war für die Generalstaatsanwaltschaft Hamm kein Grund, den Fall an sich zu ziehen. Ende Juni 1994 befanden ein Leitender Oberstaatsanwalt und ein Oberstaatsanwalt im Gegenteil, dass die Ermittlungen in Bielefeld gut aufgehoben seien. Es beunruhigte sie auch nicht, dass in den Akten ein Vernehmungsprotokoll fehlte. Er habe schließlich nur als «relativer Laie» in wirtschaftlichen Dingen die Akten überprüfen können, bot einer der Juristen den Ausschussmitgliedern später als Erklärung an.*

Die öffentliche Aufregung veranlasste dann den Grünen-Abgeordneten Michael Vesper (heute stellvertretender Ministerpräsident in Nordrhein-Westfalen) im Juni 1994, den zuständigen Justizminister Rolf Krumsiek nach den offenkundigen Inkompetenzen in den Kreisen der nordrhein-westfälischen Justiz zu fragen. Dem Minister lag zu diesem Zeitpunkt ein Bericht des Bielefelder Polizeipräsidenten vor, in dem das schlampige Vorgehen der Staatsanwaltschaft ausführlich nachgewiesen wurde. Krumsiek aber behauptete vor dem Parlament, die Bielefelder Staatsanwaltschaft habe die Ermittlungen ordnungsgemäß betrieben. Als Erklärung für diese – so Krumsiek – «gutgläubige» Irreführung des Parlaments wurde hingenommen, der Minister sei von seinen Mitarbeitern falsch informiert worden.[380]

Weder die Banken noch der Aufsichtsrat noch die Wirtschaftsprüfer hatten über Jahre hinweg bemerkt, dass die Firma Balsam todkrank war. Der Untersuchungsausschuss über den Balsam-Konkurs in seinem Abschlussbericht: Die Aufsicht durch Banken, Wirt-

---

* Im Balsam-Skandal blieb es nicht bei den unerklärlichen Fehlern der Staatsanwaltschaft bis zur unumgänglich gewordenen Stunde der Wahrheit. Nach der Verhaftung der Vorstandsmitglieder erlaubten die Staatsanwälte der geschiedenen Ehefrau eines der Inhaftierten, 740 000 DM in bar von einem Bankkonto abzuheben; diesen Betrag hatte wenige Tage zuvor der Verdächtigte überwiesen. Dass die in einem solchen Fall erforderliche Mitteilung an die Generalstaatsanwaltschaft unterblieb, verwundert dann schon nicht mehr.

schaftsprüfer und Kontrollgremien entspreche zwar dem derzeit Üblichen, aber der Fall gebe erneut Anlass, «an der Funktionsfähigkeit der inneren Kontrollsysteme der Banken zu zweifeln, und stelle das bisherige Vertrauen in Wirtschaftsprüfer und Aufsichtsräte in Frage».[381]

Erst 1999 ging nach dreieinhalb Jahren und 195 Verhandlungstagen das Wirtschaftsverfahren um die Milliardenpleite der Balsam AG mit der Verhängung hoher Haftstrafen zu Ende. In diesem Prozess wurde noch einmal deutlich, wie fahrlässig die Kontrolleure bei der Balsam AG vorgegangen waren. Es war ihnen offenbar nicht aufgefallen, dass das von Schlienkamp zunächst filigran gewobene Netz von Luftbuchungen, gefälschten Belegen und Urkunden bald schon immer undurchsichtiger geworden war. Dem vom Gericht bestellten Sachverständigen, einem Wirtschaftsprüfer, war es jedenfalls unmöglich, das Knäuel völlig zu entwirren.[382]

Gegen Friedel Balsam als früheren Firmenchef verhängte das Landgericht Bielefeld eine achtjährige, gegen Schlienkamp eine zehnjährige Freiheitsstrafe wegen Betrugs. Klindworth und Brandenberger erhielten Haftstrafen von zweieinhalb bzw. einem Jahr und neun Monaten.[383] Zu fünf Millionen Mark Schadensersatz wurde später der Geschäftsmann Karl-Heinz Fanselow verurteilt, der als Vertreter der Beteiligungsgesellschaft der Deutschen Bank, WFG, dem Aufsichtsrat der Balsam AG angehört hatte. Das Landgericht Bielefeld fand ihn schuldig, seine Kontrollpflichten verletzt zu haben. So habe er insbesondere einen Hinweis des damaligen Vorstandsmitgliedes der Deutschen Bank Rolf-Ernst Breuer nicht beachtet, der von «unseriösen und unkorrekten» Geschäften bei Balsam gehört hatte.[384]

Der Unternehmer Friedel Balsam hat bis heute nicht verstanden, wo seine Schuld liegt, wie sehr er sich mit seinen Reisen «180 Tage im Jahr» selbst von der realen Welt seines Betriebes in Deutschland abgehoben hatte.

## Vulkan: Untergang durch die Politik

In der Grauzone zwischen Wirtschaft und Politik entwickelte sich seit Beginn der achtziger Jahre eine der spektakulärsten Fehlleistungen in der Ära Kohl, in die auch Fehler bei der Wiedervereinigung einflossen: der Skandal um die Bremer Vulkanwerft und ihren Chef Friedrich Hennemann. Der Werftkonzern brach im Februar 1996 zusammen; Tausende von Werftarbeitern verloren ihren Arbeitsplatz.

Friedrich Hennemann – Reedereikaufmann, Apotheker und promovierter Betriebswirt – arbeitete zehn Jahre lang als Senatsdirektor (Staatssekretär) beim bremischen Senator für Wirtschaft und Außenhandel. Anfang der achtziger Jahre war er in dieser Funktion in die Bildung des Werftenverbundes Bremer Vulkan AG einbezogen, unter dessen Dach die letzten vier Bremer Werftunternehmen zusammengeführt wurden.[385] Im März 1987 wechselte er aus dieser Position in den Vorstand der Bremer Vulkanwerft über, im November 1987 übernahm er dann den Vorstandsvorsitz, bereits zu einem Zeitpunkt, zu dem dieser Schiffbaubetrieb als nahezu konkursreif galt.

SPD-Mitglied Hennemann war jedoch zuversichtlich, dass die Landesregierung finanziell helfen würde, den Werftstandort Bremen auch bei wirtschaftlichen Schwierigkeiten zu erhalten: Es sei immer klar gewesen, dass man im Dumping-Krieg gegen die Werften aus Fernost ohne Staatshilfe nicht bestehen werde. Entsprechend war zwischen Hennemann und dem Land Bremen vereinbart worden, dass er bei den Werften «auch bremische Belange wahrnehmen» solle. Dazu passt gut, dass Hennemann mit dem früheren Arbeitgeber einen Personalüberlassungsvertrag aushandeln konnte: Die Jahre seiner Vorstandsarbeit sollten pensionsrechtlich wie Dienstjahre als Staatssekretär behandelt werden, wofür der neue Arbeitgeber Vulkan dem Land die Kosten erstatten würde.[386]

Ungeachtet der wirtschaftlichen Schwäche des Unternehmens steckte der neue Vorstandsvorsitzende der Vulkanwerft hohe Ziele: Sie sollte sich zu einem modernen, weltweit agierenden «Technologiekonzern mit maritimem Schwerpunkt» entwickeln.[387] Dabei setzte Hennemann auf die – wie er sagte – Fähigkeit der deutschen Werften, «die in einer immer arbeitsteiligeren Produktion anfallenden Standardbausteine zu hochkomplexen Systemen zusammenzufügen». Der neue Konzernchef, von Weggefährten als zwar kompetent und geschickt, aber auch als eitel-arrogant und mit einem Hang zur Selbstüberschätzung beschrieben, war von dieser seiner Vision so beherrscht, dass er auf Außenstehende wie ein «Traumtänzer in der Werftenlandschaft» wirkte.[388] Dabei inszenierte er eines perfekt: Bankern und Politikern vorzugaukeln, dass sie ihm zur Umsetzung seiner Visionen großzügig Subventionen und Kredite gewähren könnten – frei nach der Devise: «Hennemann, geh du voran.» Und auch Genossen innerhalb des Betriebes zogen mit. In Karl-Heinz Schönberger, dem Vorsitzenden des Konzernbetriebsrates, liebevoll «Kalli» genannt, fand «Fiddi» einen verständnisvollen Partner. Die beiden waren sich einig: Arbeitsplätze um jeden Preis, koste es, was es wolle.[389] Es sollte den Betrieb kosten – ein Bündnis zwischen Konzernspitze und Arbeitnehmervertretern, wie es schon den Niedergang des AEG-Konzerns befördert hatte.

Mit der gebündelten Hilfe von Politik, Finanzwelt und Betriebsrat verwandelte der selbstherrlich agierende Konzernherr – ohne Einbeziehung eines starken Teams in den Vorstand, das ihn hätte beraten können – die Vulkanwerft in einen nach außen erfolgreichen Großkonzern. Das geschah in der offensichtlichen Gewissheit, Politiker und Finanzwelt würden ihn schon nicht fallen lassen.[390]

Mit dem Instrument mehrerer Kapitalerhöhungen erwarb Hennemann als «Diversifikateur» in den folgenden Jahren zahlreiche Unternehmen insbesondere aus den Bereichen Maschinenbau und

Elektronik, wodurch in Einklang mit seiner Vision der Anteil des Schiffbaus an der Konzerngesamtleistung von 97 Prozent im Jahr 1987 auf unter 36 Prozent im Jahr 1993 zurückging. Im Geschäftsjahr 1994 erzielte der Bremer Vulkan mit 23 500 Mitarbeitern einen Gesamtumsatz von 6,02 Milliarden DM. Auf der Hauptversammlung des Vulkan im Juni 1995 stand Hennemann auf dem Höhepunkt seiner Laufbahn als Konzernherr: Er konnte einen Jahresüberschuss von 56,5 Millionen DM als Beleg dafür vorweisen, dass unter seiner Führung das Unternehmen nach fast zwei Jahrzehnten den «Turnaround» geschafft hatte. Davor war in der Bremer Werftindustrie zuletzt 1977 eine Dividende ausgezahlt worden.

Der Schein trog. Viele der unter seiner ehrgeizigen Regie erworbenen Betriebe waren schwer angeschlagen.[391] Hennemann hatte zudem zur Vermehrung des Auftragsvolumens selbst Geschäfte abgeschlossen, die absehbar Verlust brachten; denn: «... die waren auch durch Zuschüsse des Landes Bremen gedeckt».[392] Hennemann sah die Subventionsfrage allerdings rein politisch. Er beklagte, nach der Übernahme seines früheren Ressorts Wirtschaft durch die CDU als Folge der Bürgerschaftswahlen im Mai 1995 seien einfach zu wenig Staatsgelder des Landes Bremen geflossen.[393] Auf den zuvor bewährten Filz mit der SPD war nach der Bildung einer großen Koalition in Bremen für ihn kein Verlass mehr.

Für das erste Halbjahr 1995 musste Hennemann dann noch im gleichen Monat Juni einräumen, dass der Konzern entgegen seinen vollmundigen Erfolgsmeldungen auf der Hauptversammlung einen Verlust von 27,5 Millionen DM eingefahren hatte. Und zur Überbrückung von Liquiditätsschwierigkeiten musste im September desselben Jahres ein kurzfristiger Bankkredit von 300 Millionen DM aufgenommen werden. Die Schulden von Vulkan wurden zu diesem Zeitpunkt auf 1,2 Milliarden DM geschätzt. Im selben Monat trat Hennemann vom Vorstandsvorsitz zurück, blieb kommissarisch zwar noch im Amt, schied dann aber endgültig im November 1995 aus dem Unternehmen aus. Vulkan war praktisch pleite. Und das, obgleich allein zwischen 1984 und 1989 knapp 600 Millionen DM verlorene Subventionen geflossen waren.

Besonders belastend sollte sich für Hennemann das Versickern einer weiteren Subvention von insgesamt 854 Millionen DM auswirken, welche die Treuhand an Vulkan überwiesen hatte. Seit dem 8. September 1999 muss er sich gemeinsam mit drei weiteren Vorstandsmitgliedern gegen den Vorwurf der Untreue vor dem Landgericht Bremen verteidigen. Der Konzern sollte mit den Geldern der Treuhand die von ihr übernommenen zwei Werften in der ehemaligen DDR – 1992 den Wismarer Schiffbaubetrieb MTW und 1993 die Volkswerft Stralsund – sanieren (insgesamt hatte die Treuhand die Akquisition durch Vulkan mit etwa zwei Milliarden DM bis 1996 gefördert). Hennemann aber stopfte mit diesem Geld Haushaltslöcher in anderen maroden Vulkan-Töchtern. Die Treuhand bemerkte dies und forderte Hennemann seit 1993 immer einmal wieder zu einer bestimmungsgerechten Verwendung der Gelder auf. Sie unternahm aber nichts, um ihre Forderung umzusetzen, wie die damalige Treuhandpräsidentin Birgit Breuel als Zeugin vor dem Gericht eingestehen musste.[394] Die Treuhand – so die Bremer Staatsanwaltschaft – habe sich von Hennemann «regelrecht an der Nase» herumführen lassen. Aber nicht nur ihr seien «Mängel bei der Kontrolle» unterlaufen, sondern auch der Bundesregierung, der EU und den Wirtschaftsprüfern des Konzerns.[395] Erst Anfang 1996 versuchte die Treuhand-Nachfolgerin, die Bundesanstalt für vereinigungsbedingte Sonderaufgaben (BvS), die Mittel zurückzubekommen. Zu spät: Der Vulkan war insolvent, das Geld für die Ostwerften im Konkurs verloren.[396] 1996 forderte zudem die EU über 700 Millionen Mark zu Unrecht gezahlter Subventionen zurück.

Hennemann erklärte später vor Gericht über seinen Rechtsanwalt Hanns Feigen, die Treuhandverträge hätten ihm sein Vorgehen sehr wohl erlaubt. Er sei sich keiner Schuld bewusst; er habe völlig korrekt gehandelt. Scharfes Geschütz fuhr Feigen dann gegen Politik, Staatsanwaltschaft und Banken auf. Die BvS habe offenbar von eigenen Fehlern ablenken wollen und deshalb der Vulkanwerft kriminelle Abweichungen von den mit der Treuhand getroffenen Vereinbarungen vorgeworfen. Dazu habe sie sich eines «getürkten Gutachtens» bedient und die Bundesregierung getäuscht, die dann wiederum aufgrund der falschen Angaben die EU «belogen» habe.[397]

Das Gutachten hatte die Kölner Wirtschaftsprüfungsfirma KPMG erstellt, welche die Geldverwendung durch den Bremer Vulkan als «Zweckentfremdung» zulasten der Ostwerften einstufte. Auf einer Pressekonferenz im Jahre 1996 präsentierte BvS-Präsident Heinrich Hornef das Ergebnis der KPMG-Prüfung. Es sei «schlimmer als befürchtet». Was den anwesenden Journalisten verschwiegen wurde – der Bericht war ihnen nicht ausgehändigt worden –, war die Tatsache, dass die KPMG (von Spöttern in «Keiner Prüft Mehr Genau» umgetauft) die ihr vorgelegten Auskünfte und Unterlagen nicht auf die Richtigkeit ihrer Inhalte überprüft hatte[398] – was sie allerdings nach dem Handelsrecht auch nicht musste.

Für das langjährige SPD-Mitglied Hennemann traf vor allem Politiker die Hauptschuld: Als die Verluste des Vulkan im Juni 1995 bekannt wurden, sei die erste Reaktion gewesen, so sein Verteidiger Feigen: «In Bremen dachten manche: Jetzt kriegen wir diesen Hennemann weg, der alles besser weiß und immer nur vom anbrechenden maritimen Zeitalter redet.»[399] Und das Strafverfahren gegen Hennemann sei offenbar nach einer Absprache der Staatsanwaltschaft mit dem Bremer Justizsenator, Bürgermeister Henning Scherf (SPD), eingeleitet worden: «Man hat ihn behandelt wie einen Staatsfeind»; Hennemann hatte sieben Wochen lang in Untersuchungshaft gesessen. Also nach Hennemann ein Justizskandal – nur jetzt verglichen mit dem Fall Balsam unter umgekehrten Vorzeichen: Die Staatsanwaltschaft sei zu forsch und zu rigoros vorgegangen – und das in einem Komplott mit der politischen Ebene. Allerdings hatte Hennemann bei (!) einer vorangegangenen Hausdurchsuchung Unterlagen vernichtet.

Dass Politiker indessen tatsächlich eine Mitschuld an der Konzernpleite trugen, war die einstimmig getroffene Schlussfolgerung eines in Bremen eingesetzten Untersuchungsausschusses der Bürgerschaft. Nach zweijähriger Durchforstung des umfangreichen Materials befand er 1998, im Konzern habe es eine «Subventionsmentalität» gegeben, die durch die Senatshilfen ausgelöst wurde.

Nötige Rationalisierungen seien dadurch nur unzureichend in Gang gekommen. Und ein dichtes Beziehungsgeflecht zwischen Sozialdemokraten habe das Missmanagement des Vorstands und die mangelnde Kontrolle durch Wirtschaftsprüfer und Aufsichtsrat begünstigt.[400]

Auch die Banken unter Führung der Commerzbank wurden von der Hennemann-Seite an den Pranger gestellt. Sie seien – so Feigen – mitschuldig geworden, weil sie für das im September 1995 erbetene Darlehen von 300 Millionen DM «fast atemberaubend» überhöhte Sicherheiten verlangt hätten.[401] Das habe dem Vulkan den Todesstoß versetzt; denn die öffentliche Berichterstattung in der Lokalzeitung *Weserkurier* über diesen Vorgang habe dazu geführt, dass Lieferanten und Kunden plötzlich Vorkasse bzw. Sicherheiten verlangten. Erst dadurch sei der Fehlbetrag auf rund 2,2 Milliarden DM im Februar 1996 gestiegen. Der Konkurs des Vulkan war damit unausweichlich geworden.[402]

Lange Zeit schien es, als bliebe SPD-Mitglied Hennemann von schwerwiegenden persönlichen Konsequenzen aus dem Vulkan-Skandal verschont. Bei seinem Ausscheiden erhielt er – ungeachtet des drohenden Bankrotts – vom Bremer Vulkan eine Abfindung von brutto 1,6 bis 1,8 Millionen DM. Zugleich lebten seine Ansprüche als politischer Beamter wieder auf. Danach konnte er monatlich etwa 9000 DM beziehen. Zwar war Hennemann zunächst – wie erwähnt – in Untersuchungshaft genommen, aber gegen eine Kaution in Millionenhöhe nach sieben Wochen entlassen worden. Erst Jahre später holte Hennemann dann seine Vergangenheit ein, als er vor dem Bremer Landgericht angeklagt wurde. Das Bremer Verwaltungsgericht hatte zuvor schon seine Pensionsansprüche von rund 10 000 DM monatlich für rechtlich unwirksam erklärt.[403]

# Größen-Wahn im Aufbau Ost –
# Wenn Kontrollen versagen

## Der Fall Ernst

1994 wurden nach der Schneider-Pleite sofort die Fragen gestellt, wie solide Geschäfte anderer Bauunternehmer vor allem in Berlin und den neuen Bundesländern sind. Die Baukonzerne Roland Ernst, Philipp Holzmann und Wayss & Freytag waren mit erheblichen Investitionen in das Geschäft des «Developments» eingestiegen. Nach amerikanischem Muster erwirbt ein «Developer» auf eigenes Risiko ein Grundstück, bebaut es mit einem Erfolg versprechenden Objekt – beides in der Regel kreditfinanziert – und verkauft es nach dem Einzug der ersten Mieter. Insbesondere die Großprojekte des «Developers» Roland Ernst beunruhigten die Dresdner und die Hypo-Bank. In Japan war 1990 die «bubble economy» – in der mit Krediten im Immobiliengeschäft das große Rad gedreht wurde – geplatzt. Ein solcher Zusammenbruch schien nun auch in Deutschland nicht mehr undenkbar.[404]

Roland Ernst hatte als Student durch einen bloßen Zufall erfahren, wie lukrativ ein später so genannter Immobilien-Vorratsbau sein kann: Der 1936 geborene spätere Bauunternehmer betrieb zur Finanzierung seines Studiums ein Möbeleinzelhandelsgeschäft. Wegen einer schweren Erkrankung musste er dann auf die Eröffnung einer geplanten Filiale verzichten. Zu seiner Überraschung verdiente er in der Folge mit der Vermietung der Fläche mehr, als wenn er dort selber Möbel verkauft hätte. Also disponierte er um, brach sein Studium ab und stieg in den folgenden Jahrzehnten mit seinen Bauunternehmen zu einem der Marktführer in der deutschen Immobilienbranche auf. Ernst soll Projekte für insgesamt 13 Milliarden DM in Deutschland gebaut haben.[405] Er genoss jahrelang einen exzellenten Ruf. Dazu trug auch bei, dass er mehrere Stiftungen zur Förderung von Medizinern, Wissenschaftlern und Künstlern gründete.[406]

Nach der Wiedervereinigung witterte der erfolgsverwöhnte Bauherr besonders gute Geschäfte und verlor dabei wohl die Maßstäbe. 15000 DM je Quadratmeter Boden kostete Ernst beispielsweise die Ostberliner Friedrichstadt-Passage; der französische Kaufhauskonzern Galeries Lafayette zahlte dann pro Quadratmeter Verkaufsfläche 35 DM Miete. Experten gingen schon 1994 von einem Verlustgeschäft für den Bauunternehmer aus. In den verschiedensten Regionen der neuen Länder und in Berlin sicherte sich Ernst weitere interessante Grundstücke, auf denen er auf eigenes Risiko Bürohäuser errichtete. In wenigen Jahren investierte der Unternehmer hauptsächlich in der ehemaligen DDR 6,5 Milliarden DM. Auch ihm bewilligten die Banken bereitwillig Kredite. Dann aber bahnte sich das Fiasko an: Für einen Gewerbepark zwischen Halle und Leipzig – Quadratmeterpreis lediglich 20 DM – fand er kaum Interessenten, und ebenso erging es ihm mit weiteren «Developments». Verhängnisvoll wirkte sich aus, dass Ernst Käufern seiner Objekte Mietgarantien von 25 DM pro Quadratmeter eingeräumt hatte. Wenn sich aber überhaupt Mieter fanden, zahlten diese lediglich zehn bis 12 DM pro Quadratmeter.[407]

Im April 2000 schlug dann die Nachricht wie eine Bombe ein: Der Projektentwickler Roland Ernst war wegen vermuteter Betrügereien verhaftet worden. Einen Monat später, im Mai 2000, musste der Bauunternehmer für seine Kerngesellschaft Roland Ernst Planung und Finanzierung gewerblicher Objekte sowie die VOG Projektentwicklung ein Insolvenzverfahren beantragen. Sein vorheriger Versuch, einen außergerichtlichen Vergleich mit seinen Banken zu erzielen, war gescheitert, wie Ernst betonte, letztlich an der Dresdner Bank. Diese habe einen Verzicht auf 22 Millionen DM verweigert – eine lächerliche Summe, so meinte Ernst, angesichts seiner Milliardenumsätze in früheren Jahren. Mit 213 Millionen DM wurden seine Verbindlichkeiten beziffert; 130 Millionen DM sollen ihn allein die Mietgarantien gekostet haben. Im Oktober 2000 gab dann der Insolvenzverwalter Gerhard Walter bekannt, die Schulden seien mit rund 450 Millionen DM doppelt so hoch wie zuerst vermutet.[408] Nachdem die erste Euphorie über die Wiedervereinigung abflachte und das von vielen erhoffte Wirtschaftswunder in den neuen Ländern ausblieb, erwies sich manches Developergeschäft als folgenschwere Fehlinvestition. Verlierer des Insolvenzverfahrens von Ernst dürften auch die etwa 15 Gesellschaften in den neuen Ländern sein, deren von Ernst zugesicherte Mietgarantien nun wertlos wurden.[409]

Ernst sah den Hauptauslöser für die Insolvenz seines Kernunternehmens in seiner Verhaftung und dem damit verbundenen Image- wie Vertrauensverlust. Allerdings ist bemerkenswert, wie lange sich Ernst zuvor über Wasser hatte halten können, obwohl er bereits 1997 eine Geldstrafe im Stuttgarter Prozess um den Konkurs der ostdeutschen Molkerei Sachsenmilch hatte akzeptieren müssen und insgesamt Misstrauen aufgekommen war, ob Ernst sich in den Dunstkreis illegaler Geschäfte begeben haben könnte.[410]

Der Verdacht erwies sich als berechtigt: Schon Mitte der neunziger Jahre war Ernst das Geld ausgegangen. Die Adlerwerke Projektentwicklungs GmbH & Co. KG, ein Gemeinschaftsunternehmen von Ernst mit Philipp Holzmann, hatte den Büro- und Wohnkomplex Galluspark II errichtet (Galluspark I.1 baute Holzmann; hierauf kommen wir später zurück). Dieser ließ sich nicht vermieten und somit auch nicht verkaufen. Der Zinslast mit monatlich fast 1,5 Millionen DM standen somit keine Einnahmen gegenüber. In dieser Notlage für Ernst traten für die Deutsche Bahn als mögliche Mieterin der damalige Bahn-Immobilien-Chef Alexander May und sein Mitarbeiter Horst-Dieter Hadergasser auf. Ihre Vorverhandlungen auf dieser Sachbearbeiterebene waren erfolgreich. Dann geschah das, was Roland Ernst später auf die Anklagebank führen wird: Die beiden Bahnbediensteten erpressten entweder Ernst oder wurden von ihm bestochen – so die Versionen je nach Beteiligtem. Ernst jedenfalls besorgte sich über den mit ihm befreundeten Makler Rolf Rietz auf Umwegen das nötige Geld: Die Adlerwerke zahlten Rietz eine Schein-Courtage aus; dieser überließ Ernst das Bargeld. Wie bei Walther Leisler Kiep in der CDU-Spendenaffäre diente ein Koffer als Transportmittel: Nachdem die Bahnmitarbeiter zwei Millionen DM im Köfferchen kassiert hatten, war die Vermietung an die Bahn perfekt. Nun gelang auch der Verkauf des Gallusparks. May und Hadergassen sollen im Verlauf der «Geschäftsbeziehungen» noch weitere 4,5 Millionen DM von Ernst erhalten haben. Das Schurkenspiel – ob nun Erpressung oder Bestechung – flog auf, nachdem Rietz wegen eines Steuervergehens verhaftet wurde und die Staatsanwaltschaft über das Scheingeschäft mit Ernst informierte.

Anders als Jürgen Schneider hatte Roland Ernst bis zur Wiedervereinigung solide gearbeitet – zumindest nach den Maßstäben der Baubranche, in der, wie auch Ernst weiß, häufig bestochen wird.[411] Was Ernst von Schneider weiter unterscheidet, ist das fehlende Interesse einer breiteren Öffentlichkeit an seinem Fall – an seinem Handeln wie an dem der Banken.

### *Holzmann: Die Aufsicht schläft*

Einer der größten Verlierer der Wiedervereinigung ist die Philipp Holzmann AG, die im November 1999 am Rande des Ruins stand. Manager des größten Baukonzerns in der Bundesrepublik – mit ihren in- und ausländischen Beteiligungsgesellschaften eines der führenden Unternehmen der Welt – teilten Anfang der neunziger Jahre die Euphorie Helmut Kohls, das Gebiet der ehemaligen DDR werde boomen. Im Glauben, die Bauwirtschaft werde davon profitieren wie kaum eine andere Branche, traten sie der Treuhand gegenüber als Großeinkäufer auf.

1992 hatte Holzmann die neuen Bundesländer mit Repräsentanzen, Zweigniederlassungen und Tochtergesellschaften flächendeckend überzogen. Die *Süddeutsche Zeitung* schrieb angesichts der vom Baukonzern für 1991 vorgelegten Zahlen: «Holzmann ist im Osten Baumilliardär». Bei jeder Großausschreibung war Holzmann vertreten und kam bei fast jedem Projekt auch zum Zuge – ob Hotels, Banken, Bürokomplexe oder Einkaufszentren. 1992 konnte so der Umsatz um über zehn Prozent gesteigert werden; für die folgenden Jahre versprachen sich die Holzmann-Verantwortlichen weitere glänzende Geschäfte.[412] Dann aber kam statt des Aufschwungs die Rezession in der deutschen Bauwirtschaft, und Holzmann erlitt empfindliche Verluste, auch weil der Konzern – wir wiesen bereits darauf hin – sich in das hoch spekulative Geschäft mit Immobilienbau und -vermarktung auf eigene Rechnung gewagt hatte.

Das war aber nur einer der Gründe für den Niedergang. Beim Sichten der gravierendsten Managementfehler bei Holzmann stellen sich regelrechte Déjà-vu-Erlebnisse ein: Die Verantwortlichen handelten in einem Größenwahn und einem fahrlässigen Leichtsinn, als hätte es die Pleiten vor allem um die Neue Heimat oder um die AEG nicht gegeben. Und wie bei Schneider und der Metallgesellschaft – um nur die beiden größten Flops zu erwähnen – spielte wiederum die Deutsche Bank einen auffälligen Part. Sie hält gemeinsam mit zahlreichen anderen Banken mehr als 50 Prozent der Holzmann-Aktien; mit 15 Prozent ist sie der größte Einzelaktionär des Traditionsunternehmens.* Während der entscheidenden Phase des ungebremsten Aufstiegs und ebenso jähen Absturzes saß für sie im Aufsichtsrat von Holzmann ihr Vorstandsmitglied Carl Ludwig von Boehm-Bezing.

Noch Anfang der achtziger Jahre galt die Traditionsfirma Holzmann als so gefestigt, dass der Mitbewerber, die Essener Firma Hochtief, 20 Prozent der Anteile bei Holzmann erwarb. 1994 versuchte der Vorsitzende von Hochtief, Hans-Peter Keitel, den Anteil auf 35 Prozent zu erhöhen. Als die Leitung von Holzmann sich dagegen wehrte, kam es sogar zu gerichtlichen Auseinandersetzungen. 1998 gab dann allerdings Hochtief diese Bemühungen um ein stärkeres Engagement bei Holzmann auf. Die Historiker Birgit

---

* Anders als Schneider und Ernst blickt die Holzmann AG auf eine über 150-jährige stolze Firmengeschichte als eines der führenden Unternehmen der Welt in der Sparte Planung und Ausführung von Bauten und Anlagen aller Art zurück. Schon im 19. Jahrhundert agierte sie mit großem Erfolg weltweit. Die Schachtelbeteiligung der Deutschen Bank an dem 1849 von Philipp Holzmann (1805–1870) gegründeten Hoch- und Tiefbauunternehmen existiert seit 1872. Die Holzmann AG hat übrigens auch die beiden Frankfurter Türme der Deutschen Bank gebaut.

Siekmann und Manfred Pohl vermuten in ihrem Buch «Hochtief und seine Geschichte», dass die Essener von den inzwischen großen Problemen Holzmanns erfahren hatten.[413]

Das Desaster, das zur Beinahe-Pleite 1999 führen sollte, war hausgemacht und vom Holzmann-Management unter seinem Vorstandsvorsitzenden Lothar Mayer eingeleitet worden: «Ein völlig ungehemmter Expansionsdrang, der zu einem unüberschaubaren und teilweise falsch angelegten Beteiligungsgeflecht von 600 Gesellschaften führte, und fatale Fehlkalkulationen in einem an Größenwahn grenzenden Immobilienprojektgeschäft waren die Ursachen.» Die Folge: Immer häufiger fuhr der Konzern große Verluste ein, und schon Mitte der neunziger Jahre war der Kollaps nicht mehr auszuschließen.[414]

Wie vor ihnen die Genossen der Neuen Heimat hatten sich auch Mayer und seine Mitarbeiter weltweit an riesigen Projekten beteiligt: Sie planten und bauten «Brücken, Tunnels, Hafenanlagen, Kernkraftwerke, Flughäfen, Fabriken, Talsperren, ganze Stadtviertel und Wolkenkratzer».[415] Und auch bei ihnen mangelte es an der weitsichtigen Planung und Abstimmung der einzelnen Aktivitäten. 1997 erzwangen die großen Verluste, 25 Prozent der Beschäftigten in der ganzen Welt zu kündigen.[416]

Große Projekte, die Mayer umsetzte, waren noch von seinem Vorgänger Heinrich Becker eingefädelt worden, der anschließend – wie in Deutschland üblich – als Vorsitzender in den Aufsichtsrat wechselte und dort bis März 1997 blieb. Dabei unterlief ihm ein Fehler, der sich schon bei der AEG verhängnisvoll ausgewirkt hatte: Diese hatte lange Zeit ihre selbständig und willkürlich handelnden Spartenchefs gewähren lassen. So durften auch bei Holzmann die Bezirksleiter als so genannte «Regionalfürsten» anbieten, kalkulieren und abrechnen – wie beim Elektrokonzern ohne besondere Kontrolle, egal wie solide ihre Kalkulationen waren. Und auch sein Kollege im Aufsichtsrat, von Boehm-Bezing, schaute nicht sonderlich gründlich nach, was denn die Herren so trieben.[417] Mit ihm stellte die Deutsche Bank als wichtigster Anteilseigner nach dem Ausscheiden Beckers dann den Aufsichtsratsvorsitzenden bei Holzmann.

Im September 1997 musste Mayer gehen, nachdem die von ihm zu verantwortenden Fehlbeträge auf drei Milliarden DM aufgelaufen waren. Auf der folgenden Hauptversammlung wurde ihm die Entlastung verweigert.

Die Wahl seines Nachfolgers erwies sich als wenig glücklich. Heinrich Binder, zuvor Manager der selbst in Schieflage geratenen Metallgesellschaft, galt als Favorit von Boehm-Bezings, der ihn nun an die Spitze des Baukonzerns «versetzte», obgleich ihm fundierte Branchenkenntnisse in der Bauwirtschaft fehlten. Zu diesem Zeitpunkt war das Unternehmen durch die Anteilseigner «gerettet» worden, indem sie das Kapital um rund 700 Millionen DM aufstockten und die Banken ein Drei-Milliarden-Haushaltsloch stopften.

Über den Einstieg des neuen Vorstandschefs wird wenig Lobendes berichtet: Eine seiner ersten Amtshandlungen war zwar, dass innerhalb des Holzmann-Konzerns ein systematisches Finanzkontrollsystem eingeführt wurde.[418] Binder schien sich in seinem neuen Wirkungskreis aber wenig darum zu bemühen, eventuelle Wissenslücken aufzufüllen; auf den Baustellen ward er kaum gesichtet. Dafür trat er in der Frankfurter Zentrale großspurig auf. Und kurz vor seiner Offenbarung im November 1999, auf 2,4 Milliarden DM Schulden zu sitzen, ließ er sich noch schnell vom Aufsichtsrat eine stattliche Tantieme gewähren.[419]

Nach außen zeigten sich die Verantwortlichen bei Holzmann noch im Juni 1999 gewiss, die Krise meistern zu können: Vorstandsvorsitzender Binder behauptete auf einer Pressekonferenz, der Konzern habe den Turnaround geschafft und würde schwarze Zahlen schreiben. Insider allerdings blieben skeptisch; schließlich hatte vor ihm zum Beispiel auch Friedrich Hennemann für die Vulkanwerft im Juni 1995 den Durchbruch vermeldet, im selben Monat aber dann Verluste einräumen müssen, die zum Konkurs führen sollten.

Auch bei Holzmann kam die Wahrheit schnell ans Tageslicht. Am 15. November 1999 erfuhr Deutschland das Ausmaß des Schlamassels, als sich das Traditionsunternehmen gezwungen sah, einen Insolvenzantrag zu stellen. Binder gestand gemeinsam mit seinem obersten Kontrolleur von Boehm-Bezing die Finanzierungslücke von 2,4 Milliarden DM ein. Diese neuen Verluste waren durch wirtschaftlich absurde Immobiliengroßprojekte – teils wie beim Bauunternehmer Ernst mit Mietgarantien versehen – aufgelaufen. Binder vermutete kriminelle Machenschaften seiner Vorgänger auf der Chefetage. Als Verantwortlichen für die Fehlbeträge stellte er vor allem seinen Vorgänger Lothar Mayer hin.[420] Den Aufsichtsratsvorsitzenden (bis März 1997) Heinrich Becker und von Boehm-Bezing wurde in der Folge vorgeworfen, ihren Kontrollpflichten nicht genügend nachgekommen zu sein. Von Boehm-Bezing hätte in seiner Doppelfunktion als Kreditgeber und Kontrolleur des Kreditnehmers wissen müssen, dass zu seiner Zeit Holzmann vor allem beim Einwerben von Aufträgen unseriös kalkulierte.

Das war wohl der eigentliche Grund für die Beinahe-Pleite: Kalkulationen sogar unter Selbstkosten, um die Auftragsbücher zu füllen, was wiederum andere Firmen in ihrer Existenz gefährdete. Allein im Jahre 1999 hatten bis zum November rund 4400 Klein- und Mittelstandsbetriebe Pleite gemacht.[421] Dennoch passierte das eher Übliche: Auf der anschließenden Aufsichtsratssitzung am 9. Dezember 1999 «gab es gerade mal einen zweiseitigen besseren Schmierzettel» statt eines ausführlichen Berichts, so ein Teilnehmer.[422]

Spektakulär war die Einmischung von Bundeskanzler Gerhard Schröder zur Rettung des Großunternehmens mit seinen 60000 Arbeitsplätzen: Unter dem Jubel der Bauarbeiter gab er im November 1999 bekannt, die Kreditanstalt für Wiederaufbau würde ein Darlehen von 150 Millionen DM einräumen und der Bund eine Ausfallbürgschaft über 100 Millionen DM übernehmen. Vorausgegangen war eine Sitzung des Kanzlers mit Vertretern der kreditgebenden Banken. Diese zeigten zunächst wenig Interesse an weiteren Konzessionen gegenüber Holzmann. Schröder hatte aber seine Verhandlungsposition gestärkt, indem er einen Vertreter der Unternehmensberatung Roland Berger mitbrachte, die das Unternehmen für sanierungsfähig hielt. Zugute kam dem Kanzler auch sein Wissen über die enge Verflechtung der Deutschen Bank mit Holzmann, durch die deren Kredite nach dem Aktienrecht als Eigenkapital der Holzmann AG hätten eingestuft werden können. Bei einem Insolvenzverfahren wären bei einer solchen Interpretation diese Forderungen immerhin «nachrangig» einzustufen gewesen. So verzichteten dann die Banken zumindest vorläufig auf die Rückzahlung gewährter Kredite in Höhe von 1,3 Milliarden DM und versprachen weitere Finanzspritzen durch Bankkredite und eine Kapitalerhöhung in Milliardenhöhe.[423] Das Paket wurde abgerundet durch einen Kapitalschnitt von 26:1 und ein Abkommen mit der IG Bau, mit dem ein starker Abbau der Belegschaft um 3800 Mitarbeiter und eine unentgeltliche Mehrarbeit der weiter Beschäftigten erreicht wurde. Das Überleben des Baukonzerns war erreicht.

Damit aber hatte sich auch Holzmann als «eine klare Kapitalvernichtungsmaschine für die Aktionäre und eine Arbeitsplatzvernichtungsmaschinerie für die Mitarbeiter» entpuppt, hielt Klaus Nieding, Geschäftsführer der Deutschen Schutzvereinigung für Wertpapierbesitz (DSW), fest.[424] Dass der Vorsitzende des Gesamt- und Konzernbetriebsrates der Holzmann AG, Jürgen Mahneke, einem solchen Sanierungskonzept zustimmte, obgleich es gegen das geltende Tarifrecht verstieß, schadete seiner Reputation nicht erkennbar: Er durfte im Frühjahr 2001 das Bundesverdienstkreuz entgegennehmen.[425]

Es ist sicherlich gegen die ordnungspolitischen Grundsätze einer Marktwirtschaft, wenn ein Regierungschef mit den Mitteln des Staates zur Abwendung eines Konkurses beiträgt, der doch nur das Ergebnis von unternehmerischen Fehlentscheidungen war. Sein sozialdemokratischer Vorgänger Helmut Schmidt hatte bei der sich abzeichnenden AEG-Pleite noch nach den Grundsätzen dieser Wirtschaftsordnung gehandelt, wie 1961 der spätere CDU-Bundeskanzler Ludwig Erhard bei Borgward. Ein wenig erinnert das Vorgehen Schröders als intervenierender Politiker in wirtschaftliche Unternehmensinteressen an das Eingreifen Kaiser Wilhelms II., als Emil Rathenau eine gemeinsame Telefunken-Gesellschaft mit Werner von Siemens plante.

Die Ansicht, dass Schröder die Subventionsrichtlinien der EU nicht beachtete, war nahe liegend. Entsprechend hat die Europäische Gemeinschaft erst nach eineinhalb Jahren und einem Gutachten über die Sanierungsfähigkeit Holzmanns die Genehmigung dafür erteilt, dass der Bundeskanzler sein medienwirksames Versprechen einlösen kann.[426]

Im Mai 2000 musste dann der neue Vorstandsvorsitzende von Holzmann, Konrad Hinrichs, bekannt geben, der Gesamtschaden sei vor allem durch eine Verlust bringende Konzentration auf Großprojekte, das Immobilien-Projektentwicklungsgeschäft und defizitäre Auslands- und Inlandsbeteiligungen eingefahren worden. Insgesamt habe Holzmann unter seinen Vorgängern Mayer und Binder mit einer Ideologie nach dem Motto «Wachstum um jeden Preis» zwischen 1993 und 1999 Verluste von 6,56 Milliarden DM eingefahren und damit das Unternehmen in die schwerste Finanzkrise in den 150 Jahren seines Bestehens geführt. Geschönt worden war die Bilanz dadurch, dass in dieser Zeit ein Minus von 2,8 Milliarden DM durch die Auflösung stiller Reserven aufgefangen wurde.[427]

Für von Boehm-Bezing sollte die Beinahe-Pleite des Holzmann-Konzerns umso peinlicher sein, als die Deutsche Bank in seiner Zeit als Aufsichtsratschef von Holzmann dieser Firma die meisten Kredite (1,8 Milliarden DM von 5,7 Milliarden DM der zehn größten Kreditgeber) eingeräumt hatte. Boehm-Bezing musste sich zudem vorhalten lassen, «interne Kenntnisse des von ihm beaufsichtigten Konzerns erworben» zu haben, die er dann «zum Nachteil und Schaden der Philipp Holzmann AG und zum Vorteil der Deutschen Bank AG umgesetzt hat».[428] Ein Beispiel: Holzmann hatte – wie erwähnt – den Galluspark I.1 in Frankfurt erstellt und ihn in halb fertigem Zustand an die schwedische Firma Alexanderssons für rund 320 Millionen DM veräußern können. Kreditgeber war die Deutsche Bank. Kurze Zeit später machte Alexanderssons Pleite. Holzmann-Chef Lothar Mayer musste nach eigenen Angaben auf Druck der Deutschen Bank den Galluspark zum zuvor erzielten Verkaufspreis zurücknehmen. Mayer: «Wir hatten unser Geld samt 30 Millionen DM Gewinn. Aber die Deutsche Bank hat mich zur Rücknahme gezwungen. Ich hatte keine andere Wahl.» In der Folge saß Mayer auf den Zinsen für den Gewerbepark. Sein Nachfolger Binder stieß dann den Holzmann belastenden Komplex für 230 Millionen DM an die Deutsche Bank ab. Den Verlust trug Holzmann.[429]

Von Boehm-Bezing trat im April 2000 vom Aufsichtsratsvorsitz zurück und wurde auf der Hauptversammlung des Konzerns am 31. August 2000 entlastet – anders als Binder, dessen Entlastung erst einmal verschoben wurde.[430] Dieses Vorgehen stieß auf zusätzlichen Unmut, löste es doch die Vermutung aus, nach wie vor halte die Deutsche Bank – auch wenn sie nach von Boehm-Bezings Ausscheiden keinen Vertreter mehr in den Aufsichtsrat entsandt hatte – bei Holzmann die Fäden in der Hand; denn die Staatsanwaltschaft ermittelte sowohl gegen von Boehm-Bezing wie gegen Binder – ebenso wie gegen dessen Vorgänger Mayer.[431]

Unangenehm wurde es auch wieder für die Wirtschaftsprüfungsgesellschaft KPMG, die sich schon bei der Vulkan-Pleite Vorwürfen ausgesetzt sah. Sie hatte bei Holzmann das erforderliche Testat erstellt und die heraufziehende Pleite nicht erkannt. Das Risiko blieb verdeckt. Eine spätere Überprüfung durch die konkurrierende Wirtschaftsprüfungsgesellschaft Ernst & Young ergab: Von den durch die KPMG für 1999 ausgewiesenen Verlusten von 2,7 Milliarden DM seien in Wirklichkeit 278 Millionen DM bereits in den Vorjahren eingefahren worden. Damit hätte dann Binder im Juni 1999 die Unwahrheit gesagt.[432] Vorstand, Aufsichtsrat und Wirtschaftsprüfung – die klassische Kombination zur Kontrolle unternehmerischen Handelns in Großunternehmen hatte wieder einmal versagt.

Einen erheblichen Imageverlust hatte die Deutsche Bank auch hinzunehmen durch die Beschuldigungen, die das langjährige Mitglied ihres Gesamtbeirates, der Chef der belgischen Finanzholding Gevaert N. V., André Leysen, gegen sie erhob. Leysen hatte von der Deutschen Bank (als Verkäufer und Vermittler) sowie dem Baukonzern Hochtief noch 1998 30 Prozent des Aktienpakets von Holzmann für rund 400 Millionen DM übernommen. Knapp ein Jahr später stand das Bauunternehmen vor dem Beinahe-Fiasko. Für ihn gehört – wie Leysen in einer Rede vor Unternehmern betonte – Vertrauen zu den grundlegenden Voraussetzungen einer europäischen Wirtschaft. Das aber habe die Deutsche Bank missbraucht, indem sie ihm Kenntnisse über die Finanzlage des Unternehmens vorenthalten habe. Missmutig nahm Leysen in seiner Rede Bezug auf ein Statement des Vorstandsvorsitzenden der Deutschen Bank, Rolf-Ernst Breuer, der unlängst für die Finanzmärkte als quasi fünfte Gewalt neben den Medien eine wichtige Wächterrolle über die Politik im 21. Jahrhundert reklamiert habe. Leysen: «Es walte Gott, dass es so nicht kommen möge.»[433]

## Die Deutsche Bank ist auch bei anderen Pleiten mit im Boot

Verglichen mit Pleiten wie dem Engagement bei Schneider oder Holzmann wirkt eher kurios, wie ein Kundenbetreuer der Deutschen Bank Anfang der sechziger Jahre ein lukratives Geschäft verpatzte: Die Brüder Karl und Theo Albrecht suchten damals einen Kreditgeber für ihre Idee, Kunden in speziellen Discountläden ein lediglich begrenztes Warenangebot zu präsentieren, das diese aus bloßen Spanholzkisten selbst herauszunehmen hatten. Fachorgane des Einzelhandels waren skeptisch: «Zieht Primitivität wirklich?» Der Berater der Deutschen Bank war nicht davon überzeugt und verweigerte einen Kredit: «Das wird wohl kein Erfolg, aber trotzdem alles Gute.»[434]

Die Deutsche Bank hat sich – schon wegen ihrer Größe und ihres Renommees – in den letzten Jahren im Zusammenhang mit einer Reihe von Skandalen in ganz anderer Weise kritisch nach ihrer Urteilsfähigkeit fragen lassen müssen. Dem Vorstandsmitglied Ronaldo Schmitz wurden nicht nur die Verluste der Bank bei der Metallgesellschaft angekreidet. Er hatte mit der Sachsenmilch die erste börsennotierte Aktiengesellschaft in den neuen Bundesländern forciert, musste dann aber für Millionen DM eine Rückkaufaktion einleiten, um eine Prospekthaftungsklage gegen die Sachsenmilch AG abzuwenden. Schmitz hatte nicht gewusst, dass es teure Nebenabreden für den Neubau der Molkerei gab. Später sah er sich «als Opfer von Täuschung und Missmanagement». Für Schmitz spricht, dass der Bauunternehmer Roland Ernst nach dem

Konkurs der Sachsenmilch – wie erwähnt – eine Geldstrafe akzeptiert hatte. Für die Deutsche Bank entstand ein – für dieses große Institut zu vernachlässigender – materieller Schaden von 40 Millionen DM – gewissermaßen weniger als eine Peanut. Die Bank musste nämlich beim Rückkauf für die Aktien der Kleinanleger den Einstandspreis zahlen, nachdem sich die Kurse bald nach der Emissionierung fast halbiert hatten. Der Imageverlust war finanziell nicht zu beheben.[435]

Mit entscheidend für die späten Reaktionen auf Pleiten wie Schneider und Metallgesellschaft dürfte eine Kultur der Undurchsichtigkeit und des Abschottens gegenüber so genannten Dritten bei deutschen Großunternehmen – allerdings nicht nur hier – sein: eine Art deutsche Norm. So wandte sich der Verwalter des Schneider-Konkurses, Gerhard Walter, dagegen, dass der in solchen Fällen übliche Gläubiger-Ausschuss gebildet wurde: «Die Konstituierung eines solchen Ausschusses hätte bedeutet, den Mitgliedern komplette Akteneinsicht und Kontrollrechte zu gestatten. Die Banken als Hauptgläubiger wünschten aus ebendiesem Grund keine solche Kontrollinstanz. Schließlich hätte dann eine breitere Öffentlichkeit erfahren, zu welchen Konditionen und Vorgaben sie Kredite bewilligt haben, ob die Darlehen vom Vorstand direkt oder auf Zuruf ausgeliehen wurden. Sie dürfen nicht vergessen, dass manche Objekte teilweise bis zum Fünf- bis Sechsfachen ihres Verkehrswertes beliehen wurden. Bisher ist daher alles sehr diskret und geräuschlos vor sich gegangen.»[436]

Offiziell besteht das korporatistische Prinzip bei der Deutschen Bank in ihrem beinahe schon sakralen Verhaltenskodex. Die verschiedenen Vorstandsmitglieder haben Aufgabenbereiche, die sie wie Ressorts behandeln, und statt mit Entlassung wird auf problematische Verläufe mit Versetzung reagiert. Dabei kam es zumindest in der Vergangenheit auch zu Überschneidungen. Wir verwiesen im Fall Schneider darauf. Auch für die Reifenbranche waren verschiedene Manager der Deutschen Bank zuständig. Bei dem Versuch des italienischen Reifenherstellers Pirelli im Jahre 1990, die hannoversche Reifenfirma Continental zu übernehmen, unterstützte Ulrich Weiss als Aufsichtsratsvorsitzender der Continental die Italiener, gegen sie agierte sein Vorstandskollege John Craven, Chef der DB-Tochter Morgan Grenfell. Friedrich Wilhelm Christians als Aufsichtsratsvorsitzender der Deutschen Bank sprach das Machtwort zugunsten der Position Cravens. Konsequenzen für Weiß: keine. Er blieb sogar im Aufsichtsrat von Continental.[437]

Rolf-Ernst Breuer, damals einfaches Vorstandsmitglied, war erfolglos als Aufsichtsratschef bei dem Werkzeugmaschinenhersteller Maho/Deckel. Angelastet wurde der Deutschen Bank auch ihre Verwicklung in die Insolvenz des traditionsreichen Anlagenbauers Klöckner-Humboldt-Deutz (KHD). 1987 war der Konzern in seiner Existenz bedroht, nachdem seinem Vorstandsvorsitzenden Bodo Liebe gravierende Managementfehler unterlaufen waren. In der Folge übernahm die Deutsche Bank, die als neuer Großaktionär ab 1990 mit ihrem Vorstandsvorsitzenden Hilmar Kopper den Aufsichtsratschef stellte, die Hauptlast bei der versuchten Sanierung bei KHD.[438] Kopper wurde zudem heftig kritisiert wegen seiner Politik bei der Verschmelzung von Mercedes mit anderen Firmen. Auf diese Kritik angesprochen, erklärte Kopper: «Wir haben einfach nicht genug Zeit für solche Aufgaben.»[439]

Kopper ist ein bekanntes Beispiel für die Dünnhäutigkeit höherer Wirtschaftsführer angesichts von Kritik, insbesondere dann, wenn Politiker sie äußern. In einem Interview beklagte er sich, dass sich das Bundeskabinett mit der Schneider-Pleite beschäftigte. Das gehe die Regierung doch gar nichts an, meinte er. Als der damalige Berliner Finanzsenator Elmar Pieroth (CDU) den Banken einen Kreditmangel im Osten Deutschlands anlastete – statt mittelständischen Neugründern gebe man Großunternehmen des Baugewerbes fragwürdige Kredite –, wertete Kopper dies als Undankbarkeit. Pieroth hätte den früheren Skandal, als in Weinen seiner Firma Glykol gefunden wurde, ohne Hilfe der Deutschen Bank nicht überlebt.[440]

Hier zeigt sich eine andere Seite des Korporatismus: Wie in der Politik wird auch in der obersten Etage der Wirtschaft Dankbarkeit verlangt, die über den Anlass hinaus auch für Konflikte gelten soll, die nicht das Geringste mehr damit zu tun haben.

## Flowtex: Potemkin in Schwaben –
## Die Prüfer sind ahnungslos

Der Phantasie sind keine Grenzen gesetzt, die Banken-Welt will betrogen werden. Das zeigt der vielleicht spektakulärste Fall von wirtschaftlicher Hochstapelei, der im Februar 2000 ruchbar wurde. Mit der «Flowtex» ging ein angeblicher Weltkonzern Pleite, der in Wirklichkeit ein aus Scheingeschäften gezimmertes potemkinsches Dorf war. Das ursprünglich mittelständische Unternehmen Flowtex mit später angeblich 4000 Mitarbeitern im In- und Ausland wurde groß durch das Geschäft mit speziellen Bohrmaschinen für den Tiefbau, für die sie das Patent erworben hatte. Mit diesen Maschinen konnte horizontal für das Verlegen von Rohren gebohrt, also das Aufreißen von Oberflächen vermieden werden. Flowtex verkaufte oder vermietete diese Maschinen an Leasingfirmen, um sie über Baufirmen aus ihrem eigenen Dunstkreis gleich wieder zurückzumieten. Ein profitabler Kreislauf war geboren. Insgesamt glückten den Firmenchefs Manfred Schmider und Klaus Kleiser auf diese Weise Leasinggeschäfte über 3411 Bohrmaschinen – obgleich sie in Wirklichkeit gerade einmal 270 Bohrer besaßen. Den strafrechtlich relevanten Schaden der rund 80 involvierten Banken und Leasingfirmen bezifferte später der Mannheimer Oberstaatsanwalt Hubert Jobski auf nahezu vier Milliarden DM. Der virtuelle Großkonzern – die meisten der 4000 Mitarbeiter existierten nur auf dem Papier – hatte mit 3141 nicht vorhandenen Bohrgeräten jahrelang jonglieren können, und die auch hier tätige Wirtschaftsprüfungsgesellschaft KPMG hatte nicht einmal etwas bemerkt.[441]

Diese geriet nach den vorangegangenen Skandalen in eine besonders knifflige Situation. 1,9 Milliarden DM Schadensersatz versuchten seit Anfang 2001 76 Banken und Leasinggesellschaften bei ihr geltend zu machen. KPMG hatte der Flowtex die Testate für die Bilanzen 1997 und 1998 ausgestellt und zudem eine «ergänzende Prüfung» vorgenommen, die Schmider am 3. März 1999 auf Verlangen einer Leasinggesellschaft durchführen lassen musste. Am 22. März 1999 bescheinigte KPMG, es gebe «keine Anzeichen, dass die Rechte der Leasinggesellschaft nicht gewahrt sind». Die Wirtschaftsprüfer hatten aber nicht nachgeschaut, ob sich die Bohrmaschinen auch dort befanden, wo sie nach den Unterlagen sein sollten. Sie hatten es vielmehr Schmider und Kleiser überlassen, für eine Stichprobe «die betreffenden Bohrsysteme zu Wartungs- und Servicearbeiten von den Untermietern in die Werkstätten» zurückzurufen, «wo sie von uns in Augenschein genommen worden sind». Offensichtlich waren die KPMG-Experten nicht auf die Idee gekommen, die Flowtex-Manager könnten auf diese Weise Geräte so manipulieren, als wären es die angeforderten. Schwierig war das nicht; es genügte, die gewünschten Typenschilder an den einzelnen Bohrmaschinen zu montieren.[442] Im Mai 2001 einigten sich die Wirtschaftsprüfer der KPMG mit den Gläubigern, ohne Anerkenntnis einer Rechtspflicht 100 Millionen DM zu zahlen.

Der spätere Insolvenzverwalter Eberhard Braun: «Immerhin haben wir gute Aussichten, Balsam und auch den Baulöwen Schneider zu schlagen und der größte Fall von Wirtschaftskriminalität in der Bundesrepublik zu werden.» Schneider habe mit zwar überteuerten und falsch berechneten, aber wenigstens vorhandenen Immobilien gehandelt. Schmider dagegen «verkaufte reine Luft».

Manfred Schmider, studierter Betriebswirt, hatte als Schrotthändler, Autoverkäufer und Immobilienhändler gearbeitet. 1983 gründete er dann gemeinsam mit dem promovierten Ingenieur Klaus Kleiser eine Tiefbaufirma. Drei Jahre später, 1986, glückte ihnen der große Wurf, als sie in Amerika das Patent für Horizontalbohrmaschinen erwerben konnten. Das «badische Mittelstandsmärchen» nahm seinen Anfang: Den beiden gelang in den folgenden Jahren der Aufbau der Schmider-Kleiser-Holding, in der sie auch zahlreiche neu erworbene Tochterfirmen ineinander verschachtelten. Zugleich ließen sie scheinbar unabhängige Unternehmen für sich arbeiten, deren Zusammenspiel überhaupt erst den Großbetrug gegenüber Leasingfirmen und Banken ermöglichte – wir kennen das Muster aus vielen anderen Fällen, zuletzt aus der Arbeitsteilung bei Balsam und Procedo, durch die ebenfalls Milliarden erschwindelt werden konnten.[443]

Als Miteigentümer der Flowtex mit einem Jahresumsatz von rund 1,3 Milliarden DM galt Schmider nicht nur als einer der größten Arbeitgeber in Ettlingen bei Karlsruhe, sondern auch als ideenreicher und großzügiger Vorzeige-Unternehmer. Sein Ruf litt auch nicht, als eine Betriebsprüfung durch das Finanzamt Karlsruhe 1995/96 Missstände aufdeckte. Vielleicht war das Gegenteil der Fall; denn der prüfende Finanzbeamte verschaffte auf diese Weise der Kleinstadt Ettlingen eine Steuernachzahlung von 55 Millionen DM: Durch eine Selbstanzeige der zuständigen Geschäftsführerin Angelika Neumann – die ebenfalls in Untersuchungshaft genommen wurde – war nach außen der Steuerfall steuerrechtlich bereinigt worden. Seit Anfang 2001 laufen gegen diesen eifrigen Beamten Vorermittlungen der Mannheimer Staatsanwaltschaft. Die Vermutung: Bei dieser ersten Betriebsprüfung sei aufgefallen, dass etliche Bohrmaschinen nur auf dem Papier existierten; strafrechtlich sei dies aber nicht belangt worden.

Inzwischen wird nicht ausgeschlossen, dass Schmiders «Stellung als Provinzfürst, seine enge Beziehung zu einflussreichen Politikern und Wirtschaftsgrößen im Land» die Finanzbehörde daran gehindert haben könnte, «entschiedener vorzugehen».[444] Zumindest hatte Flowtex die «politische Landschaft gepflegt», wie dies seit der Flickaffäre mit ihrem Spitzenmanager von Brauchitsch heißt: Insgesamt soll der Konzern in der Zeit von 1994 bis 1999 an CDU, SPD und FDP mindestens 99000 DM gespendet haben. Nach der Pleite der Flowtex gaben die drei Parteien die Gelder an den Insolvenzverwalter zurück.[445]

In politischen Kreisen genoss Schmider tatsächlich lange Zeit ein exzellentes Ansehen: Für Ministerpräsident Erwin Teufel, CDU, hatte er mit dem «Baden Airpark» das «Aushängeschild für die Region» geschaffen, indem der Flowtex-Eigner – übrigens mit Unterstützung des Landes – den früheren kanadischen Flughafen in Söllingen zu einem Regionalflughafen mit angegliedertem Technologiepark ausbaute. Der Spitzenpolitiker des Landes revanchierte sich, indem er Schmider mit seiner Anwesenheit und einer Ansprache beehrte, als der Grundstein für den neuen 100-Millionen-DM-Glaspalast der Flowtex-Gruppe gelegt wurde. Gern gesehen in Baden-Württemberg war auch Schmiders angekündigtes Sponsoring für das Galopprennen in Iffezheim, das Anfang September 2000 als «Flowtex Großer Preis von Baden» mit 1,7 Millionen DM als höchstdotiertes Rennen über die Bühne gehen sollte. Spendabel zeigte sich Schmider ferner gegenüber dem Festspielhaus Baden-Baden. Das war seine Schokoladenseite.

Die Kehrseite begann mit dem Gerücht, seinen späteren Reichtum habe Schmider 1986 durch einen vorgetäuschten Raubüberfall begründet; hierfür sollen ihm von einer Versicherung zwei Millionen DM erstattet worden sein.[446] Befremdend hätte auf die als sparsam gerühmten Schwaben auch der großspurige Lebensstil Schmiders wirken können: Das Ehepaar Schmider lebte in Karlsruhe-Durlach in einem parkähnlichen Anwesen mit Villa und Gästehaus. Seinen 50. Geburtstag im Herbst 1999 ließ sich Schmider eine Million DM kosten: An die 500 Gäste folgten seiner Einladung, staunten über das Buffet vom Feinsten mit Kaviar und Hummer, originell um einen echten Hubschrauber drapiert, und schwärmten auch nach dem Skandal ihres früheren Vorzeige-Unternehmers noch vom Riesenfeuerwerk zu nächtlicher Stunde. Die Gästeliste las sich wie das Who is Who Baden-Württembergs. Sein Privatjet, mit dem er seit 1997 vom Baden-Airport abhob, sei so schön «wie eine Segelyacht», wie eine Politikerin schwärmte; seine wirkliche Yacht hatte er einem Bruder des Sultans von Brunei abgekauft. Weitere luxuriöse Wohnsitze besaß Schmider in Südfrankreich, Miami, Mallorca, St. Moritz.[447] Es war diese operettenhafte Inszenierung, mit der sich offensichtlich Eindruck schinden ließ. Und sie zog auch nach den vorangegangenen Hochstapeleien wie vor allem Jürgen Schneiders – das ist das Bemerkenswerteste am Flowtex-Skandal.

# Banken, Börsen und Fusionen

## Deutsche und Dresdner Bank: Das Scheitern einer Fusion

Am 7. März 2000 schien die Sensation perfekt: Die beiden wichtigsten Geldinstitute am Frankfurter Finanzmarkt, Deutsche und Dresdner Bank, gaben nach 130 Jahren Konkurrenz ihre Fusion unter Gleichen, «merger of equals», bekannt. Die Bilanzsumme der neuen Mega-Bank: 2500 Milliarden DM, der Börsenwert: rund 160 Milliarden DM. Ihre Strategien für die «Neue Deutsche Bank» erläuterten die Vorstandschefs Rolf-Ernst Breuer und Bernhard Walter gemeinsam: «Wir sind ein Powerhouse. Wir haben Pulver» – so Breuer. Als Erstes sollten vom «Pulver» 16 000 Mitarbeiter getroffen werden; nach den Berechnungen der beiden Banken ließen sich durch die Fusion sechs Milliarden DM im Jahr einsparen. Langfristig sollte die Verschmelzung der Vorbereitung paneuropäischer Zusammenschlüsse dienen. Breuer: «Viel Zeit haben wir bei alledem nicht. Speed, speed, speed – es gilt das alte Motto.»[448]

Die Überraschung war geglückt; denn noch im Herbst 1999 hatte der Vorstandsvorsitzende der Allianz, Henning Schulte-Noelle – mit 21,7 Prozent größter Anteilseigner der Dresdner Bank – deren Teilfusion mit der Deutschen Bank durch sein Veto verhindert. Er wollte den Dresdner-Bank-Konkurrenten nicht stärken, und für die Allianz waren mit der vereinbarten Kooperation der beiden Geldinstitute nur wenige Vorteile verbunden. Breuer war es dann, der die – über die vorherigen Pläne hinausreichende – Initiative für eine Fusion zu einer Mega-Bank ergriff, sich diesmal aber als ersten Gesprächspartner den mächtigen Allianz-Chef auswählte. Schon im Januar 2000 einigten sich Breuer, Walter und Schulte-Noelle darauf, die beiden Geldhäuser zu verschmelzen. Als größter Gewinner der Fusion galt nun die Allianz; denn ihr war die Übernahme der Fondsgesellschaft der Deutschen Bank DWS zu einem günstigen Preis und die Beteiligung an der neu gegründeten «Bank 24» zugesagt worden.[449] Damit konnte sie auf die beiden Vertriebskanäle der Vermögensverwaltung und des Bankgeschäftes zugreifen. Das *manager magazin* hierzu: «Der ausgeheckte Masterplan scheint genial.» Die Börse reagierte enthusiastisch.

Die große Ernüchterung ließ aber nicht lange auf sich warten.[450] Breuer und Walter waren drei Grundfehler unterlaufen. Fehler Nr. 1: Sowohl die Dresdner als auch die Deutsche Bank hatten Londoner Tochtergesellschaften erworben, mit denen sie groß in das Geschäft des Investmentbanking eingestiegen waren: die Dresdner Bank über Kleinwort Benson, die Deutsche Bank über die Morgan Grenfell. Letztere war 1998 mit dem Großkundengeschäft der Deutschen Bank zu einer Organisationseinheit verschmolzen worden.[451] Breuer sah kein Problem darin, Kleinwort Benson in die neue Bank einzubeziehen, im Gegenteil: Für ihn war die Dresdner-Bank-Tochter schlicht ein unverzichtbares «Juwel».[452]

Fehler Nr. 2: In die neue Bank sollten nur Kunden mit einem Vermögen über 200 000 DM aufgenommen werden; die «Armen» sollten sich mit der «Bank 24» zufrieden geben. Diese ungeschickte Abgrenzung in einer öffentlichen Erklärung war dem Vorstandsmitglied der Dresdner Bank, Joachim von Harbou, unterlaufen. Damit sorgte er für erheblichen Wirbel unter den Kunden beider Banken.[453]

Fehler Nr. 3: Der frühzeitig angekündigte Personalabbau mobilisierte die Gewerkschaften. Und die Mitarbeiter waren wie gelähmt; denn sie sollten sich einem Test namens «Blending of the Best» unterziehen. Bei Versagen drohte ihnen die Arbeitslosigkeit.[454]

Zum Scheitern der Fusion trugen jedoch vor allem Machtkämpfe innerhalb der Deutschen Bank bei, die dazu führten, dass Breuer ohne rechtzeitige Warnungen in das spätere Desaster hineinstolperte. Hilmar Kopper hatte Ende 1996 den Schweizer Josef Ackermann für die Aufgabe gewonnen, die Deutsche Bank im Investmentbereich voranzubringen. In Kommentaren wird immer wieder auf die freundlich-umgängliche Art Ackermanns verwiesen. Das darf aber nicht über seine Härte hinwegtäuschen. Er ist studierter Wirtschaftswissenschaftler, und nach seinem Lebenslauf hätte ihm eine sehr erfolgversprechende akademische Laufbahn offen gestanden. Stattdessen machte er Karriere bei einer schweizerischen Bank, die heute Credit Suisse heißt. Der damalige Konzernchef, Robert Jeker, machte ihn zu seinem Assistenten, und nach mehrfachen Auslandseinsätzen («challenges») wurde er 1990 Mitglied der Konzernleitung. 1993 folgte er seinem Mentor Jeker auf den Posten des Konzernchefs. Dann allerdings geriet er in eine Konfrontation mit seinem früheren Förderer Rainer E. Gut, dem Vorsitzenden des Verwaltungsrates. Diesen Machtkampf verlor er. Da zahlte es sich aus, dass Kopper ihn aus seiner Tätigkeit als Aufsichtsrat des Chemiekonzerns Bayer kannte und ihn in den Vorstand der Deutschen Bank berufen konnte.

Dort fand Ackermann als obersten Investmentbanker Ronaldo Schmitz vor. Es gelang dem neuen Vorstand, Schmitz auszumanövrieren und dessen Platz im Haus einzunehmen.[455] Seine Machtstellung festigte Ackermann, als ihm die Eingliederung des 1999 neu erworbenen amerikanischen Geldinstituts Bankers Trust in die Deutsche Bank übertragen wurde, für das die Frankfurter den stolzen Preis von 17 Milliarden DM gezahlt hatten.[456] Ihm zur Seite standen zwei der erfolgreichsten amerikanischen Investmentbanker: der von der amerikanischen Investmentbank Merrill Lynch in die Deutsche Bank gewechselte Edson Mitchell und Michael Philipp, der ein Vermögen im Investmentbanking erworben hatte und sich eigentlich schon zur Ruhe setzen wollte, dann aber doch dem Ruf der Deutschen Bank folgte. Ihnen beiden glückte die Integration. Das ist umso bemerkenswerter, als die meisten Fusionen in der Bankenbranche mit erheblichen Reibungsverlusten verbunden waren.[457]

Vor allem Edson Mitchell, Superstar, Marketinggenie und Egomane in einem, war der Erfolg zuzuschreiben. Der Amerikaner arbeitete mit Zuckerbrot und Peitsche, wie es gerade zu passen schien: Seine Partys für erfolgreiche Mitarbeiter galten als legendär; sein Spesenkonto soll nahezu unbegrenzt gewesen sein. Berüchtigt waren seine Strafmaßnahmen, wenn jemand nicht optimal funktionierte: Dann «terminierte» Mitchell ihn, wie der als «Hai» verschriene Investmentbanker es selbst nannte. Bei der Einverleibung von Bankers Trust soll entsprechend unnötig viel Blut vergossen worden sein.[458] Selbst qualifizierteste Spezialisten bei Bankers Trust für hochverzinsliche Anleihen ersetzte Mitchell durch Kollegen, die er aus seinem früheren Bereich bei Merrill Lynch nachzog. Angesichts dieser Situation verzichtete Bankers-Trust-Chef Frank Newman darauf, den ihm zugesagten Vorstandsposten bei der Deutschen Bank überhaupt anzutreten.[459] Insgesamt kosteten die Deutsche Bank die Restrukturierungsmaßnahmen und die Eingliederung der achtgrößten amerikanischen Bank rund eine Milliarde DM.[460]

Mitchell holte solche Kosten spielend wieder herein; denn als Statthalter und Anleiheexperte der Deutschen Bank in London erwies er sich als der erfolgreichste Banker innerhalb der Deutschen Bank überhaupt: Der von Ackermann und vor allem von ihm verantwortete Geschäftsbereich Globale Unternehmen und Institutionen (GCI) erwirtschaftete 1999 über 2,4 Milliarden DM – das war mehr als ein Viertel des gesamten Vorsteuergewinns der Deutschen Bank (mit 8,2 Milliarden DM). Mitchell wurde fürstlich belohnt: 1999 verdiente er mit über 30 Millionen DM sehr viel mehr als sein oberster Chef Rolf-Ernst Breuer.[461] Im Jahre 2000 steigerte Mitchell den Gewinn seines Firmenbereichs auf 4,4 Milliarden DM und erzielte damit 60 Prozent des Vorsteuergewinns mit weniger als 20 Prozent des Personals.[462]

Auch die Dresdner Bank hatte für ihre Tochter Kleinwort Benson einen der erfolgreichsten Investmentbanker einkaufen können: Thiam Joo Lim. Lim war 1998 mit seinem Team von der schweizerischen UBS zur Dresdner Bank gekommen und hatte dort ebenfalls mehr als die Hälfte des Gewinns im Investmentbanking erwirtschaften können. In der Folge war er – wie Mitchell bei der Deutschen Bank – zum bestbezahlten Manager der Dresdner Bank aufgestiegen. Lim kannte Mitchell aus gemeinsamen Tagen bei Merrill Lynch.[463]

Mitchell und Lim, überrascht von der Fusionsabsicht ihrer neuen Arbeitgeber, waren sich in einer gemeinsamen Beratung schnell einig: Ein Zusammenschluss ihrer Investmentbanking-Aktivitäten musste sich verheerend auswirken. Im Vorfeld hatten die Anleiheexperten von Kleinwort Benson analysiert, mit welchen Partnern eine Fusion sinnvoll sein könnte. Ausgerechnet die Deutsche-Bank-Tochter war die einzige unter zehn geprüften Investmentbanken, deren Aktivitäten sich mit allen der 30 zentralen Geschäftseinheiten der Dresdner Bank überschnitten. Damit stand für die beiden Chefs für das Global-Market-Geschäft fest: Eine Fusion bedeutet Wertvernichtung, wie sich dies zuvor bei dem Zusammenschluss der beiden Schweizer Großbanken Schweizerischer Bankverein und UBS zur neuen UBS erwiesen hatte. Der Schweizer Ackermann wusste dies wie Lim selbst aus leidvollen Erfahrungen bei der UBS, nicht aber die Vorstandsvorsitzenden der Deutschen und Dresdner Bank.[464]

Für die Allianz-Versicherung hatten zwei Männer die Fäden gezogen: «der Verkäufer» Paul Achleitner, der zuvor als Finanzvorstand von Goldman Sachs zur Allianz gewechselt war, und «das Gehirn» Stefan Jentzsch, sein bei Goldman Sachs verbliebener Kollege, der nunmehr die Dresdner Bank über die Fusion mit der Deutschen Bank beriet. Die Deutsche Bank wiederum hatte Experten von Morgan Stanley hinzugezogen. Die meisten Mitarbeiter, Manager und Aufsichtsräte der eigenen Institute blieben außen vor. Alles schien perfekt. Doch der Schein trog. Jentzsch waren schwer wiegende Fehler unterlaufen, weil er sich nicht mit allen Detailfragen des Zusammenschlusses der Deutschen und Dresdner Bank hatte befassen können, ohne dies aber seinen Auftraggebern der Dresdner Bank zu offenbaren. Er hatte sich schlicht übernommen; denn zugleich arbeitete er am geplanten Zusammengehen der Deutschen und der Londoner Börse mit und entwarf für die Telekom ein Emissionskonzept für deren dritte Aktien-Tranche.[465]

Nach der Offenbarung, wie weit die Fusionsverhandlungen gediehen waren, stimmten die überraschten Vorstandsmitglieder der

Dresdner Bank zu. Goldman-Sachs-Manager Jentzsch hatte sie überzeugen können, wie vorteilhaft ein Aufgehen ihrer Bank im größeren Finanzinstitut innerhalb einer partnerschaftlichen Fusion sei.[466] Anderer Ansicht waren die beiden starken Männer der Dresdner Bank: Alfons Titzrath und Wolfgang Röller, Aufsichtsrats- bzw. Ehrenaufsichtsratsvorsitzender. Beide glaubten angesichts der bekannten aggressiven Politik der Deutschen Bank nicht an deren Versprechen einer Fusion unter «Gleichen». Unmittelbar nach Bekanntwerden des beschlossenen Zusammenschlusses bedrängten sie Walter, ihn aufzukündigen und zurückzutreten.[467]

Auch in der Deutschen Bank formierten sich die Gegner einer Verschmelzung mit dem bisherigen Konkurrenten. Vorstandsmitgliedern behagte Breuers verstärktes Auftreten als «Chief Executive Officer» (CEO) nach amerikanischem Muster wenig, der mehr oder weniger eigenmächtig handelte und ihnen nun die Zustimmung zu einem ohne ihr Wissen ausgehandelten Konzept abverlangte.[468] Öffentlich bekannte sich allerdings der Aufsichtsratschef der Deutschen Bank, Hilmar Kopper, zur Fusion. Die «wahre Dimension des Deals» werde sich später erweisen.[469] Zustimmung fand Breuer auch bei Bundeskanzler Schröder, der nach den Worten des Bankers «die politischen Meriten dieses Deals» sah; denn: «Der Finanzplatz Deutschland wird gestärkt. Das ist gut für Wachstum und Arbeitsplätze.»[470]

Intern übte insbesondere Mitchell gemeinsam mit seinem zuständigen Vorstand für das Investment, Josef Ackermann, so lange Druck auf Breuer aus, bis dieser sein Versprechen zurückzog, Dresdner Kleinwort Benson als Teil der vereinbarten partnerschaftlichen Fusion zu akzeptieren. Wenige Wochen später musste Breuer öffentlich eingestehen, den Widerstand in seinem eigenen Haus falsch eingeschätzt zu haben.

Am 5. April 2000 zog Walter die Notbremse, kündigte die Fusion («mein Lebenswerk») wegen der nun verlorenen Vertrauensbasis auf und trat als Vorstandschef der Dresdner Bank zurück. Damit hatte sich Walter – seit etwa 40 Jahren in der Dresdner Bank tätig – gerade zwei Jahre als Vorsitzender halten können. Wie berechtigt Walters geänderte Einschätzung des fehlinvestierten Vertrauens in die Deutsche Bank war, bestätigte Breuer wohl unbeabsichtigt: Es habe niemals den Plan gegeben, eine gleichberechtigte Fusion zu vollziehen. Und auch von seiner Einstufung der Dresdner-Tochter Kleinwort Benson als «Juwel» wollte Breuer nichts mehr wissen: Der Verkauf dieser Perle sei von vornherein geplant gewesen.[471]

Die Dresdner Bank hatte einen hohen Preis für die Illusionen ihres Vorstandschefs über den Spitzenmanager der Deutschen Bank zu zahlen: Ihr erfolgreichster Investmentbanker Lim war nach seinem gescheiterten Versuch, der Dresdner Bank von dem geplanten Aufgehen in der Deutschen Bank abzuraten, umgehend zu seinem früheren Arbeitgeber Merrill Lynch zurückgekehrt. Mit ihm wechselten rund hundert Mitarbeiter von Kleinwort Benson zu anderen Geldinstituten.[472] Walters Nachfolger im Vorstandsvorsitz, Bernd Fahrholz, musste eine Milliarde DM ausgeben, um den weiteren Abgang von Investmentbankern bei Kleinwort Benson mit Sonderleistungen zu verhindern. Eine weitere Milliarde DM gaben die Banker aus, um ihr Geldinstitut neu auszurichten.[473]

Breuer überstand das Debakel, anders als Walter: Geschickt honorierte er, dass die Deutsche Bank durch das Investmentbanking im Jahre 2000 einen enormen Gewinn verbuchen konnte, indem er Edson Mitchell und Michael Philipp in den Konzernvorstand berief.

### *Deutscher Führungsanspruch vereitelt «Superbörse»*

Mitte September 2000 platzte die geplante Fusion zwischen der Deutschen Börse AG und der London Stock Exchange (LSE) zur europäischen Superbörse iX («international exchanges»). Vorangegangen war der am 20. März 2000 bekannt gegebene geglückte Zusammenschluss der Börsen Paris, Amsterdam und Brüssel zur Börsenallianz Euronext. Nur wenige Wochen später, am 3. Mai, hatten die Deutsche Börse und die LSE bekannt gegeben, ihrerseits mit Sitz in London fusionieren zu wollen. Ende August kündigte überraschend die schwedische OM-Gruppe an, die LSE für 2,5 Milliarden DM übernehmen zu wollen. Am 12. September sagte die London Stock Exchange die iX-Fusion ab, um ihre Kräfte – so die offizielle Begründung – auf die Abwehr des feindlichen Übernahmeangebots bündeln zu können.[474] «Das ist die einzige Fusion, bei der sich beide Seiten über den Tisch gezogen fühlen», urteilte später Ann-Kristin Achleitner, Professorin an der European Business School in Oestrich-Winkel.[475]

Führender Betreiber der Fusion war der Schweizer Werner Seifert, seit ihrer Gründung 1993 Vorstandsvorsitzender der Deutschen Börse AG, deren Hauptanteilseigner die drei Großbanken in Frankfurt sind. Von Börsen verstand er bei seinem Amtsantritt wenig; er kam von der Unternehmensberatung McKinsey. Für Rolf-Ernst Breuer als Börsen-Aufsichtsratschef war er dennoch der richtige Mann für den Vorstandsvorsitz, und fortan sollen die beiden ein Herz und eine Seele gewesen sein.[476] Und Seifert konnte schnell Beeindruckendes vorweisen. In wenigen Jahren schaffte er es, aus den zerstrittenen deutschen Regionalbörsen eine schlagkräftige Formation zu bilden. Erfolgreich war er auch mit der Einführung des Neuen Marktes sowie des elektronischen Handelssystems Xetra, das als besonders zuverlässig gilt und gemeinsame Plattform für die neue Börse iX werden sollte. Ein weiterer Meilenstein in der Karriere Seiferts war die 1998 geglückte Fusion der Schweizer mit der deutschen Terminbörse, die gemeinsam als Eurex zur größten Terminbörse der Welt aufstiegen. Es reihte sich Erfolg an Erfolg.

Zugleich gab es Missgriffe: 1998 war eine erste Sondierung mit der Londoner Börse ergebnislos verlaufen. Mehrmals scheiterte Seifert bei seinem Versuch, mit der französischen Börse in den Kassa- und Terminmärkten zu fusionieren. Dann verprellte er Jean-François Théodore, Chef der Pariser Börse, als er – ungeachtet ausgedehnter Verhandlungen mit ihm – plötzlich die Pläne für das nun doch vorgesehene deutsch-britische Zusammengehen in der iX-Börse vorlegte. Théodore empfand dies als «Verrat».[477]

Zu Seiferts zwiespältiger Bilanz aus Erfolgen und Missklängen trugen seine Persönlichkeitsmerkmale bei. Gerühmt wird seine außergewöhnliche Begabung, insbesondere seine Analysekunst. Auf heftige Kritik stieß dagegen sein undiplomatischer Verhandlungsstil, der erheblich zu den Irritationen zwischen Paris, Frankfurt und London beitrug.[478] Als mit entscheidend für das schließliche Scheitern der deutsch-britischen Fusion wurde aber der Ehrgeiz Seiferts genannt, der sein persönliches Ziel verfolgt habe, als Chef in die Weltkapitale der Hochfinanz, nach London, einziehen zu können.

Im Chairman der LSE, dem Schotten Don Cruickshank, hatte Seifert den für ihn idealen Verhandlungspartner gefunden. Der Deutsche würde – so die *Börsen-Zeitung* – ihn «garantiert von strategischen Fragen fern halten und dafür sorgen, dass Cruickshanks Arbeitsbelastung die vorgesehenen zwei Tage pro Woche (mehr kann man bei 350000 Pfund Jahressalär kaum verlangen) nicht überschreitet». Seifert – so seine Kritiker – wolle mit einer Großtat «in die Geschichte» eingehen. Mit diesem Ewigkeitsanspruch ging das gelegentliche Abkanzeln seiner Vorstandskollegen einher. Wer sich zu Höherem berufen fühlt, verliert offensichtlich bisweilen das Verständnis für weniger Ambitionierte. «Er wird laut, ausfallend und persönlich beleidigend», berichteten Insider.[479]

Der Chairman der LSE, Don Cruickshank, wurde – wie Seifert auch – Opfer der Vision, die Globalisierung und die Einführung des Euro verlangten nach der Öffnung bisher abgeschotteter nationaler Börsen, und dieses sachliche Argument müsste die Eigentümer der LSE überzeugen. Aber diese sahen ebenso wie ihre Marktteilnehmer den Nutzen eines gemeinsamen Wirkens mit den Deutschen nicht so recht ein. Cruickshank scheiterte aber letztlich, weil er – ebenso wie sein deutscher Partner Seifert – die technischen und aufsichtsrechtlichen Hürden in Großbritannien gegen eine Fusion nicht einzuordnen wusste.[480] Auch hatte der Schotte die tiefen Ressentiments in der Londoner City gegenüber Kontinentaleuropa, insbesondere Deutschland, unterschätzt. Da half es denn auch nicht mehr, dass Seifert seinem britischen Kollegen – ungeachtet seines vielfach gescholtenen ausgeprägten Ego – weit entgegenkam: Alle deutschen Dax-Werte sollten künftig ausschließlich in London gehandelt werden.

Insgesamt – das errechnete Georg Dreyling, Vizechef des Bundesaufsichtsamtes für den Wertpapierhandel – wären 70 Prozent des Handels in die britische Hauptstadt abgewandert. Damit sei aber die Fusion nach deutschem Recht nicht mehr möglich gewesen; denn die Frankfurter Wertpapierbörse sei eine öffentlich-rechtliche Institution. Ein «verheerendes Signal» für den Finanzplatz Deutschland erwartete Uwe Schneider, Professor für Kreditrecht in Darmstadt, wenn Frankfurt nach der Fusion zu einer bloßen Zweigstelle der Superbörse iX abgestuft wäre. Die Investmentbank Merrill Lynch kam aus anderen Gründen zu dem internen Ergebnis: Integration und Harmonisierung der beiden Börsen – die durch die unterschiedlichen Börsenkulturen im angelsächsischen Raum und in Deutschland geprägt sind – ließen sich über einen langen Zeitraum hinweg nicht erreichen, und zudem seien die Kosten einer gemeinsamen Börse «außerordentlich hoch». Mit dem Durchsickern des vernichtenden Urteils war die Fusion geplatzt.

Lediglich Seifert hätte sich bei einer geglückten Fusion als Sieger fühlen dürfen. Er hätte seinen Traum erfüllt, zum Chef der größten Börse Europas aufzusteigen, und sein persönlicher Triumph wäre ihm auch noch mit rund 20 Millionen DM Erfolgsprämie honoriert worden.[481]

### Machtkampf in der Deutschen Bank

Zu den Verlierern der gescheiterten Börsenfusion zählte vor allem der Aufsichtsratsvorsitzende der Deutschen Börse: der Chef der Deutschen Bank Rolf-Ernst Breuer. Hatte er sich nach dem Dresdner-Bank-Desaster noch geschickt aus der Affäre ziehen können, geriet er nach der zweiten Fusionspleite unter seiner Obhut nun endgültig in das Schussfeld der Kritik. Am 11. September 2000 hatte der Aufsichtsratsvorsitzende der Deutschen Börse nach einer Sitzung des Gremiums den Eindruck erweckt, bei den Fusionsgesprächen sei letztlich das Ziel verfolgt worden, Geschäfte aus London nach Frankfurt zu verlagern und die Arbeitsplätze in Deutschland zu sichern. Nie habe Breuer voll hinter den Fusionsplänen gestanden, warfen ihm britische Medien vor; er habe mit doppelter Zunge gesprochen. Als unzumutbar wurde zudem gewertet, dass der Aufsichtsrat den Vertrag mit dem «umstrittenen» Börsenchef Seifert bis zum Jahre 2006 verlängert hatte.

Dass Breuers Stellung innerhalb der Deutschen Bank angeschlagen war, wurde öffentlich deutlich, als völlig überraschend am 22. September 2000 in den großen internationalen Zeitungen mitgeteilt wurde, er werde im Jahre 2002 von Ackermann im Vorsitz abgelöst. Zwar war einem interessierten Publikum die Laufzeit seines Vertrages bekannt; dass aber vorzeitig der Nachfolger bestimmt wurde, überraschte selbst in den Führungsetagen der Bank. Die Belegschaft hatte zudem mit Vorstand Thomas Fischer als Nachfolger von Breuer gerechnet.

Es entspricht den Usancen führender deutscher Wirtschaftskreise, dass ein zukünftiger Spitzenmanager durch einen «Mentor» in seine Position gebracht und in anschließenden Machtkämpfen verteidigt wird. Ackermanns Förderer freilich war zuvor schon Breuers Mentor gewesen: Hilmar Kopper. Zwischen Breuer und Kopper war es zu einem Zerwürfnis gekommen, das sich nach Meinung von Branchenkennern zu einer Intimfeindschaft ausgewachsen hatte: Kopper hatte Brigitte Seebacher-Brandt 1995 bei der Bank als Beauftragte für Kulturfragen angestellt. Bekanntlich wurde dann Seebacher-Brandt die Geliebte und später die Lebensgefährtin des verheirateten Kopper. Die Entscheidung Koppers zugunsten seiner Geliebten, nachdem diese öffentlich das Verhältnis eingestanden hatte, erregte große Aufmerksamkeit. Eine gewisse Neugier hatten neben der Frage nach ihrer Sachkompetenz die Bezüge von Seebacher-Brandt erregt – angeblich ein Jahresgehalt von 1,5 Millionen DM.[482] Breuer hatte ihre Berufung als Fehlentscheidung befehdet und soll schließlich bewirkt haben, dass die Lebensgefährtin Koppers ihre Stellung bei der Deutschen Bank 1999 aufgeben musste. Die Feindschaft zwischen Vorstandssprecher und Aufsichtsratsvorsitzendem resultierte somit aus Gegensätzen, die eher dem Privatbereich zuzuordnen sind.

In dem Willen, die Deutsche Bank durch Zukäufe zu einer international führenden Investmentbank auszubauen, gab es zwischen Kopper und Breuer keine nach außen erkennbare Differenz. Dem Prinzip nach bestanden auch keine Gegensätze in der Sachfrage einer Fusion mit der Dresdner Bank. Als es aber zu den Differenzen zwischen Breuer und Ackermann über die Zukunft der Londoner Investmentbanker kam, setzte sich Letzterer durch, weil er rückhaltlos auch von seinem Mentor Kopper unterstützt wurde.

Angeschlagen war die Reputation von Breuer vor allem wegen dreier Vorgänge: Erstens war das Scheitern der Fusion mit der Dresdner Bank umso peinlicher, als Breuer bereits den Erfolg dieser Bemühungen öffentlich verkündet und weil er diese Verhandlungen ohne Absicherung bei seinen Vorstandskollegen selbstherrlich geführt hatte. Die Vorstände jedenfalls ließen verlauten, sie hätten erst im Nachhinein von den Bedingungen des Verschmelzungsplanes erfahren.

Mit seinen Kollegen war Breuer zweitens wegen seiner Pläne über Kreuz geraten, das Filialsystem der Deutschen Bank zu verselbständigen. Die Mehrzahl war der Ansicht, dass bei aller Akzentverlagerung auf das Investmentbanking die Deutsche Bank in der Fläche vertreten sein müsse, also nicht nur Bank für das große Geschäft sein sollte.

Übergelaufen war das Fass drittens dann mit dem Scheitern der Börsenfusion. Bereits die Absicht war in Deutschland außerordentlich kontrovers gewesen, aber zweifellos war das Börsenwesen in Europa zersplittert. Nachdem diese Fusion aber fehlschlug, wurde bald daran erinnert, dass Breuer auch schon die Holzmann-Verluste von 2,7 Milliarden DM mit zu verantworten habe. Er hätte seinen Vorstandskollegen von Boehm-Bezing, den Vorsitzenden des Aufsichtsrates bei Holzmann, schneller an die Kandare nehmen müssen.[483]

Privat fügen sich beide Kontrahenten, Breuer und Ackermann, in die Schemata ein, die wir in dem Buch «Bürokraten auf den Chefetagen» für Spitzenmanager skizzierten.[484] Ackermann kommt aus einer Familie des gehobenen Mittelstandes, war ein auffällig erfolgreicher Student und machte Karriere in der Milizarmee der Schweiz. Dort brachte er es zum Oberst der Artillerie, was eine herausgehobene gesellschaftliche Stellung außerhalb der wirtschaftlichen Sphäre bedeutete. Erkennbar war er ein aktiver Sportler (Speerwerfer, moderner Fünfkampf) und legt Wert auf ein drahtiges Auftreten. In Europa ist kulturelle Aufgeschlossenheit erwünscht, und Ackermann kann darauf verweisen, dass er selbst musiziert und jahrelang Mitglied des Verwaltungsrates im Zürcher Opernhaus war. Überraschend ist an seinem Aufstieg zum zukünftigen Chef der Deutschen Bank allerdings, dass er Schweizer ist.[485]

Auch Breuer ist sportlich und gilt als Musikliebhaber und Literaturfreund. Als Jurist kam er bereits 1966 zur Deutschen Bank und stieg hier vornehmlich mit dem Börsengeschäft bis in den Vorstand auf.[486] Dass nun ein solcher Karriere-Banker durch einen Außenstehenden ersetzt werden soll, ist der eigentliche Kulturbruch in einer Bank, die sonst auf Stallgeruch allerhöchsten Wert legte. «Es ist ein weiterer Schritt weg vom hergebrachten Modell Deutschland mit seinen Hausbanken, Überkreuzbeteiligungen und wohlwollenden Aufsichtsräten. Auch wenn der Wechsel noch im Stile der alten Konsenskultur inszeniert wurde.»[487]

«Inszenierung» ist in der Tat die zutreffende Bezeichnung für den Vorgang. Normal war bei der Deutschen Bank die Ankündigung von Wechseln in Leitungspositionen eher sechs Monate vor dem offiziellen Vollzug. Eine Übergangsfrist von zwei Jahren bedeutet, dass für Außenstehende und möglicherweise auch für die Bank selber nicht eindeutig ist, wer nun bis zum offiziellen Stabwechsel das Sagen hat. Offenkundig wurde bei diesem Vorgang, wie sehr auch Privatstrategien der Beteiligten neben dem Streben nach größtmöglichem Unternehmenserfolg in Entscheidungsprozesse mit eingehen.

Wenige Monate später, im Dezember 2000, verunglückte Edson Mitchell auf dem Weg in seinen Weihnachtsurlaub tödlich mit seinem Privatjet. Ackermann verlor mit ihm seinen wichtigsten und erfolgreichsten Mitstreiter. Der Noch-Vorstandssprecher Breuer nutzte die Gelegenheit und veranlasste seinen Nachfolger, nun selbst wieder verstärkt in das Investmentbanking einzusteigen. Damit sind Spekulationen, Ackermann könne Breuer noch vor 2002 beerben, zunächst haltlos; denn das nervenaufreibende Investmentgeschäft dürfte ihm für weitere Machtkämpfe zu wenig Kraft lassen. Auch gegenüber Kopper konnte Breuer sich noch einmal durchsetzen: Im Frühjahr 2002 soll der bisherige Vorstandschef –

wie es früher auch üblich war – in das Amt des Aufsichtsratsvorsitzenden wechseln – «freiwillig» räumt nun Kopper diesen Sessel für ihn.[488] Allerdings verstößt dies gegen einen neuen Verhaltenskodex («Code of best practice»), den sich die Finanzinstitute inzwischen verordnet haben. Er soll diese deutsche Sitte, dass ein scheidender Vorstandsvorsitzender anschließend den Aufsichtsratsvorsitz des gleichen Hauses übernimmt, ausdrücklich ausschließen.

### Dresdner und Commerzbank:
### Die Stunde der zahnlosen Cobra

Ein zweiter Versuch der Dresdner Bank, nun mit der Commerzbank, der viertgrößten deutschen Bank, zu fusionieren, misslang drei Monate nach dem Debakel mit der Deutschen Bank. Für die Öffentlichkeit überraschend hatte im April 2000 nach dem Scheitern der Verhandlungen der Dresdner mit der Deutschen Bank der Vorstandssprecher der Commerzbank, Martin Kohlhaussen, über eine Nachrichtenagentur nun seinerseits Interesse an einer Fusion bekundet. Zuvor war Kohlhaussen ein erklärter Gegner von Fusionen gewesen. «Fusionitis», das war für ihn etwas Krankhaftes.[489]

Der offensichtliche Grund für seinen Sinneswandel: Eine private Investorengruppe namens Cobra hatte 17 Prozent der Commerzbank-Aktien erworben. In der Absicht, diese gewinnbringend weiter veräußern zu können, strebten die Hintermänner um Cobra an, die Commerzbank mit einer ausländischen Bank zu verschmelzen. Bei ihrer eigenen Suche nach einem Partner blieben sie allerdings erfolglos. Die Angst vor dem Biss der Cobra trieb Kohlhaussen – so scheint es – in die Flucht nach vorn: Er versuchte seinerseits, mit einem – deutschen – Partner zu fusionieren.

Hinter der Düsseldorfer Cobra Beteiligungsgesellschaft steht die Amsterdamer Investorengruppe Rebon BV. Ihre Eigentümer sind der Anlagespezialist Klaus-Peter Schneidewind und der Immobilienhändler Clemens Vedder. Über eineinhalb Jahre lang kauften die beiden Spekulanten stückchenweise frei gehandelte Commerzbank-Aktien. Am 3. April 2000 erwarben sie die Vermögensverwaltung Cobra, und kurze Zeit später, am 19. April, gaben Schneidewind und Vedder ihren Einstieg mit der Cobra bei der Commerzbank mit zunächst 9,9 Prozent der Aktien öffentlich bekannt. Ihr Ziel: den Anteil auf mehr als 20 Prozent zu erhöhen. Mit Hansgeorg Hofmann hatten sie einen ausgewiesenen Investmentbanker als Geschäftsführer der Cobra engagieren können. Zuvor arbeitete Hofmann von 1994 bis 1997 als Vorstandsmitglied bei der Dresdner Bank, musste sein Amt aber niederlegen, nachdem er mit einer Selbstanzeige eine Steuerhinterziehung eingestand. Dessen ungeachtet gilt Hofmann als Experte, der über exzellente Verbindungen in Bankkreisen verfügt.[490] Soweit agierten die beiden Spekulanten mit Hofmanns Berufung geschickt.

Weniger geschickt waren die öffentlichen Auftritte Vedders. Mit seltsamem Humor brüstete er sich gegenüber der *Zeit* damit, er habe sich Schirmmützen der Commerzbank «für den Kegelausflug meines Aktionärsclubs» bei der Pressestelle der Bank unter falschem Namen besorgt. Auch sein Lebensstil als Privatmann mit «einer abgeschlossenen Vermögensbildung» schmeckte gestandenen Bankern nicht: Vedder hat sich mit seinen häufigen Flügen nach Sylt und Köln, aber auch New York das Image eines Jet-Setters erworben.[491]

Vor allem aber als Geschäftsmann – und das fällt selbstverständlich mehr ins Gewicht – genoss Vedder keinen guten Ruf: Er hatte in den achtziger Jahren zahlreiche Immobiliengeschäfte abgeschlossen und damit viel Geld verdient; Verluste hingegen steckten einige seiner Partner, Haus- und Wohnungskäufer, ein. Ermittlungen Kölner Staatsanwälte und Steuerfahnder seien – so Vedder – jedoch eingestellt worden.

Mit Schneidewind arbeitete Vedder seit Jahren gut zusammen: Sie erwarben Firmen und Beteiligungen an Unternehmen, die sie für unterbewertet hielten, und verkauften sie Gewinn bringend weiter – «Firmen-Fledderer», wie sie in Frankfurter Bankkreisen abwertend genannt werden. Bei der Commerzbank sollten sie sich verrechnen: Es war ihnen zwar gelungen, mehr als zehn Prozent der Aktien zu erwerben; aber damit hatte das Bundesaufsichtsamt für das Kreditwesen zu prüfen, wieweit die neuen Großaktionäre in der Vergangenheit solide gewirkt haben – privat und geschäftlich.[492] Das Ergebnis fiel zuungunsten der Cobra-Gruppe aus – vornehme Frankfurter Banker verstehen unter «solide» etwas anderes als die Cobra-Spekulanten. Sie spekulieren selbstverständlich auch, aber anders und häufig in größeren Dimensionen.

Nachdem das Bundesaufsichtsamt der Cobra-Gruppe im Juli 2000 die Ausübung ihrer Stimmrechte untersagte – so mutmaßten Beobachter –, brauchte Kohlhaussen die Fusion mit der Dresdner Bank nicht mehr.[493] Sein Gegenpart Fahrholz soll jedenfalls völlig konsterniert gewesen sein, als der Commerzbank-Chef die von ihm als gesichert angesehene Fusion aufkündigte.[494] Als offizielle Gründe für das Scheitern der Fusionsgespräche wurden zum einen die Differenzen über die Bewertung der beiden Banken genannt. Kohlhaussen sollte der Forderung des Dresdner-Bank-Chefs Bernd Fahrholz zustimmen, dass dessen Institut mit 60 Prozent Beteiligung am gemeinsamen Geldhaus der Seniorpartner mit ihm – Fahrholz – an der Spitze werde. Kohlhaussen aber bestand auf einer gleichberechtigten Rolle der Commerzbank.[495] Ungeklärt blieb zum Zweiten die Frage, ob der Allianz als Großaktionär der Dresdner Bank die Vermögensverwaltung beider Banken übertragen werden sollte und wie mit dem Großaktionär der Commerzbank, der fünf Prozent der Aktien haltenden italienischen Generali, umzugehen sei.[496] Mit dem Scheitern der Fusionsverhandlungen war jedenfalls der Allianz ein zweites Mal – nach dem Debakel um die Deutsche-Dresdner-Bank-Fusion – der Zugang zu einer Investmentgesellschaft und einem Bank-Filialnetz versperrt geblieben.

# IV

## Geplatzte Träume vom schnellen Reichtum –
## Der Absturz des Neuen Marktes

Eine der wichtigsten Veränderungen während der neunziger Jahre – langfristig möglicherweise die wichtigste und folgenreichste – ereignete sich im Finanzbereich. In einem während der meisten Zeit seiner Entwicklung kapitalarmen Land wie Deutschland waren für die Entwicklung der Unternehmen Bankkredite entscheidend. Der Kapitalmarkt und insbesondere der Aktienmarkt waren im Vergleich zu den Wettbewerbern im internationalen Geschäft von geringerer Bedeutung. Das erlaubte unter anderem eine Finanzpolitik der Unternehmen von größerer Stetigkeit und die Bildung stiller Reserven. Mit der Deregulierung des internationalen Finanzwesens und der Zunahme von Fusionen erhielt der Aktienmarkt in der zweiten Hälfte der neunziger Jahre auch in Deutschland eine steigende Bedeutung.

Jahrelang waren auch bei uns die Kurse an den Aktienmärkten nach oben geklettert. Dabei waren die Börsenumsätze der Aktien in Deutschland in nur drei Jahren von 1996 bis 1999 um das Zweieinhalbfache in die Höhe getrieben worden.

1996 verkauften deutsche Kreditinstitute festverzinsliche Wertpapiere in Höhe von 732 Milliarden DM, an Aktien dagegen nur 8,4 Milliarden DM. Insgesamt waren im Jahr 2000 festverzinsliche Wertpapiere im Wert von 3109 Milliarden DM, an Aktien dagegen 216 Milliarden DM im Umlauf.[498] Die Aktie war somit als Anlage

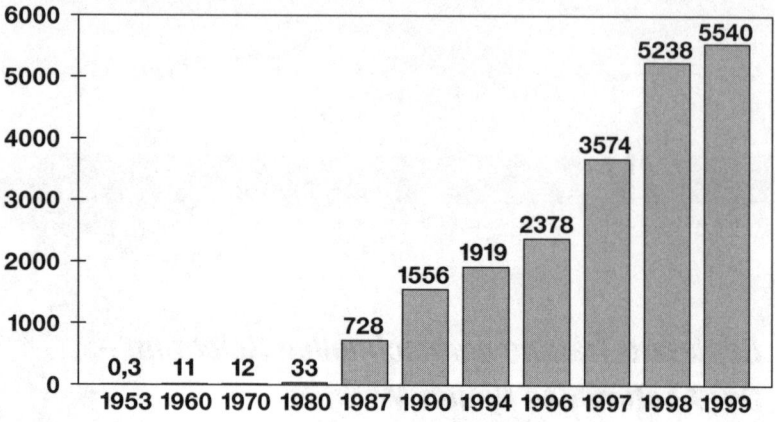

Börsenumsätze aller Aktien in Deutschland in Milliarden DM

der Haushalte und als Finanzierungsmittel von Unternehmen in Deutschland zwar immer noch von nachrangiger, aber doch rasch zunehmender Bedeutung.

Ende 1992 betrug das Verhältnis von Vermögen privater Haushalte in festverzinslichen Wertpapieren zu Aktien noch 3:1; Ende 1999 hatten die Aktien fast gleichgezogen. Die Anlagen in Investmentfonds hatten sich im gleichen Zeitraum mehr als verdreifacht. Wird das Wertpapiervermögen privater Haushalte gleich 100 gesetzt, dann machten Aktien 1999 26,8 Prozent aus. Auf Seiten der Unternehmen war der Anstieg entsprechend: 1999 gaben deutsche Unternehmen neue Aktien im Werte von 36 Milliarden DM aus. Das ist verglichen mit 1997 eine Verdreifachung.[499]

Nach eigenen Angaben waren im Jahr 2000 31 Prozent der Haushalte in Deutschland im Besitz von Aktien; von diesen haben 70 Prozent im Jahre 2000 Wertpapiere gekauft.[501] Die größten Steigerungsraten gab es seit 1988 bei Facharbeitern sowie einfachen Angestellten und Beamten. Zwar besaßen im ersten Halbjahr 1999 lediglich 4,9 bzw. 10,9 Prozent dieser Berufsgruppen Aktien, doch die Zuwachsraten betrugen seit 1988 157 bzw. 93 Prozent. Am wenigsten engagierten sich in diesem Zeitraum Studenten und Hausfrauen am Aktienmarkt: 10,1 bzw. 6,9 Prozent hatten Aktien erworben bei Steigerungsraten von nur zwei bzw. zehn Prozent.[502]

## Geldvermögen privater Haushalte: Entwicklung und Anlageformen[500]

|  | Ende 1992 | | Ende 1998 | | Ende 1999 | |
|---|---|---|---|---|---|---|
|  | Mrd. DM | in % | Mrd. DM | in % | Mrd. DM | in % |
| Geldanlage bei Banken | 1775 | 43,1 | 2253 | 35,9 | 2272 | 33,7 |
| Geldanlage bei Versicherungen | 847 | 20,6 | 1441 | 23,0 | 1570 | 23,3 |
| Geldanlage bei Bausparkassen | 143 | 3,5 | 184 | 2,9 | 184 | 2,7 |
| Anlage in festverzinslichen Wertpapieren | 555 | 13,5 | 765 | 12,2 | 722 | 10,7 |
| Anlage in Aktien | 181 | 4,4 | 492 | 7,8 | 635 | 9,4 |
| Anlage in sonstigen Beteiligungen | 142 | 3,5 | 230 | 3,7 | 250 | 3,7 |
| Anlage in Investmentfonds | 231 | 5,2 | 566 | 9,0 | 760 | 11,3 |
| Geldvermögen aus Pensionsrückstellungen | 260 | 6,3 | 345 | 5,5 | 356 | 5,3 |
| Insgesamt | 4115 | 100 | 6275 | 100 | 6799 | 100 |

Die Geldanlage bei Banken umfasst Spar- und Sichteinlagen, Termingelder usw. bei Kreditinstituten, mit Ausnahme der Bausparkassen; Quelle: Deutsche Bundesbank

Erheblich beigetragen zum rasanten Anstieg der Aktienkurse in den letzten Jahren des 20. Jahrhunderts hatte ein neues Medium: das Internet. Der Siegeszug des Internet schien unaufhaltsam; es war durch die Kombination zweier zuvor schon vorhandener und vor allem weit verbreiteter Hilfsmittel entstanden, des Computers und des Telefonkabels. Über ein Telefon verfügte in den westlichen Industrieländern und Japan so gut wie jeder Haushalt, und auch der Computer war insbesondere unter jungen Menschen schon fast zu einer Selbstverständlichkeit geworden. Eine Revolution im Kommunikationsverhalten bahnte sich an – so der Glaube in den späten neunziger Jahren, der eine wachsende Zahl von Spekulanten in einen lang währenden Rausch versetzte. Die ersten Internet-Firmen – nach der obligatorischen Endung ihrer Internet-Adressen «Dotcoms» genannt – erlebten bei ihrer Emittierung im Jahre

1995 an der US-Technologiebörse Nasdaq einen fulminanten Start. Als legendär galt seither der Börsengang des Unternehmens Netscape von Marc Andreesen und Jim Clark. Dessen Aktien hatten sich bereits am ersten Handelstag, dem 9. August 1995, von 28 Dollar auf zeitweise 75 Dollar fast verdreifacht. Obgleich das Unternehmen beim Börsengang einen Halbjahresverlust von 4,3 Millionen Dollar hatte, pushten Investoren Netscape auf einen Marktwert von über 2,3 Milliarden Dollar.[503]

Wie tollkühn die Einschätzung neu gegründeter Internet-Unternehmen war, belegt das Beispiel des Internet-Portals Yahoo. Im März 2000 wurde sein Wert mit 195 Milliarden DM beziffert, mehr als die Werte von Volkswagen, BASF, Metro und Lufthansa zusammen![504] Dass der erwirtschaftete Gewinn bei Yahoo in keinem Verhältnis zum Buchwert stand, störte zumindest nach außen gestandene Banker nicht. Die Zukunft schien der Internet-Branche zu gehören, was zählten da die den Prophezeiungen widersprechenden Fakten?

Vergeblich warnten Wissenschaftler wie der amerikanische Ökonom Robert Shiller (Yale-Universität) vor einer Euphorie am Neuen Markt. Shiller sah in der Börsen-Hausse der späten neunziger Jahre einen «irrationalen Überschwang» («irrational exuberance»), so wie vor ihm der Chef der US-Notenbank, Alan Greenspan, bereits 1996 das überhitzte Geschehen an der Börse bezeichnet hatte. Shiller hatte die gravierenden Überbewertungen von Branchen und Unternehmen an den Börsen mit der daraus folgenden riesigen Spekulationsblase nachgewiesen, die zwangsläufig platzen und zu einer erneuten Dürreperiode an der Börse – für vielleicht zehn oder zwanzig Jahre – führen müsse. Nach seinen Berechnungen hatte sich der Dow Jones von 1994 bis 1999 verdreifacht, obgleich die Unternehmensgewinne lediglich um 60 Prozent gestiegen waren. Ein solches Missverhältnis zwischen Kurs und Gewinn gab es auch 1929 – allerdings in einem geringeren Ausmaß als 1999! Und so schloss Shiller nicht aus, dass es wieder zu einer großen Depression wie nach 1929 kommen könne.[505]

Ermöglicht hatten Analysten dieses krasse Missverhältnis zwischen Kursen und Gewinn, indem sie die übliche Formel für das

Berechnen des Kurs-Gewinn-Verhältnisses (KGV) – Aktienkurs geteilt durch Jahresgewinn pro Aktie – einfach außer Kraft setzten. Nennenswerte Gewinne erzielten die Erfolg versprechenden Unternehmen des neuen Internet-Marktes in der Regel nicht; also griffen findige Börsianer zu dem Trick, die erhofften explodierenden Wachstumsraten künftiger Jahre in ihre Berechnungen einzukalkulieren und so potenzielle Anleger mit Mondkursen zu ködern.[506] Für den erfolgsverwöhnten deutschen Unternehmensberater Roland Berger war es im Jahr 2000 verständlich, wenn auf Internet-Firmen die Bilanzierungsregelungen aus der Zeit der Industriegesellschaft nicht angewandt wurden. «Kundenbesitz, Marke, Know-how, das Kapital der Netzökonomie, stehen ... nicht in der Bilanz. Wir steuern hier noch mit dem falschen Kompass.» Diese Aussage Bergers, in der Betriebswirtschaftslehre seien zu Zeiten der Industriegesellschaft Nicht-Vermögens-Werte unberücksichtigt geblieben, ist übrigens unzutreffend. Ein Beispiel ist die Bilanzierung des «Firmenwertes» – zweifellos ist dieser nur eine Anmutung.

Auch die zum Zeitpunkt des Interviews bekannten größeren Verluste der «Dotcoms» müssten – so Berger – dann nicht bedenklich stimmen, «wenn das Geschäftsmodell und die Finanzierung stimmen». Schließlich würden «Vorleistungen für Wachstum und Marktführerschaft erbracht, die über die Zeit zu saftigen Gewinnen führen, wenn das Angebot stimmt». Als eines der Unternehmen, die die «Roland-Berger-Regeln» beherzigten – schnell einen großen Marktanteil zu erobern, eine bekannte Marke aufzubauen, ein innovatives Team und zuverlässige Kapitalgeber zur Finanzierung ihres Wachstums zu gewinnen – hob Berger den Softwareanbieter «Intershop» hervor.[507]

Die Unternehmensberatung KPMG steuerte zu den optimistischen Voraussagen über die Zukunft des Internet eine Untersuchung bei, nach der Deutschland spätestens 2004 größter europäischer E-Commerce-Markt (der Markt für den elektronischen Einkauf) sein würde. Bei der Wertung dieser Prophezeiung ist zu bedenken, dass zu diesem Zeitpunkt keine verlässlichen Zahlen über Surfverhalten und Internetnutzung vorlagen; denn – das ist in der Medienforschung auch sonst zu beklagen – die Zahlen über die

Nutzung elektronischer Medien gelten lediglich als «weiche Währung». Ob ein Surfer eine Web-Site wirklich anschaut oder sich gerade ein Bierchen aus dem Kühlschrank holt, ist mit den meisten Verfahren zur Messung der Einschaltdauer nicht zu ermitteln, wie auch der Sprecher der gemeinnützigen Informationsgemeinschaft zur Feststellung der Verbreitung von Werbeträgern, Gerhard Gosdzick, einräumte.[508]

Erstaunlich waren die optimistischen Aussagen von Berger und KPMG auch, weil der Internationale Währungs-Fonds ebenso wie das Kieler Institut für Weltwirtschaft Mitte 2000 nach eigenen Untersuchungen jeweils zu dem Schluss gekommen waren, die Existenz der so genannten New Economy sei nach wie vor nicht gesichert. Zwar seien an dem Neuen Markt die vermuteten Netzwerkeffekte neu, doch dass durch die weltweite Vernetzung über das Internet wirklich – wie häufig behauptet – die Produktivität langfristig steigen würde, sei eben nur eine Vermutung.[509]

Der Dortmunder Soziologe Ronald Hitzler hatte auf dem Soziologenkongress 1998 nach eigenen Aussagen Kopfschütteln ausgelöst mit seiner These, es sei für die individuellen Lebenschancen vielleicht nicht mehr entscheidend, ob jemand 1000 oder 10000 DM im Monat verdiene. Im Jahr 2000 sah er sich bestätigt, dass seine Idee von «der Entkoppelung von Erwerbsarbeitseinkommen und verfügbarer Ressourcenlage» zunehmend mit der Wirklichkeit übereinstimme. Immer mehr Menschen nützten die Möglichkeit, ihr Einkommen durch Spekulationen an der Börse aufzubessern. Diese «außergewöhnlichen Ressourcenbeschaffer» suchten ihre Bestätigung nicht in der Leistung, sondern im Erfolg. «Vereinfacht gesagt vermehrt die Ressourcenbeschaffungsgesellschaft die Handlungsalternativen für solche Akteure, die die Kompetenzen haben dafür, die zunehmenden komplexen Möglichkeiten für sich zu nutzen.» Der «funktionale Leistungserbringer der Arbeitsgesellschaft» mutiere zum «multifunktionalen Erfolgsmenschen der Ressourcenbeschaffungsgesellschaft». Diese «Überlebenskünstler» zeichne dann die Kompetenz aus, «sowohl die berufliche Leistung ... als auch den Freizeit-Hedonismus, der zum prägenden Lifestyle des überflüssig gewordenen Produzenten in der verdämmernden Spätmoderne geworden ist, dialektisch aufzuheben in Erfolgsstrategien, die vielerlei Gestalt haben können».[510]

Zu dieser Theorie eines neuen Menschentyps passt die Euphorie, mit der vom dominierenden Spaßfaktor, von der Spaßgesellschaft und den neuen Regeln auf dem Neuen Markt phantasiert wurde, die das *manager magazin* in sieben Mythen gliederte:
«Mythos 1: Das Internet befreit die Angestellten.
Mythos 2: Netzwerke sind effizienter als Konzerne.
Mythos 3: Internet-Aktien steigen ewig.
Mythos 4: Aus Mitarbeitern werden Millionäre.
Mythos 5: Endloses Wachstum ohne Inflation.
Mythos 6: Entfernungen spielen keine Rolle mehr.
Mythos 7: Alle Macht geht vom Kunden aus.»[511]

Eine eigene Plattform für solche «Überlebenskünstler» à la Hitzler bot sich in Deutschland, als auf den vermeintlichen Siegeszug der Dotcom-Firmen 1997 die Deutsche Börse AG aufsprang, indem sie einen eigenen, den so genannten Neuen Markt ins Leben rief. Wer Ideen hatte, wie sich das neue Medium Internet gewinnträchtig einsetzen ließ, fand umgehend Geldgeber. Das Märchen vom Golddukaten-Esel schien wahr zu werden: Allein in Deutschland standen mehr als 200 in- und ausländische Wagniskapitalfirmen bereit, um so genanntes Venture-Capital (VC) in kreativ anmutende Jungunternehmer insbesondere der so genannten Boombranchen Informations- und Biotechnologie zu investieren.[512] Ähnlich wie in der Immobilienbranche auch steckten hoch spezialisierte Gesellschaften Geld und Know-how in lukrative Projekte. Erfolg versprechende Unternehmen begleiteten sie dann nach der vermeintlichen Börsenreife an den Neuen Markt. Das Rezept, Millionär zu werden, schien denkbar einfach: «Man nehme einen phantasievollen Dynamiker, meistens um die 30 Jahre alt, gebe ihm ohne jede Sicherheit einige Millionen Mark für die Realisierung einer pfiffigen Idee – und nach einigen Jahren verkauft der Anleger seinen Teil an der gemeinsamen Firma gewinnbringend an der Börse oder an ein anderes Unternehmen.»[513] Die britische Investmentgruppe 3i hatte in dem «genial-chaotischen»[514] Professor für Informatik, Sigram

Schindler, einen solch «phantasievollen Dynamiker» gefunden. 26 Millionen DM stellte ihr Deutschlandchef Andrew Richards dem Hoffnungsträger zur Verfügung, der sich mit seiner Berliner Teles AG in der Branche Telefon- und Internet-Technik überaus erfolgreich profilieren konnte. Bis 1999 hatte der britische Wagnisfinancier von der Teles AG 150 Millionen DM zurückerhalten.[515]

Geschäfte mit mehreren hundert Prozent Gewinn wie bei der Teles AG verleiteten dann weitere Großinvestoren wie Banken, Versicherungen und Industrie, sich mit immer höheren Summen bei den Wagniskapitalgesellschaften einzukaufen oder auch eigene Risikofonds aufzulegen (wie Telekom, DaimlerChrysler, Deutsche Bank). Dabei gingen die Wagnisfinanzierer von einer durchschnittlichen jährlichen Mindestverzinsung ihres eingesetzten Kapitals für die nächsten Jahre in Höhe von fast 25 (!) Prozent aus, wie eine Befragung des Hürther Unternehmensberaters Holger Reuss ergeben hatte.[516]

Von 1997 bis 1999 steigerten die Wagnisfinanzierer ihre jährlichen Bruttoinvestitionen von zwei auf vier Milliarden DM. Anfang 2000 verfügten sie dann über mehr Geld, als sie investieren konnten. Die Folge: Nervöse Manager von Wagniskapitalfirmen steckten auch Kapital in Unternehmen, wenn sie deren Risiko nicht einschätzen konnten. Selbst von irrationalen Machtspielchen zwischen einzelnen Geldgebern wird berichtet. Jungunternehmer nutzten nur zu gern die Bereitschaft der risikofreudigen Financiers aus und verschickten gleich mehrere Kapitalgesuche an konkurrierende Geldgeber. Es sei «zu regelrechten Bietergefechten» gekommen, berichtete Hans E. Damisch von der Beteiligungsgesellschaft der Deutschen Wirtschaft. Geschätzt wird, dass sich durch diesen Konkurrenzkampf die Preise für Firmenbeteiligungen binnen zweier Jahre verdoppelt haben.[517]

Beigetragen zu dieser Euphorie hatten Politiker. Um Jungunternehmen den Start in die Selbständigkeit zu erleichtern, stellten sie staatliche Fördergelder bereit. Teilweise brauchten – so Michael Tigges, Rechtsanwalt und Wagniskapitalexperte – VC-Finanzierer nur rund zehn Prozent des Risikos zu tragen. Den Rest konnten sie auf die Deutsche Ausgleichsbank oder die Kreditanstalt für Wiederaufbau abwälzen – also letztlich auf den Steuerzahler. Und wie das bei großzügig gewährten öffentlichen Geldern ist, wurden auch in diesem Fall viele Mittel falsch eingesetzt. «Die Investoren werden zu gierig und investieren blind», rügte Thomas H. Knorr, Vorstandsvorsitzender von Knorr Capital Partner AG.[518] Es war – wie Ralf Runau, Andersen-Consulting-Experte, es nannte – «nichts anderes als ein kontrolliertes Roulette», ein Spiel «mit Wahrscheinlichkeiten und Hoffnungen».[519]

Geld war also im Überfluss vorhanden. Auch bei dem Bauspekulanten Schneider hatten Bankinstitute sich darum gerissen, Kapital in Luxusimmobilien zu investieren. Selbst nach dessen Pleite zeigten sich Finanzgesellschaften, Konzerne oder auch private Investoren leichtgläubiger als je zuvor: Nun investierten sie sogar in virtuelle Unternehmen, von denen sie häufig so gut wie nichts wussten. Aber sie hatten nicht nur aus der Schneider-Pleite nichts gelernt. Und wie ihnen ging es auch den Anlegern. Häufig interessierten sich diese nicht einmal dafür, in welches der angeblich so gewinnverheißenden Unternehmen sie ihr Geld investierten. Rainer Raschdorf von der genossenschaftlichen DG-Bank, Spezialist für den Neuen Markt, betonte, seine Bank habe «blindlings Zeichnungsaufträge von Kunden bekommen, die erst hinterher fragten, in welchem Sektor das betreffende Unternehmen eigentlich tätig sei». Das Motto habe geheißen: «Es geht ja sowieso alles hoch.» Die Emissionen seien teilweise 50fach und höher überzeichnet gewesen. Die DG Bank habe sich dann dazu hinreißen lassen, «von sehr starken Wachstumserwartungen» auszugehen, obwohl es ihr – wie anderen Banken auch – an Erfahrungen in diesem neuen Marktsegment mangelte. Wegen des großen Runs hätten die Banken «vieles unter ungeheurem Termindruck erledigt».[520]

Offensichtlich waren die Erfahrungen aus zwei ähnlichen Aufbruchphasen in der deutschen Geschichte in Vergessenheit geraten: die der hektischen Gründerzeit 1869 bis 1873 und die der zwanziger Jahre des vorigen Jahrhunderts, in denen die Börsenkurse über Jahre hinweg zunächst steil nach oben kletterten. Jedenfalls wurden die seinerzeit gemachten schmerzhaften Erfahrungen in der Regel als Teil einer vergangenen Epoche abgetan.

Der Gründerboom, der 1869 einsetzte und nach der deutschen Einheit 1871 kein Halten mehr zu kennen schien, war einhergegangen mit häufig Schwindel erregenden Spekulationen in junge Unternehmen der Schwerindustrie, am Immobilienmarkt und insbesondere in den Bau der Eisenbahnen. Die Folge waren Überkapazitäten; denn der Anstieg der Nachfrage nach den neuen Gütern blieb weit hinter den euphorischen Erwartungen zurück. 1873 knickte die Konjunktur zuerst in den USA ein; im Mai kam es zum Wiener Börsenkrach, und im Herbst 1873 brachen dann in Deutschland zuerst die Quistorpsche Vereinsbank Berlin und in der Folge zahlreiche weitere Banken zusammen. Der Glaube an eine immer währende Prosperität war zutiefst erschüttert. Sieben lange Jahre, bis 1879, dauerte die so genannte Gründerkrise des Deutschen Reiches, in der Aktionäre durch Kursverluste und Dividendeneinbrüche ein Vermögen verloren, die Arbeitslosenzahlen stiegen und Preise ebenso wie Löhne zurückgingen.[521]

Der nächste Rausch erfasste zuerst die USA, in denen es seit 1923 zu einem ungeahnten Wirtschaftsaufschwung kam. Neue technische Erfindungen wie Auto und Radio hatten die Aktienkurse aus dem Boden gestampfter Unternehmen in immer neue Höhen schnellen lassen. Radios, Kühlschränke und Staubsauger waren in kurzer Zeit zu einem allgemeinen Kulturgut geworden. In nur drei Jahren – von 1926 bis 1929 – verdoppelten sich die Börsenkurse in den USA. Und wieder herrschte der Glaube an ein stetiges Wirtschaftswachstum vor, ohne dass es zu solchen Schwankungen käme, die insbesondere in der Zeit von 1850 bis zum Ersten Weltkrieg immer wieder zu Rückschlägen geführt hatten. Menschen aus allen Schichten bis hin zum sprichwörtlich gewordenen Dienstmädchen verschuldeten sich, um am großen Rad mitdrehen zu können – bis zum «Schwarzen Freitag», dem 25. Oktober 1929, an der Wall Street. Zwischen dem 23. und dem 29. Oktober 1929 beliefen sich Kursverluste an der New Yorker Börse auf bis zu 90 Prozent.[522] Die Massenhysterie, die unter den Kleinanlegern ausbrach – vor allem eben den «Dienstmädchen» – und zu Panikverkäufen führte, ließ bis zum Jahresende die Kurse der Industrieaktien an der Wall Street um ein Drittel ihres Wertes abstürzen.

Zu der sich erst langsam abzeichnenden Weltwirtschaftskrise ab 1929 kam es durch den gleichzeitig einsetzenden Konjunkturabschwung mit dem Rückgang der industriellen Investitionen und einer seit Jahren schwelenden weltweiten Agrarkrise. Die verhängnisvolle Spirale nach unten drehte sich weltweit immer schneller. In Deutschland – hier war der Höhepunkt der Börsenkurse bereits 1927 überschritten gewesen – erfasste sie insbesondere die Berliner Großbanken, die seit 1924 auf Expansion gesetzt hatten, ohne dass sie diese Politik durch Eigenkapital und Liquidität abgesichert hatten. Als verhängnisvoll erwies sich in den Zeiten der sich anbahnenden Weltwirtschaftskrise, dass Banken in ihrem Konkurrenzkampf um Kunden zu günstige Kreditkonditionen verliehen hatten sowie spekulative Geschäfte mit Aktien und sonstigen Wertpapieren eingegangen waren. Die «goldenen Jahre» ab 1924 neigten sich ihrem Ende zu. Von 1928 bis 1931 verdoppelten sich die jährlichen Konkurse von Unternehmen in Deutschland; viele Kredite konnten die Not leidenden Schuldner ihren Banken nicht mehr zurückzahlen. Zudem zogen internationale Kreditgeber Gelder aus Deutschland in Höhe von Milliarden Reichsmark zurück. Die Krise der Banken wiederum führte dazu, dass auch deutsche Gläubiger ihre Einlagen abbuchten. Am 13. Juli 1931 stellte die Darmstädter und Nationalbank («Danat»), die in besonders gewagte Spekulationen eingestiegen war, ihre Zahlungen ein. Die Bankenkrise hatte in Deutschland ihren Höhepunkt erreicht.[523]

In den neunziger Jahren des 20. Jahrhunderts waren insbesondere bei den in Wohlstand aufgewachsenen jungen und dynamischen Hoffnungsträgern eines neuen goldenen Zeitalters wirtschaftliche Einbrüche mit katastrophalen Folgen unvorstellbar. Die Visionen Joseph Schumpeters (1883–1950) schienen Realität zu werden, als sich Unternehmerpersönlichkeiten wie Bill Gates (Microsoft), Steve Case (AOL), Jeff Bezos (Amazon), Hasso Plattner (SAP) oder Stephan Schambach (Intershop) mit der Entwicklung und Ausnützung des neuen Mediums Internet anschickten, «die alten Industriebarone von der Platte (zu) putzen»[524]: In einem Prozess «schöpferischer Zerstörung» würden nun – wie Schumpeter es vorausgesehen habe – alte durch neue Unternehmen abgelöst, die technischen Fortschritt ebenso wie überdurchschnittliches Wachstum erzwängen. «Der fundamentale Antrieb, der die kapitalistische Maschine in Bewegung setzt und hält, kommt von den neuen Konsumgütern, den neuen Produktions- oder Transportmethoden, den neuen Märkten, den neuen Formen der industriellen Organisation, welche die kapitalistische Unternehmung schafft.»[525] Dass Schumpeter nicht nur von den immer wiederkehrenden «Aufschwüngen» sprach, «die den wirtschaftlichen Organismus revolutionieren», sondern auch warnend auf die «immer wiederkehrenden ‹Rückschläge›» verwies, «die durch das gleichgewichtstörende Eindringen der neuen Produkte oder Methoden verursacht werden»[526], war bei der Rezeption des Klassikers offensichtlich übersehen worden. Immer mehr Jungunternehmer und Anleger glaubten nur zu gern den Empfehlungen von Investmentbankern und Analysten, mit großzügig geliehenem Geld oder dem Familienerbe als Grundstock an den Börsen sofort reicher werden zu können.

Immer mehr so genannte Amateurspekulanten tummelten sich in der Folge an der Börse – der Typ von Aktionär, den nach den Erfahrungen der geplatzten Spekulationsblase in den zwanziger Jahren der Nestor der katholischen Soziallehre, Oswald von Nell-Breuning, für den gefährlichsten Unsicherheitsfaktor hielt. Ihm fehle so sehr der wirtschaftliche Sachverstand, dass er nicht einmal die «Gemeingefährlichkeit» seiner Spekulationen als «reines Glücksspiel» verstünde.[527]

Ähnlich warnte der Mitherausgeber des Ratgebers «Psychologie für Börsenprofis», Bernhard Jünemann.[528] «Wenn beispielsweise in ‹Bild› etwas über Börse und Aktien steht, dann ist höchste Vorsicht geboten»; denn damit würde das Interesse an der Börse auch bei Unerfahrenen geweckt, die wie Lemminge falschen Ratgebern in einen Abgrund folgen würden.[529] Der Marktpsychologe Joachim Goldberg, Vertreter der so genannten «Behavioral Finance», der Wissenschaft der kapitalmarktorientierten Verhaltensforschung, erklärte auf einer Tagung über «Behavioral Finance» in Frankfurt am Main seinen mangelnden Glauben an den nur rational denkenden und handelnden Anleger mit der Psyche der Investoren, die zu gern bereit seien, «unpassende» Nachrichten zu ignorieren. «Gerade Sorglosigkeit und naive Risikoeinschätzung» hätten die Spekulationsblase entstehen lassen. Während der Konferenz stellten Wissenschaftler ein weiteres aufschlussreiches Forschungsergebnis vor, das erhellen mag, warum es zu den schwer wiegenden irrationalen Ausschlägen mancher Bankgeschäfte kam. Mit einem Experiment hatten sie die Selbstüberschätzung auch von Profis nachweisen können. Sie ließen Investmentbanker in London am PC einen auf dem Monitor hüpfenden Ball in ein Tor manövrieren. Allen gelang es. Einige hatten durchschaut, dass der Ball vorprogrammiert sein Ziel erreichte. Diejenigen, die irrigerweise voller Stolz hervorhoben, durch ihre Kontrolle des Balls das Werk vollbracht zu haben, erwiesen sich als die im Beruf weniger Erfolgreichen denn die Skeptiker. Der Glaube, alles im Griff zu haben, hatte sie dazu verleitet, sich selbst zu überschätzen.[530]

Dass sich Psychologen für das Phänomen eines Massenwahns an der Börse interessieren, war in früheren Zeiten nicht selbstverständlich. Erst 1962 gelang eine engere Zusammenarbeit zwischen Vertretern der Volkswirtschaftslehre und der Psychologie aus der Erkenntnis heraus, dass «die für das Geld- und Währungsgeschehen in aller Welt Verantwortlichen ... um das ‹Gewicht› der ‹Imponderabilien› (wissen), die im Geldwesen nicht selten ausschlaggebend sind». So habe schon Reichskanzler Otto von Bismarck seine Mitarbeiter zurechtgewiesen, wenn diese verächtlich gewisse Einflüsse als «Imponderabilien» abtaten: «Meine Herren, die Imponderabilien haben es in sich!»[531]

Für den Finanzwissenschaftler Gustav Schmölders sind allerdings die «meisten ökonomisch bedeutsamen ‹Ansteckungserscheinungen›, wie z.B. die Ausbreitung von Modeströmungen, die Kreditpanik oder Hausse und Baisse an der Börse, besser in einem *soziologischen* als in einem psychologischen Bezugsrahmen zu beschreiben». Den Psychologen kommt ihm zufolge die Aufgabe zu, den gesellschaftlichen Druck zu messen, unter dem Menschen in bestimmten Situationen stehen. Eine Untersuchung über die Ausbreitung von Fernsehgeräten habe ergeben, «wie stark dieser soziale Druck zwar als individuell motiviertes Verlangen in Erscheinung tritt, wie sehr er aber doch durch seine Abhängigkeit von sozial normierten Vorstellungen über einen ‹angemessenen Lebensstandard›, der heutzutage ‹dazugehört›, eindeutig als gesellschaftlich bedingter Sachverhalt identifiziert werden musste».[532] Dieses Phänomen war bei der Hausse nach Einführung der Telekom-Aktie (der T-Aktie) 1996 mit den überaus erfolgreichen Werbespots des Schauspielers Manfred Krug wieder zu beobachten. Arbeitskollegen, Nachbarn und Freunde erzählten immer häufiger von Aktienkäufen und traumhaften Renditen; Sparer, die für ihre Einlagen Zinsen von drei Prozent akzeptierten, galten als «out» und wurden herablassend belächelt. Es galt in vielen Kreisen eben als *chic*, nun auch Aktionär zu sein.

Im März 2000 feierte der Neue Markt seinen dritten Geburtstag auf dem Höhepunkt der anhaltenden Euphorie. Unmittelbar danach platzte die Spekulationsblase. An der Technologiebörse Nasdaq in New York häuften sich die Buchverluste auf 4000 Milliarden Dollar an. In Deutschland verloren die inzwischen 337 notierten Unternehmen 280 Milliarden DM an Buchwert. Die meisten Kurse waren nach Höchstständen von bis zu 200 DM im Frühjahr 2000 nun in den Keller gerutscht. Aber auch die im Dax notierten 30 größten deutschen Börsengesellschaften mussten erhebliche Verluste von fast 500 Milliarden DM hinnehmen.[533] Selbst Profis, die ihren Einstieg in Wagniskapital sehr wohl abgewogen hatten, mussten an die 80 Prozent Verluste einfahren.[534] Der bereits erwähnte Risikokapitalgeber Knorr Capital Partner hatte trotz seines Wissens um die «Gier», die am Neuen Markt herrscht, neben anderen Wagnisfinanzierern bis Dezember 2000 an der Börse mehr als die Hälfte seines Wertes eingebüßt.[535]

Noch im Oktober 2000 prophezeite beispielsweise die DG Bank für das laufende Jahr, der Neue-Markt-Index Nemax würde auf 8000 Punkte steigen. Zum vierten Geburtstag lag er dann unter der psychologisch wichtigen Marke von 2000 Punkten. Der Leiter der DG-Bank-Aktienforschung, Karl Eugen Reis, erklärte die für Außenstehende rational nicht nachvollziehbare Fehleinschätzung damit, dass die Abwärtsfahrt nicht vorhersehbar gewesen sei. Durch viele «enttäuschende» Nachrichten, selbst von Unternehmen mit eigentlich solider Basis, sei der Neue Markt in einen Abwärtsstrudel gerissen worden.

Offensichtlich unbeeindruckt von den Kurseinbrüchen zeigte sich auch der Investmentbanker Paul Achleitner, den der Allianz-Versicherungskonzern als einen der erfolgversprechendsten Spezialisten in diesem Metier eingekauft hatte. Achleitner verkündete Mitte 2000 vor Topmanagern aus führenden traditionellen Unternehmen der Bank- und Industriebranchen in Deutschland den beabsichtigten Strategiewechsel des Konzerns, weg von der Old Economy hin zu Risikokapitalgesellschaften und hoch riskanten Hightech-Firmen der Internet- und Biotech-Branche. Zur Fassungslosigkeit so mancher der Anwesenden trug vor allem die unvergessene Erfahrung bei, wie Achleitner mit seinem Engagement bei der Fusion zwischen Deutscher und Dresdner Bank gescheitert war. Insbesondere über den Aufsichtsratsvorsitzenden der Dresdner Bank, Alfons Titzrath, wurde nach Achleitners Vortrag berichtet, dieser habe «mit tief besorgter Miene» dessen Ausführungen zugehört. Titzrath, auch Mitglied des Allianz-Aufsichtsrates, dürfte sich insbesondere an den Andeutungen des Investmentbankers gestört haben, dass die Bankbeteiligungen des Versicherungskonzerns «ebenso zur Disposition wie der unrentable Industriebesitz» stünden.[536]

Zu der Ernüchterung über das Internet trugen neben den Kurseinbrüchen bei jungen Unternehmen aber auch die Zweifel bei, wie sicher das Internet eigentlich sei. Hackern war es immer wieder gelungen, selbst in die geheimsten Datenbanken wie die des amerikanischen Verteidigungsministeriums, des Pentagons, einzudringen. Dazu kam das Versenden von Viren über das Netz wie der Liebes-Mail «I Love You» aus Fernost, das zu einem Daten-GAU geführt hatte. Als es Hackern im Februar 2000 gelang, mit Datenmüll Online-Händler wie Amazon und Yahoo für Stunden lahm zu legen, rutschten sofort die Kurse dieser Firmen an der Nasdaq ab. Schwierig scheinen solche Querschüsse nicht zu sein: «Jeder 15-Jährige kann ein Netzwerk lahm legen», so die Erfahrung des FBI-Cheffahnders Ron Dick.[537]

Nicht nur die DG Bank erwischte die Entwicklung am Neuen Markt kalt: Auch die Deutsche Börse AG, die ja den Neuen Markt als neues Segment überhaupt erst gegründet hatte, traf die Pleiten- und Pannenserie unvorbereitet. Überrascht gaben sich auch Banken, die voller Euphorie junge Unternehmen bei ihrem Börsengang begleitet hatten. Von 133 Neu-Emissionen im Jahr 2000 notierte die weit überwiegende Mehrzahl unter ihrem Ausgabekurs – durchschnittlich um 20,9 Punkte darunter. Am schlimmsten hatte es dabei die Internet-Firmen getroffen.[538] Von den Biotech-Gründungen in Deutschland scheiterten neun von zehn Unternehmen – in der Regel wegen der mangelnden Professionalität ihrer jungen Unternehmer. Mitschuld tragen nach Meinung des Ex-Forschungschefs von Roche und Aufsichtsrats mehrerer Biotech-Startups, Jürgen Drews, aber auch hier Politiker: wegen des von ihnen so gewollten Gießkannenprinzips, mit dem miteinander konkurrierende Politiker Unternehmen ihrer Wahl an sich binden wollten.[539]

Zum schnellen Platzen der Spekulationsblase trug wesentlich bei, dass nach den ersten Firmenpleiten am Neuen Markt die Quelle des scheinbar ewigen Zuflusses neuer Anlagegelder («fresh money») langsam austrocknete. Der Börsengang der Internet-Firma Lycos Europe im März 2000 läutete den Abschwung ein: Das Unternehmen hatte im ersten Quartal lediglich 22 Millionen DM umgesetzt und einen Verlust von rund 56 Millionen DM eingefahren; ungeachtet dieser unter normalen Umständen verheerenden Bilanz erhielt Lycos Europe bei seinem Börsengang an den Neuen Markt die astronomische Bewertung von fast 11 Milliarden DM (!). Die Anleger hielten sich zurück, und kurze Zeit später war der Kurs unter seinen Emissionspreis gerutscht – und riss gleich den Neuen Markt mit in die Tiefe. «Internet – war's das schon?», fragte in seiner ersten Ausgabe des Jahres 2001 das *manager magazin*. Ja, antwortete die US-Zeitschrift *Business Week*, die «The Coming Internet Depression» voraussagte. Nein, meinte das deutsche Magazin. Allerdings sah auch das *manager magazin* das Sterben Tausender kleiner Dotcom-Firmen voraus.[540]

Als erstes Internetunternehmen meldete der Dienstleister Gigabell am 15. September 2000 Konkurs an – ein nicht für alle unerwartetes Dahinscheiden, denn die Firma stand bereits seit Juli 2000 auf einer so genannten «Todesliste» gefährdeter Internet-Unternehmen, die das Wirtschaftsmagazin *Capital* veröffentlicht hatte.[541] Daniel David konnte mit seinem Unternehmen Gigabell als «Multi-Service-Provider» im August 1999 zu einem Aktienkurs von 38 Euro an die Börse gehen. 85 Millionen DM brachte ihm die Emission. Zwar bewerteten anfangs Anleger das Produkt des Internet-Telefonie-Anbieters als nicht ausgereift: Der Aktienkurs rutschte in nur drei Monaten von August bis Oktober 1999 von 38 auf zwölf Euro.[542] Das beim Börsengang gewonnene Geld hatte David aber ausgegeben, indem er mehrere kleinere E-Commerce-Unternehmen aufkaufte. Er galt plötzlich als so erfolgversprechend, dass der Kurs der Gigabell-Aktie Anfang März 2000 auf sage und schreibe 122,5 Euro kletterte – ohne dass das Unternehmen mit dem angepeilten Geschäft mit Privatkunden das große Geld verdient hätte.[543] War wirklich unbekannt gewesen, dass Daniel David der wohlklingende Künstlername von Rudolf Zawrel war, einem mäßig erfolgreichen Schlagersänger der achtziger Jahre, der mit Firmengründungen bereits zweimal gescheitert war?[544]

Besonders in die Kritik an dem Börsengang des nicht ausgereiften Unternehmens geriet als Hauptverantwortliche die Bank Trinkaus und Burkhardt. Die Düsseldorfer Privatbank hatte den Börsengang von Gigabell mit zehn Millionen DM in den Neuen Markt gedrückt.[545] Ebenso kritische Fragen musste sich die DG Bank gefallen lassen, die im Konsortium vertreten war. Deren Analyst Raschdorf hatte noch im April 2000 die Gigabell-Aktie zum Kauf empfohlen. Als sich die Pleite Gigabells abzeichnete, durfte Raschdorf sich zu Gigabell öffentlich nicht mehr äußern und musste entsprechend auf einen Verkaufshinweis verzichten; denn die Compliance-Abteilung der DG-Bank hatte das Unternehmen auf ihre so genannte Sperrliste gesetzt – ein branchenübliches Vorgehen. «Für Privatanleger ist das Verfahren natürlich ungünstig», räumte Raschdorf ein.[546] Die Konsequenz für seine Kunden heißt damit im Klartext: Vertrauen Sie Ihrem Analysten nicht blind!

Insgesamt hatte die DG Bank von 325 Unternehmen 50 Firmen als Konsortialführer an die Börse begleitet, von denen im November 2000 mit 26 mehr als die Hälfte unter ihrem Emissionskurs notierten. Selbstkritisch kündigte die DG Bank an, wenigstens zukünftig stärker auf die Qualität des Geschäftsmodells und des Managements zu setzen.[547]

Offensichtlich hatten sich bei dem Spitzeninstitut der Raiffeisen- und Genossenschaftsbanken die Maßstäbe verschoben: Wie erwähnt, hatte die DG Bank Mitte der achtziger Jahre nach sorgfältiger Prüfung der ihr vorgelegten Unterlagen eine Börsenbegleitung der co op abgelehnt.

Wenig verwundert zeigte sich beispielsweise der ehemalige Investmentbanker Tony Golding über ein weiteres Phänomen, das mit dem Hightech-Börsenfieber einherging: den allgemeinen Qualitätsverlust der Analysten. Sie trügen als «Diener vieler Herren» die Mitschuld an der Spekulationsblase; denn sie verdienten in erheblichem Maße daran, wenn sie Investmentbankern Kandidaten für einen Börsengang zuführten. Dann schreckten sie eben auch nicht davor zurück, notfalls neue Bewertungskriterien zu erfinden, «um ihre kühnen Prognosen zu rechtfertigen». Bis zu sieben Prozent könnten die Banken bei einem Börsengang kassieren, und die Analysten selbst profitierten von ihren hohen Bonuszahlungen.[548]

Als einer der erfolgreichsten Fondsmanager und Gurus galt Kurt Ochner. Für die Bank Julius Bär verwaltete er den Fonds Julius Bär Special German. Seine Erfolge bescherten ihm so schmückende Titel wie «König der Nebenwerte» oder «Großmeister des Geldes». Eine besondere Ehrung war für Ochner, dass sein Fonds von der renommierten Ratingagentur Standard & Poor's die Bestnote von fünf Sternen zuerkannt bekam. Als «Pate des Neuen Marktes» galt er, weil er in Unternehmen Geld steckte, «wenn die Banken schon längst wieder abgezogen sind». Sein Rezept schien aufzugehen: Sobald er ein kleines Unternehmen am Neuen Markt pushte, rasten die Kurse in die Höhe. Zu seinen besonderen Favoriten zählte EM.TV, dem Ochner zutraute, «eine zweite Disney Company» zu werden. Zwischen 1997 und März 2000 bescherte sein Fonds seiner gläubigen Gemeinde einen Wertzuwachs um mehr als 500 Prozent – glücklich, wer im März 2000 seine Anteile verkaufte. Dann stürzte mit dem Neuen Markt auch Ochners Fonds ab: Julius Bär Special German sackte innerhalb eines Jahres um rund 70 Prozent. Ochner musste am 2. April 2001 seinen Arbeitsplatz räumen:

Ihm wurde dann nachgesagt, er habe bewusst Aktien von Firmen mit geringem Finanzvolumen gekauft, weil bereits geringe Käufe zu einem starken Kursanstieg führen; selbstverständlich sind solche Kurse aber auch sehr verletzlich. Nach Ochners Entlassung stürzten die Werte der von ihm propagierten Unternehmen ab. Das mit seinem Fonds verbundene Risiko hatte Ochner übrigens nicht verschwiegen. Ausdrücklich warb er um «Aktienanleger mit einer hohen Risikotoleranz».[549] Es ist eben nichts erfolgreicher als der Erfolg – und nichts erfolgloser als der Misserfolg.

Thomas Haffa, ein besonderer Liebling des Neuen Marktes, galt lange Zeit als einer der geschicktesten «Spieler» in der «Weltliga». Entdeckt hatte das unumstrittene Verkaufstalent 1979 Leo Kirch. Bis 1989 baute Haffa in dessen Imperium das Video- und Merchandisinggeschäft auf und wagte dann den Sprung in die Selbständigkeit mit der Gründung von EM.TV – der Entertainment Merchandising, Film und Fernseh GmbH. Das Konzept schien Erfolg versprechend, und 1997 – EM.TV hatte einen Jahresumsatz von 27 Millionen DM erzielt, brauchte aber dringend weiteres Geld – wagte Haffa als zwölftes Unternehmen unter Begleitung der WestLB den Sprung an den Neuen Markt. Bis Ende 1998 dümpelte die Aktie bei einem Kurswert von unter 20 Euro. Dann ereignete sich ein Glücksfall für Haffa. Sein früherer Arbeitgeber Kirch war in finanzielle Schwierigkeiten geraten, und so konnte Haffa mit ihm einen scheinbar segensreichen Pakt schließen. Sie gründeten als Gemeinschaftsunternehmen das «Junior TV», in das Kirch seine rund 20000 Fernsehprogramme für Kinder einbrachte, die eine Sendezeit von 10000 Stunden ausfüllen; Haffa verschaffte Kirch im Gegenzug über die Börse eine halbe Milliarde DM. Das Junior TV, dessen Erträge ausschließlich an EM.TV flossen, katapultierte in der Folge die Aktie in Schwindel erregende Höhen.

Haffa nutzte den Höhenrausch, indem er sich von Banken über Kapitalerhöhungen und eine Wandelschuldverschreibung weitere Milliarden besorgte.[550] Geld verschaffte er sich zusätzlich, indem er einen Teil des Programmpakets zu einem stolzen Preis an Kirchs Sender Sat. 1 verkaufen konnte.[551] Nach dieser wundersamen Geldvermehrung war Haffa in der Lage, mit 45 Prozent zu einem als weit überteuert geltenden Preis von 800 Millionen DM in die Tele-München-Gruppe des nach Kirch zweitgrößten deutschen Lizenzhändlers Herbert Kloiber einzusteigen, mit 16,5 Prozent in die Constantin Film, mit 100 Prozent in die Jim Henson Company («Muppet-Show») sowie mit 50 Prozent in das bis dahin lukrative Formel-1-Geschäft.[552] Haffa träumte davon, ein «Medienbaron» zu werden: «I want to be big», eröffnete er 1999 in einem Interview. In wenigen Jahren werde es in Deutschland durch die Digitalisierung 500 Fernsehsender geben; das große Geld ließe sich dann durch die Vermarktung seiner Programme verdienen.[553] Das Wirtschaftsmagazin *Capital* glaubte Haffas Visionen und setzte ihn als Firmengründer im Bereich Neue Medien auf den ersten Platz bei der Verleihung seines Investor-Relations-Preises 1999 für die besten Kommunikationsprofis.[554]

Insider spotteten in der Folge über das «silly money», das «dumme Geld»; denn Deutsche trieben mit den Milliarden, die leichtgläubige Anleger am Neuen Markt investierten, die Preise für Filmlizenzen in Schwindel erregende, völlig unrealistische Höhen.[555] Die Aktionäre ließen sich blenden: Obwohl die wachsende Verschuldung Haffas durch seinen kostspieligen Expansionsdrang offenkundig war, konnte die EM.TV-Aktie von ihrem Kurs unter 20 Euro Ende 1998 – mit wenigen Dellen nach unten – auf einen Spitzenwert von 114,90 Euro am 14. Februar 2000 klettern. Die Börsenkapitalisierung wurde zu diesem Zeitpunkt mit 32 Milliarden (!) DM beziffert.

Doch dann musste Thomas Haffas Bruder Florian Haffa, Finanzchef des Unternehmens, im Oktober 2000 Buchungsfehler eingestehen – und übernervöse Anleger reagierten panisch, obgleich wie in den beiden Erfolgsjahren auch in dieser sich abzeichnenden Krise Analysten sich mehrheitlich optimistisch über die Zukunft von EM.TV äußerten. *Focus Money* beispielsweise setzte ungeachtet der «schlampigen» Buchführung Florian Haffas EM.TV – übrigens ebenso wie Intershop – auf seine Liste der «zu Unrecht Bestraften»![556] Bis zum 4. Dezember 2000 war der Kurs auf 10,14 Euro abgestürzt – damit waren innerhalb von nur neun Monaten an die 28 Milliarden DM Kapital an Buchwert zerronnen.

An diesem Tag musste Haffa auf einer Pressekonferenz in München eingestehen, EM.TV sei nahezu ruiniert.[557]

Auf dem Höhepunkt des Massenwahns galt der gerade 29 Jahre alte Stephan Schambach mit seinem 1992 in Jena gegründeten Internet-Unternehmen Intershop neben Thomas Haffa als Superstar: Innerhalb weniger Jahre wies er – als Buchwert – ein Milliardenvermögen auf. Doch dann schockte das Vorzeigeunternehmen am Internetmarkt gleich am ersten Börsentag des Jahres 2001 mit Hiobsbotschaften: Im vierten Quartal 2000 hatte Intershop nach vorläufigen Zahlen netto bis zu 63 Millionen DM eingebüßt; das war mehr als der Umsatz von 56 bis 60 Millionen DM, der nur etwa halb so hoch ausgefallen war wie zuvor prognostiziert. Erwartete Aufträge für neue E-Commerce-Software vor allem in den USA und Asien hatten Kunden nach Firmenangaben zurückgestellt. Auch das Ergebnis für das abgelaufene Geschäftsjahr wirkte alarmierend: Zwar kletterte der Gesamtumsatz um 165 (!) Prozent; unter dem Strich beliefen sich aber die Verluste auf etwa 78 Millionen DM. Innerhalb nur weniger Stunden stürzte der Kurs von Intershop um mehr als zwei Drittel ab und zog gleich den gesamten Neuen Markt mit in die Tiefe, der um zwölf Prozent nachgab.[558]

Die Hoffnung Schambachs, als Softwarehersteller insbesondere in den USA in das große Geschäft einsteigen zu können, war durch den Konjunktureinbruch nicht aufgegangen: Eine Befragung von 70 IT-Direktoren in amerikanischen und europäischen Konzernen durch die Investmentbank Merrill Lynch ergab, dass im Jahr 2001 in die Informationstechnologie (IT) in den USA weit weniger investiert werden soll, als die meisten Hightech-Ausrüster in ihren Gewinnprognosen berechnet hatten. Somit – so das *manager magazin* – war ein weiterer Irrglaube einer Goldgräberstimmung zusammengebrochen: dass nämlich in einem Goldrausch wenigstens die Verkäufer der Schaufeln reich werden: Wird nicht mehr nach Gold geschürft, werden auch keine Schaufeln mehr benötigt. Auch den «Schaufel»-Verkäufer Intershop, der den Internetunternehmern das nötige Gerüst zur Verfügung stellen wollte, trifft somit der verbreitete Absturz in dieser Branche.[559]

Besonders abenteuerlich war die Bewertung der Software-Firma Infomatec, die die WestLB im Sommer 1998 in den Neuen Markt und gleichfalls bei einer Kapitalerhöhung begleitete. In ihre neu gegründete Infomatec AG hatten Alexander Häfele und Gerhard Harlos laut Verkaufsprospekt auch vier kleinere Unternehmen aufgenommen. Deren Wert war in der Bilanz mit 16,5 Millionen DM angegeben worden, obgleich sie gemeinsam lediglich ca. 600 000 DM Stammkapital aufwiesen und im Jahr zuvor gerade einmal 21 457 DM erwirtschaftet hatten. Bis April 2001 war der Börsenkurs der Infomatec um 98 Prozent eingebrochen! Die Staatsanwaltschaft nahm Ermittlungen auf.[560] Im Sommer 2000 hatte Infomatec eingestehen müssen, weit weniger erfolgreich als erwartet zu sein: Statt der erhofften etwa 200 Millionen DM rechnete das Unternehmen nun mit 100 Millionen DM Umsatz bei einem Verlust von etwa 52 Millionen DM.[561] Wenigstens mit seiner Warnung an «Vorsichtige» vor Investitionen in Gigabell (dem «Giga-Flop» bei einem Kursverlust von 93,7 Prozent) und Infomatec (93,5 Prozent) hatte *Focus-Money* richtig gelegen.[562]

Wie abwegig hoch die Kurse getrieben worden waren, zeigt folgender Zahlenvergleich: Auf ihrem Höhepunkt lag die Marktkapitalisierung des Nemax All Share bei 468 Milliarden DM. Bis zum April 2001 war der Buchwert auf ca. 132 Milliarden DM abgestürzt. Die Verluste am Neuen Markt beliefen sich nach Schätzungen des Chefanalysten der Landesbank Baden-Württemberg, Peter Merk, somit auf 336 Milliarden DM – allerdings auf dem Papier. Für treugläubige oder besser gesagt geblendete Anleger, die auf dem Höhepunkt Aktien am Neuen Markt erwarben, um vom sagenumwobenen Reichtum zu profitieren, ist der Verlust allerdings real. Dagegen könnte nach Merk der Schaden auf maximal 52 Milliarden DM begrenzt bleiben. Die Rechnungsgrundlage Merks sind die etwa 78 Milliarden DM Emissionserlöse, die die Dotcom-Firmen bei ihren Börsengängen erzielten, von denen etwa zwei Drittel in die Unternehmen selbst flossen und damit verloren gingen.[563]

Thomas Haffa selbst hatte rechtzeitig EM.TV-Aktien im Wert von rund 40 Millionen DM abgestoßen. Ebenso konnte Schambach rechtzeitig fünf Prozent seiner Anteile am Unternehmen Intershop für etwa 60 Millionen DM veräußern. Wenigstens privat dürfte sich sein Ausflug an die Börse gelohnt haben.[564]

Besonders hart musste die (überfällige) Talfahrt diejenigen Anleger treffen, die Aktien auf Pump gekauft hatten. Das gibt es inzwischen auch in Deutschland, wiewohl sich Kreditinstitute hier mit Auskünften sehr zurückhalten. Die Direkt Anlage Bank München erhöhte ihre Kreditzusagen in diesem Markt während eines Jahres von 776 Millionen DM auf 1,5 Milliarden DM im März 2000.[565] Der Wettbewerb unter den Banken führt dazu, dass Kredite bis zur Hälfte des Wertes der Aktien gewährt werden. Einige Geldinstitute würden Anleger regelrecht dazu drängen, den so genannten Effektenlombardkredit aufzunehmen, behauptete Jörg Pluta, Geschäftsführer der Deutschen Schutzvereinigung für Wertpapierbesitz. Sinkt dann aber der Aktienkurs, schickt die Bank ihrem Schuldner einen blauen Brief, den so genannten margin call: Entweder schießt ihr Kreditnehmer das durch den Aktienrutsch verlorene Geld nach, oder er muss die beliehenen Aktien veräußern – die Falle ist für viele damit zugeschnappt.

In den USA ist dieser Schuldenberg zwischenzeitlich zu einer riesigen Gefahr angewachsen. Innerhalb nur eines Jahres hatte sich das Volumen der Wertpapierkredite auf knapp 280 Milliarden Dollar (!) verdoppelt und damit eine neue Rekordmarke erreicht. Es liegt auf der Hand, dass neben den erwähnten Panikverkäufen (dem Dienstmädcheneffekt) auch die von den Banken erzwungenen Veräußerungen von Wertpapieren durch in Not geratene Aktionäre die Kurse an der Nasdaq zusätzlich in die Tiefe gerissen haben.[566]

In Deutschland dürfte das Tohuwabohu am Neuen Markt, und darüber hinaus an den Börsen allgemein, eine Episode bleiben, die an der grundsätzlich anderen Bedeutung der Kapitalmärkte in diesem Land nichts ändert. Die Vielfalt der Finanzierungsinstrumente wird uns weiterhin von Amerika unterscheiden. Entsprechend anders kann das Management bei uns disponieren – obgleich lautstarke Führungspersonen wie Rolf-Ernst Breuer und Jürgen Schrempp den Unterschied zu den USA einebnen möchten. Von Wirtschaftsjournalisten, die überwiegend den US-Neoliberalismus propagieren, werden sie dabei unterstützt. Die Kleinanleger aber bleiben von dieser Ideologie unberührt. 38 Prozent der Aktienbesitzer gaben an, durch den Crash Geld verloren zu haben, allerdings überwiegend keine großen Beträge; die Arbeiter unter den Anlegern machten dabei die relativ höchsten Verluste. Eine Rückkehr der Deutschen zu ihrer früheren Distanz gegenüber Risikopapieren ist damit vorerst nicht verbunden, wohl eine größere Vorsicht.

Auch wenn amerikanische Verhältnisse bei der Geldanlage bei uns nicht zu erwarten sind, gibt es dennoch eine Verringerung der Unterschiede zwischen Deutschen und Amerikanern. Doch zumindest für Klein- und Mittelbetriebe dürfte es bei dem Wirtschaften mit dem Kredit einer Hausbank als bevorzugtem Finanzierungsinstrument bleiben.

Die hier skizzierte Struktur der Wirtschaft in der Bundesrepublik heute ist widersprüchlich, weiter im Fluss und mit den uns vertrauten ordnungspolitischen Modellen nicht angemessen zu kennzeichnen. Offensichtlich ist dies kein Laissez-faire-Kapitalismus ungeachtet der Beschwörung von Shareholder-Value durch Wirtschaftsführer wie Jürgen Schrempp und Hilmar Kopper. Elemente davon gibt es sicherlich bei den großen Fusionen, aber selbst da ist zu erwarten, dass es in Zukunft für feindliche Übernahmen einen ordnungspolitischen Rahmen geben wird. Mit sozialer Marktwirtschaft hat diese real existierende Wirtschaft allerdings auch nicht mehr viel zu tun; denn in wirtschaftspolitischen Auseinandersetzungen wird auf die Sozialpflichtigkeit selbst des gewinnorientierten Handelns nicht verwiesen.*

---

\* Ein eklatantes Beispiel ist der Streit um die privaten Versicherungsverträge, mit denen Arbeitnehmer ihre gesetzliche Rente ergänzen sollen. Die Finanzwirtschaft wehrt sich gegen die vorgeschlagene Garantieklausel, nach der die Fonds als Voraussetzung für staatliche Anerkennung versprechen müssen, dass unabhängig von den Tageskursen des Fonds der Versicherte später mindestens den Wert seiner Einlagen erhält. Dagegen laufen die Finanzinstitutionen regelrecht Sturm mit dem Argument, die Garantie müsse die Rendite mindern. Na und? Ist das bei der Verpflichtung zur «mündelsicheren Anlage» etwa anders? Selbstverständlich hat Sicherheit ihren Preis.

Dabei ist diese Wirtschaftsordnung inzwischen in der Bevölkerung in West und Ost mit großer Mehrheit akzeptiert, wie Umfragen zeigen. Eine Marktwirtschaft ohne einschränkende Zusätze ist unsere Wirtschaft aber nicht: angesichts des hohen Staatsanteils, der vielen Verflechtungen, insbesondere zwischen bedeutenden Wirtschaftseinheiten, sowie des Geflechtes von Subventionen und Regulierungen. Wenn dennoch Marktmechanismen einen großen Teil aller Transaktionen bestimmen, dann ist dafür wohl nicht zuletzt die hohe Exportorientierung verantwortlich, wodurch Marktmechanismen gewissermaßen importiert werden.

Nicht zuletzt steht einer definitiven Kennzeichnung entgegen, dass in vielen Bereichen diese Wirtschaft eben nicht verkrustet – wie immer wieder von Parteigängern eines Laissez-faire-Kapitalismus behauptet wird –, sondern im Fluss ist. Nachdem noch unlängst in der Entwicklung von E-Commerce sehr einseitig auf Verkauf vom Hersteller eines Konsumgutes (z. B. Bücher, Versicherungen) an den Endverbraucher («B2C» genannt = business to consumer) gesetzt wurde, ist jetzt die Anwendung des Internet für Handels- und Geschäftsbeziehungen Thema Nr. 1 (im Geschäftsjargon «B2B» genannt = business to business). Das sollte insbesondere für Klein- und Mittelbetriebe eine erhebliche Senkung von Betriebskosten bedeuten.

Vielleicht gibt es gegenwärtig gar kein System in einem engeren Sinne. Die internationalen, hoch spekulativen Finanzströme und das Nutzen der Börse durch einen Teil der Privatanleger zum Abzocken folgen anderen Mechanismen als das Herstellen und Vertreiben von Waren durch mittelständische Betriebe. Selbst für Großbetriebe ist aber zu prüfen, ob sich wirklich die für Deutschland charakteristisch gewordenen Strukturen – wechselseitige Verflechtungen zwischen Großunternehmen bei zentraler Bedeutung von Finanzinstitutionen – verändert haben. Vielleicht ereignen sich die tatsächlichen strukturellen Wandlungen, außer bei einigen Großunternehmen der Chemie und des Fahrzeugbaus, vor allem bei den Finanzinstitutionen, die sich wohl zunehmend in einer virtuellen Welt bewegen.

## V

## Deutsche Manager
## Wer sie sind – ein kollektives Porträt

*Licht und Schatten*

Es gab einmal eine Zeit, da wurde eine hohe Kompetenz der Führungsschicht unserer Wirtschaft als selbstverständlich unterstellt. Längst hat der Zweifel an Institutionen und Führungspersonal nach Politik, Medien, Justiz und Wissenschaft nun auch die Wirtschaft erreicht. Günter Ogger schrieb mit seinen «Nieten in Nadelstreifen» einen Bestseller. Weitere Kollektiv-Schmähkritiken folgten.[567]

Verständlicherweise gab es ebenso plakative Gegeninitiativen. Für das Magazin der *Frankfurter Allgemeinen Zeitung* hatte Heribert Klein Porträts verfasst, die mit lobenden Worten des damaligen FAZ-Mitherausgebers Hugo Müller-Vogg als Buch erschienen: «Könner in Karos – Das Anti-Nietenbuch». Von den elf Wirtschaftsführern, die hier als Beleg für die allgemeine Vorzüglichkeit unserer ökonomischen Elite angeführt werden, müssen sich allerdings mindestens drei auch erhebliche Management-Fehler vorwerfen lassen. Fehler gebe es sicherlich auf den Chefetagen, räumte Müller-Vogg ein, aber der Erfolg unseres Wirtschaftssystems insbesondere während des Umbaus der ostdeutschen Wirtschaft belege, dass Fehler Ausnahmen seien.[568]

Der Unternehmensberater Rolf Berth, zweifellos ein ernst zu nehmender Fachmann, urteilte hingegen: «Der Durchschnittsmanager ist nur bedingt tauglich. 20 Prozent berechtigen zu großen Erwartungen ...»[569]

Eine umfangreiche Erhebung, die wir im Frühjahr 1996 durchführten, erbrachte Befunde, nach denen einem ungetrübt positiven Bild zu misstrauen ist. Früher hatten wir darauf verwiesen, dass Spitzenkräfte auf die Zuarbeit von Führungspersonal der Ebenen zwei und drei angewiesen sind, ja dass auf diesen Ebenen die Kontinuität einer Firmenkultur auszumachen ist. Entsprechend sind die Urteile der leitenden Angestellten von großen Betrieben über die Manager der obersten Führungsebene ein bedenkenswertes Indiz. Wir hatten in Zusammenarbeit mit der «Union der Leitenden Angestellten» (ULA) 10684 leitende Angestellte schriftlich befragt.[570]

«Wie kompetent sind Ihre Vorgesetzten?» (in Prozent)

| Sehr kompetent | 13,9 |
| --- | --- |
| Eher kompetent | 60,3 |
| Eher inkompetent | 23,0 |
| Sehr inkompetent | 2,8 |

Die gedämpft positiven Urteile überwiegen, und bei negativen Wertungen sind auch unsachliche Urteile auf Grund von persönlichen Verletzungen und Neid keinesfalls auszuschließen. Das Ergebnis ist aber Grund genug, einem unproblematischen Bild von durchweg hoher Managerqualität zu misstrauen. Es reicht auch, die Existenz eines Problems belegen zu können, und wir wollen zeigen, dass Licht und Schatten sozial erklärbar sind. Personalauslese- und Management-Fehler – und zwar charakteristische Fehler – lassen sich auch mit Bedingungen im Umfeld der Führungsebene erklären.

Auf den Chefetagen und in einem wesentlichen Teil des Wirtschaftsjournalismus zieht man es vor, das ungetrübte Bild zu pflegen. Das *manager magazin* veröffentlicht seit 1992 nach amerikanischem Vorbild eine «Hall of Fame» – eine Ruhmeshalle der besten Manager.[571] Jedes Jahr wird zudem ein «Manager des Jahres» gekürt, 1998 war dies DaimlerChrysler-Chef Jürgen Schrempp, im

Jahr 2000 der heutige Preussag-Chef Michael Frenzel. Diese Ranking-Aktivitäten und Prämierungen sind Teil des Schaugeschäfts in der Wirtschaft geworden, das sich von den USA kommend jetzt weltweit verbreitet. Die *Financial Times* veröffentlicht inzwischen jährlich sogar eine Weltbestenliste der Manager, in der Jürgen Schrempp für 1999 Rang 4 einnahm; ein Jahr später schaffte er nur noch Rang 9. Jetzt haben das *manager magazin* und die Unternehmensberatung McKinsey einen Wettbewerb mit der Bezeichnung (in gutem Business-Deutsch) «CEO of the Future» (Topmanager der Zukunft) ersonnen. In einem zweitägigen «Workshop» (= Wochenendklausur) werden «High Potentials» (= Hoffnungsträger) mit PC-Strategiespielen und in persönlichem Auftreten geprüft. In diesem Jahr stellte Bundeswirtschaftsminister Werner Müller die drei Hauptsieger öffentlich vor. Umrahmt wurde dieses «Event» (= Ereignis) von einer Jazz-Combo im Stil der «roaring twenties» (wilden zwanziger Jahre). Angela Merkel wird mit der Äußerung zitiert: «Politik, Wirtschaft und Unterhaltung stehen heute beinahe auf einer Stufe.»[572]

Für das Verständnis dessen, was in der Wirtschaft auf den Spitzen-Etagen der großen Unternehmen geschieht, ist diese Einsicht von Merkel und sind die im Folgenden skizzierten Vorgänge von entscheidender Bedeutung – wichtiger als die Frage nach Prozentsätzen von Nieten und Stars unter den Managern. Die Führungsebene der Wirtschaft ist ebenso wie vordem bereits die der Politik und in Zukunft die der Wissenschaft Teil der Welt, die über Medien vermittelt wird. Im Gespräch mit dem *Handelsblatt* verweist Telekom-Chef Ron Sommer auf die Hysterie bei der Versteigerung der UMTS-Mobilfunklizenzen in Deutschland. Manche Unternehmensführer glauben offenbar, sie würden auf der Grundlage des Presse-Echos bezahlt, meinte Sommer zu Recht.[573] Aber: Ausgerechnet Ron Sommer.

Eben dies macht allerdings Sinn bei einer Orientierung an spekulierenden Aktienkäufern und insbesondere Analysten von Fonds, die kurzfristig den Shareholder-Value maximieren wollen. In dieser weitgehend virtuellen Welt ist die Situation der CEOs zunehmend der von Fußballtrainern in den obersten Ligen vergleichbar: Sie sollen als Heilsfigur wirken, welche eine Mannschaft oder Firma zu höheren Leistungen anspornt; werden die Erwartungen enttäuscht, was für sich genommen über Managerqualitäten nichts aussagt, wird der CEO gegen einen neuen Heilsbringer ausgetauscht. Gestern waren Ron Sommer und Bill Gates solche Lichtfiguren, heute sind es Hans Schinzler (Münchener Rück) und Raymond Gilmartin (Merck & Co).

Kontinuität in dieses inzwischen durch den Medienrummel der Kursbeeinflussung übernervöse Agieren der Leitungen großer Unternehmen bringt der Umstand, dass unsere Wirtschaft – wie auch die der USA und Japans – wesentlich bestimmt wird durch die klein- und mittelständischen Unternehmen.[574] Das sei hier als Erinnerungsposten vermerkt.

## *Herkunft und Ausbildung*

Obwohl seit Kriegsende 56 Jahre verstrichen sind, sollte nicht erwartet werden, dass die Wirtschaftselite eine homogene Schicht ist. Dagegen spricht schon die Verschiedenheit der Generationen, was angesichts unserer jüngeren Geschichte unterschiedliche Erlebniswelten in der Prägephase bedeutet. Dies zeigt auch die letzte für dieses Thema geeignete quantitative Erhebung, die «Potsdamer Elitestudie» von 1995[575], in der durch Infratest zwischen April und Juni 1995 die Inhaber von Spitzenpositionen in 14 Lebensbereichen befragt wurden. Im Folgenden werden von der Gesamtheit der befragten Führungspersonen nur die Wirtschaftseliten näher betrachtet.

Wirtschaftsführer erweisen sich bei Befragungen – ob mündlich oder schriftlich – als besonders sperrig. Der Anteil der durchführbaren Interviews war mit nur 33 Prozent der Ausgangsgesamtheit der niedrigste von allen gesellschaftlichen Bereichen. Wir hatten im Anschluss an unsere eigene Elite-Erhebung des Jahres 1994 vermutet, dies folge auch aus dem Umstand, «... dass deutsche Manager so übermäßig Gegenstand von Erhebungen sind wie die Bewohner des Atolls Trobriand in der Südsee. Dort soll inzwischen auf jeden Einwohner im Laufe seines Lebens ein Ethnologe kommen. Bei Managern dürfte eine Befragung pro Monat in manchen Branchen üblich geworden sein. Jedenfalls ist man eher befragungsmüde und hat wohl zu einem erheblichen Teil seine Vorzimmer schon entsprechend informiert.»[576] So standen aus der Potsdamer Elite-Befragung für den Bereich Wirtschaft nur 147 Fälle zur Verfügung. Sie können allerdings ergänzt werden durch 102 Fälle aus dem Sektor Finanzwirtschaft, womit dann eine Fallzahl von 248 erreicht wird.*

**Wirtschaftseliten nach «politischen Generationen»**
(in Prozent)[577]

| | |
|---|---|
| «Drittes Reich» 1933–1945 | 9 |
| Nachkriegsnot 1945–1955 | 52 |
| Wirtschaftswunder 1956–1965 | 34 |
| Protestzeit/«Neue soziale Bewegungen» | 5 |

In den fünf Jahren seit der Erhebung hat sich der Anteil der jüngsten sicherlich auf Kosten des Anteils der ältesten Generation erhöht, was aber an dem eindeutigen numerischen Vorherrschen der beiden anderen Nachkriegsgenerationen nichts geändert haben dürfte. Homogenität nach sozialer Herkunft und Mentalitäten ist auch deshalb nicht zu erwarten, weil jener Filter fehlt, der in England, Frankreich, Japan und den USA die dort auch bestehenden Unterschiedlichkeiten der Herkunft einebnet: ein elitäres Bildungssystem.[578] In allen diesen Ländern aber steigt die Chance zum Aufstieg in Top-Positionen dramatisch mit der Soziallage des Elternhauses. Für die Bundesrepublik schätzten wir: Die heutigen Spitzenkräfte der Wirtschaft kommen zu vier Fünfteln zumindest aus der oberen Mittelschicht.[579] Mit der «Potsdamer Elite-Studie»

---

* 147 + 102 ergibt selbstverständlich 249. In den Auswertungen der Studie wird aber durchweg von 248 Fällen ausgegangen, weshalb auch wir diese Zahl benutzen. Wo der eine Fall verblieben ist, kann aus den Unterlagen nicht entnommen werden.

wird uns über eine Momentaufnahme hinaus ein Zeitvergleich möglich, weil diese Erhebung im Ansatz und Frageprogramm als Wiederholungsstudie der vordem umfangreichsten Elite-Studie behandelt werden kann, der Mannheimer Elite-Studie* von 1981.[580]

**Soziale Herkunft der Wirtschaftseliten** (in Prozent)[581]

|  | Wirtschaftselite | | Bevölkerung |
| --- | --- | --- | --- |
|  | 1981 | 1995 | 1995 |
| Obere Mittel- und Oberschicht | 45 | 41 | 6 |
| Gehobene Mittelschicht | 28 | 25 | 18 |
| Niedrigere Soziallagen | 27 | 34 | 76 |

Selbstverständlich ist die Wirtschaftselite kein Spiegelbild der Bevölkerung; das ist das Führungspersonal auch in anderen Sektoren nicht, und das gilt einschließlich der Spitzenfunktionäre der Gewerkschaften. Aber die Rekrutierungsbasis ist dennoch ziemlich groß, wenn einmal die Prozentwerte in Bevölkerungszahlen übersetzt werden. Ein Vergleich der Werte von 1981 mit 1995 lässt erkennen, dass die Rekrutierungsbasis während dieser 14 Jahre etwas breiter wurde, aber sich selbst durch das Hinzukommen der ehemaligen DDR nicht grundsätzlich änderte.

In allen hier erwähnten Ländern ist nach der sozialen Herkunft weiter die Bildung ein entscheidender Filter. In Japan ist diese Filterwirkung extrem, weil zusätzlich zu den hohen Hürden, die ein Japaner für die Zulassung an einer guten Universität zu überwinden hat, unter diesen guten Universitäten eine weit gespannte Rangordnung herrscht. Wer an der Kaiserlichen Universität in Tokio ein Examen ablegt, kann sich schon zur Führungsschicht rechnen. Die Wirkung der Filter wird noch verstärkt durch das Cliquenwesen um berühmte Professoren und Wirtschaftsführer. In nicht ganz so ausgeprägter Form gibt es das auch in Großbritan-

---

\* Konzipiert wurden diese Untersuchungen von dem inzwischen verstorbenen Rudolf Wildenmann. Damals wurden insgesamt 3165 Elite-Positionen ausgewählt, davon 688 in Wirtschafts- und Finanzunternehmen. Die Ausschöpfungsrate lag für diesen Sektor mit 41,4 Prozent deutlich höher als 1995.

nien und Frankreich. Das amerikanische Schul- und Hochschulwesen ist ebenfalls elitär. Wer an der Harvard Business School seinen Master of Business Administration (MBA) erreicht, darf den Einstieg in eine Spitzenkarriere eines bedeutenden Betriebs oder Dienstleisters erwarten. Allerdings ist das Wirtschaftssystem der USA auch offen für Quereinsteiger.

Elitäre Auslesen gab es früher in Deutschland viel ausgeprägter als heute, damals allerdings verbunden mit mehr Möglichkeiten für einen Quereinstieg als jetzt. Bis gegen Ende der Weimarer Republik gingen weniger als zwei Prozent eines Altersjahrgangs zur Universität, und weniger als 1,5 Prozent konnten einen Hochschulabschluss vorweisen. In den Hochschulen wirkten Studentenverbindungen als lebenslange Fördervereine für ihre ehemaligen Mitglieder. Bis in die fünfziger Jahre des gerade abgelaufenen Jahrhunderts sorgte zudem ein Juristenmonopol dafür, dass andere Bildungsgänge von hohen Positionen in der öffentlichen Verwaltung ausgesperrt wurden. Ausgesprochene Aufstiegsbereiche vorbei an der Filterwirkung der Bildungseinrichtungen waren Karrieren in Politik, den Medien und auch in der Wirtschaft selbst.

Es war ein erklärtes Ziel der Bildungsreform, durch Ausweitung des Angebots an höherer Bildung die soziale Mobilität zu erhöhen. Heute besuchen etwa 18 Prozent eines Jahrgangs die Universität, was eine Verzehnfachung des Angebots bedeutet – aber das Ergebnis ist keine allgemeine Erhöhung der Mobilität, sondern eine stärkere Umleitung des sozialen Aufstiegs über Bildungsgänge. Ohne Abiturzeugnis ist es für junge Menschen heute sogar schwierig, einen Lehrvertrag in einer Ausbildungsstätte mit starker Nachfrage zu bekommen. Die Tendenz der Akademisierung von Führungspositionen in allen Bereichen der deutschen Gesellschaft hat inzwischen sogar die Gewerkschaften erreicht. Auch in den Medien und der Wirtschaft ist sie inzwischen so vorherrschend, dass die Aufstiegschancen für Jugendliche ohne Universitätsabschluss heute sehr viel geringer als früher sind.

Ein Musterbeispiel für auch heute noch mögliche Karrieren ohne Studium ist der Werdegang von Hilmar Kopper, dem langjährigen Vorstandssprecher der Deutschen Bank. Als Sohn eines

Großgrundbesitzers in Westpreußen war er von der Herkunft her für eine Position im deutschen Establishment vorbestimmt. Nach der Vertreibung 1945 hatte die Familie aber nicht die Mittel, ein damals noch mit Gebühren verbundenes Studium ihres Zweitältesten zu finanzieren. So wurde Kopper Banklehrling in Köln-Mülheim, dann Trainee einer Bank in den USA und anschließend Angestellter in der Auslandsabteilung der Deutschen Bank in Düsseldorf. Mit 34 Jahren war Kopper Filialleiter in Leverkusen, mit 40 Jahren Generalbevollmächtigter. Jetzt ging der weitere Aufstieg sehr schnell, als Kopper 1977 als einziger Nichtakademiker in den Vorstand der Deutschen Bank berufen wurde. Zwölf Jahre später, nach der Ermordung des Vorstandsvorsitzenden Alfred Herrhausen, trat Kopper im Alter von 54 Jahren dessen Nachfolge an. In der Abfolge der Ernennungen nach den Lebensjahren gleicht dieser Karriereweg übrigens dem eines Akademikers.

Auffällig ist das weitgehende Fehlen von Frauen in Führungspositionen der Wirtschaft – was übrigens mit Ausnahme von «Vorzeige-Frauen» auch für die anderen erwähnten Länder gilt.[582] Fast völlig fehlen in wichtigen Führungspositionen Deutsche aus den neuen Bundesländern. Mit Ausnahme der Politik gilt: «Die neuen ostdeutschen Eliten rekrutieren sich teilweise – wie in Westdeutschland nach 1945 – aus den ehemaligen Subeliten der zweiten Führungsebene sowie aus den Nachwuchskräften.»[583]

Allgemein herrschten seit der Reichsgründung 1870 in der Führungsschicht die Protestanten vor. Die Potsdamer Elite-Studie ergab hierzu für die Wirtschaftselite folgende Werte: Protestanten 44 Prozent; Katholiken 30 Prozent; konfessionslos 26 Prozent. Das entspricht ziemlich genau der Verteilung der Durchschnittswerte in der deutschen Führungsschicht allgemein. Katholiken sind demgegenüber überdurchschnittlich häufig Leiter von Kleinbetrieben im Handwerk. Hierin drückt sich aus, dass die katholische Kirche mit der Veränderung des Wirtschaftens seit dem Ausgang des Mittelalters intellektuell nicht zu Rande kam. Manager sind vorwiegend «mäßig» religiös, aber nach unseren Untersuchungen weniger areligiös, als der Anteil der Konfessionslosen mit 26 Prozent vermuten lässt.

Auf der obersten Etage der wirtschaftlich gewichtigen Unternehmen sind Großstädter ebenso unterrepräsentiert wie Menschen, die auf dem Lande aufwuchsen. Die meisten lebten in einem wenigstens äußerlich normalen Elternhaus: In ihrem Alter von 15 Jahren wohnte bei 84 Prozent der Befragten der Vater noch mit seinen Kindern in der Familie – angesichts der Kriegsverluste ein hoher Wert. Das lässt den Schluss zu, dass eine Kindheit in überschaubaren Verhältnissen ein Karrierevorteil ist.[584] Das gilt auch für die aktuellen Familienverhältnisse der meisten Befragten – obgleich sich hier in den Verhaltensweisen einiger Top-Manager Änderungen gegenüber diesem Bild, das bis Ende der achtziger Jahre gültig war, ankündigen könnten.

96 Prozent der Manager in der Kölner Elite-Studie* waren verheiratet, davon die Hälfte bereits mit 27 Jahren, also ziemlich zeitgleich mit dem heutigen Abschluss eines Studiums von Männern in Deutschland. Nur eine Minderheit von 20 Prozent dürfte der Karriere wegen die Ehe vertagt. Manager haben mehr Kinder als die durchschnittliche Familie in der Bundesrepublik: 23 Prozent der Top-Führungskräfte hatten drei Kinder, neun Prozent vier Nachkommen und fünf Prozent sogar ausgesprochen große Familien mit fünf und mehr Kindern. Gleiches wird übrigens auch über die USA mitgeteilt. In den wohlhabenden Ländern kehren sich die Beziehungen zwischen sozialer Lage und Kinderzahl um. Sind Menschen sehr arm, wie auch bei uns im 19. Jahrhundert, so kommt es ihnen auf ein paar Kinder mehr oder weniger nicht an. Seit es den meisten möglich erscheint, den Kindern einen guten Lebensstandard zu geben, wird in die Kinder Geld und Aufmerksamkeit investiert; das aber setzt eine Beschränkung in der Kinderzahl voraus. Menschen in höheren Soziallagen können sich als Ausdruck von Wohlstand jedoch mehr Kinder leisten. Die wirklich Wohlhabenden beginnen wieder Dynastien aufzubauen – wie in traditionellen Gesellschaften.

* Es handelte sich um eine schriftliche Befragung der Führungsebene in den 500 umsatzstärksten deutschen Unternehmen, die wir in Zusammenarbeit mit dem *manager magazin* im Sommer 1994 vornahmen. 51,2 Prozent antworteten auf unsere Briefe. Eine Darstellung der Ergebnisse findet sich in Scheuch/Scheuch 1995, op. cit., S. 11–112 und S. 227–241.

## Karrieren – Der geklonte Top-Manager

Nur wenig vereinfacht kann eine Karriere, die in einer Spitzenposition endet, in drei Abschnitte unterteilt werden:
1. Die Auswahl als Hoffnungsträger – in Business-Deutsch «High Potential»;
2. das Übertragen von Herausforderungen – in Business-Deutsch «Challenges»;
3. das Eingreifen eines Mentors.

Über Letzteres reden Top-Manager nicht so gern: Es ist für ein angenehmes Selbstbild förderlicher, den Aufstieg der eigenen Kraft zuzuschreiben.

Wie gelangt ein junger Mensch in den Kreis der Hoffnungsträger? Das ist mit ähnlichen Ergebnissen öfters untersucht worden, zuletzt vom Marktforschungsinstitut Megatrend.[585] Die charakteristische Nachwuchskraft ist verheiratet, aber noch kinderlos, ist nicht mit ehrenamtlichen Tätigkeiten belastet, ist männlich, eher dunkelhaarig, oft über 1,80 Meter groß, hat mit guten Noten und ohne Studienverzögerungen Wirtschaftswissenschaften studiert, spricht mehrere Sprachen, wechselt selten den Arbeitgeber und erst recht nicht die Branche. Sportliche Erscheinung ist von Vorteil: «Kein High Potential» hat Übergewicht im klassischen Sinne.[586] Nur 14 Prozent hatten bis zu ihrer Auswahl als Hoffnungsträger keine Erfahrung mit Menschenführung. Als Schlüsselkompetenzen gelten für die Personalleiter Kommunikationsstärke vor Sozialkompetenz und Teamfähigkeit, also vor allem soziale Faktoren. Für die Nachwuchskräfte selbst sind dagegen Durchsetzungsfähigkeit, Entschlusskraft und eine charismatische Erscheinung vorrangig, also eher Eigenschaften eines «Machers». Unterschätzt wird von den Hoffnungsträgern visionäres Denken, Internationalität und Fachkompetenz. Letztere Eigenschaft dürfte nach mehreren Karriere-Untersuchungen vornehmlich zu Beginn einer Karriere wichtig sein.

Die berichteten Ergebnisse sind allerdings mit Zurückhaltung zu deuten. Uwe Hannig selbst zweifelt, ob die Personalleiter sich tatsächlich an das halten, was sie von sich sagen. Entscheidend ist wohl der Gesamteindruck, den ein Kandidat von sich vermittelt. «Es deutet vieles darauf hin, dass die Auswahlprozesse in deutschen Großunternehmen trotz groß angelegter, teurer Assessment-Center weniger rational verlaufen, als man den Abgewiesenen und der Öffentlichkeit gegenüber gerne beteuert.»[587]

Aus den USA kommend hat sich auch in Deutschland verbreitet, dass Firmen an den Hochschulen zu Bewerbungen auffordern und Bewerber dann über Assessment Centers (wörtlich «Veranlagung» im Sinn von Steuer, übertragen «Beurteilungszentralen») auswählen. Die Auswahl der Hoffnungsträger soll verwissenschaftlicht werden, wozu Testbatterien wie der «Intelligenz-Struktur-Test» (IST) beitragen sollen. Nachdem Großfirmen solche Beurteilungszentralen einführten, haben diese ein Eigenleben durch das Ersinnen von weiteren Aufgaben für Bewerber entwickelt. So hat beispielsweise die Ruhrkohle AG (RAG) ein Personalentwicklungssystem (PES) eingeführt, zu dem Gespräche der Kandidaten mit Führungskräften, ein RAG-Führungskolleg und ein RAG-Strategie-Kolleg gehören. Am «Development Center for General Managers» der Siemens AG werden Präsentationen und die Teilnahme an Rollenspielen verlangt; ferner werden den Kandidaten «dynamische Management-Situationen» vorgelegt. Neben neuen Tests, wie dem «Bochumer Inventar zur berufsbezogenen Persönlichkeitsbeschreibung» (BIP), wird nach einer Untersuchung des Bundesverbandes Deutscher Unternehmensberater zur Auswahl von Kandidaten in 12,5 Prozent der Fälle noch immer Graphologie benutzt.[588] Nach der gleichen Untersuchung gilt diese «Verwissenschaftlichung» der Personalauswahl häufiger für die nachrangigen Führungsebenen; für Kandidaten der obersten Ebene werden nur 7,8 Prozent der Hoffnungsträger durch solche Zentren geschleust.

Ebenfalls aus den USA kommend sind auch bei uns für die Top-Positionen so genannte Kopfjäger (head hunter) wichtig; sie selbst nennen sich übrigens Executive Search Consultants. «Kopfjäger» begnügen sich nicht mit dem Zusammenstellen von Lebensläufen und dem Sammeln von Stellungnahmen, sondern ermitteln auch im Privatleben möglicher Führungspersönlichkeiten. Auf diese Weise wird entscheidbar, ob ein von ihnen empfohlener Kandidat nicht nur auf die von ihm auszufüllende Position passt, sondern auch zum Milieu, in dem er arbeiten muss. Offensichtlich ist es für den Erfolg einer Top-Führungskraft ebenso wichtig, ob sie zu ihrem Umfeld passt oder dieses gegebenenfalls auch an sich selbst anzupassen versteht. Und das kann ein guter und übrigens teurer «Kopfjäger» besser entscheiden als ein Assessment Center. Ende der sechziger Jahre hatte uns der damals in der Bundesrepublik führende «Kopfjäger» Maximilian Schubart – inzwischen tödlich verunglückt – vertraulich erklärt, für Großunternehmen suche er den «überdurchschnittlichen Durchschnitt». Damals herrschte als Leitbild vor, was auch Grundlage unserer gesetzlichen Regeln für die Arbeit des Vorstandes einer Kapitalgesellschaft ist: Der Vorstand wirkt als Kollegial-Gremium. Sehr eigenwillige Persönlichkeiten wurden dann nicht selten ausgebremst. Das dürfte heute nicht mehr in dem Maße zutreffen wie früher, nachdem wiederum aus den USA kommend der Kult des auffälligen Machers auch bei uns Wirkung zeigt. Hier kann in zeitgerechter neuer Gewandung angeknüpft werden an den patriarchalischen Führungsstil, wie er in der deutschen Montanindustrie üblich war[589] – allerdings ohne die Verpflichtung zur Sozialfürsorge.

Die öffentliche Arbeitsvermittlung, die bis in die jüngere Zeit ihr Monopol gern auch auf Spitzenpositionen ausgedehnt hätte, spielt bei der Vermittlung von Top-Kräften praktisch keine Rolle. Dagegen läuft insbesondere in Deutschland noch jede fünfte Bewerbung für eine Spitzenposition über persönliche Beziehungen.

96 Prozent der in der Kölner Elite-Studie befragten Manager berichteten, dass zwischen ihrer Aufnahme in den Kreis der Hoffnungsträger und der Ernennung für ein Spitzenamt eine «Herausforderung» (challenge) zu bewältigen war. Hier konnten keine inhaltlichen Regelmäßigkeiten beobachtet werden; die Aufgaben folgten aus der Besonderheit des Unternehmens: Sanierung einer Tochterfirma, Reorganisation einer Sparte oder Neuaufbau einer ausländischen Filiale. Die Aufgabe war in 82 Prozent der Fälle in Konkurrenz zu den Herausforderungen für andere Hoffnungsträ-

ger zu bewältigen. Meist waren es zwei bis fünf Hoffnungsträger, die miteinander im Wettbewerb standen.

Dann folgt als entscheidender Schritt die tatsächliche Berufung in eine Spitzenposition: Ein Rücksturz auf tiefere Ränge ist von da ab unwahrscheinlich. Nach der Kölner Elite-Studie wurde hier ein Mentor aktiv: gewöhnlich ein Vorstandsmitglied, gefolgt vom unmittelbaren Vorgesetzten; Eigentümer und Führungskräfte außerhalb des Unternehmens spielen nur in Ausnahmefällen eine Rolle. Die Berufung von Edzard Reuter durch den Aufsichtsratsvorsitzenden Alfred Herrhausen und später seines Nachfolgers Jürgen Schrempp durch Hilmar Kopper an die Spitze von Mercedes zum Beispiel illustriert den Normalfall. Sie ist eine Spielart des für die Führungspositionen in Deutschland allgemein vorherrschenden Musters des Aufstieges: die Kooptation. Weder in der Politik, noch in der Wissenschaft, noch in der Verwaltung sind Bewerbungen ohne Aufforderung gut gelitten. Aus der Sicht der Mentoren ist das verständlich; denn mit einer Beförderung, zu der ein Kandidat eingeladen wird, haben die amtierenden Führungskräfte die beste Kontrolle darüber, dass der neu Hinzukommende auch «passt». Daneben ist die gegenseitige Förderung einer Seilschaft wirksam: Etwa ein Drittel nannte solche Unterstützungsnetzwerke.

Erst auf dieser Stufe eines Karriereweges wird in Deutschland eine Homogenisierung des Führungspersonals bewirkt, und hier sind dann Eindrücke über die Lebensweise und Persönlichkeit des möglichen Kollegen entscheidend. Nicht selten werden in der Endphase einer Personalentscheidung die Ehefrauen zu den Vorstellungsgesprächen mit eingeladen. Hier will der Entscheidende insbesondere wissen, ob die Ehefrau nicht zuletzt im Privatbereich eine Unterstützung oder eine Belastung ist.[590] Dabei werden dann auf für den Kandidaten unkontrollierbare Weise mancherlei Vorurteile wirksam, zum Beispiel: «Kein Akademiker mehr, dessen Frau Akademikerin ist.»[591] Die neu berufene Führungskraft soll vor allem zur Kultur auf der obersten Ebene der Firma passen. Kulturell homogene Gruppen erfordern einen geringeren Steuerungsbedarf von außen, und Mitglieder solcher Gruppen stützen einander in

Konfliktsituationen besser ab. «Die meisten Mitglieder kohäsiver Gruppen schätzen ihre gegenseitigen zwischenmenschlichen Beziehungen, und deshalb unterwerfen sie sich der Kontrolle durch die Gruppe.»[592] Das Leitmotiv der Prüfung von Eigenschaften, die wenig mit der rein fachlichen Eignung zu tun haben, ist der Anspruch der Unternehmung auf die «gesamte Persönlichkeit».[593] Es ist dasselbe, was von Spitzenbeamten im öffentlichen Dienst erwartet wird.

Noch 1980 hatte ein bekannter Wirtschaftsjournalist eine auch unter Sozialwissenschaftlern verbreitete Meinung wiedergegeben: «In keinem anderen Land Westeuropas ist der Club an der Spitze für Aufsteiger unterschiedlichster sozialer Herkunft und beruflicher Vorbildung so offen wie in der Bundesrepublik.»[594] Und auch in der Potsdamer Elite-Studie wird die Offenheit für Aufsteiger überschätzt, insbesondere für die wirklichen Top-Positionen in den wichtigsten Unternehmen. Die soziale Rekrutierung der Vorstandsvorsitzenden der 100 größten Unternehmen ist im Gegenteil sehr exklusiv und nach der Bildungsexpansion durch die sozialliberale Regierung sogar noch exklusiver geworden. Von jenen gut 85 Prozent der Vorstandsvorsitzenden, über die diesbezügliche Informationen zu bekommen waren, stammen über vier Fünftel aus den selben gehobenen sozialen Kreisen wie etwa ihre französischen Kollegen.[595] Der Grund ist eben die Auslese nach mutmaßlichem Lebensstil und Persönlichkeitsmerkmalen auf der letzten Stufe einer Karriere bis in die obersten Ränge. Was hier als Merkmal der Auslese letztlich vor rein fachlicher Qualifikation entscheidet, das weisen Kandidaten eher auf, die in den obersten Soziallagen aufwuchsen. Dabei können durchaus Schwerpunkte nach sozialer Herkunft identifiziert werden: Söhne von Unternehmern sind besonders häufig Spitzenmanager im Handel; aus den Milieus der Freiberufler kommen häufig Spitzenleute der Industrie und der Versicherungswirtschaft, während Söhne von Beamten eine Spitzenstellung bei Banken bevorzugen.[596] So erklären sich auch die erheblichen Unterschiede – bei aller Grundähnlichkeit der Herkunft – zwischen den Kulturen an den Unternehmensspitzen der verschiedenen Branchen.

Das hier wiedergegebene Bild wird ergänzt durch eine weitere durch die Deutsche Forschungs-Gemeinschaft (DFG) geförderte Untersuchung, die eher den Charakter von Fallstudien hat. In Gesprächen mit 24 Managern aus 18 Großunternehmen und 27 Personalberatern wurde vor allem geprüft, welchen Stellenwert der kulturelle Habitus für den Aufstieg in höchste Positionen der Wirtschaft hat.[597] Entscheidend ist für den letzten Schritt zur Top-Etage der Eindruck in den ersten 20 Sekunden.[598] Für diesen Eindruck sind wiederum Selbstverständlichkeit des Auftretens und Erscheinung bestimmend, für Letzteres auch die Kleidung. Die Kleidung signalisiert für das Gegenüber, inwieweit ein Kandidat die ungeschriebenen Regeln eines Unternehmens kennt und bereit ist, sie zu respektieren. Hinzu kommt der Grad an Übereinstimmung im Geschmack. Bei einem gemeinsamen Essen wird in der Wahl etwa von Weinen und der Handhabung schwieriger Gerichte wie Hummer deutlich, ob der Vorgeschlagene vorzeigbare Umgangsformen hat. Im Tischgespräch und daran anschließend soll die Allgemeinbildung deutlich werden und hier insbesondere der kulturelle Geschmack. Führungskräfte «... sind zu einem nicht unerheblichen Teil nach Aussagen der Personalmanager sogar ‹richtige Fachleute› in einzelnen Bereichen der Kunst oder Zeitgeschichte».[599] Für solche Eigenschaften fand Pierre Bourdieu den Begriff «kulturelles Kapital», und das erwerben sich Heranwachsende in Frankreich in sehr elitären Bildungseinrichtungen, in Deutschland in entsprechend kenntnisreichen Elternhäusern.[600]

Wird bedacht, wie dieser Nachwuchs sich nach Bestehen der Prüfungen dann später tatsächlich benimmt, dann sollten diese hohen Anforderungen an Kultiviertheit neben dem Versuch, die eigene Kaste gegen allzu Fremde ohne den erwünschten Stallgeruch zu schließen, auch als Wunschdenken und Ideologie gedeutet werden. Selbst wenn beim Einzug in eine Top-Etage das kulturelle Niveau beneidenswert gewesen sein sollte, die Machtfülle auf diesen Höhen der Wirtschaft verändert viele Charaktere. Und beileibe nicht alle Karrieren entsprechen dem Standardmuster. So erreichte nicht nur Hilmar Kopper seine Position als Vorstandssprecher der Deutschen Bank ohne akademische Bildung; auch sein späterer

Protegé Jürgen Schrempp begann seine Karriere bei Mercedes ohne akademische Meriten – wobei eine solche Sonderstellung Wirtschafts-Stars wohl auch zusammenbindet.

Hinzu kommen – und das wohl zunehmend – Karrieren über den Aufstieg zunächst in der Politik. Ein Beispiel hierfür ist Gerhard Goll, Chef des Energieversorgers EnBW («Yello»). Goll war zunächst als Richter am Landgericht Stuttgart tätig, als ihn der damalige Ministerpräsident von Baden-Württemberg, Hans Filbinger (CDU), als politisches Talent entdeckte. Nach einer Zeit als Regierungssprecher Filbingers wechselte er bei Nachfolger Lothar Späth in den Vorstand der Landeskreditbank und von dort beim nächsten CDU-Ministerpräsidenten Erwin Teufel in die Position eines Staatsrates. 1993 übernahm Goll dann den Vorsitz beim Energieversorger Badenwerk AG, der mehrheitlich im Landesbesitz war. 1997 fusionierte das Unternehmen mit der Energieversorgung Schwaben (EVS) und ist seither mit Goll als Vorstandsvorsitzendem auf Expansionskurs. Goll war es, der dem Strom eine Farbe gab (Yello – Gelb).[601]

Auch sonst streben Politiker vorwiegend in Führungspositionen von solchen Betrieben, die Eigentum der öffentlichen Hand sind. Ein Beispiel aus neuerer Zeit ist der ehemalige Wirtschaftsminister Brandenburgs, Burkhard Dreher, der jetzt den Dortmunder Energiekonzern VEW leitet.[602] In dieser Art Personalentscheidungen sehen wir eine gewachsene Bedenkenlosigkeit der politischen Führungsschicht, von Ihren Machtmöglichkeiten auch Gebrauch «für die Ihren» zu machen. Angesichts des Anteils der Betriebe, die ganz oder mehrheitlich im Besitz der öffentlichen Hand sind – und das gilt insbesondere für die größeren Kommunen –, sind Karrieren über Parteien eine nennenswerte Alternative zu Karrieren nur in der Wirtschaft geworden.[603]

Privatfirmen stellen dagegen Politiker bevorzugt als hochrangige Berater oder Verbindungspersonen ein. Beispiele sind der frühere außenpolitische Planer der Regierung Kohl, Horst Teltschik, der inzwischen die Personalvermittlungsfirma Russel Reynolds berät[604]; oder der ehemalige Bundesvorsitzende der Jungen Union, Klaus Escher, der bei BASF «Leiter der politischen Kommunikation» wurde.[605] Das ist aber nur ein Teil des Einflusses der Parteien auf Karrieren auch in der Privatwirtschaft. Hier ist die Abhängigkeit einer Unternehmung von öffentlichen Aufträgen oder Genehmigungen durch Regulierungsbehörden wichtig. Im Gegensatz zu den Usancen bei Unternehmen im öffentlichen Besitz erweisen sich für Privatunternehmen Überkreuzverflechtungen als vorteilhaft: bei einer CDU-Regierung die Karriereförderung eines SPD-Managers und umgekehrt.

Als Sohn des früheren Berliner Regierenden Bürgermeisters Ernst Reuter (SPD) hatte Edzard Reuter, ebenfalls SPD-Mitglied, zwar nicht immer Vorteile durch eine Förderung der Sozialdemokraten, aber doch entscheidende. Seine erste Spitzenposition bei der UFA und die anschließende Führungsstelle bei der Bertelsmann-Fernsehproduktion waren sicherlich der SPD angenehm. Der Weg an die Spitze eines für ihn branchenfremden Unternehmens, der Daimler-Benz AG, ist dann besonders instruktiv für die Art der Verbindung von Partei- und Unternehmenspolitik bei Karrieren. Im Alter von nur 36 Jahren war Edzard Reuter stellvertretendes Vorstandsmitglied bei Daimler-Benz geworden, womit sich die Spitze des Unternehmens, für das Aufträge der öffentlichen Hand immer sehr wichtig waren, parteipolitisch «diversifizierte». Edzard Reuter wollte mehr, strebte die Spitzenposition an und durfte mutmaßen, dass sein Parteifreund Helmut Schmidt dies als förderlich für die SPD begreifen würde. Nun waren wichtige Berater des sozialdemokratischen Kanzlers Friedrich Wilhelm Christians (damals Aufsichtsratsvorsitzender der Deutschen Bank) und vor allem Winfried Guth (Deutsche Bank, Allianz und Henkel), die von einem Vorsitz des SPD-Mitglieds Reuter gar nichts hielten. Da in unserem System zur Verknüpfung verschiedener Bereiche die Unterschiedlichkeit der Parteibindungen dienlich ist, verwundert es nicht, dass nach der Ablösung von Helmut Schmidt (SPD) durch CDU-Kanzler Kohl die Kanzler-Beratung aus dem Bankwesen zu CDU-Freund Alfred Herrhausen wechselte. Auf dessen Wirken ging die schließliche Ernennung von Edzard Reuter (SPD) zum Vorstandsvorsitzenden von Daimler-Benz zurück.

Wiederum eigenen Gesetzmäßigkeiten folgt die Personalauswahl für Spitzenpositionen in den Familienunternehmen, die ja in Deutschland selbst unter Großbetrieben häufiger vorkommen. Die Tengelmann-Gruppe etwa ist ein internationales Unternehmen mit einem Umsatz von heute ca. 50 Milliarden DM und beschäftigt rund 200 000 Mitarbeiter, etwa die Hälfte davon in Deutschland. Die Gründer der Firma, die Gebrüder Schmitz-Scholl, benutzten den Namen ihres Prokuristen Tengelmann als Tarnbezeichnung; denn Geheimniskrämerei war ein Wesenszug der Familie. 1969 übernahm dann der Sohn des weiblichen Zweigs der Familie, Erivan Haub, die Firma und ging auf raschen Expansionskurs (Kaiser's Kaffee, Plus, A & P). Im Alter von 67 Jahren zieht sich der Patriarch jetzt schrittweise zurück und überlässt – abgestuft – seinen Söhnen Karl-Erivan, Georg und Christian die Führung. Wie in einer Adelsdynastie wurden die drei auf ihre Führungsaufgabe sorgfältig vorbereitet; für Aufsteiger von draußen blieb hier kein Raum.

Eine Alternative zur Rekrutierung der Führung aus dem Nachwuchs der eigenen Familie war im Adel schon immer die Einheirat. Aktuelles Beispiel hierfür ist die Führung des Bankhauses Sal. Oppenheim in Köln, Europas größter Privatbank. Geleitet wird das Unternehmen, das sich aussucht, wer hier ein Konto eröffnen darf, von sieben persönlich haftenden Gesellschaftern, sechs davon in die Großfamilie hineingeboren. Sprecher ist jetzt jedoch Matthias Graf von Krockow, Sohn einer aus dem Osten vertriebenen Grundbesitzerfamilie, der nach der Heirat mit der Oppenheim-Enkelin Ilona von Ullmann Mitglied des Clans wurde.[606] Er hat sich ein für das traditionsreiche Haus riskantes Ziel gesetzt: Sal. Oppenheim zum größten privaten Bankhaus der Welt zu machen. Erst hatte sich der Graf jedoch zu beweisen: durch ein Studium der Betriebswirtschaftslehre in Köln und eine Karriere in amerikanischen Banken. Einheirat und Bewährung durch Karriere sind durchaus keine Gegensätze.

Nicht zuletzt sind die Wirkungen von Seilschaften zu bedenken. So wird über den vormaligen Vorstandsvorsitzenden der Bayer AG, Hermann Josef Strenger, berichtet, dieser habe eine Art «Golf-Mafia» gefördert. Sein Nachfolger im Vorstand – Strenger ist jetzt wie bei deutschen Großunternehmen üblich Vorsitzender des Aufsichtsrates –, Manfred Schneider, ist Tennis-Freund, und entsprechend wird kolportiert, Beförderungen würden jetzt auf der Tennisanlage des Werkes entschieden. Für Aufstiegswillige gilt es als klug, Schneider gewinnen zu lassen.

Insider berichten aus vielen Firmen von Nepotismus und von Mobbing, was mit dem Bild, auf den oberen Etagen wirke kulturell handverlesenes Personal, nicht sonderlich gut vereinbar ist. Wahrscheinlich wird auf «kulturelles Kapital» dennoch tatsächlich geachtet, wenn nicht aus anderen Gründen ein Mentor einen Schützling nach vorne schiebt. Oder auch dann, wenn der Mentor die Zustimmung einer Reihe anderer Führungspersonen einwerben muss. So wäre als Regel zu formulieren: «Kulturelles Kapital» ist eine oft notwendige, aber für sich nicht hinreichende Bedingung für den Aufstieg in eine Top-Position der deutschen Wirtschaft.

Im Frühjahr 1999 ließ das *manager magazin* eine Befragung von der Art der Kölner Elite-Studie durch Lutz von Rosenstiel wiederholen.[607] Mit weitem Abstand wurden vor allen anderen Eigenschaften als die wichtigsten für den Aufstieg in die Firmenspitze genannt: Loyalität, Integrität und Bescheidenheit. Dass Führungskräfte sich wünschen, die neu Hinzukommenden sollten loyal gegenüber ihrem Förderer sein, ist verständlich; in jedem Feudalsystem ist die wichtigste Tugend die Treue des Belehnten gegenüber seinem Wohltäter. Bescheidenheit im Auftreten gibt als Wunsch nur die allgemeine Norm wieder, dass Lehrjahre keine Herrenjahre sind. «Integrität» als Kriterium drückt dann unverkennbar aus, dass die Antworten als Ausdruck der Stimmung bei Sonntagsreden zu deuten sind, als Wunschdenken. Selbstverständlich wissen die antwortenden Manager, dass in einer Top-Position die Fähigkeit und Bereitschaft zu «deals» gefordert ist und auch ein Verhalten bis an den Rand der Korruption als Ausdruck von Lebensklugheit gilt. Die ebenfalls als wichtig herausgestellten Begabungen bei Kandidaten, Führungskompetenz zu zeigen und Mitarbeiter zu motivieren, sollten als Anforderungen selbstverständlich sein. Die zunächst mit weitem Vorsprung genannten Eigenschaften lassen die Existenz in einem Spitzengremium als Idylle erscheinen, die sie nun zweifelsfrei nicht ist – auch entfernt nicht. Damit wird auch das

Urteil des INSEAD-Professors Manfred Kets de Vries bestätigt: «Die Fähigkeit zur Selbstreflexion ist bei Führungskräften notorisch unterentwickelt.»[608]

Lutz von Rosenstiel fasst seine Eindrücke nach der Erhebung für das *manager magazin* zusammen: «Die erste Selektion passiert bei der Einstellung. Wer kommt überhaupt rein? Derjenige, der nach dem Studium ein Jahr durch die Welt zog, eher nicht ... Wer steigt auf? Da gilt der gleiche Filter: Die Machthaber wählen sich die Nachfolger, die sie durchschauen, weil sie ihnen vertraut sind. Sie klonen sich. Danach folgt das dritte Sieb, der soziale Druck zur Anpassung ... Und wer irgendwann oben ankommt, ist so, wie es sich der Chef wünscht: bequem, weil berechenbar.» Auch er betont: «Das Schema des eigenen Erfolgs (als Manager) ist sehr unreflektiert.» Und als allgemeinster Eindruck wird unsere eigene frühere Grobkennzeichnung wiederholt: «Die Befragten sind tüchtige Beamte eines konventionellen Erfolgs ... Der Unternehmer im Schumpeterschen Sinne hat im Konzern keine Chance.»[609]

### *Selbstverständnis: Funktionäre mit Geld und Macht*

In einer Erhebung für die Bertelsmann-Stiftung bestätigt sich dieses Durchschnittsbild.[610] Das Berufsverständnis dieser Manager ist dem Leitbild für Beamte ziemlich ähnlich – wie aus der folgenden Aufstellung auf der nächsten Seite ersichtlich wird.

Gerhard Schmidtchen entwickelte aus dieser Befragung ein Psychogramm «des» deutschen Managers. Das Auffälligste daran ist das Fehlen von Auffälligkeit. Im Vergleich mit den Werten für Deutsche im Alter zwischen 15 und 30 Jahren sind die Manager in allem etwas ausgeprägter: etwas optimistischer, aktiver, haben ein hohes Selbstwertgefühl, sind aber auch depressiver und fürchten häufiger Verluste.[611] Der wichtigste Befund ist jedoch, dass als Durchschnitte die Persönlichkeitsprofile der jungen Menschen und der Manager praktisch identisch sind – bei den Managern nur leicht zum Extremeren hin verschoben. Das wäre dann der überdurchschnittliche Durchschnitt, den der Kopfjäger Schubart schon vor Jahrzehnten so erfolgreich vermittelt hatte.

## Das Berufsverständnis von Managern

| Es finden (als Berufsauffassung) … | weniger wichtig/ auch wichtig | sehr wichtig |
|---|---|---|
| Die Anforderungen kennen und danach seine Pflicht erfüllen | 12 | 88 |
| Die Arbeit gut organisieren | 18 | 81 |
| Mit anderen gut zusammenarbeiten | 20 | 80 |
| Nach bestem Wissen arbeiten | 24 | 76 |
| Verantwortung übernehmen | 43 | 57 |
| Verbesserungsvorschläge machen | 69 | 31 |

Werden in diesem Ambiente auf der Entscheidungsebene also die «Macher» ausgegrenzt, oder finden sie hier besonders viel Spielraum? Die wahrscheinlichste Antwort dürfte sein, dass in ruhigen Zeitläuften der Macher in seinem Umfeld an Grenzen stößt, dass seine Stunde aber in Zeiten raschen und eher undurchsichtigen Wandels schlägt – wie während des Wirtschaftswunders und nun wieder im Laufe der neunziger Jahre.

Wenn in Untersuchungen Befunde über Motive von Managern zu deuten sind, ist Zurückhaltung angebracht. So wird in einer Befragung von Entscheidungsträgern durch die internationale Berater-Firma Berndtson Paul Ray berichtet, Eitelkeit und Medienecho seien als Antriebskräfte von geringer Bedeutung.[612] Wie noch deutlich werden wird, ist dies, wenn nicht bloß geflunkert, eine Folge geringer Fähigkeit der Selbstbeobachtung. Vor allem sollten die Aussagen als Ausdruck dessen verstanden werden, was in Manager-Kreisen als erwünscht gilt.[613] Insofern ist es auch nach dieser Untersuchung akzeptabel, als wichtigste eigene Antriebskräfte hervorzuheben: hohes Einkommen und die Möglichkeit zu gestalten – in schlichtem Deutsch: Geld und Macht.

Es ist nicht ganz einfach, wenngleich inzwischen weniger schwierig, hierzu an genauere Daten zu kommen. Die Unternehmensberatung Watson Wyatt in Düsseldorf teilte 1999 folgende Durchschnittsverdienste (im Jahr) für Manager der ersten Führungsebene mit:[614]

**Durchschnittsverdienste für Manager im internationalen Vergleich**

| USA | 580 000 DM |
|---|---|
| Großbritannien | 534 000 DM |
| Deutschland | 462 000 DM |
| Frankreich | 370 000 DM |

Die Vergütungen von Managern* setzen sich zusammen aus einem festen Grundbetrag, einem Bonus für den Unternehmensertrag sowie Optionen für den verbilligten Kauf von Aktien des eigenen Unternehmens. Die variablen Bestandteile, insbesondere die Aktien-Optionen, sind am höchsten in den USA, heute aber bereits gefolgt von Deutschland. Bei uns gibt es einen ausgesprochenen Trend zur weiteren Flexibilisierung der Vergütungen. Überraschend ist zunächst, dass für Manager der Führungsebene zwei und drei in Deutschland die Gehälter höher sind als in anderen europäischen Ländern. Erklärbar wird das mit der deutschen Abneigung gegen Spreizung der Einkünfte – hier im Vergleich zu Managern der Ebene eins.[615]

Die Durchschnittseinkommen sind nur ein Teil der Vergütungen für Manager. Hinzu kommt die Altersversorgung, die für Manager erstaunlicherweise in Großbritannien am günstigsten ist; «erstaunlicherweise», weil doch Deutschland das Land ist, in dem die Alters-

---

* Die oberen Ränge unserer Politiker pflegen zu klagen, ihre Einkünfte stünden in keinem vernünftigen Verhältnis zu dem von Managern. Wird das Durchschnittseinkommen von Managern als Maßstab benutzt, so haben die Leitfiguren der Politik schon längst gleichgezogen – womit noch überhaupt nichts ausgesagt sein soll über die Angemessenheit eines solchen Maßstabs für Politiker.

sicherung vor allen anderen Sozialleistungen Priorität hat. Es erweist sich jedoch als vergeblich, in den verschiedenen Dimensionen einer Vergütung für das Spitzenpersonal nach solchen sachlichen Bestimmungsgründen zu suchen. Es ist weder der Umsatz der Unternehmen, noch die Zahl der Beschäftigten, noch die Profitabilität, die als Einflussgrößen vorherrschen – es sind kulturelle Maßstäbe.

Da ist vor allem das Niveau der Vergütung für Spitzenkräfte in einem Land bestimmend. Als nächster Maßstab wirkt die Branchenüblichkeit. So wird beispielsweise in Deutschland bei Sparkassen nicht gut verdient, besser aber im Versicherungswesen. Hinzu kommt die Rangordnung zwischen Unternehmen einer Branche: Der Vorstandsvorsitzende des Marktführers Deutsche Bank muss hiernach mehr verdienen als sein Kollege von der Dresdner Bank, und der wiederum mehr als der CEO (= Chief Executive Officer) der Commerzbank.

Es gibt bisher in jeder der Wohlstandsgesellschaften Usancen, welche Beziehung zwischen den Einkommen der CEOs und dem eines Arbeiters als sozial annehmbar gelten kann. Eine etwas ältere Untersuchung, die im Grundsatz immer noch als Orientierung taugt, hat folgendes Ergebnis:[616] Die Relationen der Einkünfte zwischen Arbeitern und CEOs beträgt in den USA 1:25, in Frankreich 1:16, in Großbritannien 1:16, in Australien 1:14, in Schweiz 1:11, in Japan 1:11, in Deutschland 1:10 und in Schweden 1:10.

Geldeinkünfte und Altersversorgung sind nur ein Teil der materiellen Anreize für Manager. Hinzu kommt das, was im Business-Jargon der USA «Perks» genannt wird. Bekannt ist als ein Ausweis der Bedeutung eines Managers der Firmenwagen. Marke und PS-Stärke werden durchweg in die Arbeitsverträge hineingeschrieben. Das hat in erster Linie, ebenso wie der garantierte Parkplatz, eine hohe symbolische Bedeutung. Verbreitet sind auch zusätzliche ärztliche Leistungen, Aufenthalte in Ferienhäusern, in den USA bei betuchten Firmen die Nutzung der Firmenyacht, zunehmend auch bei uns die Bezahlung des Golf-Clubs und Reisen in Zusammenhang mit dem Besuch ausländischer Niederlassungen oder Geschäftspartner. Große Firmen wie der Bauriese STRABAG unterhalten neben den Kantinen für die Belegschaft eigene Speisegemächer, in denen

Spitzenköche Feinschmeckergerichte servieren und edle Getränke reichen. Und nicht zuletzt sind Art und Ausstattung des Chefzimmers sowie die Besetzung der Vorzimmer Gegenstand von Vereinbarungen. Über diese «Perks» verläuft der Jahrmarkt der Eitelkeiten zwischen Managern, die sich miteinander vergleichen. Zugleich haben diese «Perks» – wie die Privilegien für die Mitglieder des Zentralkomitees in kommunistischen Staaten – die Wirkung, eine Führungsperson mit goldenen Ketten an eine Unternehmung zu binden. Gefährdet ein Manager seine Position, dann stellt er gleichzeitig auch das ganze Bündel an Vergünstigungen in Frage.

Solches darf in seiner Bedeutung nicht als letztlich belanglos gewertet werden. Ebenso wie in herausgehobenen Positionen der Politik hat diese Abschottung gegen die Mühseligkeiten des Alltags normaler Mitmenschen Rückwirkungen auf das Selbstverständnis und dann auch das Verhalten einer Führungskraft. Niemand bleibt unbeeinflusst von der Fürsorge eines Stabes mehrerer Sekretärinnen und Assistenten. Die Fahrt mit dem Chauffeur im Dienstwagen zum Airport, dort Einchecken über die Senator Lounge, Hineingleiten in den Komfort der ersten Klasse, Empfang am Zielort als Ehrengast – das muss zum Abheben aus den Verhältnissen und Bezügen führen, in denen 99 Prozent der Mitmenschen eines Landes leben. Wer als selbstverständlich erwarten kann, dass ihn am Ende eines Fluges von München nach Berlin am Zielort der vertraute Chauffeur vor dem gewohnten Dienstwagen begrüßt, der muss sich für eine wichtige Person der Zeitgeschichte halten.* Niemand schreitet mehrmals im Monat über rote Teppiche, ohne verändert zu werden. Während es eine Menge Untersuchungen über Kandidaten für Führungsämter und deren Auswahl gibt, fehlt es allerdings vollständig an systemati-

---

\* Der hier angesprochene Mechanismus dürfte gleicherweise für Politik, Wirtschaft und Verwaltung gelten. So hatte der vormals ehrenamtliche Bürgermeister von Köln einen persönlichen Stab von 35 Mitarbeitern. Und bereits Anfang der siebziger Jahre berichtete Ralf Dahrendorf seinen Vorstandskollegen in der Deutschen Gesellschaft für Soziologie ohne jedes Anzeichen eigener Verwunderung, dass er in seiner damaligen Eigenschaft als Kommissar der EG bei seinen Flügen von Brüssel nach Luxemburg Chauffeur und Dienstwagen vorauszuschicken pflegte.

schen Erhebungen über Persönlichkeitsveränderungen, nachdem sich eine neue Spitzenkraft in ihrem Amt eingerichtet hat.

Die Spitzenmanager der im Dax notierten Unternehmen verdienen nach einer Studie von Interconsilium im Schnitt 3,4 Millionen DM im Jahr, Jürgen Schrempp inzwischen etwa 12 Millionen DM. Porsche-Chef Wendelin Wiedeking soll 17 Millionen DM erhalten, Deutsche-Bank-Chef Rolf-Ernst Breuer 16,4 Millionen DM. Das sind aber im Vergleich zu den USA «Peanuts», nicht so sehr, wenn es um die Einkünfte der Manager allgemein geht, wohl aber um die Gewinne durch Optionen von Riesenunternehmen. Dies sind die Jahreseinkünfte (vor Steuern) der zehn bestbezahlten Unternehmenschefs in den USA:[617]

| Name | Firma | Gehalt | Einkommen plus Optionen |
|---|---|---|---|
| Charles Wang | Computer Associates | 4,6 Mio $ | 655,4 Mio $ |
| Dennis Kozlowski | Tyco International | 4,5 Mio $ | 170,0 Mio $ |
| David Pottruck | Charles Schwab | 9,0 Mio $ | 127,9 Mio $ |
| John Chambers | Cisco Systems | 0,9 Mio $ | 121,7 Mio $ |
| Stephen Case | America Online | 1,6 Mio $ | 117,1 Mio $ |
| Louis Gerstner | IBM | 9,2 Mio $ | 102,3 Mio $ |
| Jack Welch | General Electric | 13,3 Mio $ | 93,1 Mio $ |
| Sanford Weill | Citigroup | 10,2 Mio $ | 90,2 Mio $ |
| Peter Karmanos | Compuware | 2,2 Mio $ | 87,5 Mio $ |
| Reuben Mark | Colgate-Palmolive | 4,2 Mio $ | 85,3 Mio $ |

Das sind selbstverständlich Phantasie-Einkommen, die kein verantwortliches Gremium jemals so gewollt hat. Werden die fixen Bestandteile der Gesamteinkünfte gesondert betrachtet, so sind diese zwar hoch, aber erklärbar. So leitet Amerikas heute wohl berühmtester Manager, Jack Welch, einen der weltgrößten Unternehmenskomplexe und gilt als dessen Retter aus großer Not.* Die

---

\* Er genießt überdies den zweifelhaften Ruhm, dass wohl noch nie ein Manager so viele Arbeitnehmer auf einmal gefeuert hat wie er, als er an die Spitze von General Electric berufen wurde.

variablen, erfolgsbezogenen Teile der Gesamteinkünfte erreichten die angegebenen Irrsinnshöhen durch die nicht voraussehbare Explosion der Aktienkurse in den USA, waren aber, einmal eingeführt, dann nicht mehr zu kappen.

Sehr hohe Gehälter für Spitzenmanager – wenn auch sonst nicht entfernt in den hier angeführten Größenordnungen – haben in den USA zwei Funktionen: Sie sind dort eine Art von Firmenwerbung, ein symbolischer Ausdruck der Finanzkraft der Unternehmung. Und sie sind eine Orientierung an den Einkommen im Showgeschäft und dem Spitzensport, wo die Veranstalter sich gegenseitig die Heilsbringer abwerben. Diese Spitzeneinkommen haben mithin eine Doppelfunktion: nach außen Werbung und nach innen Stärkung des Selbstvertrauens im Existenzkampf. Deswegen gibt es auch das wilde Durcheinander von Branchen und Einkommenshöhen, ebenso die Belohnung solcher Heilsbringer mit Stretchlimousinen, Heimkinos, Villen und sogar in einem Fall mit einem Gulfstream-Jet im Wert von 45 Millionen Dollar.

Solche exotischen Vergünstigungen machen Appetit über Landesgrenzen hinweg. Übernimmt ein deutsches Unternehmen eine US-Firma, so dürfen unsere Spitzenmanager hoffen, mit Verweis auf die Bezüge der amerikanischen Kollegen aus dem Käfig kontinentaleuropäischer Usancen für Managereinkommen auszubrechen: wg. Minderung der Ungleichheiten in demselben Unternehmen. Darin darf durchaus ein Grund für manch gewagte Beteiligung deutscher Firmen in den USA gesehen werden.

Nach dem deutschen Aktienrecht soll ein Aufsichtsrat den Vorstand einer Kapitalgesellschaft kontrollieren. Nun gab es in den letzten 20 Jahren eine ganze Reihe spektakulärer Pleiten in Deutschland, bei denen die Kontrolle durch Aufsichtsräte nicht wirkte. Nach Angaben eines hervorragenden Kenners deutscher Aufsichtsräte, des Belgiers André Leysen (Agfa-Gevaert, Telekom, Bayer, Veba, Holzmann, früher Treuhand, Hapag-Lloyd, BMW, Beraterkreis Deutsche Bank) trifft sich ein Aufsichtsrat meist vier Mal jährlich. Mit Vorbereitung, Anwesenheit auf der Hauptversammlung und Nachbereitung bedeutet ein Mandat zehn bis zwölf Tage Arbeit im Jahr.[618] Wir schätzen die durchschnittliche Vergütung für ein Mandat auf jährlich ca. 20000 DM. Bei großen Unternehmen liegen die Beträge deutlich höher und können zwischen 50000 und 125000 DM erreichen. Die Vergütung der Aufsichtsräte soll in den letzten 32 Jahren um insgesamt etwa 30 Prozent gestiegen sein, und sie wäre damit erheblich hinter der allgemeinen Einkommensentwicklung, erst recht derjenigen der Vorstände, und auch der Rate der Geldentwertung zurückgeblieben.[619] Des ungeachtet sind Aufsichtsratsmandate sehr begehrt, und wenn die Vergütung für Mandate in fünf großen Unternehmen summiert wird, kommen erhebliche Beträge zusammen. Dazu besteht in Deutschland die Möglichkeit, gleichzeitig Vorstand zu sein und in mehreren Aufsichtsräten zu sitzen – wie zum Beispiel früher Hilmar Kopper als Sprecher des Vorstandes der Deutschen Bank und Aufsichtsratsvorsitzender von Daimler-Benz. Die Vorstände der Deutschen Bank saßen in insgesamt rund 150 Aufsichtsräten, in erster Linie nicht der Bezüge wegen, sondern wegen des daraus folgenden Einflusses. Der bereits zitierte Kenner Leysen spricht von einem «Aufsichtsratsklub» in Deutschland von etwa 200 Personen: «Wenn Sie die 200 Leute kennen, dann kennen Sie die Deutschland AG.»[620]

In der Diskussion um die Funktion des Aufsichtsrates wird durchweg abgestellt auf seine Fähigkeit, Fehlentwicklungen zu verhindern. In der real existierenden Wirtschaft dieses Landes dürfte seine Funktion als Mittel der Interessenverknäuelung viel wichtiger sein. Vorstandsmitglied kann ein Wirtschaftsführer nur in einem Unternehmen sein, Aufsichtsrat als Vertreter der Unternehmerseite dagegen in vielen, seit der «Lex Abs» allerdings nicht in unbegrenzt vielen. Nicht zuletzt deswegen firmieren in einer ganzen Reihe von Unternehmen die Aufsichtsräte anders, heißen Verwaltungsräte, Beraterkreis, Beirat oder Gesellschafterausschuss.

## *Leitbilder: Vom Ressortleiter zum Kommunikator*

Jahrzehnte galt als Leitbild für Manager ein kollegialer Führungsstil. Die Botschaft war in ihrer wirkungsvollsten Form aus den USA herübergekommen, aber auch bei uns hatten sich in Schulungszentren wie Bad Harzburg eigene Versionen dieser Lehre entwickelt. Sie beruhte auf der sozialpsychologischen Richtung «group dynamics», und die wiederum lässt sich zurückführen auf die deutsche Gestaltpsychologie. Inwieweit dies mehr war als ein Sonntagsbild, also auch tatsächlich praktiziert wurde, ist durch Untersuchungen nicht eindeutig zu entscheiden. Dreispaltig berichtete die *Frankfurter Allgemeine Zeitung* über ein Treffen in Bad Harzburg von Unternehmer-Trainern: «Bedeutungszuwachs für Sozialkompetenz».[621] Das mag für die Erfordernisse der Unternehmen zutreffen; den Führungsstil der Praxis beschreibt die Bad-Harzburg-Lehre für «Softies» nicht. In diesem Land hat sich höchstens gebessert, dass die Mehrzahl der Manager im Umgang mit Mitarbeitern einen zivileren Umgangston pflegt als früher üblich. Das gilt aber nicht für den sich auch bei uns erneuernden Kult von Primadonnen unter den Managern.

Vorstände deutscher Unternehmen sollten als Kollegialorgane arbeiten – so eine Leitidee des deutschen Aktienrechts –, aber Teamwork gehört nicht zu den in der deutschen Kultur eingeübten Verhaltensmustern. Der in der Praxis übliche Entscheidungsverlauf ist eine Mischung aus zwei Stilen. Einerseits ist es unüblich, sich über Einwände von Kollegen hinwegzusetzen; allgemeines Einvernehmen ist das Ziel. Zugleich wird ein eigener Handlungsspielraum angestrebt. Der Führungsstil im Vorstand der Deutschen Bank insbesondere zur Zeit von Friedrich Wilhelm Christians als Vorstandssprecher (heute im Wirtschaftsbeirat RWE) ist ein Beispiel für dieses Nebeneinander von zwei Prinzipien. 1993 waren die Arbeitsbereiche der 13 Vorstände der Deutschen Bank gegliedert nach Kundenkreisen (z. B. Körperschaften, *financial institutions*, Privatkunden, Börsen- und Fondsgeschäft) sowie nach regionaler Zuständigkeit; im Jahr 2000 teilten sich die nur mehr neun Vorstandsmitglieder die Zuständigkeiten nach Unternehmensbereichen. Parallel hierzu galt für Entscheidungen das Prinzip einstimmiger Beschlüsse – wenigstens für den größeren Teil der neunziger Jahre.

Das erstere der beiden Prinzipien kann Führung nach dem Ressortprinzip genannt werden und entspricht der Art, wie in Behörden Zuständigkeiten aufgeteilt sind. Dieses Prinzip hat den Vorteil, dass bei wirklicher Anwendung Verantwortlichkeiten klar sind; in der Praxis ist das dann angesichts fortwährenden Gerangels um Kompetenzen weniger eindeutig. Das Prinzip der Einstimmigkeit hatte im Falle der Deutschen Bank zur Folge, dass bei den mehrfachen schweren Pleiten keine – zumindest nach außen erkennbaren – Sanktionen gegen die Verantwortlichen erfolgen konnten.

Es gibt heute einen Markt für verschiedene Unternehmensmodelle, wie das Matrix-Modell (angewandt bei Nestlé), das Toyota-Modell oder die Netzwerk-Firma. In schwierigen Situationen können Unternehmensführungen hoffen, durch Übergang zu einem anderen als dem praktizierten Modell eine Wende zu schaffen. Das mag in der Tat wirken, so wie in der Fußball-Bundesliga der Übergang von einem System mit Libero zu einer Viererkette einem bis dato sieglosen Team wieder Punkte bescheren mag. Wichtiger scheinen uns zwei andere Dimensionen: 1. Starker Mann, oder bürokratische Zuständigkeiten, oder Gemeinschaftsprinzip und 2. Art der Nutzung von Zuarbeit. Insbesondere Letzteres ist für die Wirksamkeit eines Managers entscheidend.

Im Schnitt arbeiten nach der Kölner Elite-Studie deutsche Spitzenmanager mit einem kleinen Stab von Vertrauten, etwa zwei bis sechs Personen – was übrigens auch für Spitzenpolitiker gilt.* Manager fungieren dann als Außenminister dieses im Hintergrund wirkenden Kreises. Neben der fachlichen Kompetenz dieser engsten Zuarbeiter ist deren Bereitschaft zur offenen Meinungsäußerung entscheidend für den Erfolg der Spitzenkraft. Und hier gibt es in Deutschland häufiger Defizite. Nach einer empirischen Untersuchung befürchten selbst auf der Führungsebene von Unternehmen 52 Prozent «starke» oder «sehr starke» Nachteile nach offe-

---

* Kanzler Kohl hatte vielleicht vier bis sechs Personen in seinem innersten Kreis, Kanzler Schröder wird ein innerster Kreis von vier Personen nachgesagt.

nen Meinungsäußerungen.⁶²² Dieses Duckmäusertum bis hinauf in die Unternehmensspitze ist einer der wichtigsten Gründe für Fehlentscheidungen in Deutschland.

Ein zweiter Grund dürfte schlechtes Zeitmanagement sein. Nach unserer Manageruntersuchung verbringen Spitzenkräfte bei einer Wochenarbeitszeit von 60 bis 70 Stunden etwa 40 Stunden pro Woche im eigenen Betrieb. Etwa die Hälfte dieser Zeit wird zu ungefähr gleichen Teilen mit Konferenzen und Gesprächen zugebracht. Die Welt der Spitzenmanager ist eine sehr mündliche Kultur. Im Schnitt wird fünf Stunden die Woche telefoniert, aber auch acht Stunden sind häufig. Ein Extrembeispiel hierfür war Bernd Pischetsrieder als Chef von BMW. Von ihm hieß es, er habe keine Zeit zum Lesen von Zeitungen und kaum zum Schreiben von Briefen; ihm zufolge sind alle Probleme letztlich Personalprobleme, die man durch viel Zeit für persönliche Gespräche löst.* Im Schnitt bringen deutsche Manager nur fünf Stunden mit dem eigenen Sekretariat zu. Damit ist der Manager bei der Organisation seines Lebens auf das Geschick eben dieses Sekretariats angewiesen. Insgesamt verwenden nach unserer Erhebung die Top-Führungskräfte neun Stunden die Woche aufs Lesen, davon etwas mehr Zeit im Betrieb als zu Hause. Der Rest der Arbeitswoche wird zugebracht mit Reisen und Gesprächen außerhalb des eigenen Betriebs.

Für einen Großteil seiner Entscheidungen ist der Manager damit sehr abhängig von der Vorarbeit durch andere. Das wird bei den in der Wirtschaft bekanntesten Managern noch erheblich verstärkt durch Ämterhäufung. Ein exemplarischer Fall war für uns ein Vorstandsmitglied einer deutschen Großbank; ein weiterer der Vorstandsvorsitzende einer anderen Großbank. Die Terminkalender beider Manager ließen jeweils für ein halbes Jahr im Voraus keinen Raum für spontane Verabredungen. Wurde eine Zusammenkunft später unabweisbar, dann musste versucht werden, eine bereits getroffene Verabredung umzudisponieren. Die Anwesenheit in etwa acht bis zehn Aufsichtsräten und vergleichbaren Auf-

---

\* Für diese Gesprächskultur, mit der er aus BMW eine Gemeinschaft machen wollte, erfand er die Bezeichnung «Management by walking around technique».

sichtsgremien mit jeweils vier Treffen pro Jahr, dazu Termine für eine ganze Reihe von Ämtern in Jurys, Verbänden und sonstigen Gremien musste zeitlich eingeplant werden. Hinzu kam der Zeitaufwand für die Reisen.

Die aus der Ämterhäufung folgende fehlende Kontrolle über die Vorgänge, für die eine Führungskraft verantwortlich zeichnet, ist ein wichtiger Grund für Missmanagement. Wir können nicht entscheiden, ob diese Ämterhäufung als persönlicher Fehler zu tadeln oder als systembedingt von einer Führungskraft hinzunehmen ist; wahrscheinlich trifft beides zu.

Die achtziger Jahre waren wohl der Höhepunkt für «Softies» im Management, mit Daniel Goeudevert in einer Spitzenposition bei VW als besonders bekanntem Exemplar. Auch damals gab es entgegengesetzte Führungsstile wie den der einsamen Entschlüsse ohne das Dulden von Widersprüchen, verkörpert durch Edzard Reuter bei Daimler-Benz. Dem vom Politiker zum Manager mutierten Gerhard Goll («Yello») wird nachgesagt, Widerworte sofort mit Sanktionen zu ahnden. Von Jürgen Schrempp wird berichtet, dass er nach der Übernahme von Chrysler dessen Chefeinkäufer Thomas Stallkamp alsbald feuerte, weil dieser ihn durch Widersprüche nervte. Als der neue Chrysler-Chef Jim Holden Anfang 2000 in Stuttgart vorrechnete, für das neue Jahr müsse man mit einem halbierten Chrysler-Gewinn rechnen (was schon sehr geschönt war), verlangte Schrempp – wie weiland Otto bei der co op – freundlichere Zahlen; Holden gehorchte – «er wollte nicht enden wie Stallkamp». Inzwischen ist – allerdings mit Verspätung – die Finanzkrise als existenzbedrohend erkannt.[623]

Manager großer Unternehmen müssen heute insbesondere in Krisenzeiten mit Medien umgehen können. Ein falscher Satz wie der des DaimlerChrysler-Vorstandsvorsitzenden Jürgen Schrempp über die Fusion mit Chrysler kann das Betriebsklima und das öffentliche Ansehen des Unternehmens beschädigen. Zunächst hatte Mercedes-Benz erklärt, die Übernahme von Chrysler sei eine Fusion von Gleichen. Nachdem Schrempp zuerst den Chrysler-Chef Bob Eaton mit einem Handgeld von 70 Millionen Dollar verabschiedet hatte, feuerte er ungeachtet der Botmäßigkeit Jim Holdens mit ihm auch noch den nächsten Chrysler-Chef. Spätestens jetzt bestand für die deutsche Spitze von DaimlerChrysler ein Erklärungsnotstand gegenüber der Belegschaft von Chrysler und der amerikanischen Öffentlichkeit. Und in dieser Situation sagte Schrempp der *Financial Times*, das mit der Fusion zwischen Gleichen sei eine Art Kriegslist gewesen: «Wenn wir gesagt hätten, Chrysler wird eine Abteilung, hätte auf deren Seite jeder gesagt: Wir kommen so auf keinen Fall ins Geschäft. Aber es ist genau das, was ich wollte».[624]

Jetzt muss sich der aus Stuttgart in die USA entsandte Vorstand Dieter Zetsche um die Korrektur des Bildes der «tricky Germans» bemühen. So führte er auf der Detroit Motor Show im Januar 2001 auf dem Chrysler-Stand mit Journalisten im Viertel-Stunden-Takt Einzelgespräche; insgesamt gab Zetsche mehr als hundert Interviews. Seit sich mit Schrempp DaimlerChrysler zum Shareholder-Value bekennt, die Börsenkurse aber abhängig sind von Mutmaßungen über ein Unternehmen, ist aktive Meinungspflege für Manager an börsennotierten Firmen ein Muss wie Public Relations bei Wählern für Politiker. Entgegen den Aussagen bei Niklas Luhmann verwischen sich mit der gestiegenen Bedeutung der Aktie und der Medien für die Spitze von Unternehmen die Unterschiede zwischen Politik und Wirtschaft.[625]

Hans-Olaf Henkel hatte sich als Präsident des Bundesverbandes der Deutschen Industrie (BDI – bis Ende 2000) öfters kritisch zu den Kanzlern Kohl und Schröder geäußert. Das war ja auch die Aufgabe des früheren IBM-Managers in seiner neuen Funktion.\* Zu seiner Überraschung musste er jedoch erfahren, wie betroffen der BDI über den Unmut Helmut Kohls nach einigen seiner kämpferischen Äußerungen war. Viele Unternehmer schätzen öffentliche Kontroversen nicht, und in einige Manager-Verträge wird sogar hineingeschrieben, dass kontroverse Äußerungen über Politik

---

\* Entgegen verbreiteten Vorstellungen ist der BDI weniger eine Interessenvertretung der Großunternehmen – denn die vertreten sich selbst unmittelbar –, sondern eher der 98 Prozent mittelständischer Unternehmen unter den ca. 85 000 Mitgliedern.

in der Öffentlichkeit zu unterlassen sind. 1996 glaubten der *Spiegel* und andere Medien, einer Steuerunehrlichkeit von Henkel auf der Spur zu sein. Henkel musste erfahren, dass das Kanzleramt den Mühen des *Spiegel* um Enthüllungen über ihn als kritischen BDI-Präsidenten wohl wollte.[626]

Wirtschaftsspitzen hingegen, die der Mühsal der Politik Verständnis entgegenbringen, werden gerne zur vertraulichen Beratung eingeladen. So trafen sich zum Gespräch über die Steuerreform im Sommer 2000 im Berliner Palace-Hotel Kanzler Gerhard Schröder und der «Schrempp-Kreis». Diese «Plauderrunde» von führenden Wirtschaftlern entstand anlässlich des Kanzlerwechsels 1998. Dazu gehören unter anderem Ron Sommer (Telekom), Roland Berger (Unternehmensberater), Ekkehard Schulz (ThyssenKrupp) und Rolf-Ernst Breuer (Deutsche Bank). Schrempp und Schröder duzen sich, und zu den regelmäßigen Telefonratgebern von Kanzler Schröder gehört auch VW-Chef Ferdinand Piëch. Die Idee mit der «Green Card» ließ sich Schröder von IBM-Chef Erwin Staudt eingeben. Im Gegenzug verstärkt der Zugang zum Hofe des Kanzlers sicherlich das Selbstbewusstsein der Bosse. Anders als Helmut Kohl, dem selbstbewusste Wirtschaftskapitäne persönlich unangenehm waren, mag Kanzler Schröder Erfolgsmenschen. Kommentatoren sehen in der Kanzler-Nähe zu den Bossen ein Problem für Schröders Verpflichtungen gegenüber den Gewerkschaftsfunktionären. Hier wird völlig verkannt, dass sich Schröder tatsächlich um ein «Bündnis zwischen Bossen und Bonzen» bemüht.

In das Gewebe zwischen Politik und Medien sind jetzt auch die großen Unternehmen einbezogen, auch wenn die Manager das allgemein bisher weder akzeptieren noch handhaben können. Henkel zufolge erkennt die Mehrzahl der Manager nicht, dass ihr Betriebsergebnis heute durchweg mehr von den Rahmenbedingungen für die Wirtschaft abhängt als von der eigenen Geschicklichkeit im Umgang mit den Betriebskosten.[627]

# Was sie tun – einige Fallgeschichten

## Telekom: Ein Wundermanager entzaubert sich

Ron Sommer, der Chef der Telekom, wurde lange als Wundermanager bejubelt. Dieser Jubel verkehrte sich auch nicht in Kritik, als die Unternehmenspolitik der Telekom immer waghalsiger wurde.

Ein Höhepunkt war die Versteigerung der UMTS-Lizenzen für Mobilfunk. Insgesamt gaben die Telekommunikationsfirmen um die 100 Milliarden DM dafür aus. Allein die Deutsche Telekom verpflichtete sich für 16,5 Milliarden DM und muss annehmen, dass weitere zehn Milliarden DM in Technik zu investieren sind, bevor mit der Lizenz auch Geld verdient werden kann. 100 Millionen DM soll Ron Sommer in Werbung für die T-Aktie mit Publikumslieblingen wie Manfred Krug und Charles Brauer investiert haben. Das Munzinger-Archiv nennt als mögliche Kosten der gesamten Werbekampagnen zur Einführung der Aktien sogar 900 Millionen DM.[628] Sympathiegewinne beim allgemeinen Publikum brachte auch das gute Abschneiden des Telekom-Teams bei internationalen Straßenrennen. Keine Frage, dass die – inhaltslose – Sympathiewerbung sehr wirksam war und dass auch Ron Sommer selbst als Sympathieträger ankam. Das war offensichtlich ausreichend, um Fragen nach dem Stand der Investitionen in Technik und nach der Marketing-Konzeption erst gar nicht aufkommen zu lassen.

Als Sommer im Mai 1995 von Sony kommend Vorstandsvorsitzender der Deutschen Telekom wurde, erklärte er sofort zum Unternehmensziel, ein «Global Player» mit einem Vollsortiment von Produkten und Diensten der Telekommunikation zu werden. Bereits sein Vorgänger Helmut Ricke hatte erste Schritte in diese

Richtung getan. 1993 hatte Ricke mit France Télécom ein Gemeinschaftsunternehmen gegründet. Beide vereinbarten 1994 eine Beteiligung am drittgrößten amerikanischen Telekommunikations-Unternehmen Sprint Corporation. Nicht nur geographisch hatte Ricke die Grenzen der alten Telekom überschritten; er hatte auch bei den Inhalten den Einstieg in das Multimedia-Geschäft begonnen. Mit der Betreibergesellschaft des Satellitensystems «ASTRA» wurde ebenfalls ein Gemeinschaftsunternehmen abgesprochen.

Die Werbung für die Aktien der Telekom blieb der bisher größte Erfolg von Ron Sommer: 1,5 Millionen Deutsche gingen mit dem Kauf einer T-Aktie erstmalig an die Börse. Über drei Millionen kauften insgesamt. Das schien beim ersten Börsengang 1996 mit einem Emissionskurs von 14,57 Euro ein gutes Geschäft zu sein. Fast 21 Milliarden DM nahm die Telekom bei dieser erfolgreichsten Aktienemission in der Geschichte der deutschen Finanzwelt ein. Es folgten zwei weitere Börsengänge, und in beiden Fällen lag der Ausgabekurs für die neuen Aktien deutlich über dem aktuellen Kurs, der Ende Februar 2001 erheblich unter 30 Euro gefallen war; gut ein Jahr zuvor hatte er noch bei über 100 Euro notiert. Der Kursverfall stimmte viele der meist unerfahrenen Kleinaktionäre aggressiv. Nicht wenige hatten noch bei dem dritten Börsengang der Telekom so sehr vertraut, dass selbst bei einem Ausgabekurs von 66 Euro die Aktie dreifach überzeichnet war! Der Effekt der Werbung kehrte sich um: Sie hatte Vertrauen geweckt, das dann enttäuscht wurde.

Ron Sommer wirkt als Visionär. Er möchte die Telekom zum Global Player auf den «TIME»-Märkten (Telekommunikation, Informationstechnik, Medien, Entertainment) entwickeln. Hierzu muss die Deutsche Telekom jetzt ein internationales Geschäft aufbauen, aber da gibt es starke internationale Konkurrenten: France Télécom, Telefónica (spanisch), Vodafone (britisch). Ron Sommer handelte im April 1999 mit Telecom Italia eine Fusion aus, die als Initiative in der Fachwelt durchweg bewundert wurde. Das wäre mit einem damaligen Marktwert von 162 Milliarden Euro, einem Umsatz von 60 Milliarden Euro jährlich und mit mehr als 300 000 Beschäftigten der zweitgrößte Telekommunikationskonzern der

Welt gewesen – hinter dem japanischen Unternehmen NTT. Der Staat in Italien, einige Banken und der Mischkonzern Olivetti legten sich indessen quer, und nach einer sehr plötzlichen feindlichen Übernahme der Telecom Italia durch Olivetti platzte in letzter Minute die Fusion mit der Deutschen Telekom. Dafür hagelte es Kritik an Ron Sommer, über die hier nicht geurteilt werden soll.

Möglich ist dagegen ein Urteil über die Kosten für die internationalen Pläne der Telekom. Die noch von seinem Vorgänger eingeleiteten Verbindungen mit France Télécom wurden durch die Verhandlungen mit Telecom Italia so sehr beschädigt, dass die Franzosen auf Schadensersatz klagten; Sommer hatte sie über seine Pläne völlig im Unklaren gelassen. Dabei hatten noch im Juli 1998 die Deutsche Telekom und France Télécom eine Kapitalverflechtung vereinbart und wechselseitig zwei Prozent ihrer Aktien ausgetauscht.

Seither ist Ron Sommer auf dem internationalen Telekommunikationsmarkt auf der Suche nach Alternativen. Er verhandelte mit America Online (AOL), einem führenden Internet-Anbieter, über eine Minderheitsbeteiligung, erwarb für 19,6 Milliarden DM One-2-One, die Nummer vier auf dem britischen Mobilfunkmarkt, kaufte in Kroatien Hrvatske Telekommunikacije (wohl, weil diese gerade zu haben war) und hätte in den USA gerne den Telekommunikationskonzern Sprint übernommen. Der aber fusionierte stattdessen für 129 Milliarden Dollar – das war die bis dahin größte Fusion der Industriegeschichte – mit MCI Worldcom: der zweite große Fehlschlag von Ron Sommer im internationalen Fusionszirkus. Mit dem Kauf der französischen Festnetzgesellschaft Siris wurde die Telekom dagegen zum direkten Konkurrenten des früheren Partners France Télécom.

Es wäre ermüdend, die verschiedenen weiteren Aufkäufe der Deutschen Telekom im Jahre 2000 auf den unterschiedlichsten Märkten alle anzuführen. Sie sind nur dann (in etwa!) Teil einer Gesamtstrategie, wenn man das «TIME»-Konzept für stimmig hält. Am 24. Juli 2000 kündigte Ron Sommer seinen dritten Versuch einer ins Gewicht fallenden internationalen Übernahme/Fusion an: Die amerikanische Firma Voicestream sollte zur T-Gesellschaft hinzukommen. In den USA gilt der Mobilfunk-Anbieter Voicestream Wireless nicht gerade als ein Goldstück, aber Sommer führte an, für den Preis von 106 Milliarden DM erhalte man Zugang zu einem Potenzial von 220 Millionen Kunden. Voicestream hat davon als wirkliche Kunden bisher nur 2,3 oder 3,9 Millionen – die Angaben schwanken –, wobei die Verluste den Umsatz überstiegen haben.[629] Voicestream hat Expansionsprobleme, weil alle anderen US-Anbieter andere Standards als den europäischen Mobilfunkstandard GSM benutzen, mit dem Voicestream arbeitet; zudem verbreitet sich in den USA der Mobilfunk langsamer als in Europa.[630] Dieser Voicestream-Deal, dessen Vollzug für Mitte 2001 anvisiert wurde, ist wackelig eingefädelt worden. Er ist abhängig von der Zustimmung der US-Telekommunikationsbehörde, und der mögliche Partner will nur mitmachen, wenn der Kurs der T-Aktie an sieben von 15 Tagen vor der Vereinigung mindestens 33 Euro erreicht.

Das ist eine sehr verständliche Vorsorge, weil die Deutsche Telekom das Bargeld für den Kauf nicht flüssig hat, sondern wie Vodafone bei Mannesmann Aktien der zu übernehmenden Firma mit eigenen Aktien bezahlt. Der Kurssturz der T-Aktie bedeutet mithin nicht nur, dass viele (nicht alle!) Anleger viel Geld verloren haben, verglichen mit dem Höchstkurs am 6. März 2000 sogar fast drei Viertel; platzt der Voicestream-Deal, sind weitere Geldvernichtungen wahrscheinlich. Besonders erbost sind die Käufer des dritten Börsengangs; denn ihnen hatte Sommer ein «phantastisches Potenzial» der T-Aktie versprochen.

▷ Lehre 1 aus dem T-Spiel: Hier hat sich das, übrigens mit großem Geschick betriebene, Marketing von der Analyse der Probleme auf dem Markt für Mobilfunk gelöst.

Ron Sommer hatte seine gigantische Werbekampagne bei sehr guten Bilanzwerten vorgestellt, die dann fragwürdig wurden. Die Immobilien der Telekom kamen mit Aktiva von drei Milliarden DM als überbewertet ins Gerede. Das ist freilich angesichts von über 100 Milliarden DM Schulden für die Geschäftslage auch nicht mehr entscheidend. Selbst der von Sommer angekündigte Verkauf von Beteiligungen, die nicht zum Kerngeschäft gehören, wie die Trennung von Kabelgesellschaften, kann die gigantische Schuldenlast nicht wirksam mindern. Ein großer Teil davon ist Folge der Irrsinnspreise, die in Deutschland die miteinander konkurrierenden Telekommunikationsgesellschaften dem Finanzminister bei der Versteigerung der Lizenzen für den neuen Standard UMTS zu zahlen versprachen. Ron Sommer sah damals darin aber kein Problem: Die Lizenz sei die Eintrittskarte zu einem Megamarkt mit phantastischen Perspektiven; er rechnete bei UMTS mit einer Verzinsung von mehr als 20 Prozent.[631] Später erklärte Sommer, er habe sich vor die Alternative gestellt gesehen, aus der Konkurrenz auszusteigen oder sich zu verschulden.

▷ Lehre 2: Wenn alle gleich verrückt spielen, hilft später nur noch der liebe Gott. Eine nicht ganz unbegründete Hoffnung; denn die ganze Branche ist überschuldet – der Konkurrent Mobilcom (Geldgeber ist die angeschlagene France Télécom) sogar noch schlimmer als die T-Gesellschaft.

Die 106 Milliarden Mark, welche die Deutsche Telekom für den US-Mobilfunkbetreiber Voicestream veranschlagt hat, ergäbe für jeden der gegenwärtig wahrscheinlich 2,3 Millionen Voicestream-Kunden einen Kopfpreis von 45 000 DM. Telefoniert jeder der Kunden täglich für 100 DM, so müssten diese, allein um den Kopfpreis wieder hereinzuholen, etwa 40 Jahre lang für diesen Betrag telefonieren.

▷ Lehre 3: Auf dem Markt für neue Technologien wird offenbar erst nach dem Kauf gerechnet – falls überhaupt gerechnet wird und das Rechnen nicht auf später vertagt wird, weil es hier und heute um die strategische Besetzung von Markt- und Machtpositionen geht.

Der Konzern verdient – ebenso wie seine Konkurrenten – nicht mehr gut. Ron Sommer setzt den unternehmerischen Akzent auf Mobilfunk, und tatsächlich konnte die Kundenzahl von T-Mobil auf etwa 20 Millionen fast verdoppelt werden, wobei aber D 2 von Vodafone weiterhin Marktführer blieb. Dennoch kam 1999 fast die

Hälfte des Umsatzes aus Einnahmen des Festnetzes – die Tendenz dieser Einnahmen ist jedoch sinkend. Zur unbefriedigenden wirtschaftlichen Lage tragen neben der Schwäche des Geschäftsbereiches Telefon unternehmerische Fehler bei. Es war die persönliche Entscheidung von Sommer, gegen den Rat von Manager-Kollegen bei T-Online eine «Flatrate» einzuführen: Für 79 DM konnten Kunden unbegrenzt im World Wide Web surfen – was gut angenommen wurde, aber eine Verstopfung der Netzkapazitäten zur Folge hatte. Vom Marketing her gedacht war die «Flatrate» eine richtige Idee, unter technisch-kaufmännischer Sichtweise musste sie jedoch schleunigst wieder abgeschafft werden.

Schwerwiegender wirken noch Zeitschätzungen für technische Entwicklungen und ihre Kundenakzeptanz, die sich – wie in der Branche üblich – als irrig erweisen. Das gilt absehbar insbesondere für die Schätzung, wann Gewinne aus dem neuen UMTS-Geschäft anfallen werden; denn die Technik ist heute noch nicht einführungsreif.

Einstweilen lassen sich solche Probleme noch mit Verkäufen des «Tafelsilbers» bemänteln. Der Überschuss von 11,5 Milliarden DM für das Jahr 2000 folgte aus dem Verkauf von Anteilen an Kabelgesellschaften, Beteiligungen an Telefongesellschaften und dem Börsengang von T-Online. Tatsächlich wurde aus dem laufenden Geschäft bei einem Umsatz von 80 Milliarden DM ein Verlust eingefahren, der durch die erwähnten Sondereinnahmen von 21,3 Milliarden DM mehr als ausgeglichen werden konnte. Auch 2001 stehen Kabelgesellschaften, Anteile an Unternehmen und vor allem Immobilien für insgesamt etwa 37 Milliarden DM zum Verkauf, um weitere Verluste aufzufangen.

Analysten stimmen in ihrer Einschätzung überein, dass sich gegenwärtig der Mobilfunk-Markt nicht rechnet; uneinig sind sie sich darüber, ob in zehn oder erst in zwanzig Jahren zwei bis drei Gesellschaften dann gute Gewinne machen werden. Genau weiß man das aber nicht, weil die Betreiber selbst nicht wissen, was sie alles über Handys an Diensten anbieten sollen. In der Branche wird von der «Killer-Anwendung» gesprochen, mit der ein Durchbruch zur massenhaften Nutzung über täglich viele Stunden zum Standard wird.[632] Was das ist, wisse gegenwärtig keiner, aber das sei auch bei anderen neuen Technologien früher nicht anders gewesen, heißt es bei den Analysten.[633]

▷ Lehre 4: Ein ganzer Zweig der New Economy wird vom Kindervertrauen in den Wert von Spielzeugeisenbahnen beherrscht.

### Thyssen und Krupp: Die feindlichen Brüder

Im Jahr 1997 hat es in der Bundesrepublik den ersten großen Versuch einer «feindlichen Übernahme» (Übernahme gegen den Willen des Übernommenen) gegeben: Die kleinere Krupp-Hoesch AG wollte den Thyssen-Konzern übernehmen. Vorausgegangen war die geglückte Übernahme der größeren Hoesch AG durch die kleinere Krupp-Stahl. Gestalter dieser Fusionen war der Vorstandsvorsitzende von Krupp, Gerhard Cromme, für den diese Zusammenschlüsse nur Etappen auf dem Weg zu einem riesigen internationalen Konzern sein sollten.

Durchsetzungsfähigkeit hatte Cromme in einer ersten Sanierung von Krupp-Stahl gezeigt, als er das als «heilige Kuh» der Kruppianer geltende Stahlwerk Rheinhausen schloss. Lokal löste das einen Aufstand der Belegschaft aus – komplett mit Eierwürfen und der Blockade einer Rheinbrücke! Die Standfestigkeit des sportlich-drahtigen Cromme beeindruckte die graue Eminenz der Krupp-Kultur, den Vorsitzenden der Krupp-Stiftung, Berthold Beitz, der von nun an als Mentor für Cromme wirkte. Eine Übernahme von Thyssen konnte zudem Beitz aus Eigeninteresse gefallen, weil dessen Krupp-Stiftung der mit Abstand einflussreichste Aktionär des verschmolzenen Konzerns sein würde – und das ohne jeglichen eigenen finanziellen Aufwand.

Bereits im Frühjahr 1997 hatte der Aufsichtsratsvorsitzende von Thyssen, Heinz Kriwet, vom damaligen NRW-Finanzminister Heinz Schleußer vertraulich erfahren, dass der Versuch einer feindlichen Übernahme bevorstand. Die wirtschaftliche Wünschbarkeit eines größeren Konzerns sah Kriwet durchaus, aber nicht um den Preis eines Verlustes der Thyssen-Kultur.

Die Mehrheit der Aktien der Thyssen AG befand sich im Streubesitz. Hierin sahen einige Großbanken die Möglichkeit, eine feindliche Übernahme durch Aufkauf einer Mehrheit zu organisieren. Als Überraschungscoup konnte dies jetzt nicht mehr verwirklicht werden. Auf eine sich hinziehende feindliche Übernahme war die deutsche Öffentlichkeit jedoch nicht vorbereitet, und so kam es zu einem Sturm der Entrüstung. Hinzu traten Irritationen. So saß Deutschbankier Ulrich Cartellieri für das mächtige Finanzhaus zugleich im Aufsichtsrat beider Unternehmen: beim Angreifer wie auch beim Attackierten.

Im März 1996 war der charismatisch wirkende Manager Dieter Vogel Vorstandsvorsitzender von Thyssen geworden (in der Nachfolge von Heinz Kriwet). Und der sah nicht, wie die beiden Konzerne, die im Ruhrrevier jahrzehntelang heftige Konkurrenten gewesen waren, ob ihrer unterschiedlichen Unternehmenskultur fusionieren könnten.

Die feindliche Übernahme wurde vor allem angesichts der öffentlichen Empörung und des Widerstandes der Belegschaften beider Betriebe abgebrochen. Nachdem sich NRW-Ministerpräsident Johannes Rau als Vermittler eingeschaltet hatte, einigten sich Vogel und Cromme überraschend schnell auf das Zusammenlegen bloß der Stahl-Aktivitäten beider Konzerne. Die Führung dieser neuen Thyssen Krupp Stahl AG, an der die Mutterkonzerne im Verhältnis 60 zu 40 Prozent beteiligt waren, übernahm Stahlspezialist und Thyssen-Manager Ekkehard Schulz.

Damit war dem nach rein wirtschaftlichen Kriterien vordringlichen Bedarf an Gemeinschaftshandeln Genüge getan – nicht aber den Visionen von Beitz und Kriwet, durch Verschmelzung Deutschlands fünftgrößten Industriekonzern zu schaffen. Kriwet war zwar Verbündeter von Vogel im Widerstand gegen die feindliche Übernahme gewesen, nicht aber als grundsätzlicher Gegner einer Fusion der beiden Konzerne, sondern als Erhalter einer Thyssen-Identität. So wurde zwischen Cromme und Kriwet nach Gründung der Thyssen Krupp Stahl AG weiterverhandelt.

Zu diesem Zeitpunkt hatte der Erfolgsmanager Dieter Vogel bereits nicht mehr genügend Rückhalt in der Konzernführung von

Thyssen, um diese Entwicklung abzublocken. Er hatte einen neuen Chef der Thyssen Handelsunion (THU) vorgeschlagen, der sich als böser Fehlgriff erwies; denn Vogels Kandidat musste später wegen finanzieller Unregelmäßigkeiten gehen. Vogel selbst und zehn Manager der THU wurden 1997 in Berlin angeklagt, bei der Abwicklung der DDR Metallurgiehandel 73 Millionen DM zugunsten der THU veruntreut zu haben. Im Dezember 1998 wurde das Verfahren gegen eine von Thyssen gezahlte Buße in Höhe von zehn Millionen DM eingestellt. Von 1996 bis Januar 1998 gab es einen gültigen Haftbefehl gegen Vogel, der lediglich gegen eine Kaution von 2,5 Millionen DM ausgesetzt war. Da half auch nicht, dass Vogel mit 3,34 Milliarden DM den Gewinn von Thyssen für 1997 auf eine vorher nie erreichte Höhe gesteigert hatte. Auf der Hauptversammlung am 30. April 1998 verließ Vogel unter stehenden Ovationen der Aktionäre den Konzern.[634] Anschließend machte er weiter Karriere, indem er zum Aufsichtsratsvorsitzenden der Deutschen Bahn AG bestimmt wurde.

Kriwet hatte zwischenzeitlich mit Cromme ein kompliziertes Personalpaket für eine fusionierte Thyssen Krupp AG ausgehandelt. Ekkehard Schulz und Gerhard Cromme sollten den neuen Konzern als gleichberechtigte Doppelspitze leiten. Dem Vorstand gehörten in der Folge neun Personen an; Aufsichtsratsvorsitzender wurde Heinz Kriwet; der Aufsichtsrat erhielt ein Präsidium und arbeitete mit Ausschüssen; und für alle Gremien, auch für die nachgeordneten Leitungsebenen, galt ein strikter Personalproporz von zwei Vertretern aus dem Hause Thyssen zu einem Kruppianer. Es kam dann, wie es kommen musste: Solches Festschreiben von Proporz zementierte die Gräben zwischen Kruppianern und Mitarbeitern aus dem Hause Thyssen nur.

Unternehmerisch war das neue Gebilde nicht sonderlich erfolgreich. Der geplante Börsengang musste vertagt werden, der Kauf der Automobilzuliefer- und Maschinenbauunternehmen von Mannesmann scheiterte an einem Mitbieter, und die nachhaltig angestrebte Eingliederung des französischen Stahlproduzenten Usinor zerschlug sich. Stattdessen fusionierte Usinor mit Aceralia und der luxemburgischen Arbed zur größten Stahlfirma der Welt – für

Thyssen Krupp wohl ein GAU, der schlimmstmögliche Fall. Die vom Vorstand angekündigte Erhöhung des Gewinns musste für das Jahr 2001 durch die Absicht ersetzt werden, das Vorjahresergebnis halten zu wollen.[635] Und der Kurs der Aktie dümpelte erheblich unter den Werten vor der Vereinigung der beiden Konzerne.

Schuld an dieser unbefriedigenden Situation sei die von Heinz Kriwet festgezurrte Proporz-Struktur, behaupteten die vornehmlich dem Krupp-Bündnis zuzurechnenden Gruppierungen: Krupp-Stiftung, Vertreter des Staates Iran, Friedel Neuber von der WestLB. Mit Unterstützung der freien Aktionäre, die 57,99 Prozent der Anteile halten, verlangten sie die Aufgabe der Doppelspitze, den Rücktritt von Heinz Kriwet vom Vorsitz des Aufsichtsrates und die Umstrukturierung von Aufsichtsrat und Vorstand. Kriwet wurde angedroht, ihm bei Ablehnung der Forderungen die Entlastung zu verweigern.[636] Die Forderungen und Drohungen waren in einer Geheimsitzung in der Krupp-Stiftung vereinbart worden. Mit großer Spannung sah die interessierte Öffentlichkeit hiernach der Hauptversammlung am 1. März 2001 entgegen. Über 5000 Aktionäre und hunderte Journalisten waren in der Erwartung eines «Events» gekommen, aber es wurde dann doch nur eine sehr lange Sitzung mit vielen erfolglosen Einzelanträgen von Kleinaktionären.

In einer Nachtsitzung vor der Hauptversammlung hatte Kriwet zum großen Teil nachgegeben: Er übergab den Vorsitz im Aufsichtsrat an Cromme (Krupp-Fraktion), dafür schied aus dem Aufsichtsrat Kersten von Schenck (Krupp-Fraktion) aus; Vorstandsvorsitzender wurde Schulz (Thyssen-Fraktion). Das Kleingedruckte der Vereinbarung las sich wie ein Garantieschein, dass die Grabenkämpfe weitergehen: Friedel Neuber (Krupp-Fraktion) schied aus den wichtigen Ausschüssen und dem Präsidium des Aufsichtsrates ebenso aus wie Kriwet (Thyssen-Fraktion); beide blieben im Aufsichtsrat, der inhaltlich jedoch von den Ausschüssen bestimmt wird. Entscheidungszentrum des Aufsichtsrats wurde das Duo Gerhard Cromme (Krupp-Fraktion) und Karl-Hermann Baumann (Aufsichtsratsvorsitzender von Siemens, Thyssen-Fraktion).[637] Das ist gewiss überwiegend eine Niederlage für Heinz Kriwet nur zwei Jahre nach seinem Versuch, durch Proporzregeln die Verhältnisse zugunsten von Thyssen festzuschreiben. Dennoch bleibt viel Raum für weitere Machtkämpfe; denn wichtige Entscheidungen wie Geschäftsverteilungspläne und die Verkleinerung des Vorstandes wurden vertagt.

Der Fall einer erfolgreichen Fusion ist das sicher nicht. Die für solche Zusammenschlüsse immer wieder angeführten Synergie-Effekte – eine äußerst schwammige Beschwörungsformel – bleiben zumindest für Außenstehende unauffindbar. Das Betriebsergebnis scheint allerdings gehalten zu werden – was für viele Fusionen nicht zutrifft. Zusammengewachsen sind die Einheiten nicht – eher im Gegenteil. Warum dann die Fusion? Vielleicht hat sie als Lehrstück den Nutzen, die Bereitschaft von Spitzenmanagern zu kräftezehrenden Machtspielen deutlich werden zu lassen. Darüber hinaus zeigt das Beispiel die Zählebigkeit von Unternehmenskulturen. Dabei sind diese ja keineswegs nur nachteilig, ja können vielmehr die Voraussetzung für die Führbarkeit von Wirtschaftseinheiten sein.

Dieter Vogel und Gerhard Cromme gelten nach wie vor als besonders begabte Manager. Die hier geschilderten wirren Vorgänge sind in der Tat nicht so sehr ihnen anzulasten, sondern eher ihrem personellen Umfeld und einer spezifischen Problemkonstellation von Fusionen, die nur bedingt steuerbar ist. Deutlich wird aber, dass selbst respektierte Manager nur in begrenztem Maße durchsetzen können, was wirtschaftlich vernünftig ist. In diesem Beispiel: Dieter Vogel hatte Recht, als er keinen betriebswirtschaftlichen Grund sah, warum Thyssen seine Selbständigkeit aufgeben sollte. Und Cromme hatte Recht, als er dann das Festschreiben von Quoten und das Beharren auf Unterschieden in der Unternehmenskultur als Widerspruch zu den wirtschaftlichen Erfordernissen einer Fusion wertete.

## VW: Ein Autonarr auf Markenjagd

Die Automobilbranche gilt als ein international besonders vorzeigbarer Teil der deutschen Wirtschaft. Die Erfolge sind gewiss herausragend, aber dennoch gehören die großen Autokonzerne in eine Betrachtung von Fehlentwicklungen als Folge von waghalsigem Handeln. Alle großen Konzerne gerieten irgendwann, insbesondere in jüngerer Zeit, in Schieflagen bis an den Rand von Pleiten. Im Folgenden geht es um Vorgänge, für die «Persönliches» von Managern zumindest ein Teil der Erklärung ist. Dass alle diese Konzerne überlebten, darf als Beleg gelten, wie viel bei Großkonzernen schief laufen kann, ohne die Folgen zu haben, die für mittelständische Betriebe üblich sind: öffentliche Pleiten.

Es ist heute schon fast vergessen, dass der Weltkonzern VW vor seinem Aufstieg nach 1972 schon einmal an den Rand einer Pleite geraten war. 1972 war der Käfer zum meistverkauften Auto aller Zeiten geworden, aber dennoch nahmen gleichzeitig die Turbulenzen im Management zu. Zwischen dem Vorstandsmitglied des VW-Werks, Carl H. Hahn, und dem damaligen VW-Chef Rudolf Leiding gab es unüberbrückbare Meinungsverschiedenheiten über die Stellung der Audi AG innerhalb des VW-Konzerns. Ferner zeichnete sich ab, dass der als neues Rückgrat des VW-Angebots entworfene K 70 kein Verkaufserfolg sein würde. Ende 1972 wechselte Hahn dann auf den Vorstandsvorsitz der Reifenfirma Continental AG. Volkswagen wurde aber gerettet, nachdem der K-70-Flop durch ein etwas modifiziertes Modell der Tochter Audi ersetzt wurde, das unter dem Namen «Golf» ein Renner wurde – nur noch vergleichbar mit dem früheren Erfolg des Käfers.

Gerade diese Rettung machte eine Schwachstelle des Konzerns deutlich, die durch gute Verkaufserlöse meist verdeckt geblieben war: Die Produktionskosten waren zu hoch. Das wiederum war eine strukturelle Folge der langen Existenz des VW-Werks als Staatsbetrieb. Durch die ungewöhnlich starke Stellung der IG Metall im Konzern genoss die Belegschaft nicht länger zu rechtfertigende Privilegien, und die Fehlzeiten waren hoch. Als einziger Besitzer eines Aktienpakets (etwas über 80 Prozent der Aktien sind im Streubesitz) nahm (und nimmt) die Regierung des Landes Niedersachsen eine überragende Stellung ein, aus der politisierte Entscheidungen folgen. Es fehlte bei ungenügendem Absatz an Polstern, um eine Verkaufsdelle auszusitzen. Bis zum – späteren – Auftritt von José Ignacio López änderte das Management hieran im Grundsatz nichts.

1981 musste der Vorstandsvorsitzende Toni Schmücker sein Amt aus Gesundheitsgründen niederlegen, und überraschend wurde Carl H. Hahn zurückgeholt, nun als Vorsitzender. Inzwischen hatte sich VW zum Weltkonzern entwickelt, in dieser ersten Phase der Expansion durch Gründung von Töchtern in den USA, Mexiko, Südamerika und Kanada. Der Beginn der Ära Hahn fiel zusammen mit einer Abschwächung der Auto-Konjunktur. Bei VW bedeutete dies, dass 1983 trotz einer Umsatzsteigerung von 7,1 Prozent ein Verlust von 300 Millionen DM entstand. Da beendete Hahn die damals modische Politik, auf vielen Hochzeiten zu tanzen («Diversifizierung»); Beteiligungen wie etwa die an der Büromaschinenfirma Triumph-Adler wurden aufgegeben, und der Konzern konzentrierte sich auf Neuerungen im Automobilbau.

Die internationale Expansion wurde fortgesetzt. Die Übernahme der Mehrheit bei der spanischen SEAT war ein besonders wichtiger Schritt. Seit dieser Übernahme 1986 wird der Konzern mit drei selbständigen «Bereichen» («divisions») geführt – in Anlehnung an ein Organisationsprinzip von General Motors: Audi für das obere Preissegment, VW für das mittlere und SEAT für das untere Segment preiswerter Kleinwagen. Bereits 1985 hatte VW mit einer Joint-Venture-Gesellschaft in Shanghai mit der Produktion des Santana begonnen. Heute hat dieses in Europa wenig erfolgreiche Modell in China einen Anteil von ca. 50 Prozent eines allerdings noch beschränkten Marktes. Im Jahr 2000 überschritt der Weltumsatz von VW erstmalig 50 Milliarden DM.

Zur gleichen Zeit spielten sich im Devisenhandel des Konzerns umfangreiche Betrügereien ab, die Anfang 1987 zu eingestandenen Verlusten von 470 Millionen DM führten. Finanzvorstand Rolf Selowsky musste gehen, aber das beseitigte keineswegs die Zweifel an der Qualität des Kontrollsystems. Zeitlich parallel kam es in der VW-Produktion in Westmoreland/Pennsylvania zu Verlusten in dreistelliger Millionenhöhe. Angesichts der hohen Erwartungen, die gerade mit dieser Produktionsstätte verbunden waren, bedeutete es einen erheblichen Image-Verlust, dass dieses Werk aufgegeben werden musste. Die fast eine Milliarde an Verlusten hinderte jedoch VW nicht daran, den Vertrag für Hahn zu verlängern.

1991 übernahm der Konzern als vierte Marke die tschechischen Škoda-Werke. Außerdem ließ Hahn die VW-Produktion in verschiedenen weiteren ehemals sozialistischen Ländern aufnehmen. Als neue Tochter entstand nach dem Fall der Mauer die «Volkswagen Sachsen». Bereits im Jahr des Mauerfalls hatte VW mit seinem Jahresüberschuss die Milliardengrenze überschritten. Der Konzern rückte damit im Umsatz von Platz fünf in Europa auf Platz eins vor. Dies und das Umstrukturieren des Konzerns in Bereiche («Divisionalisierung») sowie die Internationalisierung von Produktion und Absatz sind zweifellos Managementleistungen von Hahn. Geblieben war allerdings die ungünstige Kostenstruktur, die auch bei sprunghaftem Anstieg des Umsatzes nur eine Netto-Umsatzrendite von rund einem Prozent zuließ. So geriet der Konzern wieder in eine Klemme, als sich weltweit die Autokonjunktur Anfang der neunziger Jahre abschwächte. Wie in solchen Fällen in Deutschland nicht unüblich, gab Hahn Ende 1992 den Vorstandsvorsitz ab und wechselte in den Aufsichtsrat über.

Vorstandsvorsitzender des VW-Konzerns ist seither Ferdinand Piëch, ein Enkel des Käfer-Erfinders Ferdinand Porsche. Dieser hatte zwei Kinder, Ferdinand («Ferry») Porsche und Louise Piëch, geborene Porsche, die jeweils den eigenen Zweig einer beginnenden Dynastie begründeten. Ferry Porsche entwickelte die Produktionsfirma Porsche und schuf die bekannten Sportwagen. Heute sind in dieser Firma die Vettern von Ferdinand Piëch maßgeblich, Ferdinand Alexander Porsche und Wolfgang Porsche. Louise Porsche hatte den Anwalt und späteren VW-Hauptgeschäftsführer Anton Piëch geheiratet. Nach dem Krieg organisierte sie in Österreich den Mischkonzern «Porsche Holding», der mit einem Umsatz von ca. sieben Milliarden DM eines der größten Wirtschaftsunternehmen Österreichs wurde, aber mit Autobau nichts zu tun hat.

Autos bauen aber war die Leidenschaft von Ferdinand Piëch. So fing er nach seinem Ingenieurstudium ganz unten in der Porsche KG an und brachte es bei Ferry Porsche bis zum Technischen Geschäftsführer. Ein weiterer Aufstieg wurde ihm jedoch verwehrt, weil er – so Ferdinand Piëch – zum falschen Zweig der Familie gehörte. Jedenfalls wurde er im Clan auch als zu ruppig befunden. 1971 machte sich Piëch deshalb mit seinem Privatvermögen von geschätzten fünf Milliarden DM selbständig. Bereits 1972 war Piëch jedoch wieder beim Autobau, dieses Mal in der Audi AG, wo er nach 16 Jahren doch noch Chef wurde – nach Überwinden vieler Widerstände, wie er betont. Die «Gegenfamilie» (so Wolfgang Porsche) war wohl nicht förderlich.[638] Aufgrund dieser Laufbahn war Piëch auf seine neue Stellung zugleich sehr gut und eingeschränkt vorbereitet: sehr gut als Kenner des Konzerns und als Fachmann für Autos der Spitzenklasse, aber damit auch eingeschränkt im Verständnis von Produktion für Massenmärkte.

Piëch begann spektakulär, indem er den damaligen Einkaufschef von Opel, José Ignacio López, für Volkswagen abwarb. Opel und auch die Mutterfirma General Motors warfen López vor, er habe schon ein Jahr früher vertrauliche Firmenpapiere an VW weitergegeben und hätte zudem als Geheimnisträger nicht unmittelbar zu einem Konkurrenten wechseln dürfen – was nach dem deutschen Handelsgesetzbuch im Prinzip auch zutrifft. Indessen wurde López nicht als Einkaufschef, sondern als Kostenkiller abgeworben. In dieser Eigenschaft erzwang er wichtige Änderungen bei VW, bevor er 1996 wieder ausschied. Inzwischen hatte General Motors in Detroit wegen López eine Zivilklage eingereicht, die VW mit einem Vergleich beenden konnte: 100 Millionen Dollar in bar und die Zusage, für eine Milliarde Dollar Autoteile von GM zu kaufen.

Dennoch dürfte sich der López-Krimi für VW und Piëch gelohnt haben, weil der Konzern mit dem Abschluss für 1994 «erstmals seit Beginn des Jahrzehnts eine existenzgefährdende Kostendynamik gestoppt» hatte.[639] Der Sturz der VW-Stammaktien konnte abgebremst und der Anteil der Herstellungskosten am Umsatz von 92,9 auf 90,9 Prozent gesenkt werden. Noch einige Monate zuvor war im Stammwerk Wolfsburg selbst bei Volllast keine einzige Mark Gewinn erwirtschaftet worden; 1995 aber lag nach Piëch die Gewinnschwelle bereits bei 73 Prozent Kapazitätsauslastung. Piëch hat mit seiner aggressiven Art, die ihm von der *Financial Times* das Etikett «Rottweiler der Autoindustrie» eintrug, Nachlässigkeiten im alltäglichen Arbeitsvollzug zurückfahren können. In einem späteren Interview erinnert er sich: «Wenn sich früher jemand im Werk in einen Finger der rechten Hand geschnitten hatte, ging er ‹draußen› zu einem Arzt, der ihn erst einmal krankschrieb, obwohl wir durchaus Tätigkeiten für seine linke Hand gehabt hätten. Heute geht er zur Sanitätsstation.» López habe am Fließband beobachtet, dass die Greifplätze für Einzelteile viel zu weit entfernt waren: Man habe dies geändert, die Mitarbeiter müssten sich nur mehr umdrehen und nicht auch bücken. Heute baue man in der kürzeren Arbeitszeit von 28,8 Stunden so viele Autos wie früher in 38 Stunden.[640]

Der wichtigste Grund, warum sich die Ertragslage bei Volkswagen drastisch verbesserte, ist aber ein hoher Grad der Flexibilisierung von Arbeitszeiten, die zwischen VW und der IG Metall vereinbart werden konnte. Damals waren bereits 20000 Beschäftigte entlassen worden, und ohne solche Vereinbarungen hätte es wohl 30000 weitere Entlassungen gegeben (was Börsenanalysten übrigens den Vereinbarungen vorgezogen hätten; wg. Kursbewegungen). Unter diesen Umständen stimmte die IG Metall einem Teilzeitmodell für 100000 Arbeitnehmer im Inland zu, die nur noch vier Tage die Woche Arbeit hatten = 28,8 Wochenstunden; bei Überstunden sind 38 Stunden die Woche die Obergrenze. Die Überstunden konnten in «Zeitwertpapieren» angelegt werden: Diese ließen sich umtauschen in Freizeit oder Vorruhestand. Nach weiterer Flexibilisierung, die eine Sechs-Tage-Woche mit Samstagsarbeit einschließt, gibt es jetzt bei VW rund hundert verschiedene Arbeitszeitmodelle. Das ist zweifellos ein Riesenschritt, um die verfügbare Arbeit an die erforderliche Arbeitsmenge anzupassen.

Konsequent soll bei Volkswagen heute das «Plattform-Prinzip» umgesetzt werden. Das bedeutet, dass bei aller Vielfalt im Endzustand der Autos diese in ihren Rohausstattungen wie den Bodenplatten in nur einigen wenigen Alternativen entstehen. Im gesamten VW-Konzern sollen 90 Prozent der Autos mit nur vier «Basisplattformen» gebaut werden. Konsequent soll auch das Just-in-time-Prinzip umgesetzt werden, um Lager und Lieferzeiten zu vermeiden. All dies entspricht heutigen Managementprinzipien, und wenn sich im Konzern Fragwürdigkeiten hinsichtlich des Managements ergeben, dann wegen des Widerspruchs zwischen dem Engagement bei Luxusmarken und den zeitgemäßen Grundsätzen für preiswerte Massenfertigung.

Allerdings bringt der Eindruck, der Führungsstil von Piëch sei reichlich hemdsärmelig, ihm immer wieder Probleme. Und im Laufe der Jahre wurden irrationale Antriebskräfte bei Piëch immer bestimmender für sein Handeln. Offensichtlich ist es sein Ehrgeiz, mit dem Konzern Autogeschichte zu schreiben. Von Piëch wird der Ausspruch kolportiert: «Ich will aufs Treppchen – und das möglichst schnell.» Zum einen soll sich das in der Größe des Konzerns ausdrücken. Weltweit Nummer eins ist ziemlich uneinholbar General Motors, Nummer zwei auch mit Abstand Ford vor dem nächsten Rang, aber gemessen an den Absatzzahlen liegen im Wettkampf um Platz drei Toyota und VW eng beieinander. Dabei gerät wohl außer Sicht, dass bei VW nicht so sehr der Absatz, sondern die Kosten das Bedrohungsszenario bestimmen.

Zum anderen will Piëch in die Autogeschichte mit der Wiederbelebung oder dem Auffrischen von Edelmarken eingehen. Einer seiner größten persönlichen Flops war der Versuch, Rolls-Royce zu erwerben, obgleich sich vordem schon Ford mit Milliarden an dieser Firma verhoben hatte. Drei Monate dauerte hier ein Konkurrenzkampf zwischen BMW und VW, bis dann VW von den Vickers-Aktionären Rolls-Royce und die weitere englische Edelmarke Bentley für 1,44 Milliarden DM kaufen konnte. Erst nach dem Kaufabschluss lernte Piëch, dass er eine zunächst nicht mehr arbeitsfähige Produktionsstätte erworben hatte, denn sofort nach dem Abschluss kündigte BMW alle Lieferungen von Motoren und

Elektronik an seinen bisherigen englischen Partner. Vor allem erfuhr Piëch erst jetzt, dass die Namensrechte an Rolls-Royce durch BMW kontrolliert wurden. Der bayerische Konkurrent, damals vertreten durch Bernd Pischetsrieder, erlaubte dann doch für eine Übergangszeit von vier Jahren die Namensverwendung, was aber von rein theoretischem Nutzen bleiben dürfte. Dagegen plant BMW bereits den Bau einer eigenen Rolls-Royce-Motor-Car-Fertigung. Der VW-Konzern dürfte somit seine 1,44 Milliarden DM weitgehend abschreiben müssen.

1998 erwarb VW auch die Rechte an der bis dahin toten Edelmarke Bugatti, an die sich Menschen der Jahrgänge 1930 und älter vielleicht noch erinnern können. Etwa 1,5 Millionen DM das Stück soll der wiederbelebte Bugatti einmal kosten, vor allem aber 18 Zylinder haben. Unter Autospezialisten erzählt man sich, weniger ginge nicht: denn Großvater Ferdinand Porsche habe einen Wagen mit 16 Zylindern gehabt.[641] Gleichfalls 1998 kaufte Audi den italienischen Sportwagenhersteller Lamborghini für nur 200 Millionen DM. Die Krönung dessen, was in den Medien Piëchs Egotrip genannt wurde, wäre die Wiederbelebung der Marke «Horch». Die war in den zwanziger Jahren in Deutschland die absolute Edelmarke des genialen Autobauers Horch, der für seine weniger edlen Produkte den Imperativ von «horchen», nämlich Audi, gewählt hatte.

Ford hatte einmal die britische Edelmarke Jaguar für 4,8 Milliarden DM übernommen und dazu auch noch die Rechte an Daimler erworben. Erst nach weiteren Investitionen von zehn Milliarden DM könnte sich der Kauf rechnen. Zuvor hatte General Motors sein Engagement beim englischen Sportwagen Lotus ebenso wie Chrysler die erworbene Marke Lamborghini bald wieder aufgegeben. Verständlich, dass Analysten beim Bewerten der VW-Aktien nervös wurden. Tatsächlich war im Sommer 2000 der Kurs der VW-Aktie mit damals 44 Euro vom erklärten Ziel 100 Euro weit entfernt. Auf der Hauptversammlung des Jahres 2000 wurde gewarnt, mit einer Marktkapitalisierung von 18 Milliarden Euro für den gesamten Konzern sei dieser selbst im Vergleich zu dem damals angeschlagenen Unternehmen BMW mit 20 Milliarden Euro ein Übernahmekandidat. Die VW-Leitung streute das Gerücht, zur Kurspflege werde man stille Reserven in Höhe von zehn Milliarden DM auflösen. Insider glauben, dass es diese Reserven tatsächlich gibt, dass es aber eben die Aussicht auf solch reiche Beute ist, die zu dem Raubzug einer feindlichen Übernahme geradezu einlädt.

Dazu dürfte es nicht kommen, denn hier sind der Stimmenblock des Landes Niedersachsen und der Streubesitz ziemlich wirksame Hindernisse. Aber warum lässt Piëch es zu einer solchen Diskussion überhaupt kommen? Und schon gibt es weitere Rätsel. Im Sommer 2000 eröffnete Piëch, flankiert von Gerhard Schröder und Sigmar Gabriel, vor 1200 geladenen Gästen die «Autostadt» in Wolfsburg. Sie ist eine Mischung aus Kundenzentrum und Erlebniswelt, die ausdrücken soll, dass Volkswagen sich zu einem modernen Dienstleistungsunternehmen entwickelt. 25 Hektar des Werksgeländes wurden in zwei Jahren mit einer Investition von 850 Millionen DM architektonisch aufwendig gestaltet; eine Million Besucher jährlich werden erwartet, woraus sich ein unglaublicher Pro-Kopf-Betrag errechnet. Und schon macht die nächste wundersame Kunde die Runde: Piëch wünscht sich als zukünftigen Chef von VW den Hauptverantwortlichen für die Riesenverluste bei BMW, Bernd Pischetsrieder. Ausgerechnet dieser hatte ihn ja bei der Rolls-Royce-Pleite ausgetrickst. Ganz clevere Piëch-Astrologen meinen: Eben deshalb!

## BMW: Szenen einer teuren Kurzehe

Mindestens neun Milliarden, wahrscheinlich zehn Milliarden DM, hat BMW die Kurzehe mit dem englischen Rover-Konzern gekostet – der teuerste Flop einer deutschen Privatfirma seit Kriegsende. Verständlich wird Bernd Pischetsrieders Entscheidung, 1994 die Rover Group Holding zu kaufen, allerdings zum Teil aus den damaligen Zeitumständen.

Nach der Wiedervereinigung begann eine rasche Internationalisierung der deutschen Wirtschaft, nicht nur wie zuvor im Absatz, sondern darüber hinaus auch in der Präsenz von Betrieben; wir verwiesen bereits darauf. Das konnte selbstverständlich unterschiedliche Formen haben: Vertriebsgesellschaften im Ausland, Gründung von eigenen Produktionsstätten in anderen Ländern oder Kauf ausländischer Firmen. Auch BMW hatte mit dieser Internationalisierung der Erzeugung – nach der Internationalisierung des Absatzes – 1991 begonnen, als das Unternehmen gemeinsam mit Rolls-Royce Flugzeugmotorenbau (nicht identisch mit Rolls-Royce Automobile) eine Produktionsstätte für Flugzeugtriebwerke gründete. Das geschah noch während der Amtszeit des «ewigen» Vorstandsvorsitzenden Eberhard von Kuenheim (1969–1993), unter dessen Leitung BMW zur – gemessen am Umsatz – profitabelsten Autofirma der Welt wurde. 1993 wechselte von Kuenheim altersbedingt in den Aufsichtsratsvorsitz über, nachdem er sich jenen Bernd Pischetsrieder, der nach einer erfolgreichen Mission in Südafrika zu seinem Zuarbeiter geworden war, als Nachfolger ausgesucht hatte.

Als der «neue Besen» sein Ziel nannte, die Entwicklung von BMW als bayerischer Autoschmiede zur Weltfirma, gab er nur das aktuelle Weltverständnis auf der Leitungsebene deutscher Großunternehmen wieder: Es galt, zu den «Global Players» aufzuschließen. In den Medien wurde dann der Erwerb der Rover Group Holding für lediglich 2,25 Milliarden DM als unternehmenspolitisches Meisterstück nicht nur gelobt, sondern sogar gefeiert. Zusätzlich zu den Rover-Autos für die englische Mittelklasse hatte BMW mit der Rover Group die Palette seines Angebots um erfolgreiche Geländewagen (Land Rover, Range Rover), Kleinwagen (der englische «Mini») und Sportwagen («MG») erweitert. Allerdings waren dies durchweg Produkte, für die BMW als Spezialist für «das gehobene Segment» von Autos nicht auf eigene Kompetenzen zurückgreifen konnte. Das tat dem euphorischen Medienecho keinen Abbruch. «Längst reiht der Neue (Pischetsrieder) Perle an Perle auf eine strahlende Erfolgskette. Die Akquisition von Rover und die Motorenlieferung an Rolls-Royce, das Werk in Amerika (Spartanburg/USA), Vormarsch in Asien (u.a. Rayong/Thailand) – der Oberbayer als ‹Global Player›», jubelte etwa die *Wirtschaftswo-*

che.[642] Pischetsrieder handelte damals also durchaus im Einklang mit dem Zeitgeist der Großmanager.

Es gab allerdings auch andere Wertungen der Akquisition von Rover. Pischetsrieders damaliger Mitvorstand bei BMW, Wolfgang Reitzle, hatte die spätere Entwicklung bei Rover vorausgesagt und bereits 1994 gefordert, dort die Personenwagen-Produktion zu stoppen. Mit den Geländewagen, dem Mini und mit MG-Sportwagen sei dagegen Geld zu verdienen. Reitzles Warnung bewirkte jedoch nur, dass bis zur Entlassung von Pischetsrieder Anfang 2000 und seiner eigenen Demission zur gleichen Zeit, um die Betreuung der Luxusmarken bei Ford zu übernehmen, das Führungsduo von BMW sich gegenseitig blockierte.

Pischetsrieder zog allgemeine Kritik auf sich, weil er vor der Übernahme von Rover allen Arbeitern ihren Job garantierte, was eine Sanierung sehr erschweren musste. Andererseits erwirtschaftete der BMW-Konzern damals (einschließlich Rover) eine durchaus diskutable Umsatzrendite von 3,2 Prozent vor Steuern.

In keinem der sechs Jahre indessen, welche die Rover Group zum BMW-Konzern gehörte, wurde in England Geld verdient. Pischetsrieder konnte dieses Problem wohl nur so lange Zeit aussitzen, weil er in Deutschland mit Flexibilisierungsprogrammen für Arbeitszeiten erfolgreich war. Den Akkordlohn hatte er abgeschafft, es gab auch bei BMW Arbeitszeitkonten, und im Fertigungsbereich arbeitete etwa die Hälfte der Belegschaft. Solche Flexibilisierungen waren zwar in den neunziger Jahren im Autobau nichts Ungewöhnliches mehr, immerhin gehörte aber BMW mit zu den Flexibleren. Parallel mühte sich in England der als Rover-Chef dorthin entsandte Walter Hasselkus um Rationalisierungen nach deutscher Art. Dazu gehörten die Streichung von Zuschlägen für Überstunden, kürzere Wochenarbeitszeiten, Samstagsarbeit und allgemein eine bessere Anpassung der Arbeitszeiten an die Nachfrage. Der Personaldirektor von Rover behauptete, auf diese Weise seien über 400 Millionen DM eingespart worden.[643]

Dennoch musste selbst Pischetsrieder zugeben, dass BMW jährlich fast zwei Milliarden DM in England zugeschossen hatte. Nach Angaben des Gewerkschaftssekretärs Tony Woodley war BMW bereit, allein in das Werk Longbridge fast sieben Milliarden DM zu investieren. Dennoch gab Pischetsrieder schließlich als Ziel vor, ab dem Jahr 2000 mit Rover Gewinn zu machen. Da aber schwächelte die Aktie von BMW, und die gewohnten Gewinne schmolzen hinweg. Pischetsrieder resignierte 1999, obgleich er lange Jahre hindurch von Aufsichtsratschef Eberhard von Kuenheim und der Familie Quandt als wichtigstem Eigner gestützt worden war. Als Nachfolger rückte im Februar 2000 das Vorstandsmitglied Prof. Joachim Milberg in den Vorsitz auf. Milberg musste dann nach mehr als zwei Jahrzehnten erstmals einen Verlust für den Gesamtkonzern BMW von etwa fünf Milliarden DM bekannt geben.

Erklärungsbedürftig ist für Phase 1 des Ablaufs, warum in Wirtschaft und Publizistik auf eine Idee reagiert wurde statt auf eine konkrete Entscheidung und warum aus Pischetsrieder, der bis dahin keine Großtat vorzuweisen hatte, ein Heilsbringer gemacht wurde.

Erklärungsbedürftig ist für Phase 2 des Ablaufs, warum bei einer hausintern keineswegs unumstrittenen Operation die Kontrollinstanzen nicht funktionierten. Galt hier die Maxime: Jetzt haben wir die Kartoffeln bestellt, jetzt werden sie auch gegessen?

Wie so häufig im Leben auch außerhalb der Wirtschaft, folgte dann der Tragödie die Farce, hier der Eiertanz um die Liquidation des Rover-Engagements. Der neue Vorsitzende Joachim Milberg erklärte bei seinem ersten Auftritt vor der Weltöffentlichkeit auf dem Genfer Autosalon am 28. Februar 2000: «Wir werden weiterhin den Weg einer Mehr-Marken-Strategie verfolgen ... Deshalb gibt es für uns auch keinen anderen Weg, als hervorragende Rover-Produkte anzubieten.»[644] Als die Verlässlichkeit dieses Treuebekenntnisses zu Rover zweifelhaft wurde, nachdem Journalisten des *Guardian* bei weiteren Vorstandsmitgliedern von BMW recherchierten, feuerte der neue Vorsitzende über Nacht diese Vorstandskollegen, zuständig für Produktion, Entwicklung und Vertrieb. Einer von ihnen war sogar als neuer Vorsitzender im Gespräch gewesen, und alle drei hatte BMW erst kurz vor der Wahl von Milberg eingestellt. Diese drei hatten schon viel früher mit Nachdruck für den Verkauf von Rover plädiert. Internen Widerspruch soll jedoch

Milberg als Illoyalität gewertet haben, ungeachtet der Begründung. Dabei hatte er selbst sich schon längst für den Ausstieg bei Rover entschieden und gab ihn dann auch nur etwa zwei Wochen später bekannt. Nach der *Financial Times* war damit die Glaubwürdigkeit von Milberg dahin.

Nachdem sich im Vorstand von BMW die Meinung durchgesetzt hatte – umso bemerkenswerter ist das Feuern der drei Spitzenkräfte, die zudem anders als Milberg ausgewiesene Branchenkenner waren –, dass eine Sanierung von Rover unter hohen Aufwendungen eine Durststrecke von rund zehn Jahren bedeutet hätte, wurde mit Käufern verhandelt. Bereits im September 1999 hatte die neu gegründete britische Firma für Wagniskapital Alchemy das Management von BMW wissen lassen, sie sei an Rover interessiert. Über Monate hinweg wurden Einzelheiten besprochen: Abfindungszahlungen an Rover-Mitarbeiter, Ausgleichszahlungen an Rover-Händler, Wertansätze für Autos auf Halde zum Beispiel.

Inzwischen hatte sich ein weiterer Interessent gemeldet, die Investorengruppe Phoenix um den früheren Rover-Chef John Towers. Zunächst gab es jedoch Zweifel, weil der eigenen Firma von Towers finanzielle Schwierigkeiten nachgesagt wurden. In den weiteren Verhandlungen von BMW mit Alchemy waren Irritationen zu überwinden, nachdem die deutsche Seite signalisierte, Land Rover gehöre nicht mehr zum Paket. Aber am 13. März 2000 ließ Milberg Alchemy wissen, sie könne am 16. März das grundsätzliche Einverständnis über den Verkauf von Rover veröffentlichen: Für zwei Milliarden DM würde Alchemy den größten Teil von Rover von BMW übernehmen.

Große Unruhe in England war die Folge dieser Nachricht; denn dort befürchtete man, durch diesen Deal würden bis zu 20 000 Arbeitsplätze wegfallen. Britische Gewerkschaften demonstrierten sogar in München für einen Aufschub der Entscheidung. Dennoch verabredeten beide Parteien die Unterschrift unter den ausgehandelten Vertrag für den 29. April 2000. Da traf am Nachmittag des 28. April in England ein Schreiben von BMW mit Nachforderungen ein. Alchemy sollte für ein Darlehen von BMW an die Rover-Händler in Höhe von 3,2 Milliarden Mark selbst einstehen. Damit war in letzter Minute nach halbjährigen Verhandlungen und einem unterschriftsreifen Vertragstext der Deal geplatzt.*

Es ist bis heute nur in Umrissen erkennbar, was zwischenzeitlich geschah. Jedenfalls hat die britische Innenpolitik eine Rolle gespielt, Hilfeleistung auf Gegenseitigkeit zwischen Tony Blair und Gerhard Schröder sowie die Verflechtung von Staat und Großwirtschaft in Deutschland. Tony Blair stand innenpolitisch unter starkem Druck wegen des Verlustes von Arbeitsplätzen in der Automobilindustrie infolge schlechter Nachrichten: Ford schließt Dagenham, Honda lässt kurzarbeiten, Nissan senkt seine Kosten um 30 Prozent. Da wäre die Entlassung von bis zu 20 000 Arbeitnehmern bei einer Schließung des Rover-Hauptwerks Longbridge, wie das von Alchemy zu erwarten war, sehr nachteilig gewesen. Alchemy hatte immer geplant, Rover auf seine Sportwagen-Marke MG zu konzentrieren und diese vielleicht mit dem Sportwagen Lotus zusammenzuführen. Towers (Phoenix) dagegen wollte Rover erhalten und nur 2000 Arbeitsplätze streichen.

Alchemy-Verhandlungsführer Eric Walters und das Fachblatt *Auto-Newsletters AID* mutmaßen, Blair habe seinen Freund Schröder wissen lassen, wie viel vorteilhafter für ihn ein Abschluss von BMW mit Towers sein würde. Die britischen Gewerkschaften waren eindeutig für Towers, und englische Kredite an Towers mit politischer Rückendeckung stützen die Vermutung einer politisch beeinflussten Entscheidung. Binnen einer Woche nach Platzen des Alchemy-Deals war ein Vertrag mit Phoenix unterschrieben. Dazu Walters: «Allein das Inhaltsverzeichnis unserer Unternehmensprüfung (Due Diligence) ist 200 Seiten stark. Phoenix kann unmöglich den Sachverhalt eingehend geprüft haben.»[645] Das war auch nicht nötig, denn der Vertrag ist eigentlich nur eine Absichtserklärung, die viele Einzelheiten offen lässt. Jedenfalls zahlte Towers an BMW nur symbolische zehn Pfund und erhielt seinerseits von BMW einen Kredit von 1,5 Milliarden DM.

---

* BMW gibt in seinen Darstellungen des Fiaskos Alchemy die Schuld, wobei für uns nicht deutlich ist, welches Interesse Alchemy an dem plötzlichen Scheitern gehabt haben könnte.

Ungeachtet aller Kritik an dem Milberg-Vorstand sei daran erinnert, dass BMW eine sehr gute Entwicklungsabteilung hat, die bei der Antriebsart Wasserstoffmotor und beim Einbau moderner satellitengestützter Navigationssysteme führend sein dürfte. Es gibt Management-Probleme. Auch BMW kann als Exempel gesehen werden, wie viele Fehler ein sehr großer und renommierter Betrieb wegstecken kann. Und das Management um Joachim Milberg als dem neuen Chef zeigt sich lernfähig. Mit dem Verkauf von Rover habe man Abschied genommen von der Politik eines «Vollsortiments», erklärte Milberg Ende März 2001 in München. Von jetzt ab verfolge man (wieder!) eine «kompromisslose Premium-Market-Strategie».

## Opel: Ferngesteuert in die Krise

Am 17. Januar 2001 musste die Adam Opel AG für 2000 einen Verlust von fast einer Milliarde DM bekannt geben. Dabei hatte der Vorstand im Jahr zuvor, als er für 1999 einen Verlust von 275 Millionen DM mitteilte, noch die Rückkehr in die Gewinnzone versprochen. Während einer Amtszeit von nur zwei Jahren waren unter der Leitung des Amerikaners Robert W. Hendry die Verluste der Opel AG immer höher geworden. Dem als Verlust-Stopper nach Deutschland entsandten Hendry gingen allein in der Bundesrepublik 100 000 Kunden verloren. Zum Teil war das die Folge eines groben Planungsfehlers: Opel hatte zu wenig Diesel gebaut, um alle Nachfragen bedienen zu können.

Vor 1939 konnte man in Opel eine deutsche Parallele zu der US-Firma Ford sehen. Opel hatte noch vor 1914 mit einem 4-PS-Fahrzeug, dem «Doktorwagen», für 4000 Reichsmark ein Auto entwickelt, mit dem die allgemeine Motorisierung auch in Deutschland angestoßen wurde. In den zwanziger Jahren gelang mit dem «Laubfrosch» eine Art deutsches T-Modell. 1928 fuhr Fritz von Opel mit einem Auto seiner Firma einen Weltrekord mit 238 km/h. Zu Beginn der Weltwirtschaftskrise war Opel der größte Autohersteller Deutschlands. Just zu diesem Zeitpunkt verkaufte die Familie den größten Teil des Aktienkapitals in Höhe von 120 Millionen Reichsmark an General Motors – damals bereits der größte Autokonzern der Welt.

Auch weiterhin war Opel, seit 1931 zu 100 Prozent in amerikanischem Besitz, ein Innovator im Autobau. 1935 konnte Opel das erste Auto mit einer selbsttragenden Karosserie vorstellen, und 1938 war Opel der größte Automobilhersteller Europas geworden. Dann aber wurde das Unternehmen in die Kriegswirtschaft Deutschlands eingegliedert und stellte statt Personenwagen vor allem Nutzfahrzeuge und Flugzeugteile her. Neben Enteignungen wurde das Unternehmen nach 1945 auch stark durch Reparationen belastet: Die Anlagen für den Opel «Kadett» wurden nach Moskau gebracht; fortan wurde auf ihnen der «Moskwitsch» produziert.

Dennoch war Opel schon bald wieder eine Erfolgsstory. Ab 1962 wurde im neuen Werk Bochum wieder ein «Kadett» gebaut, und der Opel GT setzte Maßstäbe für Sportlichkeit. 67 000 Mitarbeiter waren in den siebziger Jahren für Opel tätig.

In den achtziger Jahren aber fiel der Marktanteil ab. Zwar lief 1983 der 20-millionste Opel vom Band, aber das Unternehmen geriet Ende der achtziger Jahre in eine existenzbedrohende Krise. Wie auch bei VW brachte die unverhoffte Wiedervereinigung einen neuen Boom. So wie VW in Dresden seine «gläserne Manufaktur» als Vorzeigeobjekt errichten ließ, so baute Opel bereits 1992 im ostdeutschen Eisenach Europas modernste Autofabrik. Außerhalb Nordamerikas soll Opel die international führende Rolle im GM-Verbund erhalten haben. Opel produziert in Belgien, Polen und England (hier als Vauxhall) – aber die Europa-Zentrale von General Motors befindet sich in Zürich. Und der Umfang, zu dem Entscheidungen in Detroit, Zürich oder Rüsselsheim getroffen werden, wurde zu einem Dauerproblem.

1994 hatte Opel einen Marktanteil von 16,6 Prozent – weniger als die Hälfte des Marktanteils in den dreißiger Jahren, aber das Management war damals schon mit 17 Prozent zufrieden. Die Bezugsgröße für Bewertungen hatte sich geändert. Inzwischen gab es Volkswagen, das den damaligen Platz von Opel in Deutschland einnahm; und damit wurde in der Nachkriegszeit das Abschneiden relativ zu Ford zum Maßstab des Erfolgs. Immerhin lag Opel durchweg deutlich vor Ford Deutschland. Bis 2000 sank jedoch der Marktanteil von Opel auf 11,8 Prozent der in Deutschland verkauften Automobile, was ziemlich nahe bei den zuletzt 9,6 Prozent von Ford liegt.

In den letzten zehn Jahren waren bei Opel interne Querelen auch auf der Führungsebene die Regel. Die Öffentlichkeit reagierte dann Mitte der neunziger Jahre verblüfft, als die Staatsanwaltschaft Ermittlungen gegen 240 Verdächtige wegen Schmiergeldern, Bestechung, Untreue und Betruges einleitete. Die Untersuchungen konzentrierten sich bei Opel selbst auf 65 Mitarbeiter, die in Verdacht geraten waren, sich in den Beziehungen des Unternehmens zu Zulieferern, Baufirmen und Behörden kriminell verhalten zu haben. Leitende Mitarbeiter des Werkes in Bochum sollen über Jahre hinweg von einem Zulieferer geschmiert worden sein. Nach öffentlichen Anschuldigungen ist es beim Vorzeigewerk Eisenach zu Subventionsbetrug gekommen. Mitarbeiter von López sollen vor dem spektakulären Wechsel der Clique zu VW von Einkäufern mehrere hundert Millionen kassiert haben. Obgleich die in diesen Zusammenhängen auch gegen hohe Manager von Opel erhobenen Vorwürfe nicht zu Verurteilungen führten, bleibt doch erklärungsbedürftig, wie eine so riesige Zahl von Mitwissern über so lange Zeit hinweg sich illegal die Taschen gefüllt haben soll.

1998 gab es eine große Personalkrise auf der Management-Ebene. Innerhalb weniger Monate wechselten mehrere Male die Vorstandsvorsitzenden und mit ihnen weitere Manager. Neuer Hoffnungsträger wurde als Vorstandsvorsitzender Robert W. Hendry, der sich als Chef der schwedischen Firma Saab einen Ruf als Sanierer erworben hatte. Hendry versprach zum Amtsantritt, Opel weitgehend unabhängig von den Ansichten der Zürcher Zentrale zu führen. Dieses Versprechen hatte nach Angaben aus der Führungsetage von Opel nicht lange Bestand – und konnte es vielleicht auch gar nicht, weil Hendry weder Deutsch sprach noch Deutsch lernte. Schon deshalb musste der Kontakt zum Europa-Chef Michael Burns in Zürich enger als wohl zuträglich für eine eigene Opel-Politik ausfallen. Wahrscheinlich noch wichtiger waren Irritationen über den Führungsstil von Hendry, von dem gesagt wurde: «Hendry führt Opel wie ein König»; dabei misstraue er jedem.[646]

Charakteristisch für die fehlerhafte Firmenführung war der Umgang mit einer Vereinbarung zur Zusammenarbeit zwischen General Motors und der italienischen Firma Fiat. Grundlage ist eine Überkreuzverflechtung der Konzerne im Aktienbesitz: General Motors übernahm von Fiat 20 Prozent der Aktien, Fiat bei General Motors 5,1 Prozent. Dies führte unter anderem zu Opel-Fiat-Gemeinschaftsunternehmen beim Einkauf und für Antriebskomponenten sowie zu einer Zusammenfassung des Angebotes von GM und Fiat an Edel-Automobilen (wie Alfa Romeo, Lancia, Vauxhall). Hendry ließ später wissen, er sei relativ früh in diese Gespräche eingebunden worden – aber darüber hinaus gab es bei Opel wohl keine Mitwisser, bis im März 2000 die Vereinbarungen der Belegschaft bekannt gegeben wurden. Es gab verbreitet spontane Arbeitsniederlegungen und im Juni insbesondere in Bochum Streiks mit einem Produktionsausfall von 10000 Wagen, weil die Belegschaft den Verlust von Arbeitsplätzen befürchtete. Der hoch angesehene Kommunikationschef Horst Borghs trat zurück, und Hendry seinerseits feuerte weitere Vorstandsmitglieder. Aus dem Management bei seinem Amtsantritt blieb damit nur noch ein Kollege übrig. Der Grund: Anlässlich der Vereinbarung zwischen General Motors und Fiat, die den Stil eines Coups hatte, wurde die Frage des unternehmerischen Entscheidungsspielraums für Opel innerhalb des GM-Verbundes zugespitzt zum Thema.

Hendry werden weitere Führungsfehler angelastet. Dazu gehörte die Absicht, Autos über das Internet zu verkaufen, um sieben bis zwölf Prozent der Vertriebskosten einzusparen. Dieser Plan versetzte – wie man hätte ahnen können – das Händlernetz in Aufruhr, und dieses gilt in der Branche als wertvoller Teil der Infrastruktur eines Automobil-Unternehmens. So beschwichtigte anschließend Hendry, man wolle zunächst nicht mehr als 250 bis 300 Autos auf diese Weise verkaufen und die Händler über Probefahrten und Auslieferung einbeziehen. Von einer nennenswerten Bedeutung dieses Vertriebsweges ist seither nichts mehr zu hören.[647]

Nachdem VW mit erheblichen Aufwendungen sein Disneyland eröffnete, die «Autostadt Wolfsburg», wollte auch Opel nicht zurückstehen. Hendry ließ auf dem Werksgelände in Rüsselsheim für 120 Millionen DM einen Erlebnispark «rund um das Auto» bauen. Eine halbe Million Besucher jährlich wurden erwartet; davon kamen dann in Wirklichkeit gerade einmal zehn Prozent. Nach weniger als zwei Jahren ließ Hendry sein Disneyland Anfang 2001 schließen, wobei 100 Arbeitsplätze wegfielen.

Die beiden letzteren Fehlleistungen sind freilich angesichts geschwundener Marktanteile und eines Verlustes von fast einer Milliarde DM im Geschäftsjahr 2001 – um die Sprache eines wichtigen deutschen Bankers zu benutzen – nur «Peanuts». Auch die Fehleinschätzung bei der Produktion von Dieselwagen war nicht entscheidend für die heraufziehende Existenzkrise. Dafür sorgte vielmehr die falsche Modellpalette, und für diese ist die Europa-Zentrale mit ihrem damaligen Chef Louis Hughes, die sich immer wieder in die Modellpolitik in Rüsselsheim einmischte, zumindest mitverantwortlich. Von Opel-Mitarbeitern wurde das als Verhinderung neuer Modelle erfahren.

Vermutlich liegt das eigentliche Problem nicht einmal in Zürich, sondern in Detroit: in der Art, wie der Weltkonzern General Motors geführt wird. Während man sich dort Strategien für GM/Fiat-Nobelmarken einfallen läßt, gibt es keine Nachfolger für die Spitzenmodelle Vectra und Omega (was übrigens von Hendry bestritten wurde).[648] Es gibt zwar neue Auftritte der Modelle Astra und Corsa, aber nur einen wirklich neuen Wagen für das mittlere Segment, den Zafira. Obwohl Opel Milliarden in neue Werke investierte, um hier neue Modelle zu bauen, erklärte die Konzernspitze von GM aus Detroit, man verhandele mit den Japanern Fuji/Subaru und Suzuki über einen Mittelklassewagen der Zukunft für Europa.

Ende März 2001 bat Hendry um seine vorzeitige Entlassung als Vorsitzender; er dürfte an anderer Stelle im GM-Konzern Führungsaufgaben übernehmen. Sein Nachfolger Carl-Peter Forster, ein Ingenieur, der als Vorstandsmitglied und Produktionschef bei BMW wegen des Rover-Debakels (neben Pischetsrieder) seinen

Hut nehmen musste, ist seit zehn Jahren der erste deutsche Vorstandschef bei Opel. Er soll sich ausbedungen haben, dass weder die GM-Zentrale in Detroit noch die Europa-Zentrale in Zürich Einfluss auf das operative Geschäft von Opel nehmen werden.[649]

## DaimlerChrysler: Groß, größer, Schrempp

Die Fusion von Daimler und Chrysler war von Anfang an ein verkorkstes Unternehmen. Warum dies so war, haben Beobachter, zum Beispiel fast alle Journalisten, lange nicht verstanden – und wohl auch nicht Jürgen Schrempp. Hier waren nicht nur die Schwierigkeiten einer internationalen Unternehmung zu meistern, die ohnehin groß genug sind. Auch ging es hier nicht nur um eine Fusion riesigen Umfangs, was für sich genommen ebenfalls eine große Aufgabe mit einer hohen Rate von Fehlschlägen ist: Hier war drittens für das Management von Mercedes auch noch die Umstellung vom Anbieter einer Nobelmarke zum Verkäufer eines Vollsortiments mit Schwerpunkten in Massenmärkten zu leisten.*

Anlass der inzwischen verbreitet negativen Urteile über die Mega-Fusion DaimlerChrysler ist der Absturz des Aktienkurses. Dieser war zunächst mit der Fusion im November 1998 kräftig gestiegen und hatte nach einem Zwischentief Anfang 1999 im Frühsommer des gleichen Jahres den Spitzenwert von 89,15 Euro erreicht. Danach stürzte das Papier auf etwa die Hälfte seines Wertes ab, und damit ist DaimlerChrysler ein denkbarer Kandidat für eine feindliche Übernahme. Wurde der Umsatz des neuen Konzerns für 2000 noch mit 162 Milliarden Euro angegeben, so wird er für 2001 auf nur noch 140 Milliarden Euro geschätzt. Der Betriebsgewinn soll von 2000 mit 5,2 Milliarden Euro auf 1,7 Milliarden Euro für 2001 fallen. Wird der Betriebsgewinn für Mercedes separat ermittelt, so beträgt er für 2000 noch 2,8 Milliarden Euro, woraus folgt,

---

* Die geschlossene Produktpalette von Mercedes war allerdings bereits vor der Fusion etwas aufgeweicht durch die kleinen Wagen Smart und die A-Klasse, aber für diese steht der Beweis eines Erfolges noch aus.

dass die Aktionäre besser dastünden, wenn es die Fusion nicht gegeben hätte.[650]

Mercedes hat in der Welt den Ruf absoluter Verlässlichkeit auch als Wirtschaftsunternehmen. Doch das Management hatte sich schon einmal, 1992/93, in eine ähnlich gefährdete Situation manövriert. Das war Edzard Reuter anzulasten, der 1987 mit nachdrücklicher Hilfe von Alfred Herrhausen, dem Vorstandschef der Deutschen Bank, zum Vorstandsvorsitzenden von Daimler-Benz geworden war. Anders als sein etwas rüde abservierter Vorgänger Prof. Werner Breitschwerdt galt Reuter aufgrund seiner beruflichen Karriere nicht vorrangig als wirtschaftliche Führungskraft, auch wenn er nachdrücklich wirtschaftliche Visionen vertrat.

Auf die Manager-Mode der «Diversifizierung» in Großunternehmen (möglichst viele verschiedene Geschäftsbereiche als Risikoausgleich) war damals gerade die Manager-Mode «Integrierter Technologiekonzern» (Zusammenführung von möglichst vielen Hightech-Feldern, die in möglichst unterschiedlichen Geschäftsbereichen angewendet werden) gefolgt. Reuter war ein bedingungsloser Anhänger dieser Unternehmensphilosophie. 1985 stockte er die Beteiligung von Daimler-Benz an der Münchener Motoren- und Turbinen-Union auf 100 Prozent auf, kaufte sich in die AEG ein, erwarb darauf die Mehrheit beim Flugzeugbauer Dornier und stieg nach heftigen Turbulenzen bei Messerschmitt-Bölkow-Blohm ein. 1989 fasste er die verschiedenen Luft- und Raumfahrtaktivitäten im Zuge einer Umgestaltung des Konzerns zur «Deutschen Aerospace» (Dasa) zusammen, die er seinem damaligen Protegé Jürgen Schrempp unterstellte. Über diese Dasa wurde 1992 eine Mehrheitsbeteiligung an der niederländischen Flugzeugfirma Fokker erworben. Anfang der neunziger Jahre war damit Daimler-Benz der größte Rüstungskonzern Deutschlands, die Nummer eins im europäischen Flugzeugbau und das größte deutsche Industrieunternehmen. Auch die Globalisierung von Mercedes wurde bereits von Reuter eingeleitet; Daimler-Benz ging im Oktober 1993 als erstes deutsches Unternehmen an die New Yorker Börse. Die meisten dieser Aktivitäten wurden vom späteren Nachfolger Jürgen Schrempp übrigens mitgetragen.

Bevor Breitschwerdt 1987 seinen Vorstandsvorsitz an Reuter übergeben musste, hatte Daimler einen Jahresgewinn von 4 Milliarden DM. Daraus wurde 1992 ein Verlust von 1,7 Milliarden und 1993 von fast vier Milliarden DM – der schlimmste Ertragseinbruch seit Kriegsende.

Zum Teil lag das an Veränderungen im politischen Umfeld. Mit dem Verschwinden des «Eisernen Vorhangs» wurden die Rüstungsausgaben drastisch zurückgefahren, und auf eben solche Rüstungsaufträge hatte Reuter spekuliert. 1992/93 hatten aber alle Geschäftsbereiche von Daimler-Benz Verluste eingefahren, und die waren Entscheidungen des Managements anzulasten. Mit AEG hatte seit langem kein Eigentümer mehr etwas verdient, Luft- und Raumfahrt waren extrem abhängig von der Haushaltspolitik, und selbst mit Autos wurde zu diesem Zeitpunkt kein Überschuss mehr erwirtschaftet. Autos hatten Reuter nicht interessiert, und so hatte er die Verantwortung für dieses Geschäft seinem Kumpel Werner Niefer überlassen. Dessen neue S-Klasse brachte dem Unternehmen zunächst viel Spott ein. Unter Niefer gab es Qualitätsprobleme sogar bei Mercedes, und die Kosten gerieten unter anderem durch den Bau einer überflüssigen Fabrik außer Kontrolle. BMW brachte 1992 erstmals mehr Edelautos auf die Straßen als Mercedes.

Mit Niefer-Nachfolger Helmut Werner fuhr die Autosparte wieder Gewinne ein. Reuter hatte 1989 die Autowerke von Mercedes zu einem eigenständigen Unternehmen verselbständigt. Dadurch hatte Werner Handlungsraum für tief greifende Reformen: Stille Reserven wurden aufgelöst, Mitarbeiter entlassen, die Struktur in Anlehnung an Kleinbetriebe reorganisiert. Der wirtschaftliche Fall wurde abgebremst, es wurden wieder, zunächst allerdings ziemlich niedrige, schwarze Zahlen geschrieben.[651]

Während seiner acht Jahre als Vorsitzender waren von Reuter zwölf Milliarden DM an Investitionen in seinen Technologie-Konzern zu verantworten – ohne nachhaltige Erfolge. Wie hoch die mit dem SPD-Mitglied zu verbindenden Massenentlassungen sind, wird widersprüchlich beziffert, die Schätzungen schwanken zwischen 50000 und 70000 Mitarbeitern.[652]

Bemerkenswert ist am Fall Reuter die lange Toleranz des wirtschaftlichen Umfeldes angesichts einer ziemlich wirren Einkaufspolitik und die Bereitschaft, Rhetorik für den Ausweis von Sachkenntnis zu nehmen. Bemerkenswert ist gleichfalls die Langmut für die Arroganz dieses politischen Visionärs. Schließlich sollten auch die Jubelartikel in den Medien nicht vergessen werden, die Reuter mit Vorschusslorbeeren bekränzten: «Ein Spitzenmann von ganz besonderem Zuschnitt», fand die *Süddeutsche Zeitung*; die *Stuttgarter Zeitung* beschrieb den Sozialdemokraten Reuter als «Kultfigur des modernen Kapitalismus»; und das *Handelsblatt* sah in ihm den «hervorragenden Konzernstrategen». Dass Reuter dem Autogeschäft keine Zukunft mehr zutraute, galt den journalistischen Beobachtern als Offenheit für eine neue Zeit. Auch der Wirtschaftsjournalismus ist eben anfällig für modische Zukunftsmärchen.

1995 war der Rücktritt von Edzard Reuter nicht mehr aufzuschieben. Einer der Favoriten für die Nachfolge war der Mercedes-Chef Helmut Werner. Sein Teil des Konzerns erwirtschaftete immerhin drei Viertel des Umsatzes, und allein seine Gewinne im Autobau glichen die Verluste in den anderen Konzernsparten aus. Die Aufsichtsgremien gaben jedoch Jürgen Schrempp den Vorzug. Reuter vertraute ihm, seine Konzeption des integrierten Technologiekonzerns weiterzuführen. Für Außenstehende war diese Entscheidung rätselhaft, denn unter Schrempp hatte die Dasa kräftig Miese gemacht; 1996 musste Fokker als Teil der Dasa nach Verlusten von 5,5 Milliarden DM abgestoßen werden. Dagegen hatte Werner mit den Gewinnen der halb autonomen Tochter Mercedes den Konzern gerettet. Vielleicht gab den Ausschlag, dass die Chemie zwischen dem hemdsärmeligen Schrempp und dem burschikosen Aufsichtsratsvorsitzenden Hilmar Kopper (Deutsche Bank) stimmte. Jedenfalls wurde die Entscheidung nicht vorrangig durch wirtschaftliches Kalkül bestimmt.

Wieder wurde damit ein Manager an die Spitze berufen, der sich anheischig machte, aus dem Unternehmen etwas ganz anderes als vorgefunden zu machen.

Schrempp war und ist als glühender Anhänger des Shareholder-

Value-Prinzips der Unternehmensleitung überzeugt, mit dem Autobauen, wie bei Mercedes gehabt, könne der Konzern in einer zukünftig globalisierten Welt nicht überleben. Schrempps Glaubenssatz, der nicht weiter begründet werden muss, lautet, dass es in absehbarer Zukunft nur noch vier Weltfirmen im Autobau geben werde. Dazu gehören ihm zufolge General Motors, Ford und Toyota. Der vierte «Global Player» könnte ein internationaler Konzern mit Mercedes als Kern sein. Das hatte Schrempp zwar zunächst nicht programmatisch verkündet, sondern erst später mit missionarischem Eifer vertreten; es erklärt aber durchaus, warum unmittelbar nach seiner Amtsübernahme als Vorsitzender Gespräche mit der Leitung von Chrysler aufgenommen wurden.

Zunächst aber galt es für Schrempp, seine Macht bei Daimler-Benz zu festigen. Der britische Journalist David Waller hat in Einzelheiten die Machtergreifung Schrempps zwischen 1995 und 1997 nachgezeichnet.[653] Wenn es da einen Unterschied gab zwischen den Machtkämpfen um die oberen Positionen in der Politik und den Vorgängen auf der Leitungsebene bei Daimler-Benz, dann ist er für uns nicht erkennbar. Schlachtentscheidend auch für das Einebnen der Selbständigkeit von Mercedes war nicht programmatische Überzeugungsarbeit durch Schrempp, sondern Stimmenerwerb bei Kollegen durch das Versprechen von Vorteilen. Am Ende verließ Helmut Werner, allein gelassen auch von engen Verbündeten wie Dieter Zetsche und Jürgen Hubbert (anschließend Nachfolger von Werner), den Konzern; Schrempp hatte diesen Werner-Freunden durch einen indiskreten Zeitungsartikel keine Wahl gelassen.

Bereits 1995 wurden die Gespräche über eine Kooperation zwischen Chrysler und Daimler-Benz aufgenommen. In sieben Verhandlungsrunden wurde unter anderem ein begrenzter Aktientausch erörtert. Auch über die Gründung eines Gemeinschaftsunternehmens mit dem Code-Namen «Q-Star», das außerhalb Westeuropas und Nordamerikas weltweit die Produktion und den Vertrieb von Autos betreiben könnte, wurde intensiv verhandelt. Daran waren Spitzenmanager wie Jim Holden (Chrysler) und Jürgen Hubbert (Daimler-Benz) beteiligt, im Oktober 1995 auch die beiden Vorsitzenden Bob Eaton und Jürgen Schrempp. Selbst das Brokerhaus Goldman Sachs, eine Spitzenadresse für Fusionen, wurde hinzugezogen. Am Ende stand die Erkenntnis, dass eine Zusammenarbeit unterhalb der Ebene Fusion nicht funktionieren würde. Des ungeachtet liefen Verhandlungen, übrigens von Daimler auch mit Ford, auf beiden Seiten des Atlantik weiter. Im Mai 1998 wurde dann in London, für die allgemeine Öffentlichkeit überraschend, die Fusion Daimler-Benz und Chrysler zum drittgrößten Automobilunternehmen der Welt DaimlerChrysler bekannt gegeben.

1998 war das internationale Ansehen von Schrempp auf dem Höhepunkt. Die Fusion wurde in den Medien allgemein bewundert, galt als «Hochzeit im Himmel». Im Juli des Jahres wählte die amerikanische *«Automotive News»* Schrempp zum «Industriechef des Jahres», im Oktober reihte sich das *manager magazin* in das Defilee der Jubler ein und ernannte Schrempp zum «Manager des Jahres», und im November verlieh ihm das American Institute for Contemporary German Studies den Preis für «Global Leadership». Und so kaufte Schrempp weiter. Überzeugt, dass der wichtigste Automarkt der Zukunft Asien sei, bemühte sich Schrempp um Honda. Dieser Japaner war aber nicht zu haben, und so schien dann für Schrempp im Jahr 2000 offensichtlich ein Anteil an Mitsubishi von 34 Prozent – mit einer Option auf völlige Übernahme in drei Jahren – besser als nichts. Zur Abrundung der Präsenz in Asien und als Mittel, die hohen Schutzzölle dieses Landes zu überwinden, wurde im gleichen Jahr noch ein Anteil von zehn Prozent beim größten Autohersteller Koreas, Hyundai, hinzugekauft.

|  | Daimler-Benz | Chrysler | Mitsubishi |
|---|---|---|---|
| Verkaufte Autos in Mio | 1,15 | 3,05 | 1,58 |
| Mitarbeiter in Tsd. | 100 | 120 | 65 |

Dazu gab es weitere Aktivitäten des neuen «Global Players» Jürgen Schrempp auf internationalen Märkten. Etwa eine Milliarde DM bot Schrempp im Sommer 2000 der Detroit Diesel Corporation, an der Chrysler bereits einen Anteil von 21,3 Prozent hielt. Damit werde DaimlerChrysler, zusammen mit ihrer Tochter MTU Friedrichshafen, Weltmarktführer für Motoren schwerer Nutzfahrzeuge.[654] Zusammen mit dem Kauf des kanadischen Truckherstellers Western Star und dem Erwerb der Anteile bei Mitsubishi hat diese Einkaufstour etwa 6,5 Milliarden DM gekostet. Nach einem Bekenntnis des Finanzvorstandes Manfred Gentz war damit der «Sparstrumpf» von Daimler leer.[655] Auf dem Papier machten die Fusionen und Beteiligungen Sinn. Aber wie sieht es dahinter aus?

Die massiven Verluste bei Chrysler – allein im dritten Quartal des Geschäftsjahres 2000 etwa 1,1 Milliarden DM – trafen das Daimler-Benz-Management völlig unvorbereitet.[656] Entsprechend hatten seine Erklärungen den Charakter von Ad-hoc-Einfällen. Da wurde erkannt, dass Autowerke in den USA jeweils nur für einen Autotyp arbeiten, wogegen in europäischen Fabriken von gleichen Bändern abwechselnd verschiedene Fabrikate rollen, was selbstverständlich rationeller ist. Dann wiederum wurde in Stuttgart gesehen, dass die notwendigen Stellenkürzungen und Werksschließungen in den USA und in Kanada wegen der Abreden des Chrysler-Managements mit den Gewerkschaften nicht wie erhofft umgesetzt werden können.[657] Oder es wurde beklagt, dass der Manager Jim Holden bei stockendem Absatz den Händlern – entsprechend dem Vertriebssystem in Nordamerika – Milliarden an Rabatten gewährte.[658]

Immerhin war Chrysler Anfang der achtziger Jahre bereits einmal fast bankrott gewesen – nicht zum ersten Mal übrigens – und wurde nur gerettet durch eine Regierungssubvention von 1,5 Milliarden Dollar sowie das Geschick des vormaligen Ford-Präsidenten Lee Iacocca. Ende der achtziger Jahre gab es die nächste, dieses Mal von Iacocca selbst verursachte Existenzkrise. Wie Reuter bei Mercedes, hatte Iacocca Milliarden in autoferne Geschäfte wie Flugzeugbau fehlinvestiert – solche Managementmoden sind offensichtlich international. Der Ruf von Chrysler war mithin keinesfalls über jeden Zweifel erhaben. So ist die Kombination von Erstaunen und Ad-hoc-Erklärungen im deutschen Management selbst verwunderlich. Schließlich hatten sich die Gespräche über eine Fusion über vier Jahre hingezogen. Schrempp selbst hat vieljährige internationale Erfahrung. Was konnte unter diesen Bedingungen so überraschen? War das Wunschdenken, zu den größten der Welt aufzurücken, so übermächtig?

Wie in der Politik auch wurde auf Sachprobleme mit Personalisierungen reagiert. Da bot sich das aus dem bezahlten Fußball bewährte Rezept an: Man feuert den Trainer und den Trainer-Assistenten, in diesem Fall den umgänglichen Chrysler-Gesamtchef Bob Eaton und den anpassungswilligen Jim Holden.[659] Eaton zog sich, nach einer Demütigung durch Schrempp, mit einer Abfindung von 70 Millionen Dollar in seine Fünf-Millionen-Villa nach Florida zurück. So etwas ist auch in der Bundesrepublik als «goldener Handschlag» bei Großunternehmen verbreitet, wenngleich nicht in diesen Größenordnungen.

Der neue Trainer/Chief Executive heißt Dieter Zetsche, der uns bereits bei der Isolierung von Werner 1997 begegnete. Auch er hat langjährige Auslandserfahrungen in der Branche als Manager in Brasilien, Argentinien und den USA, wo er den LKW-Produzenten Freightliner Anfang der neunziger Jahre aus roten in schwarze Zahlen führte. Er hat es mit Kernproblemen zu tun, die nicht betriebswirtschaftlicher, sondern kultureller Art sind. In den USA ist das Auto nicht nur und nicht einmal in erster Linie ein Mittel zur Fortbewegung, sondern ein Stück Wohnung und bei den Vans zudem ein Spielen mit abgemilderter Rustikalität. Die Automobile sind ein emotional stark besetzter, integrierter Teil der Lebensführung. Selbstverständlich mögen auch nicht wenige Amerikaner europäische Autos, aber meist eher als etwas exotische Ergänzung. Viele der Kritiken deutscher Manager an Detroit belegen, dass die Bedeutung des Autos in der amerikanischen Kultur nicht recht verstanden wird.[660]

Zusätzliche Schwierigkeiten folgen aus der Situation des Misserfolges. In der Rückschau erlebt die amerikanische Belegschaft die Fusion als Niedergang. In ihrer Erinnerung war zum Zeitpunkt der Fusion Chrysler in einer guten Verfassung, hatte nach der Zeitung *Detroit News* Reserven von neun Milliarden Dollar. Für den Abstieg von einer finanziell gesunden zu einer todkranken Firma werden «die Deutschen» verantwortlich gemacht. «Zetsche braucht schnell

Erfolg, sonst hat er eine große nationale Koalition des verletzten Stolzes gegen sich: Arbeiter, Manager, Aktionäre, Presse, Politiker.»[661]

Und jetzt kommen noch die Probleme mit Mitsubishi und Hyundai hinzu! – Für nur ca. 4,3 Milliarden DM hatte DaimlerChrysler am 27. März 2000 eine Beteiligung von 34 Prozent an der Automobil-Firma Mitsubishi Motors des japanischen Mitsubishi-Keiretsu-Konzerns erworben; dieser Anteil kann im Laufe von drei Jahren auf bis zu 100 Prozent gesteigert werden. Das war gewagt angesichts des aktuell schlechten Zustandes von Daimler-Chrysler, aber auch konsequent für ein Unternehmen mit der Zielsetzung einer Drei-Welten-AG. An den meisten japanischen Automobilfirmen – bedeutende Ausnahme Toyota – hatten ausländische Konkurrenten bereits hohe Anteile erworben. So befinden sich 49 Prozent der Aktien von Isuzu sowie jeweils 20 Prozent von Suzuki und von Subaru im Besitz von General Motors; Ford gehören 34 Prozent von Mazda und Renault 36,8 Prozent von Nissan.[662] Da Honda als eigentlich von Schrempp gewünschter Partner für einen Einstieg nicht zur Verfügung stand und bei Daihatsu Toyota selbst 51 Prozent der Aktien hielt, blieb nur Mitsubishi, falls ein Japan-Engagement zu diesem Zeitpunkt als wünschenswert und möglich beurteilt wurde. Offensichtlich wurde von der deutschen Konzernleitung beides bejaht – obwohl bekannt war, dass Mitsubishi rote Zahlen schrieb.

Zum Zeitpunkt des Einkaufs bei Mitsubishi wurde der Verlust für das Geschäftsjahr 2000/2001 als doppelt so hoch wie erwartet angegeben: Mit 4,8 Milliarden DM ist er der größte in der Unternehmensgeschichte.[663] Und es war mehr als das Zehnfache des aus dem Geschäftsjahr 1999/2000 bekannten Verlustes! Statt in letzter Minute von dem Einkauf zurückzutreten, entschied das deutsche Management, den Kaufpreis um schließlich zehn Prozent herunterzuhandeln. Das darf man wohl – wie schon beim BMW-Rover-Deal – als Entscheidung nach dem «Kartoffel-Theorem» qualifizieren: Jetzt haben wir die Kartoffeln bestellt, jetzt werden sie auch gegessen. Mitsubishi sollte jetzt schnell saniert werden, und diese herkulische Aufgabe wurde einem Manager mit Auslandserfahrung anvertraut, Rolf Eckrodt.[664]

Eckrodt entwickelte ein ehrgeiziges Konzept: Die Zahl der Arbeitsplätze soll um 14 Prozent sinken, die Materialkosten um 15 Prozent und die Produktionskapazität um 20 Prozent.[665] Ferner soll die Zahl der Fahrzeugplattformen halbiert werden, wobei die Firmen in Japan, USA und Deutschland jeweils Plattformen auch für Fahrzeuge bauen, die den Markennamen einer Firma in einem anderen Land des Konzernverbundes tragen. Das soll insbesondere für Mitsubishi und Chrysler gelten, während die damit verbundene Verwässerung der Produktidentität für Mercedes wohl in Grenzen gehalten wird.[666] Schließlich wird das Mitsubishi-Werk in Australien wegen mangelnder Rentabilität wohl geschlossen.[667]

Bei diesen Erwartungen dürfte man in Stuttgart, fasziniert von Visionen, wohl «das Kleingedruckte» eines Engagements in Japan nicht aufmerksam genug beachtet haben. Eckrodt kann in Japan nur die Nummer 2 bei Mitsubishi Motors werden, als «Chief Operating Officer» (COO), der dem neuen CEO Takashi Sonobe unterstellt ist. Mitsubishi Motors ist Teil von Mitsubishi Keiretsu, und der gilt als arrogantes Flaggschiff der japanischen Wirtschaft. Und Sonobe selbst hat früher bereits erklärt: «Rolf Eckrodt berichtet an mich. Ich bin der Präsident.»[668] Der Vorsitzende der Betriebsgewerkschaft bei Mitsubishi, Katsuji Hayakawa, hat der Presse gegenüber erklärt, es dürfe keine Entlassungen geben; man halte an dem Prinzip der Firmenzugehörigkeit bis zum Ruhestand fest. Gegebenenfalls werde man einen Streik aus einer gut gefüllten Streikkasse finanzieren. Und er verweist auch darauf, dass der neue Präsident Sonobe früher selbst Funktionär seiner Gewerkschaft war.[669] Die Überzeugungsarbeit, die Eckrodt bei Mitsubishi Motors, der Betriebsgewerkschaft und dem Großaktionär Mitsubishi Keiretsu zu leisten hat, wird dadurch erschwert, dass er kein Wort Japanisch spricht; es wird auf Englisch kommuniziert, was auf Seiten von Japanern häufig mit Missverständnissen verbunden ist. Noch bezogen auf Schrempp wird gewarnt: «Den Tritt ins kulturelle Fettnäpfchen, den er perfekt beherrscht, sollte der große Chef unterlassen. Japaner reagieren genauso empfindlich auf Kränkungen wie Amerikaner.»[670]

Im Juni 2000 war sich DaimlerChrysler mit dem koreanischen

Autobauer Hyundai Motor über eine Beteiligung einig geworden. DaimlerChrysler erwirbt für 890 Millionen DM zehn Prozent der Anteile an Hyundai mit einer Option auf weitere fünf Prozent in drei Jahren. Nachdem man mit Mitsubishi Motors einig wurde, könnten auch die 4,8 Prozent des Mutterhauses Mitsubishi dazugerechnet werden, was dann eventuell zu einem Einfluss über 19,8 Prozent führen würde. Aber auch das wäre für einen mitbestimmenden Einfluss nicht ausreichend. Was sollte also diese Ausbreitung nach Korea?

Wahrscheinlich war der Einkauf zunächst als eine Rückfallposition gemeint, falls die Zusammenarbeit mit Mitsubishi nicht gelänge. Dann hätte man Zugang zu einem asiatischen Land, das sich mit hohen Schutzmauern gegen ausländische Konkurrenz wehre; und Asien sei nun einmal der wichtigste Automarkt der Zukunft.[671] Allerdings gibt es eine darüber hinausgehende Absicht, nämlich die Gründung eines Joint Ventures mit Anteilen von 50:50 zum Bau von Lastwagen. Und auch die Entsendung eines hochrangigen Managers aus Deutschland als Statthalter bei Hyundai, nämlich von Schrempp-Freund Manfred Bischoff, lässt ernste Expansionsabsichten vermuten. Hyundai dürfte hierfür auch ein wirtschaftlich gesünderer Partner als Mitsubishi sein, hat die koreanische Firma doch soeben den bankrotten Konkurrenten Kia übernehmen und sanieren können. Allerdings ist die wirtschaftliche Lage in Korea sehr schwierig, und der ehemalige Konzern Hyundai, damals der größte Mischkonzern (Chaebol) des Landes, wird soeben in selbständige Geschäftsbereiche zerlegt – je einer für jeden der noch lebenden drei Söhne des Gründers Chunju-yung.[672]

Der älteste der Söhne führt Hyundai Motor, die im Inland bei Autos einen Marktanteil von 70 Prozent haben. Zugleich ist das Unternehmen im Stahlbereich tätig, und der ist auch in Korea nicht ohne Probleme.[673] Neben Zustimmung bei einigen Branchenbeobachtern hat dieser eher unerwartete Ausflug Schrempps an den Börsen Skepsis ausgelöst. Es gab erhebliche Kursabschläge – wohl auch aus dem Zweifel heraus, ob sich der Konzern nicht verzettele.

DaimlerChrysler hat durch die Internationalisierung seiner Beteiligungen inzwischen das Ziel erreicht, die Nummer drei in der Welt zu werden, behauptet Schrempp. Je nachdem, wie gerechnet wird – Umsatz, Beschäftigte, Zahl der produzierten oder verkauften Autos, Kapital oder Gewinn –, könnte das allerdings auch VW oder Toyota sein. Die nächsten Weltkonzerne folgen erst mit großem Abstand. So könnte es DaimlerChrysler als Unternehmensziel genügen, zu den drei an dritter Stelle rangierenden Konzernen zu gehören. Ob der Konzern da einen Zähler mehr oder weniger hat, mag interessant sein für eine Größen-Konkurrenz unter Global-Managern, aber rechtfertigt es einen Risikokurs wie bei Mitsubishi?

Schrempp darf sich einstweilen wie Karl V. fühlen: In seinem Auto-Reich geht die Sonne nicht unter. Das aber nur, weil Mercedes mit seinem Chef Jürgen Hubbert die Milliarden verdient, die bei der Globalisierung insbesondere für den Betrieb bei Chrysler benötigt werden.

### Zum Sterben zu groß?

Auch den Fällen, die in den letzten Kapiteln vorgestellt wurden – Fälle, die zeigen, wie auch ohne Pleiten Milliarden riskiert oder in den Sand gesetzt wurden –, sind eine Reihe von Charakteristika gemein, nicht allen Fällen alle, aber doch allen mehrere.

(1) Es gilt als die Unternehmensphilosophie, im jetzigen Zustand sei man «too small to survive» (zum Überleben zu klein) und müsse höchste Risiken in Kauf nehmen, bis man «too big to die» (zum Sterben zu groß) sei.
(2) Zum Wachstum werden Firmen übernommen oder Beteiligungen an Unternehmen erworben, denen es nicht gut geht; die sind leichter zu gewinnen. Vorrangig ist eben nicht die bessere Rendite, sondern Größenwachstum.
(3) Internationale Präsenz wird angestrebt, selbst beim Wissen um große Risiken und in prinzipieller Kenntnis der Schwierigkeiten beim Führen internationaler Unternehmungen (Ford, GM,

Telekom, DaimlerChrysler). Diese Schwierigkeiten werden dann in der Praxis immer wieder unterschätzt und in der Regel ursächlich nicht verstanden.

(4) Für diese Prioritäten werden Reserven abgeschmolzen. Die Existenzweise von VW, hohe Kosten durch hohen Umsatz zu neutralisieren, also ein Leben von der Hand in den Mund, wird Branchen-Standard.

(5) Mitschwimmen bei Management-Moden verleiht ein Gefühl der Sicherheit. Beispiele sind der Wechsel vom Bau der Konglomerate zur Konzentration auf Kerngeschäfte oder von der Beschränkung auf Marktsegmente hin zum Ausbau des Angebots zu einem Vollsortiment (z. B. 2er-BMW, Smart).

(6) Das Management erlaubt sich, Lieblingsideen Zucker zu geben – wobei für Lieblingsideen oft Imitation bestimmend ist (z. B. Auto-Disneylands; Wiederbelebung vordem berühmter Marken, die zum Teil nur Eingeweihten einer Branche noch bekannt sind).

(7) Unter Führungskräften auch deutscher Großunternehmen hat sich seit der Wiedervereinigung und mit den raschen Veränderungen bei Hightech eine Goldgräberstimmung verbreitet. Ein Vergleich mit Vorstellungen in den Gründerjahren bei uns unmittelbar nach der Reichseinigung im 19. Jahrhundert und während der «roaring twenties» in den USA drängt sich auf.

## Macht und Management – Ein Nachwort

Unser Buch charakterisiert eine instabile Situation in der Wirtschaft – und darüber hinaus in der Gesellschaft. So wie es bei uns – und darüber hinaus im Westen und Japan – insbesondere in den Jahren nach 1995 zuging, wird es nicht bleiben.

Die Optimismus-Blase insbesondere auf den Finanzmärkten schrumpft nun auch in den USA und Europa; in Japan dürfte bereits der Boden des Abgleitens einer ungezügelt-spekulativen Wirtschaft erreicht sein. «Seit dem Internet-Crash im ... April (2000) rutschte der Technologie-Index Nasdaq ständig weiter. Die Wirtschaft verliert an Fahrt, der Glauben an die so genannte New Economy ist erschüttert, und die Arbeitslosigkeit steigt.» So wird von der amerikanischen Wirtschaftspresse wie dem *Wall Street Journal* und auch der *New York Times* die Stimmung in den USA skizziert.[674] Und mit zeitlicher Verzögerung sowie hoffentlich erheblicher Dämpfung in den Ausschlägen scheint Europa der Entwicklung in den USA zu folgen.

Schon kurzfristig wurden die Voraussagen widerlegt, die auf den Finanzmärkten zu immer wieder neuen Abenteuern verführten. Noch vor zwei Jahren wurde der E-Commerce, der elektronische Handel über das Internet, als eine zweite Revolution emporgelobt. «Der Einzelhandel ist durch E-Commerce tot», erklärte Heinz-Jürgen Weiss, ein Vertreter der bekannten Wirtschaftsberatungsgesellschaft Arthur Andersen. «Wir brauchen nur noch Anpassräume für Schuhe, Probierstellen für Wein und Ausstellungsflächen, um das Produkt zu erfassen.» Gekauft werde in der Welt des E-Commerce von Haus zu Haus über das Internet. Selbst Wohnungseinrichtungen oder Autos ließen sich über den häuslichen Bildschirm leichter verkaufen.[675] Entsprechende Investitionen regte dann auch der rührige Jürgen Schrempp für den Vertrieb von Autos von DaimlerChrysler an. Der große Durchbruch für E-Commerce werde im letzten Quartal 2000 kommen. Stattdessen gab es bereits im Frühjahr 2000 den großen Einbruch.

Wir leben im Westen in einem Klima der Personalisierung aller Sachfragen. Und so liegt es denn nahe, die jetzt offenbaren Fehlentwicklungen während der letzten Dekade, vermehrt zu ihrem Ende, denjenigen anzulasten, die in der Wirtschaft den Kurs bestimmen sollen: den Managern der Großunternehmen. Gleich sechs medienbekannte Top-Manager bildete das *manager magazin* in seiner April-Nummer 2001 auf der Titelseite mit der Schlagzeile ab: «Haben wir die falschen Manager?» Wir wollten in diesem Buch zeigen, dass sich tatsächlich Fehlschläge einschließlich sehr grober Managementfehler in den letzten Dekaden häuften. Das gilt insbesondere für die Zeit nach dem Zusammenbruch des Kommunismus, nach der Wiedervereinigung und mit der Globalisierung der Finanzspekulationen. Bei den frühen Pleiten in der Bundesrepublik um Borgward und Schlieker fehlten zur Verhinderung eines Zusammenbruchs Millionen; später erregten Pleiten kaum noch Aufmerksamkeit, wenn nicht mindestens eine Milliarde in den Sand gesetzt worden war.

Art und Häufigkeit solcher Fehlentscheidungen von Managern sind aber selbstverständlich abhängig von den Randbedingungen für ihre Entschlüsse. Herrscht großer Optimismus – nicht zuletzt gefördert durch euphorische Medienschilderungen von Riesengewinnen über Nacht –, dann ist die Bereitschaft größer, Waghalsigkeiten bei Managern als Mut zu deuten und ein Vertuschen von Fehlern für letztlich nicht entscheidend («Petitessen») zu halten; denn was zählt, ist allein – um es in der Sprache eines deutschen Bundeskanzlers auszudrücken –, «was hinten herauskommt».

«Zu den neuen Helden des globalen Zeitalters gehören offenbar nicht zuletzt die Manager der großen Konzerne. Sie bevölkern Ranglisten der Großverdiener. Diverse Medien berauschen sich an den ‹Managern des Jahres›, und im Einfluss laufen sie angeblich vielen Politikern den Rang ab», meinte schon 1999 die *Frankfurter*

*Allgemeine Zeitung*.[676] Tatsächlich hatte sich damals die Aufmerksamkeit auf die jeweilige Spitzenfigur in einer großen Unternehmung konzentriert. Gesichter wie die von Ron Sommer, Jürgen Schrempp, Ferdinand Piëch oder Rolf-Ernst Breuer kennen wir so gut wie die Köpfe von Angela Merkel, Gregor Gysi, Peter Struck oder Jürgen Trittin. Darin sehen wir auch einen Hinweis, dass sich Verhaltensweisen und Bedeutsamkeit von Spitzenpolitikern und Top-Managern einander angenähert haben.

Wir haben in diesem Buch Karrieren, Verhaltensweisen und Wirkungen von Spitzenmanagern bei großen Unternehmen nachgezeichnet. Das ist eine gewollte Einseitigkeit, die – wie bei den Wirtschaftstheorien – durch Vereinfachung die Grundregeln des Wandels deutlicher machen sollte. Die Zahl der bedeutenden Manager in Deutschland wird von Fachleuten wie Bernhard Frank von der Societät für Unternehmensplanung auf 5000 bis 7000 geschätzt, und die Mehrzahl gehört eben nicht zu den medienbekannten Wirtschaftsführern. Von Bedeutung sind auch diese anderen Manager; denn sie sind das Umfeld, innerhalb dessen die bekannten Wirtschaftsführer sich bewegen und auf die sie Rücksichten nehmen müssen. Die Spitzenmanager sind nur von außen gesehen allein handelnde «Lichtgestalten» (oder «Schattenmänner»). Im Alltag sind sie Teil von Netzwerken. «In solchen Netzwerken kann man sich nicht einschmeicheln, in solche Netzwerke wird man gleichsam berufen.»[677] Und ohne Unterstützung durch ein Netzwerk an Zuarbeitern sind die Lichtgestalten bald keine mehr. Zugleich ist es aber wie in der Politik: Trends und Hauptfehlentwicklungen lassen sich ohne Kenntnis von und Verständnis für die heute medienwirksamen Lichtgestalten unter den Managern nicht erklären.

Mit dieser Verschmelzung von Medien und Wirtschaft in Themen und Akteuren konzentriert sich die Öffentlichkeit auf wenige Großkonzerne. Zu den Weltkonzernen gehören inzwischen auch vier deutsche: DaimlerChrysler, Volkswagen, Siemens und Allianz.[678] Die Aufzählung allein genügt schon, den Schluss zu belegen: Größe ist nicht gleichbedeutend mit wirtschaftlicher Gesundheit. Gerade in Ländern wie Japan, den USA und auch der Bundesrepublik hängt das wirtschaftliche Wohlergehen sehr stark von den Klein- und Mittelbetrieben ab, in denen in allen drei Ländern zwei Drittel der Arbeitnehmer beschäftigt sind. Nach wie vor haben zudem in Deutschland Unternehmen im Familienbesitz eine große Bedeutung.[679] Selbst beim Weltmeister im Export, der die Bundesrepublik vor den USA und Japan den größten Teil der Zeit war, wird das weitaus meiste Geld im Inland verdient und auch dort ausgegeben. Auf dieser Grundlage haben die Großunternehmen, auf die wir uns konzentrierten, Spielraum für ihr Handeln.

Als Leitmotiv für die kommenden Wirtschaftsjahre nennt das *manager magazin*: «Großaktionäre schichten ihren milliardenschweren Beteiligungsbesitz um. Die alte Deutschland AG, das Geflecht aus Banken, Versicherungen und Industrie, zerfällt.» Damit würden aus mächtigen Unternehmen Kandidaten für mögliche feindliche Übernahmen. Als Beispiele werden genannt die Unternehmen Continental, DaimlerChrysler, MAN, Heideldruck, Metallgesellschaft, Preussag und sogar die sehr gut verdienende Bayer AG.[680] Die Begründung ist sehr einfach: Jedes Großunternehmen, das in verschiedenen Wirtschaftsbereichen tätig ist, hat Geschäftsfelder mit überdurchschnittlichem Ertrag und solche, die hinter den erfolgreichen zurückbleiben. Bei feindlicher Übernahme konzentriert der Käufer das übernommene Unternehmen auf die erfolgreichsten Geschäftszweige und verkauft die anderen. Übernahmeappetit wird insbesondere geweckt, wenn selbst sehr erfolgreiche Unternehmen stille Reserven gebildet haben, wie das deutscher Tradition entspricht. Das lädt den Übernehmenden dazu ein, die stillen Reserven als eigenes Kapital zu aktivieren, mit dem dann Gewinn bringend operiert werden kann.

Die treibende Kraft dieser Art von Wirtschaft sind Aktionärsgruppen, die nur an kurzfristiger Wertsteigerung interessiert sind. In einem solchen System würden nach dem leitenden Funktionär der Deutschen Angestellten-Gewerkschaft, Gerhard Renner, Firmen und ihre Mitarbeiter künftig nur noch «als Aktienpakete durch den Kapitalmarkt geistern».[681] Nun haben wir immer wieder betont, dass auch in einem Laissez-faire-Kapitalismus das Wirtschaften eingebettet ist in die jeweilige Gesellschaft. Werden die sozialen Kosten einer Wirtschaft zu groß, so wird mit Sicherheit – zumal in Deutschland – die gesellschaftliche Kontrolle über den Wirtschaftsablauf dazu herausgefordert, diese Entwicklung zu konterkarieren. Denn sie wird ja nur möglich, indem die sozialen Kosten von Unternehmen, die so wirtschaften wie oben beschrieben, nach außen abgewälzt (externalisiert) werden, worüber dann selbstverständlich nicht wirtschaftliche Instanzen zu befinden haben.

In unserem Zusammenhang ist eine andere Perspektive zentral: Die zitierten Visionen aus dem *manager magazin*, die ähnlich in den Wirtschaftsteilen der meisten Zeitungen zu finden sind, setzen das Geschehen an den Börsen implizit gleich mit den Vorgängen in der Wirtschaft insgesamt. Das ist aber auf doppelte Weise sachlich nicht gerechtfertigt. Zum einen läuft nur ein kleiner Teil aller Wirtschaftsvorgänge bzw. deren finanzielles Pendant über die Börsen. Und zum anderen haben Börsenkurse in dieser neuen Ökonomie zunehmend weniger mit realen Abläufen in der Wirtschaft zu tun. Schon seit Jahren kann man als Ökonom wissen, dass die Kursbewegungen an den Börsen Folge der Kursbewegungen sind und mit Vorgängen in der Wirtschaft, in der es um Waren und Dienstleistungen geht, nur begrenzt rückgekoppelt sind.

Das gilt erst recht für die Indikatoren, an denen sich die Börsianer orientieren, nämlich für Indices wie den Dow-Jones oder den Dax. Diese werden behandelt, als ob sie die Entwicklung der Wertpapiere insgesamt spiegelten, was ungerechtfertigt ist. Der Dow-Jones und der Dax geben die Entwicklung einiger Papiere wieder, deren Auswahl im Übrigen keineswegs repräsentativ für die Aktien insgesamt ist; vielmehr wird diesen in erheblichen internen Kämpfen festgelegten Werten von den Konstrukteuren solcher Indices eine besondere Signalwirkung zugeschrieben. Nach empirischen Untersuchungen ist auch das nicht gerechtfertigt. Die Börsenkurse orientieren sich mithin zunächst einmal nicht an der realen Ökonomie, sondern an den Gewinnorientierungen oder Verlustbefürchtungen, und diese haben sich längst gelöst von dem, was Firmen als realen Ertrag erwirtschaften können oder als Verlust einkalkulieren müssen, dem Kurs-Gewinn-Verhältnis (KGV). Aber nicht einmal die Kurse sind die wirkliche Orientierungsmarke; vielmehr sind es angebliche Indices über Kurse, die in erster Linie widerspiegeln, was Personengruppen an Börsenwerten ausgewählt haben. Diese Auswahl einer Auswahl von Wirtschaftsdaten als Orientierung für Entscheidungen zu nehmen, wäre am ehesten mit der Kennzeichnung «virtuelle Ökonomie» zu fassen.

Börsenkurse geben nicht reale Vorgänge wieder, sondern Erwartungen über wirkliche Abläufe. Tendenziell wird in den Erwartungen und Befürchtungen die spätere Wirklichkeit übertrieben. Das gilt aber in der modernen Wirtschaft keineswegs nur für die Börse. In seiner Analyse der Weltwirtschaftskrise führte John Maynard Keynes die Erwartungen als Richtgröße für Entscheidungen in die Theorie ein. Sofern überhaupt Wirtschaft in Bewegung ist, wird sie nach Keynes durch Erwartungen gesteuert, und je größer die Zeitspanne zwischen der Annahme einer Entwicklung und ihrem tatsächlichen Vollzug ist, desto bedeutsamer sind Erwartungen.

In Branchen wie der Automobil- oder der chemischen Industrie sind Planungsvorläufe von fünf Jahren von der Entscheidung für einen Kurs bis zu seiner Bewährung im neuen Produkt bzw. Angebot durchaus üblich. Heute ist im Wirtschaftsjournalismus verbreitet, die Dynamik insbesondere der Finanzströme als Folge der neuen Informationstechnologie zu verstehen. Das ist gewiss insofern richtig, als es um die Schnelligkeit geht, mit der eine Entscheidung mitgeteilt werden kann bzw. bekannt wird. Es ist jedoch völlig einseitig und damit auch falsch, wenn damit auf die Schnelligkeit von Abläufen in der Wirtschaft allgemein abgestellt sein soll. Hier wachsen die Spannen zwischen einer Entscheidung und ihrer Bewertung durch die Märkte eher noch.

Wird schließlich berücksichtigt, dass für viele Entscheidungen Entwicklungen in der Infrastruktur Voraussetzung sind, dann lässt sich als Regel begründen: Finanzentscheidungen werden immer schneller wirksam, Vorgänge in der real produzierenden Wirtschaft benötigen immer mehr Zeit. Daraus folgt: Die Steuerung des Wirtschaftssystems durch Erwartungen nimmt zu.

«Börse und Wirtschaft erweisen sich hierdurch als Teil der Moderne. Die Phantastik des modernen Lebens entspringt seiner Neigung, nicht Tatsachen, sondern die Erwartung von Erwartungen ins Zentrum sozialer Aufmerksamkeit zu stellen und am liebsten nicht Dinge, sondern Meinungen über Dinge zu beobachten.»[682] So gesehen zeigt die Wirtschaft in ihrer jüngsten Entwicklungsphase Gesamttendenzen zu einem virtuellen Leben lediglich in gesteigerter Form, aber nicht als losgelöste Eigengesetzlichkeit.

In Amerika ist alles bunter, schneller und extremer als in Deutschland, und dazu trägt entscheidend bei, dass in den USA das Bankensystem schwach – das gilt nicht für die Investmenthäuser, denen das eigentliche Bankgeschäft verboten ist –, der Kapitalmarkt aber beherrschend ist. 80 Prozent des Finanzbedarfs von Firmen werden in Amerika über den Kapitalmarkt gedeckt, bei uns aber 80 Prozent über das Kreditwesen. Den höchsten Anteil am Aktienvermögen in Deutschland halten mit fast einem Drittel die Unternehmen selbst. Private Haushalte halten nur insgesamt etwas weniger als ein Fünftel der Aktien; die Bedeutung der Investmentfonds ist noch geringer. Das Auf und Ab an den Börsen ist damit in Amerika für die Steuerung der Wirtschaft insgesamt zentral, in der Bundesrepublik aber nachrangig.

Verluste privater Anleger sagen sehr viel weniger über die Gesundheit der Wirtschaft aus als in den USA. Den Banken und insbesondere den Finanzinstitutionen ist dies selbstverständlich ein Ärgernis. So lässt der Bundesverband Deutscher Banken propagieren, dass Spekulation der Wirtschaft gut tut. «Spekulanten machen auf Schwachstellen im System aufmerksam und gehen Risiken ein. Für diese unternehmerische Funktion werden sie entweder mit Gewinn belohnt oder mit Verlusten bestraft. In einer freien Marktwirtschaft mit funktionsfähigen Börsen sind Spekulanten nützlich.»[683] Das gilt selbstverständlich nur für einen kleineren Teil der Spekulationen und überhaupt nicht für solche Produkte wie Derivate und hier speziell die Hedge-Fonds. Dass heute ausgerechnet Sparkassen mit dem immer wieder geschalteten Bild eines Spekulanten auf dem Börsenparkett werben, erzwingt die Frage: Warum haben sie dann noch den Status der Gemeinnützigkeit? Den hatten sie doch einmal bekommen, weil sie als Kasse des kleinen Mannes die vor allem an Großkunden interessierten Banken ergänzen sollten. Als Förderer von Spekulantentum haben sie aber denselben Charakter wie andere Finanzinstitutionen.

Die Akzentverschiebung in der Wirtschaft vom Produzieren zum Marketing, vom Marketing zu Dienstleistungen und innerhalb dieser zu den Finanzgeschäften hat einen Großteil des Wirtschaftens zu einer virtuellen Welt werden lassen. In dem damit entstandenen Freiraum für Entscheidungen der Manager haben dann betriebswirtschaftliche Erwägungen nicht mehr die vorrangige Bedeutung wie in der Wirtschaft überwiegend früher. Hinzu kommt ein weiteres, vielleicht sogar vorrangiges Moment: Unter diesen Bedingungen ist nicht mehr eindeutig bestimmbar, was rationales Handeln ist. Die Wirtschaftstheorie hatte bereits anstelle einer Erklärung von Handeln allgemein das rationale Handeln zum Gegenstand ihrer Analysen gemacht. Indem dann rationales Handeln gleichgesetzt wurde mit dem Maximieren wirtschaftlichen Vorteils, wurde die Modellbildung für Wirtschaftsabläufe einfacher – und die Distanz zur Wirklichkeit größer. Werden nun die Einheiten des Wirtschaftens so groß und komplex, wie es heute bei international tätigen Großunternehmen der Fall ist, so zerfällt wirtschaftlich rationales Handeln in die Rationalitäten verschiedener Akteure, die teilweise im Widerspruch zueinander entscheiden. Wir konnten zeigen, dass das, was für Jürgen Schrempp rational ist, nicht unbedingt zu tun hat mit dem, was Aktionäre als rational werten, und dies wiederum nicht notwendig übereinstimmt mit dem, was langfristig für die Firma Mercedes eine rationale wirtschaftliche Entscheidung wäre. In den Betrieben selbst und im Wirtschaftsprozess allgemein gibt es keine für alle Handelnden gemeinsame Nutzenkurve – sie würde erst wieder entstehen durch Grenzen, die sich aus veränderten Rahmenbedingungen ergeben. Je lockerer der Rahmen für das Handeln, je größer die Zahl der Alternativen, je mehr das Wirtschaften dem Casino-Kapitalismus entsprechend verläuft, desto unbestimmter ist, was im wirtschaftlichen Sinn eine Rationalität ist, die nicht nur auf die einzelnen Akteure bezogen bleibt.

Warum will DaimlerChrysler-Chef Schrempp die Nummer drei im Autobau der Welt werden? Würde er sich konzentrieren auf

Mercedes und auf das eingesetzte Kapital, dann würde das Unternehmen Daimler-Benz mehr und vor allem sicherer verdienen.

Warum wollte Kaiser Wilhelm II. zu England und Frankreich aufschließen und betrieb Kolonialismus als ein auf absehbare Zeit reines Verlustgeschäft? Doch nicht, damit es den Menschen in Deutschland besser ging, wenn unter «besser» deren Lebensstandard verstanden wird.

Warum subventionierten sowjetische Diktatoren wie Stalin und seine Nachfolger Nordkorea, Kuba, andere Armutsländer oder Abenteurer wie Lumumba im Kongo? Doch nicht, damit die UdSSR wirtschaftlich erfolgreicher würde.

In all diesen Fällen ging es nicht um materielle Vorteile, sondern um Macht. Auf dem Niveau materieller Saturiertheit, auf dem unsere Topmanager schon längst angekommen sind, geht es für viele nicht mehr um Handeln im Dienst einer Unternehmung und nicht einmal mehr vorrangig um den eigenen materiellen Vorteil – das auch –, sondern um Macht.

Allerdings muss man sich das Machtstreben auch leisten können. Dazu braucht man eine Kriegskasse, aus der eine Durststrecke bezahlt wird, in der das Machtstreben nur kostet. Anschließend kann sich dann Macht rentieren, weil man anderen Firmen, Personen oder Ländern die eigenen Bedingungen diktieren kann.

Fehlkalkulationen über die Eignung der Kriegskasse, das Machtstreben zu subventionieren, sind allerdings häufig, und die Durststrecke wird oft nach Beginn eines Kampfes um Macht immer länger.

Was hier für Personen oder Gruppen als Spielraum für Machtstreben skizziert wurde, gilt unter bestimmten Bedingungen auch für Unternehmen selbst. Selbstverständlich ist das Ziel von Wirtschaftseinheiten die Erhöhung der Rendite. Gibt es aber auf einem Territorium nur noch wenige Konkurrenten und gibt es auch eine Kriegskasse, dann eröffnet sich eine neue Alternative: sich mit den wenigen Mitbewerbern in einem Kartell zu organisieren (siehe das Ölgeschäft und unsere Elektrizitätswirtschaft) oder einen Verdrängungswettbewerb (survival of the fittest) zu beginnen. Für den letzteren Fall gelten nicht die Maßstäbe der Betriebswirtschaft, sondern die der Kriegsführung.

Um die «Managementtechnik» der Kriegsführung zur Maximierung von Macht zu erlernen, ist nicht etwa das Studium von Modellen wirtschaftlichen Verhaltens am besten geeignet. Erfolgversprechender ist es, wie beim Training für militärische Generalstäbe auch, in Fallstudien erfolgreiche und verfehlte Kriegszüge nachzuempfinden. So erklärt sich denn auch der Erfolg von Managementtraining, das am Generalstabsmodell orientiert ist, wie in Deutschland früher die Ausbildung in Bad Harzburg.

In den Top-Etagen der Großunternehmen sind Erhöhung der Rendite oder Maximierung von Macht zwecks Aufstieg in die Adelsklasse «weltbeachteter Global Players» oder auch Prestigemaximierung konkurrierende Ziele. Je nach Ziel und Situation gilt jeweils eine andere Rationalität.

Dass heute globales Handeln zu beobachten ist, ist keinesfalls ein neues Phänomen. Das gab es auch früher bei Rockefeller, Shell oder United Fruit. Und wie die amerikanische United Fruit Company den Karibikstaaten die eigenen Bedingungen aufzwingen konnte, sodass sich dann Macht wieder in Rendite auszahlte, so formieren sich die USA selbst als eine Art Allianz von militärischer Macht und Spekulationskapital, die sich seit Jahrzehnten über gewaltige Kapitalimporte von der Welt ihr Handelsdefizit und ihren Schuldenberg subventionieren lassen.

Wie in anderen Zeiten auch, so ist in der Gegenwart in Wirtschaft und Gesellschaft die Situation durchaus widersprüchlich. Anstelle von «Shareholder-Value» wird vielfach wieder mehr auf «Stakeholder-Value» als Kriterium für die Bewertung von Manager-Handeln gesetzt. Vom Verhalten eines Unternehmens sollen nicht nur Aktienerwerber als durchreisende Spekulanten profitieren, sondern auch Mitarbeiter, Kunden und die Gesellschaft. Heute bekennen sich Unternehmenschefs wie Ron Sommer, Eigentümer wie Heiner Kamps von der Großbäckerei Kamps AG, Manfred Maus als Gründer der Obi-Kette und der neue Präsident des Deutschen Industrie- und Handelstages, Ludwig Georg Braun, alle zum Stakeholder-Value. Nach Umfragen hat zudem immer eine Mehrheit der deutschen Manager ein Wirtschaften abgelehnt, das alle nachteiligen Folgen als Begleiterscheinung der Profitmaximierung externalisiert. Der Grundgedanke der sozialen Marktwirtschaft war die Sozialpflichtigkeit des Eigentums. Spekulationskapital genießt hiernach keinen Eigentumsschutz, weil es in einem inhaltlichen Sinn kein Eigentum ist.

Ziel einer Wirtschaftsordnung ist die Maximierung des Nutzens für eine Gesellschaft bzw. vorrangig ihre Bevölkerung. Dass einzelne Machtmenschen der Wirtschaft sich hier nicht einfügen mögen, ist selbstverständlich in einer Gesellschaft, in der Individualismus ein hoher Wert ist. Eine Selbstverständlichkeit muss aber auch sein, dass der Spielraum für solche Machtmenschen begrenzt bleibt. Werden der Mittelstand sowie die Klein- und Mittelbetriebe als wichtig für das Funktionieren der Wirtschaft und ganz besonders für ihre Innovationsfähigkeit erkannt, ist der soziale Frieden zwischen Arbeitnehmern und den wirtschaftlichen Machthabern ein hoher Wert, dann ist es wirtschaftspolitisch rational, dies als erhaltenswürdig zu behandeln.

Eine freie Wirtschaft als Wettbewerbsordnung im Dienst des Gemeinwohls und die Demokratie selbst sind ohne Gegensteuern gegen das Machtstreben von Personen, sind ohne Regeln für die Konkurrenz nicht überlebensfähig. So wie das Wirtschaftsgebaren sich bei den Großunternehmen der wirtschaftlich führenden Staaten in den neunziger Jahren entwickelt hat, kann es nicht weitergehen, ohne auf einen Crash zuzulaufen. Ohne eine neue Ordnungspolitik werden die Krankheitssymptome zunehmen. Pleiten des Managements sind solche Symptome: Sie haben die Fehlentwicklungen verstärkt, aber nicht verursacht.

# Anmerkungen

**1** J. Rogers Hollingsworth und Robert Boyer (Hg.): «Contemporary Capitalism – The Embeddedness of Institutions». Cambridge (UK) 1997
**2** Siehe hierzu Charles Hampden Turner und Alfons Trompenaars: «The Seven Cultures of Capitalism». New York 1993
**3** Vgl.: Gösta Esping-Andersen: «The Three Worlds of Welfare Capitalism». Cambridge (UK) 1990
**4** Grundlegend hierzu Niklas Luhmann: «Die Wirtschaft der Gesellschaft». Frankfurt 1988. Früher bereits das Standardwerk zu dieser Thematik von Talcott Parsons und Neil J. Smelser: «Economy and Society». New York 1956
**5** Kritisch zur Berufung auf Globalisierung zur Rechtfertigung von laissez faire äußert sich beispielsweise auch der Nobelpreisträger des Massachusetts Institute of Technology, Paul Krugman, in «Schmalspur-Ökonomie». Frankfurt 2000, S. 93 ff.
**6** Zu Letzterem siehe Erwin K. und Ute Scheuch: «Die Spendenkrise – Parteien außer Kontrolle». Reinbek 2000
**7** Mark Blaug: «Ugly Currents in Modern Economics». Conference on Realism in Economics, Rotterdam, 14.–15. 11. 1997 (Manuskript)
**8** Galbraith in einem Brief an die Londoner Times vom Dezember 1975
**9** Zur Entwicklung der Vorstellung vom «Homo oeconomicus» siehe Franz Ritzmann: «Wirtschaftswissenschaften als Hobbys und Beruf». Zürich 1999; darin «Zur Biographie des homo oeconomicus und seiner Moral», S. 343–390. Siehe auch Ulrich van Suntum: «Die unsichtbare Hand – ökonomisches Denken gestern und heute». Berlin 1999
**10** Reinhold Biskup und Rolf Hasse: «Das Menschenbild in Wirtschaft und Gesellschaft». Bad Soden 2000, S. 135–160
**11** Der Terminus technicus hierfür heißt «Ausschüttungsbeschränkung»
**12** Siehe Heinrich Best: «Die Männer von Besitz und Bildung». Düsseldorf 1990, insbesondere Kapitel 4
**13** Lothar Gail: «Krupp – der Aufstieg eines Industrieimperiums». Berlin 2000
**14** Joseph Schumpeter: «Theorie der wirtschaftlichen Entwicklung». 6. Aufl. 1964

15 Joseph Schumpeter: «Capitalism, Socialism, and Democracy». New York 1942

16 Gustav Schmoller: «Das Verhältnis der Kartelle zum Staate». In: Verhandlungen des Vereins für Socialpolitik Nr. 1 (1906), S. 249

17 Adolf A. Berle und Gardiner C. Means: «The Modern Corporation and Private Property». Unveränderte Neuauflage des damaligen Textes mit ausführlichen neuen Vorworten und statistischen Appendices: «Transaction Publishers». New Brunswick (USA) 1991. Alle anschließenden Zitate beziehen sich auf diese Veröffentlichung 1991.

18 ibid., S. LIII

19 James Burnham: «The Managerial Revolution». Westport (Ct): Greenwood Press 1941

20 Erwin K. Scheuch: «James Burnham». In: Georg W. Oesterdiekhoff (Hg.): «Lexikon der soziologischen Werke». Wiesbaden 2001

21 Berle und Means, op. cit., S. 303 ff.

22 ibid., S. XXII

23 R. Wippler: «Erklärung unbeabsichtigter Handlungsfolgen: Ziel oder Meilenstein soziologischer Theoriebildung». In: J. Matthes (Hg.): «Lebenswelt und soziale Probleme». Frankfurt: Campus 1981, S. 246–261

24 Volker Kunz: «Theorie des rationalen Handelns». Opladen: Leske + Budrich 1997, S. 53 ff.

25 Vgl. Hartmut Esser: «Soziologie», 6 Bde. Frankfurt: Campus 2000, hier Band 3: «Soziales Handeln», Abschnitt 3.2 – mit umfangreicher Bibliographie

26 Friedrich-Wilhelm Henning: «Das industrielle Deutschland 1914–1992». 9. Aufl. Paderborn 1997, S. 198

27 ibid.

28 Aus Telegraf vom 24. Juni 1947, zitiert nach «Neubeginn und Wiederaufbau 1945–1949», Ergänzung zu Heft Nr. 224 «Die Entstehung der Bundesrepublik Deutschland» der Informationen zur politischen Bildung, Bonn 1998, S. 7 f.

29 Arno Surminski: Einleitung. In: Frank Grube und Gerhard Richter: «Die Schwarzmarktzeit». Hamburg 1979, S. 7

30 Wolfgang Benz: «Wirtschaftsentwicklung von 1945 bis 1949». In: Informationen zur politischen Bildung Nr. 259/1998, S. 35–42, hier S. 40

31 «OMGUS – Ermittlungen gegen die Dresdner Bank», hier zitiert nach Rüdiger Liedtke: «Wem gehört die Republik? 2001. Konzerne und ihre Verflechtungen». Frankfurt/M. 2000, S. 185

32 Olaf Kappelt: «Die Entnazifizierung in der SBZ sowie die Rolle und der Einfluss ehemaliger Nationalsozialisten in der DDR als ein soziologisches Phänomen». Hamburg 1997

33 John Ardagh: «Germany and the Germans». London: 3rd Edition 1995

34 Werner Bührer: «Wirtschaft in beiden deutschen Staaten. Ökonomische Entwicklung der Bundesrepublik 1945 bis 1961». In: Informationen zur politischen Bildung Nr. 256/1997, S. 32–39, hier S. 32

35 Der Begriff war 1947 von Müller-Armack geprägt worden (Alfred Müller-Armack: «Wirtschaftslenkung und Marktwirtschaft». Hamburg 1947)
36 Johannes Berger: «Wirtschaftssystem». In: Bernhard Schäfer und Wolfgang Zapf: «Handwörterbuch zur Gesellschaft Deutschlands». Opladen 1998, S. 710–720, hier S. 713
37 Benz, op. cit., S. 40
38 Christian Graf von Krockow: «Die Deutschen in ihrem Jahrhundert 1890–1990». Reinbek 1990, S. 284
39 Bührer, op. cit., S. 32
40 Spiegel: «Zweite Welle». 51/1963, S. 27
41 Kurt Pritzkoleit: «Wem gehört Deutschland. Eine Chronik von Besitz und Macht». München-Wien-Basel 1957
42 Peter Hüttenberger: «Deutsche Gesellschaft 1945». In: Manfred Funke, Hans-Adolf Jacobsen, Hans-Helmuth Knütter und Hans-Peter Schwarz (Hg.): «Demokratie und Diktatur. Geist und Gestalt politischer Herrschaft in Deutschland und Europa». Schriftenreihe der Bundeszentrale für politische Bildung. Bd. 250, Bonn 1987, S. 316–330, hier S. 316
43 Erwin K. Scheuch: «Politischer Extremismus in der Bundesrepublik». In: Richard Löwenthal und Hans-Peter Schwarz (Hg.): «Die zweite Republik». Stuttgart-Degerloch 1974, S. 433–469, hier S. 441
44 Gebhard Schweigler: «Nationalbewusstsein in der BRD und der DDR». Cambridge/Mass. 1973, S. 177
45 Institut für Demoskopie in Allensbach (Frage jeweils: «Wann ist in diesem Jahrhundert für Deutsche die beste Zeit gewesen?»)
46 Reiner Geißler: «Die Sozialstruktur Deutschlands». Bonn: Bundeszentrale für politische Bildung, 2. Aufl. 1996, S. 51
47 Presse- und Informationsamt (Hg.): «Facts about Germany». Frankfurt: Societätsverlag 1998, S. 271f.
48 Spiegel, 51/1963, op. cit., S. 34 und S. 40
49 Kurt Pritzkoleit: «Männer – Mächte – Monopole». Düsseldorf 1953, S. 200
50 Pritzkoleit 1957, op. cit., S. 637
51 Harold Rasch: «Unternehmer und Manager. Wie man Erfolge macht und wie man scheitern kann. Die Lehren aus Leben und Werk von 25 Prominenten». Stuttgart-Degerloch 1967, Kapitel «Hugo Stinnes jun. Ganz wie der Papa». S. 230–238, hier S. 230f.
52 Pritzkoleit 1953, op. cit., S. 201
53 Hans Herzfeld: «Die moderne Welt 1789–1945. II. Teil: Weltmächte und Weltkriege». 4. ergänzte Auflage, Braunschweig 1970, S. 224
54 Reinhard Sturm: «Vom Kaiserreich zur Republik 1918/19». In: Informationen zur politischen Bildung Nr. 261/1998, S. 3-18, hier S. 10f.
55 Reinhard Sturm: «Zwischen Festigung und Gefährdung 1924–1929». In: Informationen zur politischen Bildung Nr. 261/1998, S. 32–47, hier S. 35
56 Pritzkoleit 1953, op. cit., S. 204

57 Pritzkoleit 1957, S. 384
58 ibid., S. 413
59 Pritzkoleit 1953, S. 202
60 ibid., S. 204
61 Pritzkoleit 1957, S. 413
62 ibid., S. 415
63 ibid., S. 429f.
64 ibid., S. 430
65 ibid., S. 419ff.
66 ibid., S. 427
67 ibid., S. 427f.
68 Rasch, op. cit., S. 235f.
69 ibid., S. 236
70 Spiegel 51/1963, op. cit., S. 37
71 Pritzkoleit 1957, op. cit., S. 510
72 Harold Rasch: «Unternehmer und Manager», op. cit., hier das Kapitel: «Carl F. W. Borgward. Der Techniker am falschen Platz», S. 62–69, hier S. 63
73 Ulrich Kubisch (unter Mitarbeit von Volker Janssen): «Borgward: ein Blick zurück auf Wirtschaftswunder, Werksalltag und einen Automythos». Berlin, 3. Auflage 1986, S. 112
74 Kubisch, op. cit., S. 112f.
75 Rasch, op. cit., S. 65
76 Kubisch, op. cit., S. 114
77 Spiegel: «Katastrophen-Dienstag». 7/1961, S. 17
78 So wurden beispielsweise bei Überkapazitäten des eines Werkes Aufträge an Fremdfirmen vergeben, obwohl eine eigene Konzernfirma Verluste durch freie Kapazitäten hinnehmen musste. Vorteile, die der gemeinsame Einkauf geboten hätte, blieben ungenutzt (Klaus Brandhuber: «Auch Isabella brachte dem genialen Autokonstrukteur kein Glück auf Dauer». Frankfurter Allgemeine Zeitung, 25. 7. 1988)
79 Frankfurter Rundschau: «Der letzte private Automobilbauer». 1. 8. 1963
80 Kubisch, op. cit., S. 116
81 Rasch, op. cit., S. 67 und S. 63
82 Spiegel: «Der Bastler». 51/1960, S. 52–66
83 Spiegel: «Denkzettel oder Denkmal». 26/1961, S. 24
84 Spiegel, 7/1961, op. cit., S. 18
85 ibid., S. 20
86 Weser-Kurier, 31. 1. 1961; Wilhelm Eberwein und Jochen Tholen: «Borgwards Fall: Arbeit im Wirtschaftswunder; Borgward, Goliath, Lloyd». Bremen 1987, S. 10
87 Kubisch, op. cit., S. 117
88 Spiegel, 7/1961, op. cit., S. 18
89 Kubisch, op. cit., S. 117

90 Süddeutsche Zeitung: «Nach dem Konkurs: Borgward rehabilitiert». 18. 11. 1966
91 Eberwein/Tholen, op. cit., S. 176
92 Das Vorstandsmitglied Dr. Leonhard Lutz der Kasseler Henschel-Werke hatte sich in einem persönlichen Schreiben an Semler ausdrücklich verbeten, dass dieser seine Verdienste um die vorausgegangene Henschel-Sanierung 1958 in ein allzu helles Licht rückte. (Spiegel: «Keine Post aus Texas». 33/1961, S. 19)
93 Eberwein/Tholen, op. cit., S. 180f.
94 Kubisch, op. cit., S. 118
95 Eberwein/Tholen, op. cit., S. 181f.
96 Kubisch, op. cit., S. 120
97 Eberwein/Tholen, op. cit., S. 183
98 Kubisch, op. cit., S. 119
99 ibid., S. 120
100 Spiegel: «Schinken mit Hautgout», 37/1961, S. 24
101 Eberwein/Tholen, op. cit., S. 186
102 Spiegel, 37/1961, op. cit., S. 25
103 Eberwein/Tholen, op. cit., S. 186
104 Munzinger-Archiv: Willy H. Schlieker, 1997
105 Harold Rasch: «Unternehmer und Manager», op. cit., hier das Kapitel: «Willy H. Schlieker: Wie gewonnen, so zerronnen», S. 213–219
106 Pritzkoleit 1957, op. cit., S. 662
107 Rasch, op. cit., S. 215
108 Pritzkoleit 1957, op. cit., S. 661
109 Munzinger, op. cit.
110 Rasch, op. cit., S. 219
111 Spiegel: Spiegel-Gespräch mit Willy H. Schlieker: «Gerüchte können töten». 51/1963, S. 40–44, hier S. 42
112 Rasch, op. cit., S. 213
113 Spiegel 51/1963, op. cit., S. 34
114 ibid., S. 31
115 Mancur Olson: «Aufstieg und Niedergang von Nationen. Ökonomisches Wachstum, Stagflation und soziale Starrheit». Tübingen 1985. Olson wählte als Titel für seine wirtschaftshistorische Analyse eine Variante des berühmtesten aller wirtschaftswissenschaftlichen Bücher, nämlich Adam Smith' «The Wealth of Nations».
116 Herbert Giersch, Karl-Heinz Paqué und H. Schmieding: «The Fading Miracle: Four Decades of Market Economy in Germany». Cambridge 1992
117 Siehe hierzu Klaus Stephan: «Die Schattenregierung – Daimler-Benz, die Deutsche Bank und die Macht in Deutschland». Reinbek 1990
118 Siehe hierzu Stein Rokkan u.a.: «Citizens, Elections, Parties». Oslo 1970
119 Erwin K. und Ute Scheuch: «USA – ein maroder Gigant?». Freiburg 1992

**120** «Verhandlungen des Ersten Deutschen Soziologentages vom 19.–22. Oktober 1910 in Frankfurt a. M.». Tübingen 1911, S. 41 f.
**121** ibid., S. 52 f.
**122** ibid., S. 60
**123** Philippe C. Schmitter und Gerhard Lehmbruch (Hg.): «Trends Towards Corporatist Intermediation». Beverly Hills/London 1979
**124** Arthur Benz: «Kooperativer Staat? Gesellschaftliche Einflussnahme auf staatliche Steuerung». In: Ansgar Klein und Rainer Schmalz-Bruns (Hg.): «Politische Beteiligung und Bürgerengagement in Deutschland». Bonn: Bundeszentrale für politische Bildung 1997, S. 88–113
**125** Philippe C. Schmitter und Gerhard Lehmbruch: «Patterns of Corporatist Policy Making». Beverly Hills 1982. Zur Anwendung auf die Bundesrepublik vergleiche David P. Conradt: «Germany». In: M. Donald Hancock et al. (Hg.): «Politics in Western Europe». Chatham (N. J.) 1993, S. 183–288
**126** Roland Czada: «Konjunkturen des Korporatismus: Zur Geschichte eines Paradigmenwechsels in der Verbändeforschung». In: Wolfgang Streeck (Hg.): «Staat und Verbände». PVS-Sonderheft 25/1994, S. 39
**127** Bernd Süllow: «Die gewerkschaftliche Repräsentation in öffentlichen Gremien – ein Beispiel für institutionalisierte korporative Interessenvermittlung». In: Soziale Welt, Jg. 32 (1981), S. 39–56
**128** Helmut Wiesenthal: «Die Konzertierte Aktion im Gesundheitswesen». Frankfurt 1981
**129** Fritz W. Scharpf: «Sozialdemokratische Krisenpolitik in Europa». Frankfurt 1987, u. a. S. 248
**130** Siehe hierzu auch Erwin K. und Ute Scheuch: «An den Krippen der Macht». Wochenendbeilage der Frankfurter Allgemeinen Zeitung, 24. 12. 1999, S. III
**131** Franz Bertsch: «Technical Inspection in Germany». Basis-Info, Inter nationes, Bonn, Nr. 32/2000
**132** Streeck und Schmitter sehen als charakteristisch für mediatisierende Institutionen die Notwendigkeit, der widersprüchlichen Logik zweier Umwelten zu entsprechen, und schlagen hierfür als Begriffe «Mitgliedschaftslogik» und «Einflusslogik» vor; Wolfgang Streeck und Phillippe C. Schmitter (Hg.): «Private Interest Government – Beyond Market and State». Beverly Hills 1985
**133** Ch. Sachße und F. Tennstedt (Hg.): «Soziale Sicherheit und soziale Disziplinierung. Beiträge zu einer historischen Theorie der Sozialpolitik». Frankfurt a. M., S. 16
**134** Holger Backhaus-Maul und Thomas Olk: «Intermediäre Organisationen als Gegenstand sozialwissenschaftlicher Forschung». In: Winfried Schmähl (Hg.): «Sozialpolitik im Prozess der deutschen Vereinigung». Frankfurt a. M. 1992, S. 91–132
**135** Gerhard Lehmbruch: «A Non-Competitive Pattern of Conflict Management in Liberal Democracies». In: Kenneth McRae (Hg.): «Consociational De-

mocracy – Political Accomodation in Segmented Societies». Toronto 1974, S. 90–97

**136** Die Erhebung ALLBUS («Allgemeine Bevölkerungsumfrage der Sozialwissenschaften» wird seit Mitte der siebziger Jahre als gemeinsames Vorhaben von ZUMA (Zentrum für Umfragen, Methoden und Analysen e. V. Mannheim) und dem Zentralarchiv für Empirische Sozialforschung Köln alle zwei Jahre erhoben. Die Ergebnisse der Erhebungen von 1980 bis 1998 sind wiedergegeben in «ALLBUS 1980 bis 1998». ALLBUS-Codebuch ZA-Nr. 1795

**137** J. F. Embree: «Thailand – A loosely Structured Social System». In: American Anthropologist, Bd. 52 Nr. 2 (1950), S. 183–191; ebenso H. D. Evers (Hg.): «Loosely Structured Social Systems – Thailand in Comparative Perspective». New Haven 1969; R. B. Glasman: «Persistence of Loose Coupling in Living Systems». In: Behavioral Science, Bd. 18 (1973), S. 83–98; K. E. Weick: «Educational Systems as loosely Coupled Systems». In: Administrative Science Quarterly, Bd. 21 (1976), S. 1-19; Erik Cohen: «Thai Society in Comparative Perspective». Bangkok 1991

**138** Scharpf 1987, op. cit.

**139** Spiegel: «Bankenkrach: ‹Die Bilder sind bedrückend›». 27/1974, S. 19

**140** Capital: «Das Bank-Geheimnis». 8/1974, S. 9

**141** Das öffentlich-rechtliche Bankinstitut konnte den Fehlbetrag durch Rückgriff auf seine Reserven aufbringen (Spiegel 27/1974, op. cit., S. 19)

**142** Spiegel: «Gespielt, getäuscht, gemogelt. Die Anatomie der Herstatt-Pleite (II)». 14/1975, S. 106

**143** Spiegel: «Gespielt, getäuscht, gemogelt. Die Anatomie der Herstatt-Pleite (I)». 13/1975, S. 124ff.

**144** Spiegel 13/1975, op. cit., S. 126

**145** Spiegel 27/1974, op. cit., S. 20

**146** Diese Regelung galt bis November 1973. Erst dann wurde der Kreditrahmen auf fünf Millionen Dollar, vier Wochen vor dem schließlichen Zusammenbruch auf eine Million gekürzt (Spiegel 13/1975, op. cit., S. 127)

**147** ibid., S. 132

**148** ibid., S. 134

**149** Spiegel: «Gespielt, getäuscht, gemogelt: Die Anatomie der Herstatt-Pleite (III)». 15/1975, S. 57

**150** Spiegel 13/1975, op. cit., S. 124

**151** Capital 8/1974, op. cit., S. 3

**152** Spiegel 14/1975, op. cit., S. 111

**153** Spiegel 13/1975, op. cit., S. 129

**154** Spiegel 14/1975, op. cit., S. 108

**155** Spiegel: «Niemand weiß, wer wem was gibt». 28/1974, S. 22 f.

**156** ibid., S. 24

**157** manager magazin: «Das ehrenhafte Komplott». 11/1974, S. 15

**158** Günter Wallraff und Bernt Engelmann beschrieben in ihrem 1973 erschienenen Buch «Ihr da oben – wir da unten», wie sehr sie das Betriebsklima im Gerling-Konzern als autoritär-feudalistisch empfanden.

159 manager magazin 11/1974, op. cit., S. 16
160 Munzinger 1991
161 Spiegel 27/1974, op. cit., S. 19
162 manager magazin 11/1974, op. cit., S. 17
163 ibid., S. 15 ff.
164 Frankfurter Allgemeine Zeitung: «Pflege der Landschaft». 25. 1. 2000, S. 16
165 Rainer Burchardt und Hans-Jürgen Schlamp (Hg.): «Flick-Zeugen». Reinbek (rororo aktuell) 1985, S. 11
166 ibid., S. 1
167 Zur Flick-Affäre und dem Ausgang des Untersuchungsausschusses siehe auch: Erwin K. und Ute Scheuch: «Die Spendenkrise – Parteien außer Kontrolle». Reinbek 2000
168 Capital: «Rolf Gerling: Frieden mit dem Übervater». 12/1990, S. 22
169 manager magazin: «‹Hall of Fame›. Laudatio: Hilmar Kopper über Hans Gerling». Juli 1999, S. 98 f.
170 Spiegel: «Gut getarnt im Dickicht der Firmen. Neue Heimat: Die dunklen Geschäfte von Vietor und Genossen». 6/1982
171 Spiegel: «Co op – umgebaut und ausgehöhlt». 42/1988
172 Franz Kusch: «Macht, Profit & Kollegen. Die Affäre Neue Heimat». Stuttgart 1986, S. 15 ff.
173 Der Hauptvertreter der Vorstellung, Genossenschaften seien das Instrument der Gemeinwirtschaft in einem so genannten freiheitlichen Sozialismus, war in der Nachkriegszeit Gerhard Weißer. Die Vorstellungen von Weißer zur Gemeinwirtschaft finden sich in der sozialwissenschaftlichen Diskussion über Genossenschaften bei W. W. Engelhardt und Theo Thiemeyer (Hg.): «Genossenschaft quo vadis?». Baden-Baden 1989
174 Spiegel 6/1982, op. cit., S. 94
175 Hans-Jürgen Schulz: «Die Ausplünderung der Neuen Heimat». Frankfurt a. M. 1987, S. 5 f.
176 Spiegel, 6/1982, op. cit., S. 94
177 ibid. S. 95
178 Kurt Hirche: «Der Koloss wankt? Die Gewerkschaftsunternehmen zwischen Anspruch und Wirklichkeit». Düsseldorf und Wien 1984, S. 111
179 Peter Scheiner und Hans Henning Schmidt: «Neue Heimat – Teure Heimat». Stuttgart-Degerloch 1974, S. 9
180 Kusch 1986, op. cit., S. 53
181 Nach Scheiner und Schmidt, op. cit., S. 51 ff.
182 ibid., S. 28
183 Schulz, op. cit., S. 10
184 ibid., S. 12

**185** Spiegel 6/1982, op. cit., S. 97
**186** ibid., S. 100 ff.
**187** Hirche, op. cit., S. 51
**188** Spiegel: «Vietor und die ‹so genannten reichen Leute›. Wie die Manager der Neuen Heimat in Berlin Geschäfte machten». 7/1982
**189** Spiegel 6/1982, op. cit., S. 99
**190** Vetter soll für seine Kapitalanlage seit 1976 Verlustzuweisungen erhalten haben, die höher als das eingesetzte Geld ausfielen. Das Abschreibungsmodell sah vor, dass der Anteil an der BGB-Gesellschaft zurückgegeben und dann die eingesetzte Summe voll zurückgezahlt werden konnte – ungeachtet der Steuervergünstigungen! (Hirche, op. cit., S. 50)
**191** Spiegel 7/1982, op. cit., S. 99
**192** Hirche, op. cit., S. 30
**193** Franz Kusch: «Die Milliarden-Jongleure. Unternehmer DGB vor der Pleite». Zürich und Wiesbaden 1990, S. 104
**194** Horst-Udo Niedenhoff: «Neue Heimat – neue Schwierigkeiten». In: Gewerkschaftsreport (gr) 7/1984, S. 29 f.
**195** Spiegel: «Neue Heimat – Helle Aufregung.» 9/1982, S. 113
**196** Spiegel 6/1982, op. cit., S. 94
**197** Hirche, op. cit., S. 58
**198** DGB Informationsdienst ID 4/82: «Dokumentation zu den Vorgängen um die Neue Heimat». 16. 3. 1982, S. 2
**199** ibid., S. 5 f.
**200** Spiegel: «Neue Heimat – Ende der Legende». 37/1982
**201** Spiegel: «Verlust verschleiert, Gewinn nach Bedarf». 17/1986, S. 93
**202** Spiegel: «Die Millionen von München. Affäre Neue Heimat: Der schwerste Fall». 20/1982 (Titelgeschichte)
**203** Hirche, op. cit., S. 30
**204** Spiegel: «‹Außerhalb meines Vorstellungsvermögens›». 6/1983, S. 59
**205** Hirche, op. cit., S. 36
**206** Spiegel, 37/1982, op. cit., S. 116 f.
**207** «‹Wir können nicht einfach zur Tagesordnung übergehen›. Als die Neue Heimat den Besitzer wechselte: Ein Ereignis im Spiegel von Zitaten». Dokumentation gr 7/1986, S. 6
**208** ibid., S. 10
**209** Günter Schifferer: «Politische Skandale und Medien. Der Fall Neue Heimat». Hamburg 1988, S. 202
**210** Kusch 1990, op. cit., S. 105 f.
**211** Spiegel: «Ohne Geschrei». 22/1989, S. 118–123
**212** Unternehmer: «Die Wahrheit kommt doch ans Licht». 6/1990, S. 18–20
**213** Stuttgarter Zeitung: «Der Verurteilte ist stolz auf seine Management-Fähigkeiten». 15. 6. 1993
**214** Spiegel: «Klare Fährte nach Vaduz». 8/1992, S. 113

215 Spiegel: «‹Es war eben alles nur ein Luftgebilde›». 20/1989, S. 118
216 ibid.
217 Spiegel: «Dicht an der Wahrheit». 23/1991, S. 123
218 Spiegel: «Heiße Luft und Schweigegeld». 17/1991, S. 122
219 Kusch 1990, op. cit., S. 91 f.
220 Spiegel, 42/1988, op. cit., S. 142
221 Spiegel 23/1991, op. cit., S. 123
222 ibid.
223 Spiegel, 20/1989, op. cit., S. 120
224 ibid.
225 ibid, S. 122
226 Kusch 1990, op. cit., S. 95-98
227 ibid., S. 122 f.
228 Spiegel: «Alles erster Klasse». 1/1989, S. 78
229 Spiegel, 17/1991, op. cit., S. 122
230 Spiegel: «‹Die haben ganz schön mitgefuddelt›». 33/1989, S. 90
231 Spiegel 17/1991, op. cit., S. 123
232 ibid.
233 Spiegel: «Co op: ‹Wir brauchen noch 600 Millionen›». 8/1989, S. 102 f.
234 Spiegel: «Ich war nicht der Drahtzieher». 36/1989, S. 127
235 Spiegel 8/1992, op. cit., S. 115 ff.
236 Spiegel 42/1988, op. cit., S. 153
237 Spiegel 33/1989, op. cit., S. 84 f.
238 Spiegel 8/1992, op. cit., S. 124
239 Spiegel 33/1989, op. cit., S. 91
240 Spiegel 20/1989, op. cit., S. 114
241 Spiegel: «Große Sauerei». 3/1989, S. 78
242 Spiegel 1/1989, op. cit., S. 76 ff.
243 Spiegel 20/1989, op. cit., S. 114
244 Spiegel 36/1989, op. cit., S. 127
245 Spiegel: «Co op. Otto will auspacken». 49/1989, S. 126
246 Stuttgarter Zeitung, 15. 6. 1993, op. cit.
247 Spiegel: «Den Anzug versaut». 27/1993, S. 88
248 Süddeutsche Zeitung: «Ungewöhnliches Ende einer erstaunlichen Karriere». 15. 6. 1993
249 Spiegel 27/1993, op. cit., S. 88
250 Munzinger, op. cit.
251 Spiegel: «Wirtschaftsflüchtlinge». 21/1995, S. 98
252 Frankfurter Allgemeine Zeitung: «Alfons Lappas: Das Geld war nicht für mich». 22. 2. 1994, S. 13; Frankfurter Allgemeine Zeitung: «Die Co-op-Affäre bleibt im dunkeln». 22. 2. 1994, S. 13
253 Stuttgarter Zeitung, 15. 6. 1993, op. cit.
254 Wirtschaftswoche: «Eine Epoche geht zu Ende». 46/1986, S. 182-189

255 Süddeutsche Zeitung: «Die letzte Dämmerung der Lichtgöttin». 4. 6. 1996

256 Frankfurter Allgemeine Zeitung: «Laokoon und die Sanierer». 3. 11. 1981

257 Süddeutsche Zeitung: «Vom Aufstieg und Niedergang der AEG». 11. 8. 1982, S. 22

258 Spiegel: «‹Wat is denn, wenn die Mutter AEG absäuft?›». 16. 8. 1982; Zeit: «Auch Riesen können sterben». 13. 8. 1982; Stern: «Lasst sie doch pleite gehen!». 26. 8. 1982

259 Liedtke, 2001, op. cit., S. 140 f.

260 Frankfurter Allgemeine Zeitung: «Das Ende des Elektrokonzerns AEG ist nun endgültig besiegelt». 7. 6. 1996

261 Pritzkoleit 1953, op. cit., S. 283

262 Süddeutsche Zeitung, 11. 8. 1982, op. cit.

263 Pritzkoleit 1953, op. cit., S. 283

264 ibid., S. 287

265 ibid., S. 288

266 ibid., S. 290

267 Zeit: «Manager-Inzucht schwächt den Riesen». 14. 3. 1975

268 Frankfurter Allgemeine Zeitung: «‹Irgendwo müssen Sie hier nicht mit der Zeit gegangen sein›». 7. 11. 1974

269 Spiegel, 16. 8. 1982, op. cit; Süddeutsche Zeitung, 11. 8. 1982, op. cit.

270 Spiegel, 16. 8. 1982, op. cit.

271 Frankfurter Allgemeine Zeitung, 7. 11. 1974, op. cit.; Zeit, 14. 3. 1975, op. cit.

272 Zeit, 14. 3. 1975, op. cit.

273 Frankfurter Allgemeine Zeitung: «Die AEG hat die technische Entwicklung entscheidend bestimmt». 7. 6. 1996.

274 Süddeutsche Zeitung, 11. 8. 1982, op. cit.

275 Zeit, 14. 3. 1975, op. cit.

276 Stern, 26. 8. 1982, op. cit.

277 Zeit: «Der Buhmann geht». 7. 12. 1979

278 Süddeutsche Zeitung, 11. 8. 1982, op. cit.

279 Zeit: «Schwätzer in der ‹schwersten Stunde›». 18. 1. 1980

280 Zeit: «Vom Schwanz her aufgezäumt». 18. 1. 1980

281 Frankfurter Allgemeine Zeitung: «Fünf Minuten vor Mitternacht war die Sensation perfekt». 17. 1. 1980. Das war aber gerade ein großer Teil des Problems.

282 Spiegel, 16. 8. 1982, op. cit.

283 Spiegel: «Gehört zum Alltag». 24. 10. 1980

284 Spiegel: «Wie Polen». 26. 10. 1981

285 Spiegel: «Es geht nicht». 5. 9. 1981

286 Spiegel: «Härtester Poker». 24. 5. 1983

287 Spiegel, 5. 9. 1981, op. cit.

288 Spiegel, 16. 8. 1982, op. cit.
289 ibid.
290 Süddeutsche Zeitung: «‹Habe Ludewig ausdrücklich auf die Problematik hingewiesen›». 10. 7. 2000
291 Frankfurter Allgemeine Zeitung: «Der andere Skandal». 14. 1. 2000, S. 13
292 Dirk Nolte: «Zwischen Privatisierung und Sanierung – Die Arbeit der Treuhandanstalt». In: WSI Materialien Nr. 32. Düsseldorf 1993; Rudolf Hickel und Jan Priewe: «Nach dem Fehlstart. Ökonomische Perspektiven der deutschen Einigung». Frankfurt 1994
293 So das Handelsblatt, 8. 1. 2001, S. 6
294 «Arbeitszeit 99». In: ISO-Informationen Nr. 10, 1999, S. 7
295 Die Angaben beruhen auf einer repräsentativen Umfrage im Oktober 1999. Vgl. «Mobilität und flexible Erwerbsbiographien im Urteil der Bevölkerung». In: FIO-Brief (= Forschungsinstitut für Ordnungspolitik). Köln, Jg. 3, März 2000, S. 1-7
296 Manfred Röber und Elke Löffler: «Germany – The Limitations of Flexibility Reforms». In: David Farnham und Sylvia Horten (Hg.): «Human Resources Flexibilities». London 2000, S. 115–134
297 Institut der Deutschen Wirtschaft *(idw)*: «Deutschland im globalen Wettbewerb – internationale Wirtschaftszahlen 2001». Köln 2001, S. 5
298 Statistisches Bundesamt (Hg.): «Datenreport 1999», Bonn 2000
299 Kölnische Rundschau: «Das Jahrzehnt der Gründer». 10. 1. 2001 (Quelle: Creditreform Wirtschafts- und Konjunkturforschung)
300 Handelsblatt: «Zahl der Firmenpleiten bleibt in Deutschland auf hohem Niveau». 16. 1. 2001 (Stand: Dezember 2000; Zahlen für 2000: Hermes-Schätzung – Quelle: Hermes Kreditversicherungs-AG)
301 Hermann Remsperger: «Is There a New Economy in Germany?». Manuskript, S. 3. Remsperger hielt als Mitglied des Direktoriums der Deutschen Bundesbank diesen Vortrag am 20. 3. 2000 in New York City.
302 iwd 2001, op. cit., S. 58 (1999: Schätzung; Quelle: BIZ)
303 Frankfurter Allgemeine Zeitung: «Große Fusionen lassen viele neue Unternehmen in Deutschland entstehen». 28. 12. 1998, Nr. 300, S. 18 (Quelle: M + A International GmbH)
304 Kritisch zur Deregulierungspolitik in Deutschland ist der «Wirtschaftsweise» Jürgen B. Donges: «Die Wirtschaftspolitik im Spannungsverhältnis von Regulierung und Deregulierung». In: Ordo (Jahrbuch für Ordnung von Wirtschaft und Gesellschaft), Jg. 48 (1997), S. 201–217
305 Institut der Deutschen Wirtschaft Köln: «Zahlen zur wirtschaftlichen Entwicklung der Bundesrepublik Deutschland – 1998», Köln 1998, S. 80 (ab 1991 Angaben für Gesamtdeutschland)
306 Spiegel: «Fast geflennt». 1/1994, S. 72 f.
307 Spiegel: «Der Pleite-König». 16/1994, S. 22
308 Spiegel: «Gemogelt und verloren». 27/1996, S. 93

309 Schneider, op. cit., S. 336
310 Spiegel: «‹Auch Wunder gibt es manchmal›». 41/1997, S. 95
311 Spiegel: «‹Erfolg mit großem Blöff›». 28/1996, S. 84
312 Schneider, op. cit., S. 33, S. 48 und S. 55
313 ibid., S. 45 und S. 53 ff.
314 Reiner Scholz: «Korruption in Deutschland. Die schmutzigen Finger der öffentlichen Hand». Reinbek 1995, S. 67. Scholz belegt in seinem Kapitel «Werden Sie Betonsanierer» mit vielen Details das, was Schneider als alltägliche Erfahrungen in seinen «Lehrjahren» wiedergibt (Schneider, op. cit., S. 64–74).
315 Schneider, op. cit., S. 56 f.
316 Spiegel, 28/1996, op. cit., S. 84
317 Schneider, op. cit., S. 71 f.
318 ibid., S. 238
319 Spiegel, 28/1996, op. cit., S. 87 f.
320 Schneider, op. cit., S. 79 und S. 85
321 Spiegel, 41/1997, op. cit., S. 91
322 Schneider, op. cit., S. 263
323 Spiegel, 28/1996, op. cit., S. 90
324 Schneider, op. cit., S. 95
325 ibid., S. 357
326 ibid., S. 86
327 Spiegel, 16/1994, op. cit., S. 26 f.
328 Schneider, op. cit., S. 266 f. und S. 277
329 ibid., S. 108 f.
330 ibid., S. 256 ff. und S. 340 ff.
331 Spiegel, 27/1996, op. cit., S. 102
332 Schneider, op. cit., S. 250
333 ibid., S. 90. Neumann sprach in diesem Sinn vor Gericht von einem «Schätzgutachten», das er vorgelegt habe (ibid., S. 249).
334 ibid., S. 272 ff.
335 ibid., S. 261 ff.
336 ibid., S. 148
337 ibid., S. 271
338 Spiegel, 16/1994, op. cit., S. 24
339 Spiegel: «Heimkehr des müden Löwen». 9/1996, S. 101
340 Spiegel 27/1996, op. cit., S. 103
341 Schneider, op. cit., S. 278; Spiegel, 28/1996, op. cit., S. 91
342 Spiegel: «Des Schneiders neue Kleider». 28/1997, S. 84
343 Schneider, op. cit., S. 143
344 ibid., S. 341
345 Spiegel 16/1994, op. cit., S. 25 f.
346 Schneider, op. cit., S. 145 ff.
347 Die BHF-Bank in Frankfurt war in einem anderen Zusammenhang in

Misskredit geraten: Sie hatte den Kauf australischer Schuldpapiere empfohlen, die sie selbst für insgesamt 325 Millionen Mark erworben hatte. Die Papiere erwiesen sich als wertlos. Der Bundesgerichtshof verurteilte 1993 die BHF-Bank, den durch sie Geschädigten Geld plus Zinsen zurückzuerstatten (Hans Georg Möntmann: «Raubritter in Glaspalästen. Obskure Praktiken in der Kreditwirtschaft». Wien 1993, S. 104)

348 Spiegel: «Prügel für den Primus». 17/1994, S. 102
349 Schneider, op. cit., S. 316, S. 319 und S. 320–323
350 Spiegel 28/1996, op. cit., S. 98
351 Spiegel 16/1994, op. cit., S. 22 f.
352 Schneider, op. cit., S. 240
353 Spiegel 16/1994, op. cit., S. 24
354 Schneider, op. cit., S. 339 und S. 279
355 ibid., S. 241 f.
356 Liedtke 1994, op. cit., S. 295
357 Spiegel: «Am Rande des Ruins». 2/1994, S. 68–70
358 Spiegel: «Das Werk von Amateuren». 42/1994, S. 127
359 Die Dresdner Bank hielt 12, die Deutsche Bank 10 Prozent der MG-Aktien; heute beträgt ihr Anteil an der in «mg technologies» umbenannten Gesellschaft 9,5 bzw. 9,1 Prozent der Aktien (Liedtke 2001, op. cit., S. 327)
360 Spiegel, 42/1994, op. cit., S. 126
361 Spiegel: «‹Wir wurden getäuscht›». 47/1994, S. 99
362 Liedtke 2001, op. cit., S. 331
363 Frankfurter Allgemeine Zeitung: «Neukirchens ewige Baustelle». 11. 7. 2000. In diesem Kommentar werden die erheblichen Schwierigkeiten, mit denen die Metallgesellschaft unter ihrem Vorsitzenden Neukirchen im Jahre 2000 zu kämpfen hatte, aufgelistet.
364 Spiegel, 42/1994, op. cit., S. 128
365 Thomas Knipp: «Der Machtkampf – Der Fall Metallgesellschaft und die Deutsche Bank». München 1998
366 Biografische Datenbank/Munzinger: «Heinz Schimmelbusch». 12. 10. 2000
367 Frankfurter Allgemeine Zeitung: «Die Sonderprüfer der MG melden sich noch einmal zu Wort». 23. 3. 1995, S. 21
368 Spiegel, 47/1994, op. cit., S. 98
369 Spiegel, 42/1994, op. cit., S. 131
370 Munzinger: Schimmelbusch, op. cit.
371 Welt am Sonntag: «Friedel Balsam gibt nicht auf». 1. 10. 2000, S. 71
372 Frankfurter Allgemeine Zeitung: «Vom Balsam-Debakel stark betroffen». 8. 6. 1994, S. 18
373 Welt am Sonntag, 1. 10. 2000, op. cit.
374 Spiegel: «‹Irgendwo steckt noch Geld›». 36/1999, S. 108 f.; Frankfurter Allgemeine Zeitung: «Der Abgetauchte ist aufgetaucht». 29. 3. 2000 (Das Werk

Schlienkamps, quasi eine Handlungsanleitung für Möchtegern-Betrüger, ist unveröffentlicht geblieben.)
**375** Süddeutsche Zeitung: «Haftstrafen im Balsam-Prozess verhängt». 1. 6. 1999
**376** Welt am Sonntag, 1. 10. 2000, op. cit.
**377** Frankfurter Allgemeine Zeitung: «Kein Balsam». 8. 6. 1994, S. 15
**378** Frankfurter Allgemeine Zeitung: «Staatsanwälte decken Milliarden-Betrug auf» und «Zeitweise sogar den Börsengang im Sinn». 8. 6. 1994
**379** Scheuch/Scheuch 2000, S. 69–87 (Kapitel: «Der Elf-Leuna-Deal»)
**380** Frankfurter Allgemeine Zeitung: «Untätige Staatsanwälte, gutgläubige Minister». 1. 3. 1993, S. 3 und «Rau hält an Justizminister Krumsiek fest». 26. 4. 1995
**381** Kölner Stadt-Anzeiger: «Auch bei Balsam waren die Banken vertrauensselig». 25./26. 3. 1995, S. 11
**382** Spiegel, 36/1999, op. cit., S. 108
**383** Kölner Stadt-Anzeiger: «Betrüger von Fischen gefressen?». 21. 9. 1999, S. 25; Süddeutsche Zeitung: «Chronik des Balsam-Prozesses». 21. 9. 1999
**384** Frankfurter Allgemeine Zeitung: «Der Balsam-Aufsichtsrat muss haften». 1. 12. 1999
**385** Munzinger: Friedrich Hennemann. 10/1996
**386** Frankfurter Rundschau: «Untersuchungsausschuss enthüllt Geheimverträge». 17. 10. 1996
**387** Munzinger: Hennemann, op. cit.
**388** Süddeutsche Zeitung: «‹Träumtänzer in der Werftenlandschaft›». 20. 9. 2000, S. 31
**389** Welt: «Der erloschene Vulkan». 8. 9. 1999, S. 3
**390** Süddeutsche Zeitung, 20. 9. 2000, op. cit.
**391** Munzinger, op. cit.
**392** Welt: «Hennemann: Politik ist schuld». 6. 11. 1996
**393** Welt: «‹Hennemanns Märchenstunde›». 7. 11. 1996
**394** Spiegel: «‹Ich vertraue dem Gericht›». 45/2000, S. 150
**395** Frankfurter Rundschau: «Jahrelange Haft für Ex-Vulkan-Manager gefordert». 19. 9. 2000, S. 1
**396** Frankfurter Allgemeine Zeitung: «Friedrich Hennemann spricht nur noch durch seinen Anwalt». 4. 10. 1996
**397** Frankfurter Rundschau: «Hennemann-Anwalt wirft Behörde Lügen vor». 27. 9. 2000, S. 10
**398** Spiegel, 45/2000, op. cit., S. 152
**399** Frankfurter Rundschau, 27. 9. 2000, op. cit.
**400** Frankfurter Rundschau: «Die Fakten sind weitgehend klar – strittig ist die Bewertung». 8. 9. 1999, S. 16
**401** Frankfurter Rundschau, 27. 9. 2000, op. cit.; siehe auch Süddeutsche Zeitung, 20. 9. 2000, op. cit.

402 Spiegel 45/2000, op. cit., S. 152
403 Kölner Stadt-Anzeiger: «Hennemann vor Gericht». 7. 9. 1999, S. 32
404 Spiegel, 16/1994, op. cit., S. 30
405 Handelsblatt: «Der Ernstfall». 4. 12. 2000, S. 14
406 Frankfurter Allgemeine Zeitung: «Roland Ernst, Projektentwickler und Mäzen». 20. 5. 2000, S. 17
407 Handelsblatt, 4. 12. 2000, op. cit.
408 Frankfurter Rundschau: «Schulden sind höher als angenommen». 5. 10. 2000, S. 13
409 Frankfurter Allgemeine Zeitung: «Der Bauträger Roland Ernst meldet Insolvenz an». 20. 5. 2000, S. 13.
410 Frankfurter Allgemeine Zeitung: «Roland Ernst, Projektentwickler und Mäzen». op. cit.
411 Handelsblatt, 4. 12. 2000, op. cit.
412 Liedtke 1994, op. cit., S. 224
413 Frankfurter Rundschau: «Hochtief – ein langer Weg ‹vom Baumeister zum Systemführer›». 5. 10. 2000, S. 13
414 Liedtke 2001, op. cit., S. 267
415 Liedtke 1994, op. cit., S. 221
416 Liedtke 2001, op. cit., S. 269
417 Focus: «Kriminelle am Bau». 47/1999, S. 338
418 Focus 47/1999, op. cit., S. 338
419 Spiegel: «Riskante Rettung». 48/1999, S. 117 f.
420 Focus, 47/1999, op. cit., S. 336
421 Spiegel 48/1999, op. cit., S. 117 f.
422 Spiegel: «‹Gigantische Täuschung›». 33/2000, S. 83 f.
423 Spiegel: «Wir zeigen es denen». 48/1999, op. cit., S. 31
424 Berliner Zeitung: «Neun Monate nach Schröders Hilfe droht Holzmann wieder Unheil». 1. 9. 2000, S. 1
425 Frankfurter Allgemeine Zeitung: «Bundesverdienstkreuz für Mahneke». 8. 3. 2001, S. 27
426 Handelsblatt: «Monti billigt Beihilfen für Holzmann». 28. 4. 2001, S. 15
427 Süddeutsche Zeitung: «Holzmann sieht sich auf dem richtigen Weg». 28. 7. 2001, und Frankfurter Allgemeine Zeitung: «Holzmann erwartet trotz hoher Verluste im Halbjahr einen Gewinn für 2000». 28. 7. 2001
428 Süddeutsche Zeitung, 28. 10. 2000, op. cit.
429 Spiegel, 48/1999, op. cit., S. 118
430 Tagesspiegel: «Holzmann-Sanierung dauert länger als erwartet». 1. 9. 2000, S. 24
431 Tagesspiegel: «Holzmann in Fesseln der Deutschen Bank». 1. 9. 2000, S. 1; Spiegel, 33/2000, op. cit., S. 84:
432 Focus: «Rechenkünstler». 31/2000, S. 173
433 Handelsblatt: «Enttäuschte Liebe». 10./11. 11. 2000. Wenigstens für

Gevaert war der Fehlgriff aufzufangen: Der Verlust konnte dank der Wertsteigerung anderer Beteiligungen, insbesondere bei Agfa-Gevaert, weitgehend abgeschrieben werden. Seit dem 23. 2. 2001 haben sich Richter nun mit der Klage Leysens gegen die Deutsche Bank zu befassen. Er fordert von der Deutschen Bank und Holzmann die Rückzahlung der rund 400 Millionen DM, die er für sein Aktienpaket gezahlt hatte (Handelsblatt: «Gevaert contra Deutsche Bank», 23./24. 2. 2001, S. 24)

**434** manager magazin: «Die reichsten Deutschen». 1/2001, S. 68

**435** Spiegel, 17/1994, op. cit., S. 100

**436** Focus: «‹Eine feine Pleite›. Insolvenzverwalter Gerhard Walter über die diskrete Abwicklung des Schneider-Konkurses». 16/1995, S. 260

**437** Spiegel, 17/1994, op. cit., S. 103

**438** Frankfurter Allgemeine Zeitung: «Bewährungsfrist für KHD». 7. 2. 1995, Liedtke 2001, op. cit., S. 155

**439** Stuttgarter Zeitung: «Nur Populisten werfen Steine auf die Glaspaläste» (Klaus Dieter Oehler). 21. 4. 1994

**440** Spiegel: «‹Peanuts› im Brunnen. Spiegel-Reporter Joachim Preuss über das Image der Deutschen Bank und ihren Chef, Hilmar Kopper». 2. 5. 1994

**441** Frankfurter Allgemeine Zeitung: «Flowtex-Gläubiger melden 3,6 Milliarden Mark Forderungen an», 24. 5. 2000, S. 30; Kölner Stadt-Anzeiger: «FlowTex: 4000 Leute nur auf dem Papier?» 18. 2. 2000

**442** Handelsblatt: «Wie die KPMG bei Flowtex in der Bilanz bohrte». 22. 2. 2001, S. 16; Frankfurter Rundschau: «Ein äußerst einfallsreicher Schrotthändler». 19. 2. 2000

**443** Handelsblatt: «Die Milliarden-Jagd». 29. 9. 2000

**444** Financial Times Deutschland: «Betriebsprüfer. Steuerfahnder. Mitwisser?» 9. 1. 2001

**445** Süddeutsche Zeitung: «Parteien zahlen Spenden an FlowTex zurück». 3./4. 3. 2001, S. 26

**446** Handelsblatt: «Das Ende eines badischen Mittelstands-Märchens». 16. 2. 2000

**447** Bild: «Herr Schmider, der Milliarden-Hamster». 18. 2. 2000, S. 7; Frankfurter Rundschau, 19. 2. 2000, op. cit.; Süddeutsche Zeitung: «Villen und Konten bei FlowTex». 24./25. 6. 2000

**448** Spiegel: «‹Europäisches Powerhaus›», 11/2000, S. 109

**449** Spiegel: «Enttäuschte Manager». 12/2000, S. 105. Die «Bank 24» sollte in Zukunft die kleineren Konten der Deutschen Bank führen.

**450** Süddeutsche Zeitung: «Geplant, geplatzt und eine Blamage mit Folgen». 6. 3. 2001, S. 27

**451** Liedtke 2001, op. cit., S. 153

**452** Süddeutsche Zeitung, 6. 3. 2001, op. cit.

**453** Frankfurter Allgemeine Zeitung: «Großes Stühlerücken im Vorstand der Dresdner Bank». 15. 4. 2000, S. 16

**454** Süddeutsche Zeitung, 6. 3. 2001, op. cit.
**455** Süddeutsche Zeitung: «Diplomatisch im Auftritt, beinhart in der Sache». 22. 9. 2000
**456** Frankfurter Allgemeine Zeitung: «Das Beben in den Banken». 7. 4. 2000, S. 13
**457** Handelsblatt: «Auf dem Weg nach oben». 22./23. 9. 2000
**458** Handelsblatt: «Ende eines Traums». 28. 12. 2000, S. 12
**459** Wirtschaftswoche: «Die wahren Chefs». 13. 4. 2000, S. 87
**460** Liedtke, 2001, op. cit., S. 152
**461** manager magazin: «Alles oder nichts». 7/2000, S. 145 f.
**462** Wirtschaftswoche, 13. 4. 2000, op. cit.
**463** manager magazin 7/2000, op. cit.
**464** Wirtschaftswoche, 13. 4. 2000, op. cit., S. 87 f.
**465** manager magazin, 7/2000, op. cit.; Welt am Sonntag: «Bei Goldman Sachs blättert der Lack». 30. 4. 2000, S. 63
**466** Zeit: «Das Schlachtengemälde». 13. 4. 2000, S. 23
**467** Wirtschaftswoche, 13. 4. 2000, op. cit., S. 88
**468** Zeit, 13. 4. 2000, op. cit.
**469** Spiegel, 12/2000, op. cit., S. 105
**470** Spiegel, 11/2000, op. cit., S. 108
**471** Frankfurter Allgemeine Zeitung: «Walter tritt als Chef der Dresdner Bank zurück». 7. 4. 2000, S. 13
**472** manager magazin, 7/2000, op. cit.
**473** Süddeutsche Zeitung, 6. 3. 2001, op. cit.
**474** Süddeutsche Zeitung: «Chronologie einer Annäherung». 14. 9. 2000, S. 28
**475** Woche: «Schweden-Happen». 1. 9. 2000
**476** Süddeutsche Zeitung, 14. 9. 2000, op. cit.
**477** Süddeutsche Zeitung: «Euronext reagiert kühl auf Seiferts Angebot». 18. 7. 2000, S. 26
**478** Frankfurter Allgemeine Zeitung: «Börsen-Chef zwischen Glück und Unglück». 14. 9. 2000, S. 27
**479** Süddeutsche Zeitung, 14. 9. 2000, op. cit.
**480** Frankfurter Allgemeine Zeitung: «Börsen-Chairman zwischen vielen Stühlen». 14. 9. 2000, S. 27
**481** Frankfurter Allgemeine Zeitung: «Verärgerung in London nach dem Scheitern der Börsenfusion». 14. 9. 2000, S. 17
**482** Handelsblatt: «Breuers Abschied auf Raten» und: «Auf dem Weg nach oben». 22./23. 9. 2000
**483** Süddeutsche Zeitung: «Neuer Chef für die Deutsche Bank». 22. 9. 2000, S. 25
**484** Erwin K. und Ute Scheuch: «Bürokraten auf den Chefetagen». Reinbek 1995

**485** Frankfurter Allgemeine Zeitung: «Josef Ackermann darf den Thron besteigen». 22. 9. 2000, S. 21
**486** Frankfurter Allgemeine Zeitung: «Rolf Breuer macht Tempo». 22. 9. 2000, S. 21
**487** Süddeutsche Zeitung: «Modellwechsel». 22. 9. 2000, S. 25
**488** Spiegel: «Teile und herrsche». 5/2001, S. 98
**489** Süddeutsche Zeitung: «Das Lied der Unabhängigkeit». 27. 7. 2000, S. 27
**490** Süddeutsche Zeitung: «Hansgeorg Hofmann als Cobra-Mann». 27. 7. 2000, S. 22
**491** Handelsblatt: «Angriff auf die Commerzbank». 24./25. 11. 2000, S. 14
**492** Focus: «CoBRa, übernehmen Sie!». 18/2000, S. 278 ff.
**493** Frankfurter Allgemeine Zeitung: «Dresdner Bank und Commerzbank gehen weiter getrennte Wege». 27. 7. 2000, S. 1 f.
**494** Welt am Sonntag: «Sieger im Bankenpuzzle». 30. 7. 2000, S. 47
**495** Süddeutsche Zeitung: «Verhandeln und Scheitern als öffentliches Ereignis». 27. 7. 2000, S. 22
**496** Süddeutsche Zeitung: «‹Eigentlich sind sich die Bankvorstände einig›». 29. 6. 2000, S. 27
**497** Grafik erstellt nach Angaben im Spiegel: «‹Es regiert die Gier›». 11/2000, S. 104
**498** Statistisches Bundesamt (Hg): Datenreport 1999. Bonn 2000, S. 321
**499** Remsperger, op cit., S. 7
**500** Bundesverband Deutscher Banken: INTER/ESSE – Wirtschaft und Politik in Daten und Zusammenhängen, Berlin, Nr. 9/2000, S. 8
**501** Woche: «Jammerlappen im Kasino». 12. 1. 2001, S. 21
**502** Spiegel 11/2000, op. cit., S. 104
**503** Spiegel: «Blues im Silicon Valley». 13/2001, S. 95; Handelsblatt: «Wall Street entdeckt alte Bewertungs-Maßstäbe wieder». 5. 4. 2001, S. 46
**504** Spiegel 11/2000, op. cit., S. 106 f.
**505** Robert Shiller: «Irrationaler Überschwang». Frankfurt am Main 2000; siehe auch Handelsblatt: «Düstere Prophezeiung vor sehr realem Hintergrund». 14. 3. 2001, S. 7
**506** Handelsblatt, 5. 4. 2001, op. cit., S. 46
**507** Welt am Sonntag: «‹Wir brauchen ein Bündnis für Wissen›». 9. 7. 2000, S. 53
**508** Handelsblatt: «Probleme mit Propheten». 27. 11. 2000, Beilage Netzwert, S. 1
**509** Handelsblatt: «Die Neue Wirtschaft liegt nach wie vor im statistischen Nebel». 29./30. 9. 2000, S. 2
**510** Ronald Hitzler: «Zocker unter sich». Die Woche, 14. 4. 2000, S. 37
**511** manager magazin: «Die Internet-Lüge». 1/2001, S. 155–168
**512** Spiegel: «Spekulier dich reich». 11/2000, S. 111
**513** Capital: «Die neuen Pioniere». 11/1999, S. 90

514 So die Charakterisierung in «Capital» 11/1999, op. cit.

515 ibid., S. 92

516 Die «Venture-Capital-Studie 1999» enthielt die Ergebnisse der Befragung von 84 der rund 180 Wagniskapitalfirmen. Sie war bei der «Dr. Reuss Management Consult» von «Nachwuchsunternehmern» für 390 DM käuflich zu erwerben. In ihr hatte Reuss auch «Informationen für innovative Finanzierungen, den Börsengang und darüber, wie Anleger beim Venture-Kapital-Geschäft mitmachen können», aufgelistet (Capital 11/1999, op. cit., S. 88)

517 impulse: «Risikokapital: Absturzgefahr», Januar 2000, S. 55

518 ibid.

519 Welt am Sonntag: «‹Kontrolliertes Roulette›». 21. 5. 2000, S. 65

520 Handelsblatt: «Die Kapazitäten der Banken reichten nicht aus». 29./30. 12. 2000, S. 46

521 «Wirtschafts-Ploetz. Die Wirtschaftsgeschichte zum Nachschlagen». (Hg. Hugo Ott und Hermann Schäfer) 2. Aufl., Freiburg/Würzburg 1985, S. 260 f.

522 Henning op. cit., S. 91 ff.

523 ibid., S. 97 ff.

524 Peter Glotz: «Aus der Traum». In: Woche, 21. 3. 2001, S. 14

525 Joseph A. Schumpeter: «Kapitalismus, Sozialismus und Demokratie». 3. Aufl. München 1972 (zuerst New York 1942), S. 137 f.

526 ibid., S. 214 f.

527 Frankfurter Allgemeine Zeitung: «Ablasshandel an der Börse». 30. 6. 2000, S. 54

528 Bernhard Jünemann und Dirk Schellenberger: «Psychologie für Börsenprofis». Stuttgart 1997, 2. Aufl. 2000

529 Welt: «90 Prozent des Börsengeschehens beruhen auf reiner Psychologie». 4. 10. 2000, S. U2

530 Welt: «Anleger neigen zur Selbstüberschätzung». 31. 3. 2001, S. 19

531 Günter Schmölders: «Psychologie des Geldes». München 1982, S. 17

532 ibid., S. 14

533 Frankfurter Allgemeine Zeitung: «Ein Jahr danach». 8. 3. 2001, S. 17

534 Welt am Sonntag, 21. 5. 2000 op. cit.

535 Welt: «Investoren hangeln am Abgrund». 2. 12. 2000, S. 12

536 Spiegel: «Neue Favoriten». 38/2000, S. 100

537 Welt am Sonntag: «Liebesgrüße dämpfen die Internet-Euphorie». 7. 5. 2000, S. 53

538 Kölner Stadt-Anzeiger: «Neuer Markt – was nun?». 1. 3. 2001

539 manager magazin: «Crashkurs für den Weltmarkt». 2/2001, S. 136

540 manager magazin: «Internet – war's das schon? Was von der New Economy übrig bleibt». 1/2001, S. 158

541 In der Zeit bezeichnete Kolja Rudzio diese Todeslisten als «Quatsch!». Ausgerechnet die Firma Gigabell diente Rudzio als Beispiel, wie unsinnig es sei, «mit mathematischer Genauigkeit» prognostizieren zu wollen, dass Gigabell in

«fünf Komma eins Monaten» Pleite machen würde (die Pleite kam früher!). Einfach zu berechnen, wie lange das Geld reiche bei weiterhin geringen Einnahmen, sei u. a. deshalb unseriös, weil es die Möglichkeit gebe, sich an der Börse «frisches Kapital» zu besorgen (Zeit: «Todeslisten? Quatsch!». 20. 7. 2000, S. 22). Eben!

**542** impulse: Januar 2000, op. cit., S. 55

**543** Welt am Sonntag: «‹Die Pleite von Gigabell ist erst der Anfang›». 17. 9. 2000, S. 69

**544** Handelsblatt: «Von Gewinnern und Verlierern, Schlagersängern und Strategen». 29./30. 12. 2000, S. 32

**545** impulse, Januar 2000, op. cit., S. 55

**546** Handelsblatt: «Analysten sind notorische Optimisten». 2. 11. 2000, S. 37

**547** Handelsblatt: «Noch nicht erwachsen». 10./11. 11. 2000, Beilage Investor, S. 1

**548** Spiegel: «‹Diener vieler Herren›». 14/2001, S. 114

**549** Handelsblatt: «Der Neue Markt frisst seine Väter». 3. 4. 2001, S. 12 und: «König ohne Reich». 6./7. 4. 2001, Beilage Investor, S. 4

**550** Handelsblatt: «EM.TV schädigt Image des Neuen Marktes». 4. 12. 2000, S. 2

**551** manager magazin: «Falsche Freunde». 1/2001, S. 82

**552** Kölnische Rundschau: «Das Ende einer äußerst kostspieligen Einkaufstour». 5. 12. 2000

**553** Focus-Money: «Entzauberte Legende». 44/2000, S. 55

**554** Capital: «Champions League». 11/1999, S. 115 f.

**555** Handelsblatt: «Filmriss in München». 1./2. 12. 2000, S. 14

**556** Focus-Money: «Die zu Unrecht Bestraften». 44/2000, S. 20

**557** Kölner Stadt-Anzeiger: «Im freien Fall aus der ‹Weltliga›». 5. 12. 2000, S. 2

**558** Kölner Stadt-Anzeiger: «Liebling Intershop abgestürzt». 3. 1. 2001

**559** manager magazin: «Überleben am Abgrund». 2/2001, S. 146–152

**560** Spiegel: «WestLB unter Druck». 15/2001, S. 123

**561** Kölner Stadt-Anzeiger: «Schwarze Schafe». 24. 11. 2000, S. 2

**562** Focus-Money: «Aktien, die Vorsichtige besser meiden». 44/2000, S. 22

**563** Peter Merk: «Fata Morgana». Handelsblatt 6./7. 4. 2001, S. 36

**564** Handelsblatt: «Reiche Verlierer». 28. 3. 2001, S. 16

**565** Theis Kiewitt und Ulrich Reitz: «Aktien auf Kredit – die Anlegerfalle». In: Welt am Sonntag, 16. 4. 2000, S. 73

**566** Zeit: «Riskantes Spiel mit Aktien auf Pump». 25. 5. 2000, S. 30

**567** Günter Ogger: «Nieten in Nadelstreifen». München 1992; Hans Georg Möntmann: «Raubritter in Glaspalästen». Wien 1993; Friedrich Bräuniger und Manfred Hasenbeck: «Die Abzocker». Düsseldorf 1994; Günter Ogger: «Absahnen und Abhauen». München 1999

**568** Heribert Klein: «Könner in Karos – Das Anti-Nietenbuch». Köln 1995, S. 8

**569** Rolf Berth: «Aufbruch zur Überlegenheit». Düsseldorf 1995, S. 388 (Berth war früher leitender Mitarbeiter in Deutschlands bekanntester Unternehmensberatung Kienbaum.)
**570** «Führungskräfte in Politik, Wirtschaft und Gesellschaft». Schriftenreihe der ULA Nr. 35, Essen, März 1997, hier S. 16
**571** Siehe hierzu manager magazin Juli 1998 und Juli 2000
**572** manager magazin 2/2001, op. cit., S. 46
**573** Handelsblatt: «Sommer warnt vor Globalisierungs-Hysterie», 26./27. 1. 2001, S. 13
**574** Horst Biallo: «Die geheimen deutschen Weltmeister». Wien 2000
**575** Wilhelm Bürklin, Hilke Rebenstorf u.a.: «Eliten in Deutschland». Opladen 1997. Dies ist zugleich die umfangreichste Elite-Studie in Deutschland. Ausgangsgrundlage waren 4587 Führungspositionen in Ost und West, was wegen Ämterkumulation 3941 Personen bedeutete. Von diesen konnten 2341 (= Ausschöpfungsquote 59,4 %) befragt werden.
**576** Scheuch/Scheuch 1995, op. cit., S. 230
**577** ibid., S. 104. «Politische Generation» wird hier verstanden als vermutete Prägung durch die politische Situation im Alter von 15 Jahren.
**578** Vgl. Wilhelm Bürklin: «Hin zur elitelenkenden Demokratie». In: Frankfurter Allgemeine Zeitung, 25. 9. 1997
**579** Scheuch/Scheuch 1995, op. cit., S. 13
**580** Rudolf Wildenmann et al.: «Führungsschicht in der Bundesrepublik Deutschland 1981». Mannheim 1982. S. 12 ff.
**581** Wildenmann 1982, op. cit., S. 72; Bürklin/Rebenstorf 1997, op. cit., S. 82. 1995 werden Werte für das vereinigte Deutschland angeführt. Die hier benutzten Bezeichnungen für Soziallagen sind etwas ungewöhnlich, aber die bei Bürklin angeführten Kategorien – «obere Dienstklasse», «untere Dienstklasse», «nicht Dienstklasse» – würden erst durch eine längere Darlegung in soziologischem Fachchinesisch verständlich. Dazu besteht schon deshalb kein Anlass, weil wir diese von Anthony Giddens übernommene Nomenklatur für eine bloße Modeerscheinung halten.
**582** Frauen haben bessere Chancen in Klein- und Mittelbetrieben. Siehe hierzu Gaby Wunderlich und Frank Reize: «Frauen in kleinen und mittleren Unternehmen». Baden-Baden 2001
**583** Ursula Hoffmann-Lange und Wilhelm Bürklin: «Eliten, Führungsgruppen». In: Schäfer/Zapf (Hg.): «Handwörterbuch zur Gesellschaft Deutschlands». Opladen 1998, S. 167–178, hier S. 177
**584** Scheuch/Scheuch 1995, op. cit. S. 14–15
**585** Uwe Hannig: «Führungskräfte der Zukunft». Abschlussbericht Zwickau Mai 2000. Schriftlich befragt wurden die Personalleiter der 500 größten deutschen Unternehmen. Trotz telefonischen Nachfassens erreichte die Ausschöpfung nur 20 Prozent. Die Befragung der Hoffnungsträger selbst erwies sich als noch schwieriger.

586 ibid., S. 4
587 ibid., S. 2
588 Frankfurter Allgemeine Zeitung: «Auf Dauer geht's nur gut, wenn die Chemie stimmt». 5. 8. 2000, S. 63
589 Volker Berghan: «Eliten in der Bundesrepublik». Stuttgart 1990, S. 124–141
590 Hanns-Willy Hohn und Paul Windolf: «Lebensstile als Selektionskriterien»; in: Hans-Georg Brose (Hg.): «Vom Ende des Individuums zur Individualität ohne Ende». Opladen 1988, S. 179–209, hier S. 181
591 Hohn/Windolf, op. cit.
592 Peter M. Blau: «Die Dynamik bürokratischer Strukturen». In: Renate Mayntz (Hg.): «Bürokratische Organisation». Köln 1971, S. 310–323, hier S. 316
593 Hohn/Windolf, op. cit., S. 199
594 Hans Otto Eglau: «Erste Garnitur – Die Mächtigen der deutschen Wirtschaft». Düsseldorf 1980, S. 58
595 Michael Hartmann: «Soziale Öffnung oder soziale Schließung – Die deutsche und die französische Wirtschaftselite zwischen 1970 und 1995». In: Zeitschrift für Soziologie, Jg. 26 (1997), S. 296–311, hier S. 303. Die Untersuchung wurde durch die DFG gefördert.
596 ibid., S. 300
597 Michael Hartmann: «Klassenspezifischer Habitus als Karrierebasis». In: Soziale Welt, Jg. 46 (1995), S. 440–468
598 ibid., S. 456
599 ibid, S. 458
600 Pierre Bourdieu: «Die feinen Unterschiede». Frankfurt 1982; ders.: «Oekonomisches Kapital, kulturelles Kapital, soziales Kapital.» In: Soziale Welt, Sonderband 2, Göttingen 1983, S. 183–198
601 Handelsblatt: «Der Mann, der Strom eine Farbe gab». 8. 2. 2001, S. 28
602 Welt am Sonntag: «Das Lenkertalent ist gefragt». 18. 2. 2001, S. 55
603 Erwin K. und Ute Scheuch: «Cliquen, Klüngel und Karrieren». Reinbek 1992, S. 72 ff.
604 Süddeutsche Zeitung: «Pensionär Teltschik geht unter die Kopfjäger». 19. 10. 2000, S. 31
605 Welt am Sonntag, 18. 2. 2001, op. cit.
606 Handelsblatt: «Der moderne Konservator». 26. 2. 2001, S. 28
607 manager magazin: «Eine feine Gesellschaft». 4/1999, S. 255–273. Bei 68 Prozent Rücklauf der befragten Manager gab es 272 verwertbare Antworten.
608 ibid., S. 266
609 ibid., S. 257
610 Befragung von 112 Managern in Ost- und Westdeutschland 1994/95; Gerhard Schmidtchen: «Lebenssinn und Arbeitswelt – über den Zusammenhang von Persönlichkeitsentfaltung und Berufsauffassung». In: Heinz Bude und Stephan Schleissing (Hg.): «Junge Eliten». Stuttgart 1997, S. 111–124

**611** Die Vergleichswerte für die jungen «Normalbürger» sind aus einer Umfrage für das Bundesministerium für Jugend und Gesundheit 1993/94 übernommen.
**612** Monika Notter und Ulrich Flückiger: «Topmanager versus Spitzenpolitiker». Spreitenbach (Schweiz), Mai 1996
**613** In der Sozialforschung wird dieser Filter für Aussagen «social desirability effect» – soziale Wünschbarkeit – genannt und ist nachgewiesenermaßen einer der stärksten Verzerrungsgründe in Interviews. Der Mechanismus ist der gleiche wie bei der Einschüchterung durch «political correctness».
**614** Frankfurter Allgemeine Zeitung: «Amerikas Manager verdienen am besten». 18. 1. 1999, S. 25
**615** Welt: «Verdienen die Wirtschaftsbosse, was sie verdienen?». 23. 4. 1996, WV 4
**616** Worldwide Total Renumeration 1991, Valhalla NY: 1991, S. 12 und 22; inzwischen dürfte die Relation in den USA mindestens 1:40 betragen.
**617** Wirtschaftswoche: «So viel verdient». 13. 4. 2000, S. 14. Die Angaben sind übernommen aus der amerikanischen Wochenzeitschrift Business Week.
**618** Zeit: «Zu groß, zu brav». 13. 4. 2000, S. 27
**619** Frankfurter Allgemeine Zeitung: «Aufsichtsratsvergütung nicht angemessen». 3. 5. 2000, S. 29
**620** Zeit, 13. 4. 2000, op cit., S. 27
**621** Frankfurter Allgemeine Zeitung: «Bedeutungszuwachs für Sozialkompetenz». 2. 10. 2000, S. 27
**622** Scheuch/Scheuch 1995, op. cit., S. 46
**623** manager magazin: «Der Crash-Test». 3/2001, S. 66 und S. 68
**624** Kölner Stadt-Anzeiger: «‹Schrempp hat alle belogen›». 29. 11. 2000, S. 29
**625** Niklas Luhmann: «Die Wirtschaft der Gesellschaft». Frankfurt 1988
**626** Hans-Olaf Henkel: «Die Macht der Freiheit». München 2000
**627** Hans-Olaf Henkel: «Ungewöhnliche Laufbahn». In: Spiegel, 40/2000, S. 130–137, hier S. 136
**628** Munzinger Archiv: Ron Sommer. Stand 12. 10. 2000
**629** Woche: «Kampf an vielen Fronten». 2. 3. 2001, S. 15
**630** Wall Street Journal Europe: «Smart Phone Project Abandoned». 2/3. 3. 2001, S. 4
**631** Frankfurter Allgemeine Zeitung: «Die Anleger werden bald unsere Chancen sehen». 30. 8. 2000, S. 21
**632** Handelsblatt: «Ron Sommers schöne, neue Mobilfunkwelt». 20. 2. 2001, S. 16
**633** Focus: «Mobilfunk – Milliarden im Funkloch». 8/2001, S. 238–242
**634** Munzinger-Archiv: Dieter H. Vogel. Stand 12. 10. 2000
**635** Frankfurter Allgemeine Zeitung: «Thyssen Krupp macht den Weg für personellen Umbau frei». 3. 3. 2001, S. 16
**636** Handelsblatt: «Bei Thyssen-Krupp droht ein Eklat». 1. 3. 2001, S. 17)

**637** Spiegel: «Ende der Doppelspitze». 10/2001, S. 140–142; ferner Frankfurter Allgemeine Zeitung, 3. 3. 2001, op. cit.; Welt: «Thyssen-Krupp schafft die Doppelspitze ab». 3. 3. 2001, S. 13

**638** Für weitere Einzelheiten über die Familie siehe Wirtschaftswoche: «VW-Chef im Kaufrausch». 19. 6. 1998, S. 45–53

**639** Frankfurter Allgemeine Zeitung: «Volkswagen will in fünf Jahren der erfolgreichste Autokonzern sein». 30. 3. 1995, S. 23

**640** Zeit: «Herr Volkswagen». 21. 9. 2000, S. 25

**641** Stern: «Ich werde das Ein-Liter-Auto bauen». Nr. 39/2000, S. 40–44

**642** Wirtschaftswoche: «Bernd Pischetsrieder: Marathon-Mann». 30. 3. 1995, S. 73 f.

**643** Frankfurter Allgemeine Zeitung: «Rover-Chef Walter Hasselkus tritt zurück». 3. 12. 1998, S. 22

**644** Spiegel: «Tag der Kapitulation». 12/2000, S. 109

**645** Frankfurter Allgemeine Zeitung: «Die Alchemy-Gruppe greift BMW an». 22. 5. 2000, S. 17

**646** Kölner Stadt-Anzeiger: «Opel läuft nicht rund». 5. 6. 2000, S. 29; manager magazin: «Detroit lenkt». 7/2000, S. 20

**647** Frankfurter Allgemeine Zeitung: «Opel verkauft Autos jetzt über das Internet». 8. 3. 2001, S. 21

**648** Frankfurter Allgemeine Zeitung: «Opel verliert fast eine Milliarde DM und seinen Chef». 18. 1. 2001, S. 15, und Frankfurter Allgemeine Zeitung: «‹Opel muss wieder von einem Europäer geführt werden›». S. 28

**649** Frankfurter Allgemeine Zeitung: «Forster zum neuen Opel-Chef bestellt». 28. 3. 2001, S. 30

**650** Handelsblatt: «Daimler schreibt rote Zahlen». 27. 2. 2001, S. 1

**651** manager magazin: «Mr. Mercedes denkt um». 10/1992, S. 77–89

**652** Zur Bewertung der Manager-Qualitäten von Reuter siehe Zeit: «Total verfahren». 26. 11. 1993 und «Voll von Trümmern großer Reiche». 7. 4. 1995

**653** David Waller: «Die Stunde des Strategen». Düsseldorf: Econ 2000

**654** Frankfurter Allgemeine Zeitung: «DaimlerChrysler zahlt 445 Millionen Euro für Detroit Diesel». 21. 7. 2000, S. 16

**655** Handelsblatt: «Daimler-Chrysler plündert seinen Sparstrumpf» und «Daimlers Reserven sind zusammengeschmolzen». 12./13. 11. 2001, S. 1 und 15

**656** Beträge in DM können nur ungefähr zutreffen, da Kurse für Euro und US-$ schwanken. Trotzdem haben wir umgerechnet, da hiermit Vergleiche erleichtert werden.

**657** Handelsblatt: «Tarifverträge kommen Chrysler teuer zu stehen». 27. 2. 2001, S. 18

**658** Handelsblatt: «Rabatte kosten Chrysler Milliarden». 8./9. 12. 2000, S. 20

**659** Ausführlicher in manager magazin: «Der CrashTest». 3/2001, S. 60–71

**660** Siehe hierzu auch Erwin K. und Ute Scheuch: «Die USA – ein maroder Gigant?». Freiburg 1992

661 Spiegel: «Die Drei-Welten-AG». 9/2001, S. 102
662 Handelsblatt: «Mitsubishis Verlust schnellt in die Höhe», 29. 3. 2001, S. 15
663 Frankfurter Allgemeine Zeitung: «Mitsubishi-Verlust doppelt so hoch wie erwartet». 29. 3. 2001, S. 24
664 manager magazin: «Eckrodts Kamikaze-Kommando». 12/2000, S. 76
665 Kölner Stadt-Anzeiger: «Daimler-Chrysler räumt auf». 27. 2. 2001, S. 9
666 Kölnische Rundschau: «Daimler-Chrysler räumt jetzt auf». 27. 2. 2001
667 Financial Times Deutschland: «Mitsubishi prüft Schließung des Werks in Australien», 15. 11. 2000, S. 10
668 Spiegel: «Das Daimler Desaster». 48/2000, S. 111
669 Spiegel: «Furchtbare Vorstellung». 40/2000, S. 123.
670 Zeit: «Der Schönwetterplan». 1. 3. 2001, S. 19
671 Woche: «Zur Größe verdammt». 30. 6. 2000, S. 11
672 Frankfurter Allgemeine Zeitung: «Hyundai verordnet sich eine dramatische Umstrukturierung». 3. 6. 2000, S. 17
673 Handelsblatt: «Hyundai-Erben haben schwierige Mission». 24./25. 3. 2001, S. 20
674 Süddeutsche Zeitung: «Der Maestro». 6. 3. 2001, S. 24
675 Frankfurter Allgemeine Zeitung: «‹Der Einzelhandel ist durch E-Commerce tot›». 6. 7. 1999, S. B 4
676 Frankfurter Allgemeine Zeitung: «Der Zweite ist schon der erste Verlierer». 6. 7. 1999, S. B 9
677 Frankfurter Allgemeine Zeitung: «Spitzenmanager wird man nicht, man ist es». 11. 11. 2000, S. 65
678 Helmut Keim und Heiko Steffens (Hg.): «Wirtschaft Deutschland». Köln 2000, S. 212
679 Siehe hierzu die Aufsätze über den Handlungsstil in Familienunternehmen im Unternehmer-Magazin, 4/2000, S. 10–16
680 manager magazin: «Treuloses Kapital». 1/2001, S. 59
681 ibid., S. 66
682 Frankfurter Allgemeine Zeitung: «Am Börsenboden». 30. 12. 2000, S. 41
683 Erhard Glogowski: «Schillerndes Unternehmerbild in der Wirtschaftstheorie». In: Die Bank 7/2000 (Kurzfassung in: Bundesverband Deutscher Banken, 1/2001, S. 3-5, hier S. 5)

## Personenregister

Abs, Hermann Josef 39
Achleitner, Ann-Kristin 262
Achleitner, Paul 259, 285
Ackermann, Josef 257 ff., 265 ff.
Adenauer, Hans-Günther 210, 216 f.
Adenauer, Konrad 41, 73
Albrecht, Karl und Theo 248
Altmann, Rüdiger 84
Andreesen, Marc 274
Apel, Hans 118, 137, 180

Ballin, Albert 56
Balsam, Friedel 224, 226 ff., 230
Bamberg, Georg 133
Bauknecht, Gebrüder 90
Baumann, Günther 128
Baumann, Karl-Hermann 339
Becker, Heinrich 242, 244
Beitz, Berthold 336 f.
Benson, Arthur 221, 223
Benz, Karl 25, 69
Berger, Roland 244, 275 f., 329
Berle, Adolf A. 30 ff.
Berth, Rolf 297
Bezos, Jeff 281
Biedenkopf, Kurt 197
Binder, Heinrich 243, 246 f.
Bischoff, Manfred 369
Bismarck, Otto von 283
Blair, Tony 353
Blum, Werner 161
Boden, Hans C. 173 f.

Boehm-Bezing, Carl Ludwig von
    241 ff., 246 f., 266
Boljahn, Richard 73, 75
Borghs, Horst 357
Borgward, Carl F. W. 10, 29, 48, 64–77,
    83, 114, 373
Bourdieu, Pierre 311
Brandenberger, Ulrich 226, 230
Brandt, Horst 179
Brandt, Willy 86
Brauchitsch, Eberhard von 122, 253
Brauer, Charles 330
Braun, Eberhard 254
Braun, Ludwig Georg 381
Brecht, Bertolt 112
Breit, Ernst 145, 151
Breitscheid, Rudolf 55
Breitschwerdt, Werner 360 f.
Breker, Arno 118
Breuel, Birgit 188, 234
Breuer, Rolf-Ernst 230, 248, 250,
    255–268, 293, 321, 329, 374
Bruch, Walter 179
Bubis, Ignatz 214
Buddenberg, Hellmuth 182
Bugatti, Ettore 25
Buhl, Reinhard 201
Bühler, Hans 174 f., 177
Bülow, Andreas von 180
Burckhardt, Arno 195
Burda, Hubert 105
Burda, Franz 30

Burnham, James 30 f.
Burns, Michael 356

Carl, Konrad 156
Cartellieri, Ulrich 104, 337
Case, Steve (Stephan) 281, 321
Casper, Werner 123, 150, 152, 155–159, 161 ff.
Chambers, John 321
Christians, Friedrich Wilhelm 119, 250, 313, 324
Cipa, Walter 176 ff.
Clark, Jim 274
Clinton, Bill 93, 105
Clinton, Hillary 105
Cordua, Otto 139
Craven, John 250
Cromme, Gerhard 336–340
Cruicksbank, Don 264

Dahrendorf, Ralf 320
Daimler, Gottlieb 25
Damisch, Hans E. 278
Dattel, Dany 109, 111–114, 120, 225
David, Daniel 287
Dick, Ron 285
Döding, Günter 154, 157, 162
Dreher, Burkhard 312
Drews, Jürgen 286
Dreyling, Georg 263
Durkheim, Emile 95
Dürr, Heinz 167, 177 ff., 182 f., 197
Duryea, Charles und Frank 25

Eaton, Bob 327, 364, 366
Eberhard, Karl Maximilian 134 f.
Eckrodt, Rolf 367 f.
Edison, Thomas A. 167
Eggers, Karl 70, 76
Ellison, Larry 29
Erhard, Ludwig 41, 43 f., 71, 73, 85, 181, 246
Ernst, Roland 237–240, 244, 248 f.

Ersing, Joseph 55
Escher, Klaus 312
Esser, Klaus 195
Eucken, Walter 42

Fahrholz, Bernd 261, 270
Fanselow, Karl-Heinz 230
Feigen, Hanns 234 ff.
Filbinger, Hans 312
Fischer, Joschka 209
Fischer, Klaus Peter 200, 211
Fischer, Thomas 265
Flick, Friedrich Karl 90, 120 ff.
Flick, Friedrich 56
Focke, Henrich 67
Ford, Henry 25
Forster, Meinhard 222 f.
Forster, Carl-Peter 358 f.
Frank, Bernhard 374
Frehner, Walter 160
Frenzel, Michael 299
Friderichs, Hans 162, 177 f., 182 f.

Gabriel, Sigmar 348
Galbraith, Kenneth 20
Gamer, Berthold 174, 177
Gates, Bill 29, 281, 300
Gehrke, Heinrich 199, 203, 212, 217
Gentz, Manfred 365
Gerhardt, Wolfgang 209
Gerling, Hans 109, 111, 114–122
Gerling, Robert jun. 116
Gerling, Robert sen. 115 f., 117
Gerling, Rolf 122
Gerling, Walter 116
Gerstner, Louis 321
Giersch, Herbert 84
Gilmartin, Raymond 300
Gitter, Hans 158, 163
Goebel, Leonhard 218
Goeudevert, Daniel 327
Goldberg, Joachim 282
Golding, Tony 288

Goll, Gerhard 312, 327
Goltz, Bernhard Graf von der 110f., 120
Gorbatschow, Michail 187
Gosdzick, Gerhard 276
Granzow-Schneider, Claudia 204
Greenspan, Alan 274
Groebe, Hans 175f.
Grundig, Max 29, 87
Grundmann, Konrad 138
Gut, Rainer E. 257
Guth, Winfried 313
Gysi, Gregor 374

Haas, Dieter 138
Hackelsberger, Christoph 129
Hadergasser, Horst-Dieter 239f.
Häfele, Alexander 292
Haffa, Florian 290
Haffa, Thomas 289ff.
Hahn, Carl H. 341ff.
Halske, Johann Georg 25, 168
Hannig, Uwe 306f.
Harbou, Joachim von 256
Harlos, Gerhard 292
Hasselkus, Walter 350
Haub, Christian 314
Haub, Erivan 314
Haub, Georg 314
Haub, Karl-Erivan 314
Haussmann, Helmut 89
Hayakawa, Katsuji 368
Hedderich, Heinz 110, 120
Hendry, Robert W. 354, 356ff.
Henkel, Hans-Olaf 328f.
Hennemann, Friedrich 231–236, 243
Henning, Friedrich Wilhelm 35
Henzler, Herbert 105
Herrhausen, Alfred 304, 309, 313, 360
Herstatt, Iwan D. 9, 106–114, 120, 184
Herzog, Roman 187
Hesselbach, Walter 131, 134, 137, 143

Heyne, Hans 173f., 177
Hinrichs, Konrad 246
Hitzler, Ronald 276f.
Höfer, Werner 106
Hoffmann, Dieter 123, 150, 155–159, 161ff.
Hoffmann, Diether 140, 142, 146
Höffner, Joseph Kardinal 106
Hofmann, Hansgeorg 269
Holden, Jim 327f., 363, 365f.
Holtzbrinck, Georg von 30
Holzmann, Philipp 241
Horch, August 25
Hornef, Heinrich 235
Hubbert, Jürgen 363, 370
Hughes, Louis 358
Huvendick, Jürgen 207

Iacocca, Lee 365
Iden, Harro 128, 133, 139

Jeker, Robert 257
Jentzsch, Stefan 259f.
Jeske, Jürgen 165
Jobski, Hubert 251
Jünemann, Bernhard 282
Jünger, Ernst 26

Kaisen, Wilhelm 69, 73, 75
Kamps, Heiner 381
Karl V. 370
Karmanos, Peter 321
Karras, Rudolf 148
Karry, Heinz Herbert 137
Keitel, Hans-Peter 241
Kessler, Alice und Ellen 130
Kets de Vries, Manfred 316
Keynes, John Maynard 87, 377
Kiep, Walther Leisler 240
Kiesinger, Kurt Georg 85
Kirch, Leo 289
Kittner, Michael 180f.
Klasen, Karl 114

Klein, Heribert 297
Kleiser, Klaus 251–254
Klenke, Wolfgang 209, 212
Klindworth, Dieter 225 f., 230
Kloiber, Herbert 290
Knipp, Thomas 222
Knorr, Thomas H. 279, 284
Kohl, Helmut 89 f., 144, 181, 183, 185 ff., 190, 197, 213, 231, 240, 313, 325, 328 f.
Kohlhaussen, Martin 268–270
König, René 95
Köpenick, Hauptmann von 200
Kopper, Hilmar 122, 182, 209, 212 f., 219, 222, 250, 257, 260, 265 ff., 294, 303 f., 309, 311, 323, 362
Kostolany, André 112
Kozlowski, Dennis 321
Kracht, Adolf 119, 121
Kranz, Ronald 158
Kriwet, Heinz 336–340
Krockow, Christian Graf von 44
Krockow, Matthias Graf von 314
Krug, Manfred 284, 330
Krumnow, Jürgen 211
Krumsiek, Rolf 229
Krupp, Alfred 29
Krupp, Friedrich K. 24
Krupp, Georg 211
Kuenheim, Eberhard 349, 351
Kun, Josef 131 f., 203

Laaff, Heinz 110, 113
Lambsdorff, Otto Graf 121, 143
Lappas, Alfons 138, 144 ff., 150, 153, 157, 164
Lassalle, Ferdinand 124
Leber, Georg 81
Legien, Carl 53
Lehmann-Grube, Hinrich 214
Leiding, Rudolf 341
Lenin, W. I. 26
Leukert, Klaus 200

Leysen, André 247 f., 322 f.
Liebe, Bodo 250
Lim, Thiam Joo 258 f., 261
List, Friedrich 93
Loh, Harald 161
López, José Ignacio 342, 344 f., 356
Ludewig, Johannes 183, 197
Luhmann, Niklas 328
Lumumba 380

Mahneke, Jürgen 245
Maizière, Lothar de 188
Malinowski, Bronislaw 95
Mark, Reuben 321
Martini, Eberhard 216
Marx, Karl 52, 93, 124
Maucher, Helmut 149
Maus, Manfred 381
May, Alexander 239 f.
Mayer, Lothar 242 ff., 246
Means, Gardiner C. 30 ff.
Mehdorn, Hartmut 197
Meier-Preschany, Manfred 182
Merk, Peter 292
Merkel, Angela 299, 374
Merkle, Hans 180
Merton, Wilhelm 220
Meyer, Heinz 106
Meyer, Rolf 216
Milberg, Joachim 351 ff.
Milde, Gottfried 209
Miller, Merton 223
Minoux, Friedrich 56
Mitchell, Edson 257 ff., 261, 267
Modrow, Hans 188
Mohn, Reinhard 30
Möll, Friedrich 205 ff., 210, 212
Müller, Horst Alfred 217
Müller, Udo 204
Müller, Werner 299
Müller-Armack, Alfred 42 f.
Müller-Hermann, Ernst 75
Müller-Vogg, Hugo 297

Münchmeyer, Alwin 108
Münemann, Rudolf 62, 81

Nannen, Henry 166, 180
Naphtali, Fritz 40
Nawrocki, Axel 197
Neckermann, Josef 89 f.
Nell-Breuning, Oswald von 282
Neuber, Friedel 339
Neukirchen, Kajo 222
Neumann, Werner W. 210, 212
Neumann, Angelika 253
Neven DuMont, Alfred 106
Newman, Frank 258
Niedenhoff, Horst-Udo 138
Nieding, Klaus 245
Niefer, Werner 361
Nixon, Richard 140

Ochner, Kurt 288 f.
Odewald, Jens 188
Ogger, Günter 297
Olds, Ranson E. 25
Olson, Mancur 84
Opel, Fritz von 354
Otto, Bernd 123, 148–164, 184, 327

Peugeot, Armand 25
Philipp, Michael 257, 261
Piëch, Anton 343
Piëch, Ferdinand 329, 343–348, 374
Piëch, Luise 343
Pieroth, Elmar 250
Pinner, Felix 55 ff.
Pischetsrieder, Bernd 326, 347 ff., 358
Plattner, Hasso 281
Plett, Heinrich 126, 141
Plettner, Bernhard 181
Pluta, Jörg 293
Pohl, Manfred 242
Pöhl, Karl Otto 118
Ponto, Jürgen 176
Porsche, Ferry 343 f.

Porsche, Ferdinand Alexander 343
Porsche, Ferdinand 343, 347
Porsche, Wolfgang 343 f.
Pottruck, David 321
Poullain, Ludwig 107, 114, 118 f.
Pritzkoleit, Kurt 45, 54, 56 f., 61, 79, 170 f.

Radcliffe-Brown, Alfred 95
Raiffeisen, Friedrich Wilhelm 124 f.
Raschdorf, Rainer 279, 287
Rathenau, Emil 167 ff., 173, 246
Rathenau, Walther 169 f., 184
Rau, Johannes 340
Reis, Karl Eugen 284
Reitzle, Wolfgang 105, 350
Renner, Gerhard 375
Reuss, Holger 278
Reuter, Edzard 88, 166, 309, 313, 327, 360 ff., 365
Reuter, Ernst 313
Ricardo, David 20
Richards, Andrew 278
Ricke, Helmut 330 f.
Rietz, Rolf 239 f.
Rittershaus, Thomas 199
Röchling, Carl 24
Rockefeller, John D. 28
Rohwedder, Detlev Karsten 188 f.
Röller, Wolfgang 221, 260
Roosevelt, Franklin D. 32, 108
Rosenstiel, Lutz von 315 f.
Rubke, Hans 179, 181
Runau, Ralf 279

Salditt, Franz 219
Schambach, Stephan 281, 291 ff.
Scharpf, Fritz 103
Schenk, Kersten von 339
Scherf, Henning 235
Schiesser, Horst 143 f.
Schildt, Werner 218
Schiller, Karl 85 f., 89

Schimmelbusch, Heinz 198, 220–223
Schindler, Sigram 278
Schinzler, Hans 300
Schleußer, Heinz 336
Schlieker, Willy H. 48, 78–83, 116, 131, 373
Schlienkamp, Klaus 224 ff., 228, 230
Schmider, Manfred 251–254
Schmidt, Helmut 87 f., 118, 138, 181, 185, 246, 313
Schmitz, Ronaldo 221 f., 248, 257
Schmitz-Scholl, Gebrüder 314
Schmölders, Gustav 283
Schmoller, Gustav 28
Schmücker, Toni 342
Schneider, Jürgen 12, 159, 184, 198–220, 226 f., 240, 249, 252, 254, 279
Schneider, Manfred 315
Schneider, Uwe 264
Schneider, Richard 201 ff.
Schneidewind, Klaus-Peter 268 ff.
Schönberger, Karl-Heinz 232
Schreiber, Wilfried 41, 100
Schrempp, Jürgen 15, 104, 166 f., 294 f., 298 f., 309, 312, 321, 327 ff., 359–370, 373 f., 379
Schröder, Gerhard 97, 181, 196, 244 ff., 260, 325, 328 f., 348, 353
Schröder, Günter 145
Schröder-Reinke, Klaus-Peter 152, 155, 162
Schubart, Maximilian 308, 317
Schulte-Noelle, Henning 255 f.
Schultz, Reinhard 149
Schulz, Ekkehard 329, 337 ff.
Schulz, Hans-Jürgen 131
Schulze-Delitzsch, Hermann 124 f.
Schumpeter, Joseph 26, 281 f., 316
Schwab, Klaus 105
Seebacher-Brandt, Brigitte 265
Seifert, Werner 262 ff.
Seipp, Walter 183, 208
Selowsky, Rolf 342
Semler, Johannes 72–76
Shiller, Robert 274
Siekmann, Birgit 241
Siemens, Carl 168 f.
Siemens, Georg von 50, 168 f.
Siemens, Werner von 25, 168 f., 246
Siemens, Wilhelm (Bruder von Werner) 168 f.
Siemens, Wilhelm (Sohn von Werner) 168 f.
Siewert, Jürgen 154 f.
Simmel, Georg 17
Sippel, Heinz 146 f.
Smith, Adam 20, 31
Sommer, Ron 299 f., 329, 330–336, 374, 381
Sonobe, Takashi 368
Späth, Lothar 312
Speer, Albert 80
Spennrath, Friedrich 172 f.
Springer, Axel 30
Stalin, J. W. 380
Stallkamp, Thomas 327
Staudt, Erwin 329
Steinkühler, Franz 145, 164
Stinnes, Edmund 58 f.
Stinnes, Hugo d. Ä. 49–58, 117, 170 f.
Stinnes, Hugo d. J. 48 f., 52 f., 58–63, 81 f.
Stinnes, Otto 48 f., 59–63
Stinnes-Wagenknecht, Cläre 60, 63
Stöckl, Ernst Georg 167
Stoffels, Josef 179
Strauß, Franz Josef 85
Strenger, Hermann Josef 314
Struck, Peter 374

Teltschik, Horst 185, 312
Teufel, Erwin 253, 312
Théodore, Jean-François 262
Thyssen, August 24, 51
Tigges, Michael 278

Titzrath, Alfons 260, 285
Towers, John 352 f.
Trittin, Jürgen 374

Ullmann, Ilona von 314
Ulrich, Franz Heinrich 108, 114, 174

Veblen, Thorstein 26
Vedder, Clemens 268 ff.
Vesper, Michael 229
Vetter, Heinz Oskar 127, 137, 149
Vietor, Albert 123, 126–146, 151, 184, 220
Vogel, Dieter 337 f., 340
Vogel, Hans-Jochen 142, 185
Volkmar, Günter 154
Völling, Johannes 138
Vormbrock, Wolfgang 133, 136 f., 139

Waller, David 363
Wallraff, Günter 106
Walter, Bernhard 255–261
Walter, Gerhard 239, 249

Walters, Eric 353
Wang, Charles 321
Watson, Thomas 29
Weber, Max 16, 18, 94, 145
Weichmann, Herbert 80
Weill, Sanford 321
Weinstock, Arnold 179 f.
Weiss, Heinz-Jürgen 372
Weiss, Ulrich 199, 249 f.
Welch, Jack 321
Welteke, Ernst 209
Werner, Helmut 361 ff., 366
Werner, Johann Wolfgang 127
Werner, Michael 157, 163
Wickel, Kurt 110
Wiedeking, Wendelin 321
Wildenmann, Rudolf 302
Wilhelm II. 169, 246, 380
Wölbern, Claus 133
Wölbern, Ernst 133, 141
Woodley, Tony 350 f.

Zetsche, Dieter 328, 363, 366